Daniel Castro Gomes da Costa



*Prefácio*
Luís Roberto Barroso

*Apresentação*
António Eduardo Baltar Malheiro de Magalhães

# PARTIDOS POLÍTICOS E *COMPLIANCE*

## Instituição de programa de integridade como forma de legitimar as atividades partidárias e consolidar a democracia representativa



Belo Horizonte
FORUM
CONHECIMENTO JURÍDICO
2020

FÓRUM
CONHECIMENTO JURÍDICO

Luís Cláudio Rodrigues Ferreira
Presidente e Editor

Coordenação editorial: Leonardo Eustáquio Siqueira Araújo
Aline Sobreira de Oliveira

Av. Afonso Pena, 2770 – 15º andar – Savassi – CEP 30130-012
Belo Horizonte – Minas Gerais – Tel.: (31) 2121.4900 / 2121.4949
www.editoraforum.com.br – editoraforum@editoraforum.com.br

Técnica. Empenho. Zelo. Esses foram alguns dos cuidados aplicados na edição desta obra. No entanto, podem ocorrer erros de impressão, digitação ou mesmo restar alguma dúvida conceitual. Caso se constate algo assim, solicitamos a gentileza de nos comunicar através do *e-mail* editorial@editoraforum.com.br para que possamos esclarecer, no que couber. A sua contribuição é muito importante para mantermos a excelência editorial. A Editora Fórum agradece a sua contribuição.

Dados Internacionais de Catalogação na Publicação (CIP) de acordo com a AACR2

C837p Costa, Daniel Castro Gomes da

Partidos políticos e compliance: instituição de programa de integridade como forma de legitimar as atividades partidárias e consolidar a democracia representativa / Daniel Castro Gomes da Costa.– Belo Horizonte : Fórum, 2020.

300 p.; 14,5x21,5cm

ISBN: 978-65-5518-024-4

1. Direito Eleitoral. 2. Direito Internacional Público. 3. Direito Administrativo. I. Título.

CDD 324.63
CDU 342.8

Elaborado por Daniela Lopes Duarte – CRB-6/3500

Informação bibliográfica deste livro, conforme a NBR 6023:2018 da Associação Brasileira de Normas Técnicas (ABNT):

COSTA, Daniel Castro Gomes da. *Partidos políticos e compliance*: instituição de programa de integridade como forma de legitimar as atividades partidárias e consolidar a democracia representativa. Belo Horizonte: Fórum, 2020. 300 p. ISBN 978-65-5518-024-4.

*If there's an ideal within the concept either of democracy, it is that citizens are equal. That principle either means that at each stage of a democratic election, citizens should have equal weight in the decision of that stage.*
(Lawrence Lessig)

*A corrupção não é uma nota de pé de página na história. Ela desvia recursos que não irão para serviços públicos. Ela cria uma relação pervertida entre a cidadania e o Estado e um ambiente generalizado de desconfiança em que todo mundo acha que pode passar o outro para trás*
(Luís Roberto Barroso)

# LISTA DE ABREVIATURAS E SIGLAS

ADI – Ação Direta de Inconstitucionalidade
AP – Ação Popular
ARE – Agravo em Recurso Extraordinário
ARENA – Aliança Renovadora Nacional
Art. – Artigo
AEC – *Australian Electoral Commission*
CPF – Cadastro Nacional de Pessoa Físicas
CNPJ – Cadastro Nacional de Pessoa Jurídica
CF – Constituição Federal
CGU – Controladoria-Geral da União
DOU – Diário Oficial da União
EC – Emenda Constitucional
FCPA – *Foreign Corrupt Practice Act*
FEFC – Fundo Especial de Financiamento de Campanha
FP – Fundo Partidário
GRECO – Grupo de Estados Contra a Corrupção
LGPD – Lei de Geral de Proteção de Dados
LOPP – Lei Orgânica dos Partidos Políticos
MDB – Movimento Democrático Brasileiro
OCDE – Organização para a Cooperação e Desenvolvimento Econômico
PC – Prestação de Contas
PGR – Procuradoria-Geral da República
PL – Projeto de Lei
PLS – Projeto de Lei do Senado
RE – Recurso Extraordinário
SAPF – Sistema de Apoio a Partidos em Formação
STF – Supremo Tribunal Federal
TRE – Tribunal Regional Eleitoral
TSE – Tribunal Superior Eleitoral

# LISTA DE TABELAS E FIGURAS

# SUMÁRIO

## ANEXOS

# EM BUSCA DE INTEGRIDADE

## 1 O autor e a sua trajetória

Em pouco tempo de convivência, pude identificar algumas virtudes que tornam Daniel Castro Gomes da Costa um jovem jurista diferenciado: conhecimento da matéria eleitoral, dedicação ao trabalho e grande capacidade de relacionamento humano. Tais atributos têm proporcionado a ele um precoce protagonismo no Direito Eleitoral brasileiro, âmbito no qual se destacou, primeiro como advogado e, posteriormente, como juiz. Ao ser eleito Presidente do Tribunal Superior Eleitoral (TSE), convidei-o para ser vice-diretor da Escola Judiciária Eleitoral (EJE), onde atuará ao lado de um dos expoentes do ramo, que é o seu diretor, Ministro Tarcisio Vieira de Carvalho Neto.

O presente livro revela algumas outras qualidades acadêmicas dignas de nota: capacidade de pesquisa, escrita clara, bem como ideias organizadas e no lugar. O currículo de Daniel demonstra sua habilidade em conciliar formação acadêmica e intensa atividade profissional. Entre o doutorado e o mestrado, andou pelas universidades de Lisboa, Coimbra e Harvard. Advogado e membro do Tribunal Regional Eleitoral de Mato Grosso do Sul, em vaga reservada a juristas, Daniel Castro é autor de diversas obras especializadas, além de estar à frente do Congresso Internacional de Direito Eleitoral, evento que já avança para sua terceira edição, com grande prestígio.

Por todas essas razões, tenho muito gosto em apresentar este livro e fazer as reflexões e os comentários que se seguem.

## 2 Breve reflexão sobre os temas desta obra

A presente obra faz a conexão entre dois temas de grande relevância: de um lado, a ideia de integridade e *compliance*; e, de outro, a questão dos partidos políticos. Compartilho aqui algumas reflexões sobre ambos.

Nos últimos tempos, o Brasil tem vivido uma tempestade política, econômica e ética que mudou a percepção da sociedade em relação a muitas questões, inclusive e notadamente, aquelas associadas ao cumprimento da lei e ao combate à corrupção. Entre nós, a situação era tão ruim em termos de respeito às normas jurídicas e submissão a regras éticas que não havia em vernáculo sequer uma palavra que expressasse, com precisão, o sentido de *compliance*. Em suma, esse é um conceito que identifica a observância das normas legais e regulamentares aplicáveis, bem como dos valores éticos gerais, dos códigos de conduta específicos de determinado ramo de atividade e das expectativas legítimas da sociedade.

O Brasil vive um processo profundo de transformação. Sairemos da crise atual melhores do que entramos. A sociedade já mudou e deixou de aceitar o inaceitável. A iniciativa privada, que pagou preço altíssimo pelos desatinos dos últimos tempos, está mudando rapidamente. O Judiciário vai mudando lentamente. A política ainda não mudou, mas vai mudar. E aí chegamos ao tema do sistema político e, dentro dele, da questão partidária.

O sistema político brasileiro é formado pelo sistema de governo, pelo sistema eleitoral e pelo sistema partidário. Temos problemas em relação a todos eles. No sistema de governo, temos tido, historicamente, um modelo que ora desborda para um hiperpresidencialismo autoritário, ora para um presidencialismo de coalizão tragado por um código de relação com o Congresso que nem sempre é republicano. Sou defensor, de longa data, do semipresidencialismo.[i] Não é o caso de se explorar o tema aqui. No sistema eleitoral, o modelo de voto proporcional em lista aberta é extremamente caro, de baixa representatividade e dificulta a governabilidade. Uma fórmula em que o eleitor não sabe quem ele elegeu, e o candidato não sabe por quem foi eleito. Um não tem de quem cobrar, e o outro não tem a quem prestar contas. Penso que o país deveria experimentar a alternativa do voto distrital misto. Mas tampouco é esta a ocasião para explorar o tema.

---

[i] BARROSO, Luís Roberto. A reforma política: uma proposta de sistema de governo, eleitoral e partidário. *Revista de Direito do Estado, 3*:287, p. 290 e 292-312.

E, por fim, o sistema partidário, objeto dessa instigante obra. Existem hoje, no Brasil, 33 partidos políticos registrados no TSE e 76 em fase de formação. O atual sistema partidário tem sido objeto de fundadas críticas relativas à sua fragilidade programática, à fragmentação do quadro partidário, ao déficit de democracia interna, à falta de transparência e à dependência do dinheiro público. Duas mudanças recentes na Constituição têm o potencial de produzir resultados positivos nessa matéria: o fim das coligações nas eleições proporcionais e a cláusula de barreira.

O trabalho de Daniel lança luz sobre muitos desses temas. Há demanda urgente pelo aprimoramento do funcionamento dos partidos. O conjunto de vicissitudes do sistema político brasileiro, brevemente apontadas acima, produziu um descolamento entre a classe política e a sociedade civil. Não é bom que seja assim. Não há Estado democrático sem atividade política intensa e saudável, nem tampouco sem parlamento atuante e investido de credibilidade. Nossa missão, portanto, é contribuir para o fortalecimento dos partidos, com integridade, restituir ao Congresso Nacional o papel central que lhe cabe na democracia brasileira e assegurar a dignidade da política.

## 3 O livro e a sua relevância

O convite para prefaciar este livro chegou a mim em novembro de 2019. Nesse período, estava eu encarregado, na condição de Vice-Presidente do TSE, da elaboração das resoluções aplicáveis às Eleições 2020 e aos pleitos subsequentes. O desempenho dessa tarefa havia descortinado para mim os bastidores da função regulamentar da Justiça Eleitoral. Um trabalho tão meticuloso quanto indispensável para aprimorar a experiência democrática no Brasil: dizer como operar, na prática, os milhares de atos sem os quais a liberdade do voto e a legitimidade das eleições não seriam mais que abstrações.

Ao ter contato com a obra, nesse específico contexto, não pude deixar de notar que o autor se apresentava para desbravar, com o mesmo espírito, um tema essencial para a democracia: a autonomia partidária. Ela é desses conceitos que correm o risco de se tornar por demais abstratos e, com isso, *supertrunfos* em discussões sem caráter propositivo. É pouco dizer que a Constituição assegurou autonomia aos partidos políticos. Precisamos de pessoas, como Daniel, dispostas a indagar como tornar operacional aquele conceito e, mais ainda, a formular essa indagação tendo em vista o aprimoramento da democracia.

Na primeira folheada, notei mais uma característica do livro que o ambientava bem naquele final de 2019: um otimismo inspirador. Não há dúvida da magnitude dos desafios que se apresentam à concretização dos princípios constitucionais eleitorais. Para lidar com eles, precisamos de diagnósticos sobre os pontos vulneráveis do sistema jurídico e das instituições, mas é preciso estarmos dispostos a dar o passo adiante e mais arriscado, de propor soluções.

Mas a solução buscada por Daniel guarda um traço distintivo daquilo que é possível obter pelo exercício da atividade regulamentar da Justiça Eleitoral. De forma coerente com a ideia da autonomia, o autor apresenta a autorregulamentação como saída possível para a crise partidária. O *compliance*, "conjunto de mecanismos interdependentes" que busca "tornar a observância da lei parte da cultura corporativa", é pensado como uma via de reconciliação dos partidos políticos com seu fundamental papel na construção da democracia. Otimista que sou, deixei-me confortavelmente ser inspirado pelas ideias do autor.

Os três capítulos do livro têm objetivos bem delimitados. No primeiro, é feito um panorama do direito partidário, útil para promover a ambientação e o nivelamento da leitura. No segundo, o autor destaca as principais questões relacionadas à autonomia partidária tratadas, em tempos recentes, pelas reformas legislativas e pelas decisões do Supremo Tribunal Federal e do Tribunal Superior Eleitoral. No terceiro, Daniel apresenta sua contribuição ao tema, pautada pela "exigência de um padrão de conduta mais elevado por parte das agremiações, que devem atender aos preceitos de integridade, consenso ao interesse público, *accountability* e transparência, com o objetivo de conferir maior higidez e confiabilidade ao processo eleitoral e de demonstrá-la à sociedade civil". Em seu entendimento, a incorporação do *compliance* ao sistema partidário pode se tornar um "mecanismo eficiente de combate à corrupção e a condutas ilícitas, com o consequente incremento de um pensamento organizacional abalizado na ética".

De fato, o Brasil lida, ainda, com o enfrentamento da corrupção endêmica, e muito dela flui pelas estruturas partidárias. Até aqui, a mudança de cenário tem se apoiado fortemente na atuação judicial. Nos âmbitos legislativos e intrapartidários, ainda há relutância na adoção de medidas que conduzam à renovação de práticas que precisam ser superadas. O efeito mais grave desse comportamento é o reforço da percepção da sociedade de que os partidos políticos, em si, sejam parte do problema, e não da solução. Para o bem do sistema partidário e do Poder Legislativo, portanto, são necessárias mudanças normativas e de mentalidade, para tornar os partidos mais democráticos, mais republicanos e mais alinhados com as demandas da sociedade. Isso irá libertá-los, igualmente, de uma série de mecanismos burocráticos de tutela, que entravam a vida partidária. Um cenário em que todos perdem.

Daniel nos relembra que o cumprimento da lei deve interessar a todas as instituições democráticas. A natureza privada dos partidos políticos não autoriza que se afastem desse objetivo. Mesmo porque a Constituição, ao lhes conceder autonomia para definir sua estrutura, sua organização e suas estratégias eleitorais (art. 17, §1º), fê-lo de forma subordinada à preservação da soberania nacional, do regime democrático, do pluripartidarismo e dos direitos fundamentais da pessoa humana (art. 17).

Assim, quando a exposição do autor nos leva à ideia de que a boa governança corporativa deve se orientar pela "preservação e otimização do valor da organização", parece inevitável concluir que o bom exercício da autonomia partidária exige que as agremiações assumam aqueles princípios constitucionais como seus próprios valores. As prerrogativas partidárias, como o acesso a recursos públicos e o monopólio das candidaturas, são concedidas para que façam política como a melhor forma de realizar o interesse público e o bem comum. Não podem, portanto, servir como ferramentas para obter resultados típicos de negócios privados.

## 4 Conclusão

Como costumo afirmar, nas democracias, política é gênero de primeira necessidade. Se há problemas estruturais nos sistemas político, partidário e eleitoral, as soluções buscadas devem também ser estruturais. Não se pode permitir que o indispensável enfrentamento da corrupção conduza à criminalização da política, tampouco é possível aceitar passivamente que a nobreza da política sirva para encobrir comportamentos inaceitáveis.

Integridade, cumprimento das leis e preservação de valores republicanos devem ser, idealmente, comportamentos espontâneos. Autorregulação responsável é, por certo, muito mais desejável que a repressão estatal, mesmo pela via da Justiça Eleitoral. Para superar o descrédito predominante, os partidos políticos precisam se reinventar, mudando práticas internas, aumentando sua identificação com a sociedade e, sobretudo, atraindo novos quadros. Há, na sociedade brasileira, uma imensa demanda por integridade, idealismo e patriotismo. As instituições têm de ser capazes de atendê-la.

Deixo o leitor na boa companhia do trabalho de Daniel Castro Gomes da Costa, uma contribuição valiosa para as mudanças de paradigma que estamos precisando concretizar no Brasil.

**Luís Roberto Barroso**
Ministro do Supremo Tribunal Federal. Presidente do Tribunal Superior Eleitoral. Professor Titular da Universidade do Estado do Rio de Janeiro.

# APRESENTAÇÃO

Quis o Senhor Professor Doutor Daniel Castro Gomes da Costa – Académico Ilustre e titular de obra jurídica sobejamente conhecida – conceder-nos o *honroso mister de apresentar* a sua Tese de Pós-Doutoramento em Democracia e Direitos Humanos, ora publicada, apresentada no *Ius Gentium Conimbrigae* – Centro de Direitos Humanos da Universidade de Coimbra –, e intitulada *Partidos Políticos Brasileiros – Instituição de Programa de Integridade como Forma de Legitimar suas Atividades e Consolidar a Democracia Representativa.*

*Primo,* impõe-se expressar o nosso *vincado orgulho e profundo reconhecimento diante de tão elevado convite,* o qual só poderá imputar-se, por certo, à *excessiva bondade do autor,* posto que a nossa participação no âmbito da realização da Tese em presença *confinou-se,* tão só e apenas, a *prestar o apoio e a fornecer as orientações minimamente exigíveis* para o cumprimento institucional de uma *modesta tarefa* que, mau grado, em boa hora, o *Ius Gentium Conimbrigae* nos cometeu.

*Secundo,* também *não olvidamos o prazer* que representa, para nós, *esta oportunidade de elogiar – sim, sem delongas, de elogiar –* um *trabalho académico brilhante,* indiscutivelmente *merecedor dos mais exigentes atributos,* tais como o são a *laboriosa e exaustiva investigação,* tanto normativa, como doutrinal, como jurisprudencial, a *novidade e pertinência da temática* escolhida e desenvolvida, bem como *o frutuoso interesse prático* que dele resulta.

*Tertium,* cuidando agora da *especificidade da matéria jurídico-pública* tratada nesta obra, não devemos deixar de expressar, *hic et nunc,* que, em nosso entendimento, *mais do que uma análise jurídico-dogmática,* de e para a Academia, ela representa, sim, *um verdadeiro alerta implacavelmente dirigido aos operadores,* ou, como hoje sói dizer-se, aos *Atores do Sistema Político Democrático,* tal como concebido e plasmado na Constituição Federal brasileira de 1988, *maxime* no respeitante às *exigências jurídico-constitucionais de legitimação institucional "interna" e comportamental dos partidos políticos.*

Em boa verdade, na senda dos nossos Mestres da Faculdade de Direito da Universidade de Coimbra, Gomes Canotilho e Vital Moreira, também Daniel Castro Gomes da Costa acaba por apontar no sentido –

aliás, tal como nós – de que *a* "posição constitucional dos partidos políticos não é a de mera licitude, mas de verdadeira funcionalização constitucional (incorporação constitucional dos partidos políticos), que os transforma de associações meramente lícitas, em associações necessárias, caracterizadoras do sistema político-constitucional".[i]

Basta, pois, atentar na *estrutura da obra*, para, sem grandes dificuldades, retirar daí esta conclusão. Ora, se no Capítulo 1, o autor procede a uma *análise e caracterização exaustiva acerca da importância, natureza, função e regime jurídico "específico" dos partidos políticos no sistema político-constitucional brasileiro*, no Capítulo 2, vem desfiar, paulatinamente, um *elenco de "perigos" intrassistemáticos*, que hodiernamente se revelam no *funcionamento do (Sub)Sistema Eleitoral*, mais propriamente ao nível de uma *deficiente actuação "interna" dos partidos políticos, vindo a transmutar-se numa avassaladora ameaça que resvala sobre a própria subsistência dos sistemas políticos democráticos.*

Assim sucede com o que designamos por *"fenómenos" políticos contaminadores da Democracia*, tais como a *corrupção* versus *financiamento partidário*, a *violação das "cotas de género"*, *o uso e abuso das "fake news"*, a *utilização ilícita de "dados pessoais"*, assim como com a *"falta de transparência democrática"* – os quais são *detalhadamente analisados e questionados* pelo autor.

Destarte, entre as *soluções* propostas, no Capítulo 3, para o necessário *combate a essas distorções ao sistema pluralista, partidário e eleitoral*, o ilustre autor defende, preferencialmente, o *"Compliance"*, formulando, *por um lado, um apelo à atuação e à prudência do legislador*, para que, *atentando na realidade político-administrativa específica brasileira* e *colhendo as mais-valias que lhe podem ser facultadas pelas experiências legislativas estrangeiras*, venha a *produzir uma legislação adequada a fazer valer imperativamente a ética no comportamento "interno" e "externo" dos partidos políticos*, sem descurar, entretanto, *por outro lado*, a necessidade de os *incentivar* a uma atitude de *autocontenção e de contrição, perante uma iminente adoção de condutas contrárias ao princípio democrático, em que se alicerça o sistema jurídico-constitucional vigente.*

É que, relembrando, uma vez mais, o ensinamento de Gomes Canotilho e de Vital Moreira, *a* "liberdade partidária articula-se com a ideia de estadualidade partidária (inserção e relevância jurídico-constitucional dos partidos na estrutura do Estado Democrático), o que

---

[i] Cfr. J. J. Gomes Canotilho e Vital Moreira, *Constituição da República Portuguesa Anotada*, Volume I, 4.ª Edição Revista, Coimbra Editora, Coimbra, 2006, p. 682.

significa o dever de observância, por parte dos partidos, no plano da organização e funcionamento internos, dos princípios estruturantes da Democracia, como são os princípios da transparência, da organização e gestão democrática e da participação de todos os seus membros".[ii]

Em guisa de síntese, para além de tudo quanto se expendeu, o *mais elevado préstimo dogmático da Tese* em presença assenta numa *ambiciosa e fundada proposta reformista da "Democracia Intrapartidária Brasileira"*. O autor consegue *transmitir essa sua mensagem* com o *realismo típico de um conhecedor exímio da* ambience *jurídico-política* em que se integra, mormente quando *diagnostica os seus "vícios" concretos, para além das suas abstractas "virtudes"*, bem como *com os olhos de um douto e interessado Cultor do Direito Público* que *pensa e formula os "remédios" jurídicos adequados e justos* a serem *necessariamente prescritos como terapêutica de reabilitação e de aperfeiçoamento de um sistema político democrático*, como o é e será aquele que emerge da Constituição da República Federativa do Brasil de 1988.

Agradecidos e reconhecidos ao Senhor Professor Doutor Daniel Castro Gomes da Costa, terminamos estas nossas palavras de prévio apreço e de constante felicitação, *por e exclusivamente ser delas merecedor*, recordando que a sua obra faz *jus* às sempre e eternamente *sábias palavras* do nosso mui saudoso Mestre, Doutor Rogério Ehrhardt Soares, para quem, *ao jurista* "não se lhe pede que deixe de ser jurista; apenas que, sendo-o, vá acreditar que a sua missão é mais ampla e digna que a de prestar homenagem passiva a tudo aquilo que se fornece como sendo direito".[iii]

Por fim, com a *mais elevada estima e consideração*, peço a V.ª Ex.ª se digne aceitar um *abraço Amigo* do

**António Eduardo Baltar Malheiro de Magalhães**
Doutor em Direito Público. Professor da Faculdade de Direito da Universidade de Coimbra.

Faculdade de Direito da Universidade de Coimbra,
Paço das Escolas, a 17 de Abril de 2020.

---

ii *Idem, Ibidem*, p. 686.

iii Cfr. Rogério Guilherme Ehrhardt Soares, *Direito Público e Sociedade Técnica*, Tenacitas, Coimbra, 2008, p. 162.

# INTRODUÇÃO

O ideal de Estado Democrático de Direito apregoa que a participação do povo é indispensável para a sustentação do Estado. É nesse contexto que surgem os partidos políticos, constituindo-se como um grupo de pessoas com ideologias análogas, com vistas a participar do processo democrático de escolha de representantes.

Os partidos políticos adquiriram um importante papel na esfera internacional, principalmente após a 2ª Guerra Mundial, porquanto se manifestam como entes intermediários no sistema democrático, ao representarem os mais distintos segmentos sociais, organizados de forma mínima, tornando-se instrumentos de despersonificação do poder.

Esse quadro é igualmente observado no Brasil, especialmente após o fim do regime militar e com o advento da Constituição Federal de 1988, que inseriu o regramento dos partidos políticos no título relacionado aos direitos e garantias fundamentais, reforçando a importância das agremiações para a consolidação do sistema representativo democrático estabelecido pelo legislador originário.

Nesse cenário, destaca-se que a Carta Constitucional brasileira apregoa aos partidos políticos autonomia para definir sua estrutura interna, organização e funcionamento, bem como para adotar os critérios de escolha e o regime de suas coligações nas eleições majoritárias. Ademais, os partidos brasileiros recebem recursos públicos (Fundo Partidário e Fundo Especial de Financiamento de Campanha) para financiarem, respectivamente, as atividades partidárias e as campanhas, e têm acesso gratuito ao rádio e à televisão, na forma da legislação infraconstitucional.

Não obstante a imensa estrutura e a gama de direitos proporcionados aos partidos políticos e candidatos, observa-se hoje no Brasil um grande descrédito na classe política e nas agremiações partidárias.

Muitos são os casos de fraudes, má gestão, denúncias de corrupção, mau uso dos recursos públicos, emprego de *fake news* e falta de transparência, o que enseja a percepção de insegurança e desconfiança.

Essa insatisfação generalizada foi evidenciada tanto no resultado da última eleição geral (2018), na qual houve uma das maiores renovações de cargos em todas as esferas dos poderes Legislativo e Executivo, quanto nas várias manifestações populares ocorridas nos últimos anos.

Desse modo, sopesadas as problemáticas hodiernas dos partidos políticos brasileiros concebidas pela crise de credibilidade em face do desrespeito às regras eleitorais e, por conseguinte, a carência de confiabilidade da população, objetiva-se neste estudo identificar as consecuções necessárias para gerar mais estabilidade no cenário político e harmonizar o sistema eleitoral e a atividade partidária com os princípios e postulados empregados no ideal do Estado Democrático de Direito.

Para alcançar a avaliação pretendida, utilizou-se da metodologia de análise bibliográfica sobre o tema, consubstanciada na legislação brasileira e internacional (EUA, União Europeia, Austrália, Canadá, entre outros), acórdãos de julgamentos de tribunais administrativos e jurisdicionais, periódicos, dissertações, teses, doutrina, reportagens e outros estudos sobre o assunto. Ao mesmo tempo, a pesquisa também se pauta no método exploratório, com vistas a compreender a possibilidade de implementação de programas de *Compliance* nas agremiações partidárias e nas eleições (candidaturas).

Nesse contexto, parte-se, no Capítulo 1, de uma análise contemporânea dos partidos políticos brasileiros, desde sua natureza jurídica, função e importância, até a identificação dos direitos e deveres perpetrados pela Constituição e pela legislação infraconstitucional, considerando, consecutivamente, o entendimento jurisprudencial do Tribunal Superior Eleitoral e do Supremo Tribunal Federal.

Ato contínuo, identificadas as características essenciais dos partidos no espectro normativo e social, realiza-se, no Capítulo 2, um diagnóstico atual e minucioso da realidade política brasileira, indicando as principais dificuldades encontradas no sistema eleitoral – tanto nos partidos quanto nas candidaturas –, com o concomitante exame no contexto legal, jurisprudencial e socioeconômico.

Ademais, questões como a inobservância das novas perspectivas sobre as cotas de gênero, respeito às minorias, candidaturas avulsas, efeitos da mídia e propagação de notícias falsas no cenário eleitoral (*fake news*), financiamento público, caixa 2, prática de nepotismo na aplicação de recursos de origem pública, são alguns dos tópicos avaliados dentro de um conjunto crítico da ciência político-jurídica.

Por fim, o Capítulo 3 é palco de investigação dos modelos adotados em outros países para o combate a fraudes, corrupção e ausência de transparência, tanto nas relações privadas com o poder público quanto, especificadamente, nas eleições e nas atividades partidárias, com o escopo de examinar como o *Compliance* – *in casu*, o eleitoral – poderia colaborar no combate aos problemas enfrentados pelo sistema político brasileiro.

Nessa perspectiva, avaliam-se temas de destaque para a consolidação da democracia representativa, tais como: as legislações anticorrupção, de transparência e de proteção de dados e os projetos de lei em tramitação no Congresso Nacional que versam sobre a admissão do *Compliance* partidário (PLS nºs 60/2017 e 429/2017). Além disso, propostas de como poderiam ser implementados programas de integridade e suas limitações e as formas de revisão do atual modelo de democracia intrapartidária também são alinhavadas e analisadas sob uma visão comparada e realística.

CAPÍTULO 1

# PARTIDOS POLÍTICOS

## 1.1 Conceito

O conceito de partido político sofreu diversas modificações ao longo do tempo. Em sua origem, segundo Maurice Duverger, os partidos políticos eram compreendidos como facções que dividiam as repúblicas antigas, seja em clãs que se agrupavam ao redor de um líder na Itália renascentista, seja em clubes onde se reuniam os deputados das assembleias revolucionárias, nos comitês que preparavam as eleições censitárias das monarquias constitucionais ou em vastas organizações populares que formavam a opinião pública nas democracias modernas.[1]

Essa noção primitiva dos partidos políticos evidenciava uma ideia negativa de divisão, ao apontá-los como óbice ao regime democrático, por enfraquecerem a administração pública e os governos constituídos, bem como por representarem uma barreira entre governantes e governados. As referidas facções, clãs e clubes, todavia, não se confundem com os partidos políticos da forma como concebidos atualmente – tal conformação moderna é derivada da criação de grupos parlamentares após a constituição dos comitês eleitorais, assim como da constante inter-relação entre ambos, que se estabeleceram como instituições essenciais ao desenvolvimento da democracia, da ampliação do sufrágio universal e das prerrogativas parlamentares.[2]

---

1 DUVERGER, Maurice. *Los partidos políticos*. 18. ed. México: Fondo de Cultura Económica, 2002, p. 15.

2 ARAS, Augusto. *Fidelidade partidária*: efetividade e aplicabilidade. 1. ed. Rio de Janeiro: LMJ Mundo Jurídico, 2016, p. 128.

Destarte, a origem e o desenvolvimento dos partidos políticos remetem à demanda crescente de participação de setores amplos da sociedade civil no processo de elaboração das decisões políticas, contexto em que se tornaram componente indispensável à dinâmica do sistema representativo.[3]

Nesse sentido, ao definir o termo "partido político", Max Weber asseverou tratar-se de associações motivadas tanto pela realização de um plano objetivo com pretensões materiais ou ideais de determinado grupo, quanto pelo fim pessoal de participar da gestão do poder político e da obtenção de benefícios.[4]

Doutro vértice, para José Afonso da Silva, os partidos políticos representam uma forma de agremiação social que se propõe a organizar, a coordenar e a instrumentalizar a vontade popular com o fim de assumir o poder para realizar seu programa de governo.[5]

Ainda, segundo Dieter Grimm, os partidos políticos são importantes instituições que exercem uma função de mediação entre povo e Estado no processo de formação da vontade política, especialmente no que concerne ao processo eleitoral, na medida em que apresentam lideranças pessoais e programas para a eleição e procuram organizar as decisões do Estado consoante as exigências e as opiniões da sociedade.[6]

Flávia Ribeiro, por sua vez, considera o partido político como um grupo social de relevante amplitude, destinado à agremiação coletiva em torno de ideias e interesses, com a finalidade de promover o compartilhamento do poder decisório nas instâncias governamentais. A partir disso, enumera seus elementos de identificação, quais sejam: (i) o grupo social (dirigentes, líderes, filiados e adeptos que compõem o partido político); (ii) a relação de solidariedade entre seus membros (união em prol de um objetivo comum, a conquista do poder político) e a disposição competitiva com grupos diferentes; (iii) o programa político (propostas e diretrizes que devem guiar a atividade partidária);

---

3 OPPO, Anna *apud* BOBBIO, Norberto; MATTEUCCI, Nicola; PASQUINO, Gianfranco. Tradução de Carmen C., Varriale *et al. Dicionário de política.* v. 1. 11. ed. Brasília: Editora Universidade de Brasília, 1998, p. 898-905.

4 WEBER, M. *Economia e società. v.* II. Milão: Edizioni di Comunità. 1961, p. 241-42; BOBBIO, Norberto; MATTEUCCI, Nicola; PASQUINO, Gianfranco. Tradução de Carmen C., Varriale *et al. Dicionário de política.* v. 1. 11. ed. Brasília: Editora Universidade de Brasília, 1998, p. 898-899.

5 SILVA, José Afonso da. *Curso de direito constitucional positivo.* 22. ed. rev. e atual. São Paulo: Malheiros, 2003, p. 393.

6 GRIMM, Dieter. Politische Parteien. *In:* BENDA, Ernst; MAIHOFER, Werner; VOGEL, Hans-Jochen (Hrsg.). *Handbuch des Verfassungsrechts.* Berlin/New York: [s.n.], 1995. Band 1, p. 599.

e (iv) a organização estável (existência de sistemas de controle interno e externo).[7]

Sobre o tema, Carlos B. de Morais[8] aduz:

> Um regime democrático caracteriza-se por uma pluralidade de tendências políticas ligadas a opções alternativas de poder oferecidas aos cidadãos eleitores, as quais se organizam sob a forma de partidos políticos que concorrem eleitoralmente entre si no processo de designação de titulares os órgãos de poder político, a nível nacional, regional e local.

E Isabella Razzuoli[9] anota:

> A função primaria, a efectiva razão de ser dos partidos, é a representação dos interesses, dos pedidos e das orientações ideológicas dos cidadãos, da colectividade. A competição na arena política é a função dinámica exercida pelos partidos uma vez canalizada a vontade popular: concorrer democraticamente em determinar a política nacional, uma fórmula essa que as duas constituições acolhem e que mostra a evidente influência exercida pelo constitucionalismo italiano na constituição portuguesa.

Considerando as definições apresentadas, compreende-se, em síntese, que os partidos políticos constituem grupos sociais que se unem em prol da disputa, da conquista, do exercício e da conservação do poder, apresentando ideologias e programas próprios como incentivo à reunião de filiados e adeptos, a fim de atender seus anseios.

Ressalta-se que a posição dos partidos políticos continua a ser intermediária entre governantes e governados e, tal como já analisado, agrupamentos sociais incipientes que dão origem às agremiações. Contudo, abandonou-se a visão antagonista de segmentação social em prol de um entendimento harmonioso no qual os partidos políticos consistem em relevante *approach* do sistema democrático representativo.

---

7 RIBEIRO, Flávia. *Direito eleitoral*. 4. ed. rev. e ampl. Rio de Janeiro: Forense, 1996, p. 267/291.

8 MORAIS, Carlos Blanco de. *O sistema político*: no contexto da erosão da democracia representativa. 1 ed. Coimbra: Almedina, 2017.

9 RAZZUOLI, Isabella. *Os partidos políticos na Constituição da República italiana e portuguesa*: uma análise dos artigos constitucionais. Faculdade de Direito da Universidade de Lisboa, Instituto de Ciências Jurídico-Políticas. 2010. p. 24. Disponível em: https://www.icjp.pt/sites/default/files/media/652-970.pdf. Acesso em: 8 out. 2019.

### 1.1.1 Natureza jurídica

Considerando o abreviado histórico apresentado acerca da criação e do desenvolvimento dos partidos políticos, bem como sua definição técnica, procede-se à compreensão de sua fundamentação e forma jurídica, à luz dos preceitos democráticos constitucionais.

O sistema democrático de governo pressupõe o direito de reunião e de associação, como efetiva manifestação da opinião pública e exercício da liberdade de expressão. Nesse sentido, a liberdade de reunião e de associação, expressa no art. 5º, incisos XVI a XXI, da Constituição,[10] pode ser compreendida como uma dimensão coletiva do direito à liberdade de expressão.[11]

Segundo Gilmar Mendes, o direito de reunião pode ser compreendido como um agrupamento de pessoas (elemento subjetivo) em uma área específica (elemento espacial), que deve ostentar um mínimo de organização (elemento formal), com vistas à consecução de determinado objetivo (elemento teleológico), de caráter transitório (elemento temporal) e pacífico (elemento objetivo).[12]

De forma diversa, o direito de associação compreende a coligação voluntária de pessoas sob uma direção comum, em caráter estável, tendo por objetivo somar esforços a partir da cooperação e expandir as possibilidades de autoexpressão. Tal direito abrange faculdades distintas, como a possibilidade de (i) constituição de associações, (ii) ingresso, (iii) abandono ou não associação, e (iv) auto-organização dos sócios e desenvolvimento de suas atividades associativas. Destaca-se que a liberdade de associação tem autonomia em relação aos fins a

---

[10] "Art. 5º [...] XVI – todos podem reunir-se pacificamente, sem armas, em locais abertos ao público, independentemente de autorização, desde que não frustrem outra reunião anteriormente convocada para o mesmo local, sendo apenas exigido prévio aviso à autoridade competente;
XVII – é plena a liberdade de associação para fins lícitos, vedada a de caráter paramilitar;
XVIII – a criação de associações e, na forma da lei, a de cooperativas independem de autorização, sendo vedada a interferência estatal em seu funcionamento;
XIX – as associações só poderão ser compulsoriamente dissolvidas ou ter suas atividades suspensas por decisão judicial, exigindo-se, no primeiro caso, o trânsito em julgado;
XX – ninguém poderá ser compelido a associar-se ou a permanecer associado;
XXI – as entidades associativas, quando expressamente autorizadas, têm legitimidade para representar seus filiados judicial ou extrajudicialmente". BRASIL. (1988) *Constituição da República Federativa do Brasil*. Disponível em: http://www.planalto.gov.br/ccivil_03/constituicao/constituicao.htm. Acesso em: 8 out. 2019.

[11] GAVARA DE CARA, Juan Carlos. *Derechos fundamentales y desarollo legislativo*. Madrid: Centro de Estudios Políticos y Constitucionales, 1994, p. 4.

[12] MENDES, Gilmar Ferreira; BRANCO, Paulo Gustavo Gonet. *Curso de direito constitucional*. 13. ed. São Paulo: Saraiva, 2018, p. 301-303.

que se propõe – protege-se a liberdade de criação de grupos em si, independentemente de seus objetivos, desde que lícitos.[13]

Especificamente, a constituição dos partidos políticos tem por fundamento geral o direito de associação, a despeito de apresentar disciplina constitucional específica, contida no art. 17.[14] Isso porque, ao assegurar o direito de associação e de formação de um grupo de caráter permanente para atingir determinado fim lícito, que pode estar relacionado à política, a Constituição Federal de 1988 garante a possibilidade de fundação de um partido, instrumento essencial ao pleno funcionamento da democracia representativa.

Para a realização desses objetivos, a forma jurídica assumida pelos partidos políticos no Brasil é a de associação *stricto sensu*, como pessoa jurídica de direito privado sem fins econômicos, nos termos do Código Civil.[15] Além disso, após adquirirem personalidade jurídica, as agremiações devem registrar seus estatutos[16] no Tribunal Superior Eleitoral (TSE), conforme previsto no texto constitucional.[17]

---

[13] MENDES, Gilmar Ferreira; BRANCO, Paulo Gustavo Gonet. *Curso de direito constitucional*. 13. ed. São Paulo: Saraiva, 2018, p. 307-309.

[14] "Art. 17. É livre a criação, fusão, incorporação e extinção de partidos políticos, resguardados a soberania nacional, o regime democrático, o pluripartidarismo, os direitos fundamentais da pessoa humana e observados os seguintes preceitos:
I – caráter nacional;
II – proibição de recebimento de recursos financeiros de entidade ou governo estrangeiros ou de subordinação a estes;
III – prestação de contas à Justiça Eleitoral;
IV – funcionamento parlamentar de acordo com a lei". BRASIL. (1988) *Constituição da República Federativa do Brasil*. Disponível em: http://www.planalto.gov.br/ccivil_03/constituicao/constituicao.htm. Acesso em: 8 out. 2019.

[15] "Art. 53. Constituem-se as associações pela união de pessoas que se organizem para fins não econômicos". BRASIL. *Lei nº 10.406, de 10 de janeiro de 2002*. Institui o Código Civil. Disponível em: http://www.planalto.gov.br/ccivil_03/leis/2002/l10406.htm. Acesso em: 17 jul. 2019.

[16] "Art. 54. Sob pena de nulidade, o estatuto das associações conterá:
I – a denominação, os fins e a sede da associação;
II – os requisitos para a admissão, demissão e exclusão dos associados;
III – os direitos e deveres dos associados;
IV – as fontes de recursos para sua manutenção;
V – o modo de constituição e de funcionamento dos órgãos deliberativos;
VI – as condições para a alteração das disposições estatutárias e para a dissolução.
VII – a forma de gestão administrativa e de aprovação das respectivas contas". BRASIL. *Lei nº 10.406, de 10 de janeiro de 2002*. Institui o Código Civil. Disponível em: http://www.planalto.gov.br/ccivil_03/leis/2002/l10406.htm. Acesso em: 17 jul. 2019.

[17] "Art. 17. É livre a criação, fusão, incorporação e extinção de partidos políticos, resguardados a soberania nacional, o regime democrático, o pluripartidarismo, os direitos fundamentais da pessoa humana e observados os seguintes preceitos: [...] §2º Os partidos políticos, após adquirirem personalidade jurídica, na forma da lei civil, registrarão seus estatutos no Tribunal Superior Eleitoral. [...]. BRASIL. (1988) *Constituição da República Federativa do Brasil*.

### 1.1.2 Função e importância dos partidos políticos

Tendo em vista o entendimento sobre o conceito e a natureza jurídica dos partidos políticos, é possível compreender a função que lhes cabe na sociedade. A importância dessas instituições reside essencialmente na formação da vontade política em torno de atividade formal e organizada, isto é, no processo de intermediação entre povo e Estado em prol da ordenação da ação política.

No âmbito do Estado Democrático de Direito, faz-se extremamente relevante a organização político-partidária para a realização do princípio da representação, dada sua capacidade de mediar a convivência entre interesses heterogêneos da sociedade. Em meio às demandas sociais pulverizadas, a necessária distribuição e operacionalização do poder é realizada por meio de sua segregação em partidos políticos, cujo objetivo central é a conquista da parcela decisória do poder no âmbito governamental para conferir efetividade aos interesses de determinada fração da coletividade.

Nesse passo, José Fontes[18] conclui:

> Os partidos políticos são organizações estruturadas de pessoas, com uma duração razoável de organização, com uma implantação local generalizada e que lutam pela aquisição, manutenção e exercício do poder. A sua vocação é a ocupação do poder político, o que desde logo os distingue de outras formas de organização ou associativismo político, como é o caso das meras associações políticas.

Se o ato de votar pode ser definido como a realização formal de um ato político[19] e cada indivíduo pode ser observado como titular de uma parcela igualmente distribuída desse poder, a função dos partidos políticos, portanto, se traduz essencialmente na criação de um ambiente de escolha para os cidadãos, capaz de gerar autenticidade

---

Disponível em: http://www.planalto.gov.br/ccivil_03/constituicao/constituicao.htm. Acesso em: 8 out. 2019.

18 FONTES, José. Da função eleitoral dos partidos políticos no direito português e sua natureza político-jurídica. *Eleições: Revista de Assuntos Eleitorais*, n. 13, 2010, p. 4. Disponível em: https://repositorioaberto.uab.pt/bitstream/10400.2/1746/1/FUN%C3%87%C3%83O%20ELEITORAL.pdf. Acesso em: 8 out. 2019

19 SILVA, José Afonso. *Curso de direito constitucional positivo*. 10. ed. São Paulo: Malheiros Editores, 1995, p. 138.

para o sistema representativo[20] e promover a institucionalização das formas de pensamento.[21]

Nesse sentido, a ordem jurídica brasileira ainda confere aos partidos políticos a atribuição de resguardar a soberania nacional, o regime democrático, o pluripartidarismo e os direitos fundamentais da pessoa humana, visando assegurar a autenticidade do sistema representativo quando da institucionalização do poder.[22]

---

[20] AGRA, Walber de Moura. Financiamento eleitoral no Brasil. *In*: CAMPILONGO, Celso Fernandes; GONZAGA, Alvaro de Azevedo; FREIRE, André Luiz (Coord.). *Enciclopédia jurídica da PUC-SP*. Tomo Direito Administrativo e Constitucional. 1. ed. São Paulo: Pontifícia Universidade Católica de São Paulo, 2017.

[21] Voto condutor da Prestação de Contas n. 0601182-03.2018.6.12.0000 – Tribunal Regional Eleitoral de Mato Grosso do Sul. Vide ementa: PRESTAÇÃO DE CONTAS. ELEIÇÕES 2018. AUSÊNCIA DE COMPROVAÇÃO DA UTILIZAÇÃO DE RECURSOS DO FUNDO ESPECIAL DE FINANCIAMENTO DE CAMPANHA. DEVOLUÇÃO AO TESOURO NACIONAL. USO IRREGULAR DE RECURSOS DO FUNDO ESPECIAL DE FINANCIAMENTO DE CAMPANHA (FEFC) COM A CONTRATAÇÃO DE FAMILIARES DA CANDIDATA PRESTADORA. INTERPRETAÇÃO SISTEMÁTICA DE ACORDO COM A CONSTITUIÇÃO FEDERAL. OFENSA AOS PRINCÍPIOS CONSTITUCIONAIS DA MORALIDADE E DA IMPESSOALIDADE. ART. 37 DA CONSTITUIÇÃO FEDERAL. SÚMULA VINCULANTE N. 13. CONTAS DESAPROVADAS. REMESSA DOS AUTOS AO MINISTÉRIO PÚBLICO ELEITORAL PARA APURAR POSSÍVEL CRIME ELEITORAL.1. A despeito de não haver restrição legal expressa, a contratação de familiares da prestadora como cabos eleitorais para campanha, com a utilização de recursos públicos oriundos do Fundo Partidário (FP) ou Fundo Especial de Financiamento de Campanha (FEFC) é incompatível com o conjunto jurídico-constitucional brasileiro, com nítida sobreposição de interesses privados em detrimento de interesses públicos, em dissonância com os princípios da impessoalidade, da moralidade e isonomia, insculpidos no art. 37 da Constituição Federal. 2. Considerando o novo regime jurídico de financiamento, o processo de prestação de contas, apesar de se limitar à averiguação da regularidade contábil da campanha, deve ser analisado de acordo com o sistema constitucional vigente, com censura da justiça eleitoral quando recursos públicos são direcionados a cônjuges, companheiros ou parentes de candidato, em linha reta, colateral ou por afinidade, até o terceiro grau, inclusive, segundo inteligência do que prevê a Súmula Vinculante n. 13 do STF. 3. In casu, a candidata prestadora utilizou-se de, aproximadamente, 50% (cinquenta por cento) dos recursos financeiros movimentados (provenientes do FEFC) para contratar os serviços de dois filhos, sendo que, um deles, para ser coordenador de campanha, em período que estava de licença médica no cargo de servidor público municipal. 4. Contas desaprovadas. 5. Devolução dos recursos do Fundo Especial de Financiamento de Campanha sem a devida comprovação de sua utilização, a teor do art. 82, §1º, da Resolução TSE n. 23.553/2017. Do mesmo modo, restituição de recursos do Fundo Especial de Financiamento de Campanha utilizados com contratação de parentes em até 3º grau para a campanha eleitoral. 6. Remessa de cópia dos autos à Procuradoria Regional Eleitoral para apurar a ocorrência de possível crime de apropriação indébita eleitoral, tipificado no art. 354-A do Código Eleitoral. (PRESTAÇÃO DE CONTAS n 060118203, ACÓRDÃO n 060118203 de 23/07/2019, Relator DANIEL CASTRO GOMES DA COSTA, Publicação: *DJE* – Diário da Justiça Eleitoral, Tomo 2237, Data 26/07/2019, p. 15-28).

[22] "Art. 2º. É livre a criação, fusão, incorporação e extinção de partidos políticos cujos programas respeitem a soberania nacional, o regime democrático, o pluripartidarismo e os direitos fundamentais da pessoa humana". BRASIL. *Lei nº 9.096, de 19 de setembro de 1995*. (Lei dos

## 1.2 Sistema constitucional brasileiro – Pluripartidarismo

Com a constitucionalização dos partidos políticos no texto de 1988, a organização do sistema partidário pelo constituinte originário envolveu a escolha entre os distintos mecanismos de organização partidária: sistema de partido único, bipartidarismo e pluripartidarismo.

Típica de Estados totalitários, a expressão "partido único" denota em si mesma uma contradição, já que a palavra partido se refere à parte ou à divisão de uma totalidade política. Nesse seguimento, a existência de um único partido político provoca situação em que a parte se confunde com o todo,[23] não sendo possível falar em sistema partidário pela ausência de um conjunto organizado de partes relacionadas entre si e postas em mútua dependência.[24]

O bipartidarismo, de outro lado, tem por fundamento a constante alternância de poder entre dois partidos políticos. A despeito da possibilidade de existência de mais partidos políticos, tem-se uma estrutura rígida do sistema, permitindo, na prática, que apenas dois apresentem condições de disputar o poder. Atualmente, alguns países ainda adotam esse sistema, como *v.g.*, a Inglaterra (conservadores e trabalhistas), os Estados Unidos (democratas e republicanos) e a Nova Zelândia (nacionais e trabalhistas).

Por fim, o pluripartidarismo remete à existência de mais de dois partidos políticos com possibilidades reais de atingir o poder. Nesse sistema, subsiste a intenção de proporcionar a representação do pensamento de diversas correntes de opinião, concedendo às minorias políticas o peso de uma influência que naturalmente não lhes pertenceria no sistema bipartidário ou unipartidário.[25]

Traçadas as referidas premissas teóricas, há de se constatar que, após um período de bipartidarismo rígido que sustentou o regime militar brasileiro (1964-1985), a estabilização do pluralismo político pelo poder constituinte ocorreu, de forma esperada, em oposição a qualquer ideologia social, política, cultural ou economicamente monopolista.[26]

---

Partidos Políticos). Disponível em: http://www.planalto.gov.br/ccivil_03/leis/l9096.htm. Acesso em: 19. jun. 2019.

23 SEILER, Daniel-Louis. *Os partidos políticos*. Brasília: Editora Universidade de Brasília, 2000, p. 138.

24 BONAVIDES, Paulo. *Curso de direito constitucional*. 11. ed. São Paulo: Malheiros, 2001, p. 89.

25 BONAVIDES, Paulo. *Ciência política*. 10. ed. São Paulo: Malheiros, 2001, p. 363.

26 MEZZAROBA, Orides. *O partido político no Brasil*: princípios constitucionais balizadores para criação e funcionamento. *In*: GONÇALVES, Guilherme de Salles; PEREIRA, Luiz

Por esse motivo, consagrado pela Constituição Federal[27] nos artigos 1º, V, e 17, *caput*, e corroborado pelo legislador ordinário, nos termos do art. 2º da Lei dos Partidos Políticos[28] (Lei nº 9.096/1995), o pluripartidarismo representa um dos pilares do sistema político-eleitoral brasileiro, alicerçado pela liberdade de criação, fusão, incorporação e extinção de partidos, como expressão da visão pluralista que motivou o processo de redemocratização do país.[29]

Manifesta-se, desse modo, que a escolha pelo pluralismo político demonstra a preocupação do legislador constituinte em afirmar a ampla e livre participação popular nas decisões políticas do país, garantindo a liberdade de convicção filosófica e política, igualmente, a irrestrita possibilidade de organização e participação em partidos políticos.[30]

## 1.3 Histórico dos partidos políticos no Brasil

A despeito de a Constituição de 1988 conferir extrema relevância à participação dos partidos políticos no processo eleitoral e na formação da vontade política de modo organizado na sociedade, exercendo a

---

Fernando Casagrande; STRAPAZZON, Carlos Luiz (Coord.). *Direito eleitoral contemporâneo*. Belo Horizonte: Fórum, 2008, p. 53.

27 "Art. 1º A República Federativa do Brasil, formada pela união indissolúvel dos Estados e Municípios e do Distrito Federal, constitui-se em Estado Democrático de Direito e tem como fundamentos:
I – a soberania;
II – a cidadania;
III – a dignidade da pessoa humana;
IV – os valores sociais do trabalho e da livre iniciativa;
V – o pluralismo político.
[...] BRASIL. (1988) *Constituição da República Federativa do Brasil*. Disponível em: http://www.planalto.gov.br/ccivil_03/constituicao/constituicao.htm. Acesso em: 8 out. 2019.
"Art. 17. É livre a criação, fusão, incorporação e extinção de partidos políticos, resguardados a soberania nacional, o regime democrático, o pluripartidarismo, os direitos fundamentais da pessoa humana e observados os seguintes preceitos". BRASIL. (1988) *Constituição da República Federativa do Brasil*. Disponível em: http://www.planalto.gov.br/ccivil_03/constituicao/constituicao.htm. Acesso em: 8 out. 2019.

28 "Art. 2º É livre a criação, fusão, incorporação e extinção de partidos políticos cujos programas respeitem a soberania nacional, o regime democrático, o pluripartidarismo e os direitos fundamentais da pessoa humana". BRASIL. *Lei nº 9.096, de 19 de setembro de 1995*. (Lei dos Partidos Políticos). Disponível em: http://www.planalto.gov.br/ccivil_03/leis/l9096.htm. Acesso em: 19. jun. 2019.

29 NETO, Admar Gonzaga. A criação de partidos políticos no Brasil. *In:* WAGNER, L. G. Costa; CALMON, Petrônio (Coord.). *Direito eleitoral*. Brasília: Gazeta Jurídica, 2014, p. 31.

30 BERNARDINO, Laerty. O declínio do pluripartidarismo a partir da reforma política. *In:* FUX, Luiz; PEREIRA, Luiz Fernando Casagrande; AGRA, Walber de Moura (Coord.); PECCINI, Luiz Eduardo (Org.). *Direito partidário*. Belo Horizonte: Fórum, 2018, p. 59-70. (Tratado de Direito Eleitoral, v. 2).

função de intercessão entre povo e Estado, a história político-partidária do Brasil não foi sempre linear.

Até o ano 1831, não havia partidos políticos, apenas facções: governo e oposição. Nesse período, ainda no Brasil Império, surgiram os primeiros partidos políticos: Restaurador, Republicano e Liberal.[31] Esses deram origem à divisão entre duas grandes frentes: Partido Liberal e Partido Conservador, que dominaram o contexto político do Segundo Império.

No período entre 1862 e 1864, formou-se o Partido Progressista, proveniente da cisão de uma parcela liberal do Partido Conservador; em 1868, criou-se o novo Partido Liberal, reunindo progressistas e liberais radicais; e, em 1870, fundou-se o Partido Republicano.[32]

Após a proclamação da República, a Constituição de 1891 determinou o sufrágio universal, direto e aberto, em modelo que possibilitava práticas de fraude eleitoral e suprimia a liberdade de voto de parcela da população, promovendo a manutenção do poder oligárquico dos coronéis.[33] Por ser o sistema majoritário e dividido em distritos, inexistindo organizações partidárias nacionais, tinha-se um contexto ainda mais propício ao domínio de forças partidárias locais ou partidos regionais.

A Revolução de 1930, em oposição à política do café com leite[34] que predominou na República Velha, promoveu uma tentativa de reorganização partidária e formação de grupos de opinião relevantes, que deu origem ao Partido Comunista Brasileiro e à Aliança Integralista Brasileira.

A ascensão de Getúlio Vargas, contudo, representou o enfraquecimento das estruturas oligárquicas regionais em prol do fortalecimento do governo central, em uma perspectiva centralizadora.[35] Nesse contexto, de pensamento preponderantemente antipartidário, vislumbravam-se

---

31 FERREIRA, Manoel Rodrigues. *A evolução do sistema eleitoral brasileiro*. Brasília: Conselho Editorial do Senado Federal, 2001, p. 167.

32 MENDES, Gilmar Ferreira; BRANCO, Paulo Gustavo Gonet. *Curso de direito constitucional*. 13. ed. São Paulo: Saraiva, 2018, p. 817.

33 SILVA, José Afonso da. Partidos políticos e sistemas eleitorais: o caso brasileiro. *Revista da Procuradoria-Geral do Estado de São Paulo*, n. 17, p. 287.

34 Período em que os Estados de São Paulo e Minas Gerais dominavam a política brasileira.

35 VIEIRA, Reginaldo de Souza. *Partidos políticos brasileiros*: das origens ao princípio da autonomia político-partidária. 2002. Dissertação (Mestrado em Direito) – Universidade Federal de Santa Catarina, Centro de Ciências Jurídicas, Florianópolis, 2002, p. 84.

os partidos políticos como desagregadores, representantes de interesses oligárquicos e propiciadores da ampliação da luta de classes.[36]

A Constituição de 1934 absorveu parte desse pensamento, não entendendo necessária a existência de partidos políticos nacionais, mas previu que a Câmara de Deputados seria composta por representantes do povo, eleitos mediante voto direto, universal e secreto, bem como de representantes eleitos pelas organizações profissionais. Tal modelo, no entanto, não chegou a ser implementado devido ao Golpe de 1937, que deu início à ditadura de Getúlio Vargas, sem participação das organizações partidárias. Nesse período foi vedada a existência de partidos políticos e entidades sindicais e populares que não estivessem sob controle do Estado.

Por efeito do declínio do regime ditatorial, Vargas editou o Decreto-Lei nº 7.586, de 1945, que convocava novas eleições parlamentares e continha regras sobre alistamento e processo eleitoral, versando, igualmente, sobre a formação de instituições partidárias. Com o fim do primeiro governo Vargas, iniciou-se um processo de democratização no Brasil, contexto que propiciou o surgimento da União Democrática Nacional (UDN), composta por forças de oposição à ditadura, do Partido Social Democrático (PSD) e do Partido Trabalhista Brasileiro (PTB), ambos pró-Vargas.[37]

Ademais, outras organizações partidárias se organizaram ou se reestruturaram nesse período, como o Partido Comunista Brasileiro (PCB), o Partido Democrata Cristão (PDC) e o Partido Libertador (PL).[38] A Constituição de 1946 previu o sufrágio universal e direto, o voto secreto e o sistema proporcional para eleição de representantes de partidos nacionais à Câmara dos Deputados, o que, entre outros fatores, contribuiu para o surgimento de diversos partidos políticos.

Após a instauração do regime militar, contudo, foi editada a Lei nº 4.740, de 1965, denominada de Lei Orgânica dos Partidos Políticos, que estabeleceu critérios mais rígidos para a criação de novas organizações partidárias.[39] No mesmo ano, o Ato Institucional nº 2 extinguiu os partidos políticos existentes, e o Ato Complementar nº 4

---

36 SOUZA, Maria do Carmo Campello de. *Estado e partidos políticos no Brasil (1930-1964)*. 3. ed. São Paulo: Alfa-Ômega, 1990, p. 65-66.

37 BRASIL. Decreto-Lei nº 7.586, de 28 de maio de 1945. Disponível em: http://www.planalto.gov.br/ccivil_03/Decreto-Lei/1937-1946/Del7586.htm. Acesso em: 22 jul. 2019.

38 SILVA, José Afonso da. Partidos políticos e sistemas eleitorais: o caso brasileiro. Revista da Procuradoria-Geral do Estado de São Paulo, n. 17, p. 287.

39 BRASIL. Lei nº 4.740, de 15 de julho de 1965. Disponível em: http://www.planalto.gov.br/ccivil_03/LEIS/1950-1969/L4740.htm. Acesso em: 25 ago.2019.

impôs o bipartidarismo, aglutinando as tendências políticas na Aliança Renovadora Nacional (ARENA), a favor do governo, e no Movimento Democrático Brasileiro (MDB), que representava a oposição. Nesse período, não houve alterações significativas quanto à liberdade de organização partidária até o ano de 1979, em que se extinguiu o modelo bipartidário vigente, nos termos da Lei nº 6.767/1979,[40] e se iniciou a reorganização das agremiações.

Nesse contexto, surgiram seis partidos políticos: o Partido Democrata Social (PDS), em substituição à ARENA, representando o governo; o Partido do Movimento Democrático Brasileiro (PMDB), substituindo o MDB; o Partido Popular (PP), composto por representantes da ARENA e do MDB; o Partido Trabalhista Brasileiro (PTB); o Partido Democrático Brasileiro (PDT), composto por parte dos ex-petebistas; e o Partido dos Trabalhadores (PT), ligado ao crescente movimento sindical paulista.[41]

O fim do regime militar e o início do governo Sarney, em 1985, traduziram-se na flexibilização da criação de partidos políticos, exigindo-se desses, para fins de representação no Congresso Nacional, pelo menos 3% dos votos do eleitorado que havia participado do último pleito para a Câmara dos Deputados, distribuídos no mínimo em cinco Estados da federação e com percentual mínimo em cada um deles de 2%. Além disso, facultou-se aos parlamentares eleitos por agremiações que não auferissem o quociente estipulado em lei o prazo de sessenta dias para se filiarem a outra legenda.

Considerando os períodos históricos abordados, a promulgação da Constituição de 1988 representou, para a organização político-partidária brasileira, a superação de um ambiente autoritário no qual a própria composição dos partidos era artificial e constituía mera formalidade.[42] Nesse espírito, ressalta-se que a Constituição Federal de 1988, em seu art. 1º, consagrou o Brasil como Estado Democrático de Direito, tendo como pilares a soberania, a cidadania, a dignidade da pessoa humana, os valores sociais do trabalho e da livre iniciativa e o pluralismo político.

Sobre o tema, assinala Mezzaroba:

---

[40] BRASIL. Lei nº 6.767, de 20 de dezembro de 1979. Disponível em: http://www.planalto.gov.br/ccivil_03/leis/1970-1979/L6767.htm. Acesso em: 23 out. 2019.

[41] MEZZAROBA, Orides. *Da representação política liberal ao desafio de uma democracia partidária*: o impasse constitucional da democracia representativa brasileira. 2000. Tese (Doutorado em Direito) – CPGD, Universidade Federal de Santa Catarina, Florianópolis, 2000.

[42] MEZZAROBA, Orides. O regime jurídico dos partidos políticos no Brasil. *In:* SALGADO, Eneida Desiree; DANTAS, Ivo (Coord.). *Partidos políticos e seu regime jurídico*. Curitiba: Juruá, 2013, p. 167-189.

> [...] a Carta Constitucional de 1988 consigna o instituto da representação política como recurso no processo de formação da vontade política do Povo. Desse ponto de vista, pelo menos dois dos requisitos necessários à fundamentação do Estado Democrático de Direito brasileiro guardam relação direta com a noção político-representativa constitucional: a soberania e o pluralismo político.[43]

A partir das premissas delineadas, entende-se a soberania como a noção de que o Estado é maior que o poder dos indivíduos considerados em sua singularidade e de grupos sociais. O pluralismo político, por outro lado, encerra a ideia de representatividade política e partidária.[44]

Desse modo, consagrada a democracia interna, a autonomia partidária e os princípios que devem guiar a atuação das agremiações, verifica-se que a Constituição Federal de 1988 representou marco significativo para o histórico das organizações partidárias, conferindo-lhes elevado grau de liberdade de conformação e alta relevância em termos de representatividade e formação da opinião pública.

Atualmente, existem 33 partidos políticos regularmente registrados no Tribunal Superior Eleitoral (TSE),[45] nos termos da legislação constitucional e infraconstitucional, submetidos às regras que lhes foram prescritas sob a nova ordem jurídica. Nos tópicos seguintes deste capítulo, analisam-se os principais aspectos ligados à regulamentação dos referidos partidos políticos.

## 1.4 Princípios e postulados que conduzem a atuação dos partidos políticos

Esclarecido o mister constitucional dos partidos políticos, cabe compreender os princípios e postulados que conduzem sua atuação enquanto representantes políticos de determinada fração social e formadores da opinião pública.

---

[43] MEZZAROBA, Orides. *O partido político no Brasil*: princípios constitucionais balizadores para criação e funcionamento. *In*: GONÇALVES, Guilherme de Salles; PEREIRA, Luiz Fernando Casagrande; STRAPAZZON, Carlos Luiz (Coord.). *Direito eleitoral contemporâneo*. Belo Horizonte: Fórum, 2008, p. 45.

[44] CAMPOS NETO, Raymundo. *A democracia interna nos partidos políticos brasileiros*. Belo Horizonte: D'Plácido, 2017, p. 61.

[45] Fonte: Tribunal Superior Eleitoral. Disponível em: http://www.tse.jus.br/partidos/partidos-politicos/registrados-no-tse. Acesso em: 31 ago. 2019.

No estudo do Direito, os princípios consistem nos valores a partir dos quais se concebe um sistema jurídico de normas e com base nos quais devem ser interpretadas as demais regras jurídicas no ordenamento.[46]

Segundo Alexy, os princípios se caracterizam pela possibilidade de satisfação em graus variados e pelo fato de que a medida de sua satisfação não depende somente das possibilidades fáticas, mas também das possibilidades jurídicas.[47] Diferentemente das regras legais, que vislumbram apenas a possibilidade de serem ou não cumpridas, em uma dimensão de tudo ou nada, os princípios apresentam maior generalidade, sendo possível sua ponderação.[48]

Considerando o entendimento exposto acima e a despeito da existência de regulamentação própria voltada aos partidos políticos em sede de legislação infralegal, a ser minudenciada nos capítulos seguintes, faz-se essencial compreender os princípios constitucionais aplicáveis às organizações partidárias, enquanto normas autênticas definidas pelo legislador originário.

Da leitura do art. 17, *caput*, da Constituição Federal,[49] extrai-se que os princípios balizadores dos partidos políticos, os quais devem ser observados em sua criação, são: (i) o princípio da soberania nacional; (ii) o princípio do regime democrático; (iii) o princípio do pluripartidarismo; e (iv) os direitos fundamentais da pessoa humana.[50]

---

46 COSTA, Daniel Castro Gomes da. *Segurança jurídica e as alterações na jurisprudência tributária*. São Paulo: Pillares, 2016, p. 31.

47 ALEXY, Robert. *Teoria dos direitos fundamentais*. Tradução de Virgílio Afonso da Silva São Paulo: Malheiros, 2011.

48 DWORKIN, Ronald. *Taking rights seriously*. Cambridge: Harvard University Press, 1977, p. 24-26.

49 "Art. 17. É livre a criação, fusão, incorporação e extinção de partidos políticos, resguardados a soberania nacional, o regime democrático, o pluripartidarismo, os direitos fundamentais da pessoa humana e observados os seguintes preceitos". BRASIL. (1988) *Constituição da República Federativa do Brasil*. Disponível em: http://www.planalto.gov.br/ccivil_03/constituicao/constituicao.htm. Acesso em: 8 out. 2019.

50 "Direito eleitoral. Registro de partido político. Partido da mulher brasileira – PMB. Anotação de alteração estatutária. Deferimento parcial. Hipótese [...] III. Duração dos mandatos dos integrantes do conselho gestor nacional 9. O estatuto partidário prevê mandato de 10 anos para os dirigentes do Conselho Gestor Nacional, com possibilidade de reeleição, prazo muito superior aos mandatos estabelecidos pela Constituição Federal para os cargos eletivos. Tal previsão afronta os princípios democrático e republicano, uma vez que restringe o exercício do direito de voto e limita, de forma desproporcional, a alternância de poder. [...]" (Registro de Partido Político n. 155473, Acórdão, Relator(a) Min. Luís Roberto Barroso, Publicação: *DJe – Diário de Justiça Eletrônico*, Data 09/05/2019). Disponível em: http://www.tse.jus.br/jurisprudencia/decisoes/jurisprudencia. Acesso em: 19 set. 2019.
"PEDIDO DE RECONSIDERAÇÃO. REGISTRO DE PARTIDO POLÍTICO. APOIAMENTO MÍNIMO. REQUISITO NÃO PREENCHIDO NA DATA DE PROTOCOLO DO PEDIDO NO TSE: PREMATURIDADE RECONHECIDA PELA SIGLA. NÃO CONHECIMENTO.

LEADING CASE: QO-RPP N. 153-05/DF (*DJE* DE 16.9.2015). ENTENDIMENTO REAFIRMADO EM OUTROS PEDIDOS DE REGISTRO PARTIDÁRIO E NA APROVAÇÃO, POR UNANIMIDADE, DA RES.-TSE N. 23.465/2015. APROVEITAMENTO DE CERTIDÕES ANTERIORES E EM DESALINHO COM OS NOVOS PRECEITOS. IMPOSSIBILIDADE. NECESSIDADE DE ATENDIMENTO DA LEGISLAÇÃO VIGENTE. PARTIDOS POLÍTICOS. PAPEL FUNDAMENTAL NO RESGUARDO DO REGIME DEMOCRÁTICO. ANÁLISE RIGOROSA E OBJETIVA QUANTO AO PREENCHIMENTO DOS REQUISITOS LEGAIS. NORMAS QUE FORTALECEM O CONTROLE QUANTITATIVO E QUALITATIVO DOS PARTIDOS. VISÃO CONSENTÂNEA E CONTEMPORÂNEA COM A ÓTICA DO SUPREMO TRIBUNAL FEDERAL (MC-ADI N. 5311/DF). PRINCÍPIO DA SEGURANÇA JURÍDICA. OFENSA NÃO CONFIGURADA. PEDIDO DE RECONSIDERAÇÃO INDEFERIDO. 1. *In casu*, conforme admitido pelo partido, o seu pedido de registro no TSE foi prematuramente formulado, quando ainda não dispunha do quantitativo mínimo legal de apoiamento do eleitorado. O objetivo da sigla foi o de assegurar a aplicação do regramento então vigente, relativamente às certidões colhidas, ante a iminência da Res.-TSE n. 23.465/2015, a qual, entre outras providências, incorporou as disposições contidas na Lei nº 13.107/2015, e que foram posteriormente mantidas na Lei nº 13.165/2015. 2. Na sessão de 5.10.2017, este Tribunal Superior, aplicando ao presente caso o que decidido na QO-RPP n. 153-05/DF (de minha relatoria, *DJe* de 16.9.2015), deliberou, por maioria de votos, pelo não conhecimento do pedido, uma vez que "os requisitos legais para conhecimento e regular processamento do pedido de registro partidário devem estar preenchidos no momento da formalização da peça, reservando-se eventuais diligências (art. 9º, §3º, da Lei nº 9.096/95) para correção de erros meramente formais, ou seja, de natureza não essencial". 3. Esse entendimento foi reafirmado nos RPP nos 345-35 e 428-51, relatados pelo Ministro Henrique Neves, e julgados nas sessões de 22.9.2015 e 24.9.2015, respectivamente, bem como nos debates havidos por ocasião da aprovação da Res.-TSE n. 23.465/2015, oportunidade em que ficou assentada, inclusive, a impossibilidade de aproveitamento dos atos pretéritos, desalinhados com o novo regramento, até mesmo em razão da sólida jurisprudência do STF no sentido de inexistir direito adquirido a regime jurídico. 4. A adoção de mecanismos que aperfeiçoem, sem desnaturar, o pluripartidarismo, resguardado pelo art. 17 da Constituição Federal, com o estabelecimento de critérios mais densos, de aplicação imediata, no âmbito da criação dos partidos políticos, atende ao interesse coletivo, o qual se sobrepõe àqueles formalmente tirados de grupos que, ideologicamente organizados, buscam fundar uma nova legenda. Não se cuida de embaraçar a legítima formação de siglas partidárias, mas de dar cobro ao texto constitucional que exige sua autêntica representatividade. 5. A aplicação mais firme e rigorosa dos preceitos que regem a criação de partidos políticos encontra guarida na posição contemporânea adotada pelo Supremo Tribunal Federal, por exemplo, na análise da Medida Cautelar na ADI n. 5311/DF, relatada pela Ministra Cármen Lúcia, sessão de 30.9.2015. 6. A deliberada postura do partido requerente em protocolizar prematuramente o seu pedido de registro nesta Corte Superior implica *distinguishing* que afasta a tese de violação ao princípio da segurança jurídica, articulada em face de precedentes por ele invocados, nos quais o contexto fático-jurídico era diverso. Aliás, ao contrário do que se possa pretender extrair de apressada e equivocada leitura, o princípio da segurança jurídica não interdita a evolução do entendimento jurisprudencial, que é própria dos tribunais. O que não se tem como legitimado pelo texto constitucional é a flutuação jurisprudencial, por exemplo, dentro de um mesmo pleito, a sugerir verdadeiro casuísmo pretoriano, nefasto ao postulado isonômico, o qual, inclusive, foi reforçado no novo Código de Processo Civil (NCPC/2015), especialmente no art. 926, assim redigido: "os tribunais devem uniformizar sua jurisprudência e mantê-la estável, íntegra e coerente". No mais, aplicável, fosse esse o caso dos autos, o posicionamento de que "a mutabilidade é própria do entendimento jurisprudencial, o que não implica, por si só, violação a direitos e garantias consagrados no ordenamento jurídico" (AgR-AI n. 71-47/MG, Relator o Ministro Cezar Peluso, *DJ* de 1º.2.2008). 7. Pedido de reconsideração indeferido. (Registro de Partido Político n. 58354, Acórdão, Relator(a) Min. Tarcisio Vieira de Carvalho Neto, Publicação: *DJe – Diário de Justiça*

Com efeito, o respeito à soberania nacional implica a impossibilidade de os estatutos partidários adotarem princípios programáticos que proponham a submissão do partido ou do país a qualquer Estado ou organismo internacional. O princípio do regime democrático, por sua vez, pressupõe que todo partido deve respeitar, interna e externamente, os princípios democráticos, relativos à representatividade popular e à divisão de poderes, principalmente quanto ao seu funcionamento. O pluripartidarismo, conforme já explanado, se opõe ao monopólio de determinada corrente social, política, cultural, econômica ou de comunicação. Por último, a observância dos direitos fundamentais se refere ao necessário respeito à vida, à igualdade, à liberdade de expressão, à crença, à convicção filosófica ou à política, etc.[51]

Dos princípios centrais supradescritos, decorrem outras normas principiológicas norteadoras do Direito Eleitoral e, por conseguinte, das atividades partidárias, como (i) o princípio constitucional da necessária participação das minorias no debate público e nas instituições políticas; (ii) o princípio da máxima igualdade na disputa eleitoral; e (iii) o princípio da moralidade eleitoral.

Considerando o contorno constitucional da democracia brasileira, pautado no ideal republicano e na exigência de tratamento isonômico em relação a todos os cidadãos, constata-se uma escolha política

---

*Eletrônico*, Data 27/03/2018) Disponível em: http://www.tse.jus.br/jurisprudencia/decisoes/jurisprudencia. Acesso em: 19 set. 2019.
"Registro de Partido Político. Estatuto. Alteração. Anotação. Requerimento. Art. 10 Da Lei N. 9.096/95. Parte Um: Comissões Provisórias. Vigência. Prazo Elastecido. Emenda Constitucional N. 97/2017. Parágrafo 1º Do Art. 17 Da Cf. Nova Redação. Autonomia Partidária. *Caput*. Resguardo Do Regime Democrático. Previsão Expressa. Interpretação Sistemática. Condição Subordinante Sobre Parágrafos. Leitura Fragmentada Do Texto. Impossibilidade. Seara Administrativa. Ausência de Óbice Ao Emprego das Técnicas de Hermenêutica Que Não Resultam Em Invalidação Da Norma. Autonomia Partidária Absoluta. Inexistência. Organização Interna. Regime Democrático. Dever de Sujeição. Doutrina E Jurisprudência Consagradas. Resolução-TSE N. 23.465/2015. Higidez Reconhecida. Órgãos Provisórios. Validade. 120 (Cento E Vinte) Dias Ou Prazo Razoável Diverso. Descumprimento. Reiteração. Parte Dois: Órgãos Partidários Provisórios. Substituição, Alteração E Extinção. Interesse Partidário. Peculiaridades Políticas E Partidárias de Cada Localidade. Balizas Que Não Eximem O Partido de Observar, No Que Aplicável, Os Direitos Fundamentais Dos Filiados. Horizontalidade. Reconhecimento. Devido Processo Legal. Incidência No Trato Com Os Órgãos de Hierarquia Inferior (Sobretudo Provisórios). Precedentes Do TSE. Ausência de Garantias Mínimas No Texto Ora Submetido À Anotação. Adequação. Imprescindibilidade. Parte Três: Ajustes Pontuais Do Texto. Possibilidade. Conclusão: Indeferimento. Anotação. Arts. 41 E 42. Deferimento. Anotação. Arts. 14, 38, 39, 40, 43, 59 E 72. Providências". (Registro de Partido Político n. 141796, Acórdão, Relator(a) Min. Herman Benjamin, Publicação: *DJe – Diário de Justiça Eletrônico*, Data 15/03/2018, p. 20-22). Disponível em: http://www.tse.jus.br/jurisprudencia/decisoes/jurisprudencia. Acesso em: 19 set. 2019.

51 CAMPOS NETO, Raymundo. *A democracia interna nos partidos políticos brasileiros*. Belo Horizonte: D'Plácido, 2017, p. 62.

fundamental decorrente do princípio do pluralismo político: a ênfase na participação das minorias no debate público e na composição das instituições políticas.[52]

Se a Constituição privilegia a participação política e o debate de opiniões e ideologias, não há sentido em se corroborar a exclusão, visto que um meio excludente, em verdade, não é propriamente um espaço público.[53] Nesse sentido, o princípio da necessária participação das minorias impõe não apenas que o Estado crie mecanismos para proporcionar uma presença mais efetiva das minorias sociais no processo político-democrático, mas também que os partidos políticos o façam, incentivando a participação desses grupos e concedendo-lhes espaço no processo de formação de opinião.

Por sua vez, o princípio da máxima igualdade na disputa eleitoral decorre dos princípios constitucionais republicano e da isonomia, impondo uma regulação estatal das campanhas eleitorais no intuito de promover uma disputa mais equilibrada.[54] [55] Em relação aos partidos

---

[52] SALGADO, Eneida Desiree. *Princípios constitucionais eleitorais*. Belo Horizonte: Fórum, 2010, p. 145.

[53] HABERMAS, Jügen. *Mudança estrutural da esfera pública*. Tradução de Flávio R. Kothe. Rio de Janeiro: Tempo Brasileiro. 1984 [1961], p. 105.

[54] TUESTA SOLDEVILLA, Fernando. Campaña electoral. *In: Diccionario electoral*. San José: Instituto Interamericano de Derechos Humanos, 2000, p. 121-126.

[55] "AGRAVO INTERNO EM AGRAVO. CONTAS DE PARTIDO POLÍTICO DESAPROVADAS. DIRETÓRIO ESTADUAL. EXERCÍCIO DE 2004. RESSARCIMENTO AO ERÁRIO. EXECUÇÃO. PRETENSÃO DE DESCONTO DO DÉBITO NAS COTAS FUTURAS DO FUNDO PARTIDÁRIO. INADMISSIBILIDADE. PAGAMENTO POR MEIO DE RECURSOS PRÓPRIOS. NECESSIDADE. ART. 37, §3º, DA LEI N. 9.096/1995, ALTERADO PELA LEI N. 13.165/2015. INAPLICABILIDADE. PRINCÍPIO DO *TEMPUS REGIT ACTUM*. IRRETROATIVIDADE DAS NORMAS DE NATUREZA MATERIAL E NÃO PENAIS. ART. 55-D DA LEI N. 9.096/1995, INCLUÍDO PELA LEI N. 13.831/2019. INCIDÊNCIA. PEDIDO A SER FEITO NA INSTÂNCIA ORIGINÁRIA. FUNDAMENTOS NÃO AFASTADOS. AGRAVO INTERNO NÃO PROVIDO. 1. Os dispositivos legais de natureza não processual que devem reger a prestação de contas são aqueles vigentes ao tempo dos fatos ocorridos, consoante o princípio *tempus regit actum* e o art. 6º da LINDB. 2. A Lei nº 13.165/2015, que alterou a redação do art. 37 da Lei nº 9.096/1995, não pode ser aplicada retroativamente, ainda que as normas sejam mais benéficas aos partidos políticos. Precedentes. 3. O art. 37, §3º, da Lei nº 9.096/1995, modificado pela Lei nº 13.165/2015, somente pode ter incidência a partir das contas do exercício de 2016. Irretroatividade das normas de direito material sobre finanças e contabilidade dos partidos políticos, uma vez que não ostentam índole penal. Concretização dos princípios da isonomia e da segurança jurídica. 4. Nas prestações de contas referentes ao exercício financeiro de 2004, é indevido o uso de cotas do Fundo Partidário para ressarcir ao erário os valores de origem não identificada e de aplicação irregular reconhecidos no acórdão de desaprovação transitado em julgado. Na hipótese, o ressarcimento deve ser feito, necessariamente, por meio de recursos próprios do diretório do partido político. 5. O pedido de aplicação do art. 55-D da Lei nº 9.096/1995, incluído pela Lei nº 13.831/2019 norma que anistiou a penalidade de devolução de recursos, cuja causa foi a doação ou a contribuição feita em anos anteriores por servidores públicos filiados a partido político que exerciam função ou cargo público de livre nomeação e exoneração,

políticos, o princípio se manifesta na vedação ao abuso de poder econômico, político ou funcional, de modo a evitar a produção de vantagens artificiais e o consequente desequilíbrio do ambiente eleitoral, preservando-se a legitimidade das eleições e da própria atuação das agremiações partidárias.

Por último, o princípio da moralidade eleitoral tem por alicerce a exigibilidade de um padrão ético-moral mais elevado por parte de instituições partidárias que se propõem a representar uma parcela da sociedade e disputar o poder político dentro das esferas de governo.

Destaca-se que a moralidade eleitoral é expressa na Constituição Federal em seu art. 14, §9º:

> [...] §9º Lei complementar estabelecerá outros casos de inelegibilidade e os prazos de sua cessação, a fim de proteger a probidade administrativa, a moralidade para exercício de mandato considerada vida pregressa do candidato, e a normalidade e legitimidade das eleições contra a influência do poder econômico ou o abuso do exercício de função, cargo ou emprego na administração direta ou indireta.[56]

É certo que a moralidade repele a má-fé, a fraude e o desvio de finalidade, exigindo que os atores eleitorais demonstrem boa conduta, como possíveis lideranças políticas. Nesse sentido, além de fundamentar inelegibilidades, a moralidade eleitoral tem papel amplo e genérico na interpretação e aplicação das normas eleitorais, apresentando duas faces: a moralidade do candidato e a moralidade do pleito.[57]

A moralidade do candidato remete à candidatura, à moralidade *stricto sensu* para o exercício do mandato. Aqui, subsiste a imposição de um padrão moral mais elevado para se admitir a postulação de candidaturas, sendo necessário comprovar que o candidato tem condições morais de assumir o cargo pleiteado – é possível, portanto, exigir que os candidatos se pautem por padrões morais mais rigorosos

além de consistir em indevida inovação recursal, deve ser dirigido, por primeiro, à instância originária, qualificando-se como incidente da execução. 6. Negado provimento ao agravo interno". (Agravo de Instrumento n. 179203809, Acórdão, Relator(a) Min. Og Fernandes, Publicação: *DJE – Diário de Justiça Eletrônico*, Tomo 173, Data 06/09/2019, p. 73). Disponível em: http://www.tse.jus.br/jurisprudencia/decisoes/jurisprudencia. Acesso em: 19 set. 2019.

56 BRASIL. (1988) *Constituição da República Federativa do Brasil*. Disponível em: http://www.planalto.gov.br/ccivil_03/constituicao/constituicao.htm. Acesso em: 8 out. 2019.

57 VARGAS, Alexis Galiás de Souza. *Princípios constitucionais de direito eleitoral*. 2009. Tese (Doutorado em Direito) – Pontifícia Universidade Católica de São Paulo, São Paulo, 2009, p. 178-179.

que os comumente exigidos da sociedade, inadmitindo-se, de plano, condutas fraudulentas e antiéticas.

A moralidade do pleito, por outro lado, se refere à integridade das eleições. Conforme ensina Djalma Pinto:

> O bem protegido pelo Direito Eleitoral é, acima de tudo, a lisura do processo para a escolha dos representantes do povo. Não é o interesse específico dos participantes das disputas eleitorais, mas, exclusivamente, o interesse superior da coletividade em realizar eleições limpas.[58]

Além dos princípios constitucionais que se referem ao Direito Eleitoral de forma específica, é possível mencionar ainda os princípios expressos no art. 37, *caput*, da Constituição brasileira, que regem a Administração Pública, quais sejam: legalidade, impessoalidade, moralidade, publicidade e eficiência.[59]

Em primeiro lugar, a legalidade compreende o limite da atuação administrativa, implicando a subordinação do administrador à lei. Desse modo, a legitimidade da ação do administrador público depende de sua conformidade às normas legais.

A impessoalidade pode ser compreendida a partir de duas perspectivas: (i) dever de isonomia por parte da Administração Pública, que remete à necessidade de se conferir tratamento isonômico[60] aos particulares; e (ii) dever de conformidade ao interesse público,[61] relativo ao dever de realizá-lo com base na noção de bem coletivo.

Já o princípio da moralidade, por sua vez, traduz o dever do administrador de agir conforme os preceitos éticos, de modo que se paute não só pelos critérios de oportunidade, conveniência e justiça, sendo necessário também um juízo de honestidade em sua conduta, no intuito de se evitarem práticas imorais na esfera pública.[62]

---

[58] PINTO, Djalma. *Direito eleitoral*: improbidade administrativa e responsabilidade fiscal – noções gerais. 3. ed. São Paulo: Atlas, 2006, p. 25.

[59] BRASIL. (1988) *Constituição da República Federativa do Brasil*. Disponível em: http://www.planalto.gov.br/ccivil_03/constituicao/constituicao.htm. Acesso em: 8 out. 2019.

[60] BANDEIRA DE MELLO, Celso Antônio. *Curso de direito administrativo*. 10. ed. São Paulo: Malheiros, 1998, p. 70.

[61] FURTADO, Lucas Rocha. *Curso de direito administrativo*. 5. ed. rev. e atual. Belo Horizonte: Fórum, 2016, p. 87.

[62] Segundo Lucas Furtado, o princípio da moralidade consiste em instrumento constitucional apto a exigir, sob pena de ilegitimidade dos atos, comportamento que, além de preencher as exigências previstas em lei, seja ético, observe os padrões de boa-fé e honestidade e não incorra em desvio de finalidade. (FURTADO, Lucas Rocha. *Curso de direito administrativo*. 5. ed. rev. e atual. Belo Horizonte: Fórum, 2016, p. 88)

A publicidade alude ao dever de transparência, indicando:

> [...] que os atos da Administração devem merecer a mais ampla divulgação possível entre os administrados, e isso porque constitui fundamento do princípio propiciar-lhes a possibilidade de controlar a legitimidade da conduta dos agentes administrativos.[63]

Por último, a eficiência remete à produtividade e à economicidade, visando ao bom aproveitamento dos recursos públicos, em oposição a ações de ineficiência, desperdício ou obtenção de vantagens pessoais por parte dos administradores públicos.[64]

A despeito de os partidos políticos não constituírem entes estatais, entende-se que as orientações direcionadas ao modo de agir da esfera pública devem ser estendidas à instância eleitoral e partidária, tendo em vista seu papel essencial na concretização das premissas da democracia representativa brasileira, na materialização de pensamentos políticos e na ocupação de espaços públicos.

Nessa perspectiva, seria incoerente afastar a incidência das normas que regem o poder público na medida em que as organizações partidárias têm por objetivo ingressar nos quadros da Administração Pública, ainda que representados por seus filiados.

Quanto ao tema, ressaltam-se as lições de José Fontes:

> Em nosso entender, não podemos afastar a natureza privada destas instituições político-jurídicas que são os partidos políticos, mas não podemos ignorar que nos encontramos no âmbito específico do exercício privado de funções públicas, logo podemos considerar que estes integram, de forma *sui generis*, uma Administração eleitoral independente do Estado da qual não é o Governo o órgão de topo, ou seja, uma Administração que, pela sua natureza, pelas entidades que a integram e pelos fins que prosseguem, é obrigatoriamente independente de qualquer outro poder,

---

63 CARVALHO FILHO, José dos Santos. *Manual de direito administrativo*. 30. ed. rev. atual. e ampl. São Paulo: Atlas, 2016, p. 26.

64 "PRESTAÇÃO DE CONTAS. PARTIDO DA REPÚBLICA (PR). DIRETÓRIO NACIONAL. EXERCÍCIO DE 2012. IRREGULARIDADE GRAVE. INDÍCIO DO USO DE DOCUMENTOS FALSOS. DESAPROVAÇÃO. SUSPENSÃO DE UMA ÚNICA COTA DO FUNDO PARTIDÁRIO. RAZOABILIDADE E PROPORCIONALIDADE. RESSARCIMENTO AO ERÁRIO. RECURSOS PRÓPRIOS. [...] 11. É de se ter enraizada nas estruturas partidárias a consciência da transparência, da moralidade, da economicidade, da razoabilidade, da boa-fé, da cooperação e de outros importantes princípios norteadores das despesas com recursos públicos, exatamente para que os gastos com o Fundo Partidário não percam a natureza de sustentação do modelo republicano brasileiro." [...] (Prestação de Contas n. 22997, Acórdão, Relator(a) Min. Tarcisio Vieira de Carvalho Neto, Publicação: *DJe* 19/04/2018). Disponível em: http://www.tse.jus.br/jurisprudencia/decisoes/jurisprudencia. Acesso em: 19 set. 2019.

sindicável pelo poder jurisdicional, como é usual em qualquer Estado de Direito democrático.[65]

Por esse viés, é preciso que esses princípios e postulados não constituam mero norte programático previsto em estatuto, mas efetiva política interna dos partidos, os quais devem adotar internamente uma postura ética pautada pela moralidade para que, *a posteriori*, sejam capazes de projetá-la para a sociedade, quando da realização de sua finalidade democrática.

Destaca-se, ao mesmo tempo, a relevância da concretização dessas normas na gestão dos recursos públicos repassados aos partidos políticos, permitindo seu funcionamento apropriado. Dessa forma, constituindo a Administração Pública autêntico meio de realização e fim da atividade partidária, faz-se fundamental que se paute nos princípios administrativos para realização adequada de suas funções.

## 1.5 Autonomia dos partidos políticos

Conforme alinhavado, as eleições e os partidos políticos constituem autênticas marcas do fenômeno democrático. Sob tal perspectiva, entende-se necessário não apenas que os cidadãos tenham resguardada a liberdade de escolha de seus representantes, mas também que os partidos políticos tenham espaço de autonomia para identificar e defender seus propósitos.[66] Dessa forma, além de prever a natureza jurídica dos partidos políticos e os princípios que devem nortear sua atuação, a Constituição também dispõe sobre a autonomia partidária:

> Art. 17. [...] §1º É assegurada aos partidos políticos autonomia para definir sua estrutura interna e estabelecer regras sobre escolha, formação e duração de seus órgãos permanentes e provisórios e sobre sua organização e funcionamento e para adotar os critérios de escolha e o regime de suas coligações nas eleições majoritárias, vedada a sua celebração nas eleições proporcionais, sem obrigatoriedade de vinculação entre as candidaturas em âmbito nacional, estadual, distrital ou municipal,

---

65 FONTES, José. Da função eleitoral dos partidos políticos no direito português e sua natureza político-jurídica. *Eleições: Revista de Assuntos Eleitorais*, n. 13, 2010, p. 19. Disponível em: https://repositorioaberto.uab.pt/bitstream/10400.2/1746/1/FUN%C3%87%C3%83O%20ELEITORAL.pdf. Acesso em: 8 out. 2019, p. 19.

66 KNOERR, Fernando Gustavo. Mandato, autonomia partidária e representatividade política. *In*: FUX, Luiz; PEREIRA, Luiz Fernando Casagrande; AGRA, Walber de Moura (Coord.). PECCININ, Luiz Eduardo (Org.). *Direito constitucional eleitoral*. Belo Horizonte: Fórum, 2018, p. 415-430. (Tratado de Direito Eleitoral, v. 1.)

devendo seus estatutos estabelecer normas de disciplina e fidelidade partidária.[67]

É evidente que a regra da autonomia partidária, somada à liberdade de criação dos partidos políticos, tem por objetivo fortalecer o regime democrático representativo, afastando a interferência estatal em sua atuação, criação e extinção, com exceção das vedações expressamente estabelecidas no texto constitucional.[68]

Destaca-se que a referida ausência de intervenção do Estado se manifesta, primordialmente, na exclusividade de regulamentação de matérias *interna corporis* pelos próprios partidos, não sendo possível que eventual legislação eleitoral interfira no assunto.[69]

Nessa linha, compreende-se a autonomia partidária, para além da organização e gestão internas, como a busca da livre construção de pensamento político-ideológico por parte da legenda, da defesa de políticas públicas e, principalmente, da autonomia financeira e orçamentária dos partidos políticos quanto ao financiamento de seus candidatos e campanhas eleitorais, uma vez que a liberdade de gestão de recursos permite a destinação da verba de forma estratégica, de acordo com o planejamento previamente definido por seus membros.

Sobre o tema, pontua José Afonso da Silva:

> Destaque-se aí o princípio da autonomia partidária, que é uma conquista sem precedente, de tal sorte que a lei tem muito pouco a fazer em matéria de estrutura interna, organização e funcionamento dos partidos. Estes podem estabelecer os órgãos internos que lhe aprouverem. Podem estabelecer as regras que quiserem sobre seu funcionamento. Podem escolher o sistema que melhor lhes parecer para a designação de seus

---

67 BRASIL. (1988) *Constituição da República Federativa do Brasil*. Disponível em: http://www.planalto.gov.br/ccivil_03/constituicao/constituicao.htm. Acesso em: 8 out. 2019.

68 ARAS, Augusto. *Fidelidade partidária*: efetividade e aplicabilidade. 1. ed. Rio de Janeiro: LMJ Mundo Jurídico, 2016, p. 143.

69 "Agravo regimental. Ação declaratória de justa causa para desfiliação partidária. Grave discriminação pessoal no processo de escolha de representante partidário. *Matéria interna corporis*. Incompetência da Justiça Eleitoral. Mera divergência intrapartidária. Não configuração. Desprovimento. 1. De acordo com a jurisprudência do TSE, não compete à Justiça Eleitoral apreciar matéria relativa à dissidência interna dos partidos políticos na eleição de seus dirigentes. Precedentes. 2. Na espécie, a alegada ausência de debate no processo de escolha do novo presidente estadual do partido agravado revela a existência de mera disputa intrapartidária entre filiados, tendo por objetivo o alcance de posição política mais elevada dentro da agremiação, circunstância que não constitui justa causa para a desfiliação do agravante [...]". (Petição n. 4459, Acórdão, Relator(a) Min. Castro Meira, Publicação: *DJe – Diário de Justiça Eletrônico*, Data 20/08/2013, p. 65). Disponível em: http://www.tse.jus.br/jurisprudencia/decisoes/jurisprudencia. Acesso em: 19 set. 2019.

> candidatos: convenção mediante delegados eleitos apenas para o ato, ou com mandatos, escolha de candidatos mediante votação da militância. Podem estabelecer os requisitos que entenderem sobre filiação e militância. Podem disciplinar do melhor modo, a seu juízo, seus órgãos dirigentes. [...] A ideia que sai do texto constitucional é a de que os partidos hão que se organizar e funcionar em harmonia com o regime democrático e que sua estrutura interna também fica sujeita ao mesmo princípio. A autonomia é conferida na suposição de que cada partido busque, de acordo com suas concepções, realizar uma estrutura interna democrática.[70]

Conforme se extrai do trecho acima, a autonomia dos partidos, embora de fundamental relevância para o processo democrático, não é absoluta, visto que submissa aos princípios do art. 17, abordados no tópico anterior, e aos demais preceitos constitucionais. Há, portanto, um recorte na capacidade de auto-organização e funcionamento da agremiação, impondo-se a observância da soberania nacional, do regime democrático, do pluripartidarismo e dos direitos fundamentais da pessoa humana.[71]

Ressalta-se que, embora o partido apresente a capacidade de se autogovernar – definindo regras de filiação e desligamento de seus membros, direitos e deveres dos filiados, fidelidade e disciplina partidária, condições e forma de escolha dos candidatos às funções eletivas e critérios de distribuição de recursos do Fundo Partidário –,[72] sua autonomia organizatória não deve se realizar com o sacrifício das premissas democráticas.[73]

---

[70] SILVA, José Afonso da. *Curso de direito constitucional positivo*. 22. ed. São Paulo: Malheiros, 2003, p. 404-405.

[71] SALGADO, Eneida Desiree. Os partidos políticos e o estado democrático: a tensão entre a autonomia partidária e a exigência da democracia interna. *In:* SALGADO, Eneida Desiree; DANTAS, Ivo (Coord.). *Partidos políticos e seu regime jurídico*. Curitiba: Juruá, 2013, p. 145.

[72] CAMPOS NETO, Raymundo. *A democracia interna nos partidos políticos brasileiros*. Belo Horizonte: D'Plácido, 2017, p. 81.

[73] "Registro de Partido Político. Estatuto. Alteração. Anotação. Requerimento. Art. 10 Da Lei N. 9.096/95. Parte Um: Comissões Provisórias. Vigência. Prazo Elastecido. Emenda Constitucional N. 97/2017. Parágrafo 1º Do Art. 17 Da Cf. Nova Redação. Autonomia Partidária. *Caput*. Resguardo Do Regime Democrático. Previsão Expressa. Interpretação Sistemática. Condição Subordinante Sobre Parágrafos. Leitura Fragmentada Do Texto. Impossibilidade. Seara Administrativa. Ausência de Óbice Ao Emprego Das Técnicas de Hermenêutica Que Não Resultam Em Invalidação Da Norma. Autonomia Partidária Absoluta. Inexistência. Organização Interna. Regime Democrático. Dever de Sujeição. Doutrina E Jurisprudência Consagradas. Resolução-TSE N. 23.465/2015. Higidez Reconhecida. Órgãos Provisórios. Validade. 120 (cento e vinte) dias ou prazo razoável diverso. Descumprimento. Reiteração. Parte Dois: Órgãos Partidários Provisórios. Substituição, Alteração E Extinção. Interesse Partidário. Peculiaridades Políticas e Partidárias de cada Localidade. Balizas que

A própria função de mediação e formação da vontade popular exige que o partido assegure plena participação a seus membros nos processos decisórios, em observância estrita ao princípio da democracia interna, sob pena de prejuízo à autenticidade da dinâmica partidária.[74]

Nessa perspectiva, entende-se que a restrição imposta aos partidos tem por objetivo (i) possibilitar ao Estado a fiscalização dos partidos políticos e a exigência do cumprimento das regras legais; e (ii) assegurar às agremiações condições efetivas de realizarem suas atividades no sistema democrático representativo brasileiro, no intuito de preservar o núcleo da autonomia partidária enquanto garantia.

## 1.6 Criação e registro dos partidos políticos

A liberdade de criação de partidos políticos determinada pela Constituição, pelo ordenamento jurídico infraconstitucional, por meio da Lei nº 9.096/1995 e pela Resolução TSE nº 23.571/2018, estabeleceu uma série de requisitos para seu registro e concepção, no intuito de conferir sistematicidade e organização à dinâmica das instituições partidárias.

Segundo a legislação vigente, o procedimento de criação partidária envolve essencialmente quatro etapas: (i) registro civil; (ii) apoiamento de eleitores; (iii) registro dos órgãos partidários nos Tribunais Regionais Eleitorais; e (iv) registro do estatuto e do órgão de direção nacional no Tribunal Superior Eleitoral.[75]

Conforme mencionado, após elaborar seu programa e adquirir personalidade jurídica na forma de associação, o partido político deve

---

não eximem o partido de observar, no que aplicável, os direitos fundamentais dos filiados. Horizontalidade. Reconhecimento. Devido Processo Legal. Incidência no trato com os órgãos de hierarquia inferior (sobretudo provisórios). Precedentes do TSE. Ausência de garantias mínimas no texto ora submetido à anotação. Adequação. Imprescindibilidade. Parte Três: Ajustes pontuais do texto. Possibilidade. Conclusão: Indeferimento. Anotação. Arts. 41 e 42. Deferimento. Anotação. Arts. 14, 38, 39, 40, 43, 59 e 72. Providências. [...] 6. Não obstante a redação conferida pela EC n. 97/2017 ao §1º do art. 17 da CF, naquilo que assegura a autonomia dos partidos políticos para estabelecer a duração de seus órgãos provisórios, tem-se que a liberdade conferida não é absoluta, dada a previsão expressa do *caput* no sentido de que as agremiações partidárias devem resguardar o regime democrático." [...] (Registro de Partido Político n. 141796, Acórdão, Relator(a) Min. Herman Benjamin, Publicação: *DJe – Diário de Justiça Eletrônico*, Data 15/03/2018, p. 20-22). Disponível em: http://www.tse.jus.br/jurisprudencia/decisoes/jurisprudencia. Acesso em: 19 set. 2019.

74 MENDES, Gilmar Ferreira; BRANCO, Paulo Gustavo Gonet. *Curso de direito constitucional*. 13. ed. São Paulo: Saraiva, 2018, p. 821.

75 BRASIL. Lei nº 9.096, de 19 de setembro de 1995. (Lei dos Partidos Políticos). Disponível em: http://www.planalto.gov.br/ccivil_03/leis/l9096.htm. Acesso em: 19. jun. 2019.

registrar seu estatuto no Tribunal Superior Eleitoral.[76] Não obstante, só é admitido o registro do estatuto de partido político que tenha caráter nacional, considerando-se como tal aquele que comprove, no período de dois anos, o apoio de eleitores não filiados a partido político correspondente a pelo menos 0,5% dos votos válidos da última eleição geral para a Câmara dos Deputados, distribuídos por um terço ou mais dos Estados, com um mínimo de 0,1% do eleitorado que tenha votado em cada um deles.[77] Na prática, o quantitativo do apoio mínimo é informado pelo Sistema de Apoio a Partidos em Formação (SAPF).

Com efeito, entende-se que a necessidade de comprovação do apoio mínimo deriva da própria noção de representatividade: o partido político deve demonstrar que tem expressão nacional e que retrata ideologia significativa para parcela considerável da população brasileira, apresentando condições reais de disputar o poder.

O apoiamento mínimo deve ser obtido no prazo de dois anos[78] a partir da data da aquisição da personalidade jurídica, mediante a assinatura de eleitor não filiado a partido político em lista ou formulário organizado pela agremiação em formação, de acordo com os modelos disponibilizados pela Justiça Eleitoral, que deve conter: (i) denominação do partido político, sua sigla e o seu número de inscrição no CNPJ; (ii) declaração de que o(s) subscritor(es) não é(são) filiado(s) a partido político e apoia(m) a criação do partido político em formação; (iii) o nome completo do eleitor que manifesta seu apoio à criação do partido político, com indicação de número de seu título de eleitor; (iv) a data do

---

[76] BRASIL. (1988) *Constituição da República Federativa do Brasil*. Disponível em: http://www.planalto.gov.br/ccivil_03/constituicao/constituicao.htm. Acesso em: 8 out. 2019.

[77] "Art. 7º, §1º Só é admitido o registro do estatuto de partido político que tenha caráter nacional, considerando-se como tal aquele que comprove, no período de dois anos, o apoiamento de eleitores não filiados a partido político, correspondente a, pelo menos, 0, 5% (cinco décimos por cento) dos votos dados na última eleição geral para a Câmara dos Deputados, não computados os votos em branco e os nulos, distribuídos por um terço, ou mais, dos Estados, com um mínimo de 0, 1% (um décimo por cento) do eleitorado que haja votado em cada um deles.". BRASIL. *Lei nº 9.096, de 19 de setembro de 1995*. (Lei dos Partidos Políticos). Disponível em: http://www.planalto.gov.br/ccivil_03/leis/l9096.htm. Acesso em: 19. jun. 2019.

[78] "Consulta. Criação. Partido político. Prazo. Apoiamento de eleitores [...] 2. O prazo de dois anos para comprovação do apoiamento de eleitores não se aplica aos pedidos de criação de partidos protocolados até a data de publicação da Lei nº 13.165/2015 [...] 4. O prazo de dois anos para a comprovação do apoiamento mínimo, requisito indispensável no procedimento de criação de partido político, é contado a partir do registro da agremiação partidária no cartório competente do registro civil das pessoas jurídicas". (Consulta n. 38580, Acórdão, Relator(a) Min. Henrique Neves Da Silva, Publicação: *DJe – Diário de Justiça Eletrônico*, Data 02/08/2017). Disponível em: http://www.tse.jus.br/jurisprudencia/decisoes/jurisprudencia. Acesso em: 19 set. 2019.

apoio manifestado; (v) a assinatura ou, no caso de eleitor analfabeto, a impressão digital do eleitor, de acordo com o cadastro na Justiça Eleitoral; (vi) informação de que a assinatura da lista de apoio não caracteriza ato de filiação partidária; e (vii) o nome e o número do título de eleitor de quem coletou a assinatura do apoiador, com declaração, devidamente assinada, de quem pessoalmente a colheu.[79]

Após a elaboração da lista ou formulário, o representante legal deve realizar o cadastro prévio dos dados dos eleitores que manifestaram apoio à criação do partido político em formação por meio do SAPF, em relações individualizadas por zona eleitoral.[80] Preenchidos os dados do pré-cadastramento, os responsáveis credenciados devem apresentar, em duas vias, os formulários, listas ou fichas individuais de apoiamento ao cartório da respectiva zona eleitoral para conferência das assinaturas.[81]

Após a conferência das assinaturas e dos números dos títulos eleitorais, o chefe de cartório deve lavrar atestado nas listas ou formulários, e os dados desses devem ser publicados em cartório e no *site* do TSE no prazo de três dias contados do seu recebimento, podendo ser impugnados por qualquer interessado, no prazo de cinco dias contados da publicação.[82]

---

79 BRASIL. Tribunal Superior Eleitoral. Resolução nº 23.571, de 29 de maio de 2018. Disponível em: http://www.tse.jus.br/legislacao-tse/res/2018/RES235712018.html. Acesso em: 18 out. 2019.

80 "Art. 13. O representante do partido em formação deve realizar o cadastro prévio dos dados dos eleitores que manifestaram apoio à criação do novo partido, por meio do sistema específico, mencionado no §5º do art. 10 desta resolução, encaminhando as listas ou fichas individuais aos respectivos cartórios, acompanhadas do requerimento, gerado pelo sistema, devidamente assinado por um dos responsáveis pelo apoiamento.
§1º Serão aceitos no momento do pré-cadastramento todos os dados informados pelo usuário do sistema.
§2º O eleitor não filiado pode manifestar apoio à criação de mais de uma agremiação.
§3º A crítica ao apoio que não estiver de acordo com a norma vigente será efetuada no momento do envio do apoiamento à Justiça Eleitoral, ocasião em que o sistema fará automaticamente a primeira verificação dos dados, possibilitando ao usuário emitir relatório com os motivos da invalidação.
§4º Após a inserção dos dados dos apoiadores no sistema de que trata o §5º do art. 10 desta resolução, será possível gerar um relatório que indicará o respectivo juízo eleitoral para onde as listas ou fichas individuais de apoiamento devem ser encaminhadas". BRASIL. Tribunal Superior Eleitoral. *Resolução nº 23.571, de 29 de maio de 2018*. Disponível em: http://www.tse.jus.br/legislacao-tse/res/2018/RES235712018.html. Acesso em: 18 out. 2019.

81 BRASIL. Tribunal Superior Eleitoral. Resolução nº 23.571, de 29 de maio de 2018. Disponível em: http://www.tse.jus.br/legislacao-tse/res/2018/RES235712018.html. Acesso em: 18 out. 2019.

82 BRASIL. Tribunal Superior Eleitoral. Resolução nº 23.571, de 29 de maio de 2018. Disponível em: http://www.tse.jus.br/legislacao-tse/res/2018/RES235712018.html. Acesso em: 18 out. 2019.

Obtido o apoio mínimo de eleitores na Unidade da Federação, o partido político em formação deve constituir definitivamente, na forma do seu estatuto, órgãos de direção estaduais e municipais, designando os seus dirigentes, organizados em, no mínimo, 1/3 dos estados, e o seu órgão de direção nacional.[83]

Feita a constituição definitiva e a designação dos órgãos de direção regional e municipal, o presidente regional do partido político em formação deve solicitar o registro no respectivo Tribunal Regional Eleitoral por meio de requerimento.[84] Ressalta-se que as certidões comprobatórias do apoiamento mínimo são impressas diretamente do SAPF e juntadas aos autos pelo respectivo Tribunal Regional Eleitoral, sendo dispensada sua apresentação pelo partido em formação.

O pedido de registro, após o protocolo, deve ser autuado e distribuído, na classe própria, a um relator, no prazo de até 48 horas, devendo a secretaria do tribunal, imediatamente, publicar edital no Diário da Justiça Eletrônico, para ciência dos interessados.[85] Qualquer interessado pode impugnar, no prazo de cinco dias, contados da publicação do edital, o pedido de registro.[86]

Não havendo impugnação ou finda a instrução do feito, o relator deve ouvir o Ministério Público Eleitoral no prazo de dez dias e determinar, em igual prazo, as diligências para sanar eventuais falhas do processo. Ouvido o Ministério Público, os autos são conclusos ao

---

83 BRASIL. Tribunal Superior Eleitoral. Resolução nº 23.571, de 29 de maio de 2018. Disponível em: http://www.tse.jus.br/legislacao-tse/res/2018/RES235712018.html. Acesso em: 18 out. 2019.

84 "Art. 20. Feita a constituição definitiva e a designação dos órgãos de direção estadual e, se houver, municipal, o presidente nacional ou o presidente estadual do partido político em formação deve solicitar o seu registro no respectivo Tribunal Regional Eleitoral, por meio de requerimento acompanhado de:
I – exemplar autenticado do inteiro teor do programa e do estatuto partidários, inscritos no registro civil;
II – certidão do Cartório do Registro Civil das Pessoas Jurídicas a que se refere o §2º do art. 10 desta resolução;
III – cópia da(s) ata(s) de escolha e designação, na forma do respectivo estatuto, dos dirigentes dos órgãos partidários estaduais e, se houver, municipais, com a indicação do respectivo nome, endereço, número de telefone e de fac-símile e e-mail". BRASIL. Tribunal Superior Eleitoral. *Resolução nº 23.571, de 29 de maio de 2018*. Disponível em: http://www.tse.jus.br/legislacao-tse/res/2018/RES235712018.html. Acesso em: 18 out. 2019.

85 Resolução TSE n. 23.571/2018, art. 21. BRASIL. Tribunal Superior Eleitoral. Resolução nº 23.571, de 29 de maio de 2018. Disponível em: http://www.tse.jus.br/legislacao-tse/res/2018/RES235712018.html. Acesso em: 18 out. 2019.

86 Resolução TSE n. 23.571/2018, art. 22. BRASIL. Tribunal Superior Eleitoral. Resolução nº 23.571, de 29 de maio de 2018. Disponível em: http://www.tse.jus.br/legislacao-tse/res/2018/RES235712018.html. Acesso em: 18 out. 2019.

relator, que os apresentará para julgamento perante o Plenário do Tribunal no prazo de até 30 dias.[87]

Por fim, registrados os órgãos de direção regional em pelo menos 1/3 dos estados, o presidente do partido político em formação deve solicitar o registro do estatuto e do respectivo órgão de direção nacional no Tribunal Superior Eleitoral mediante requerimento.[88] O partido político em formação deve indicar, no pedido de registro, o nome, a sigla e o número da legenda pretendidos, sendo vedada a utilização do número da agremiação juntamente com a sigla partidária.[89]

Protocolizado o pedido de registro, ele é autuado e distribuído a um relator no prazo de 48 horas, devendo a secretaria do tribunal, imediatamente, publicar edital no Diário da Justiça Eletrônico, para ciência dos interessados,[90] cabendo a qualquer um deles impugnar, no prazo de cinco dias contados da publicação do edital, o pedido de registro.[91]

Não havendo impugnação ou finda a instrução do feito, o relator deve ouvir o Ministério Público Eleitoral no prazo de dez dias e determinar, em igual prazo, as diligências para sanar eventuais falhas

---

87 Resolução TSE n. 23.571/2018, art. 25. BRASIL. Tribunal Superior Eleitoral. Resolução nº 23.571, de 29 de maio de 2018. Disponível em: http://www.tse.jus.br/legislacao-tse/res/2018/RES235712018.html. Acesso em: 18 out. 2019.

88 "Art. 26. Registrados os órgãos de direção estadual em, pelo menos, 1/3 (um terço) dos estados, o presidente nacional do partido político em formação deve solicitar o registro do estatuto e do respectivo órgão de direção nacional no Tribunal Superior Eleitoral, por meio de requerimento acompanhado de:
I – cópia da ata da reunião de fundação do partido político autenticada por tabelião de notas;
II – exemplar autenticado do inteiro teor do programa e do estatuto partidários, inscritos no cartório competente do Registro Civil das Pessoas Jurídicas da Capital Federal;
III – relação de todos os fundadores com o nome completo, naturalidade, número do título eleitoral com a zona, seção, município e Unidade da Federação, profissão e endereço da residência;
IV – certidão do Cartório do Registro Civil das Pessoas Jurídicas a que se refere o §2º do art. 9º desta resolução; e
V – cópia da ata da reunião que comprova a constituição definitiva do órgão de direção nacional, com a designação de seus dirigentes, autenticada por tabelião de notas". BRASIL. Tribunal Superior Eleitoral. Resolução nº 23.571, de 29 de maio de 2018. Disponível em: http://www.tse.jus.br/legislacao-tse/res/2018/RES235712018.html. Acesso em: 18 out. 2019.

89 Resolução TSE n. 23.571/2018, art. 26, §2º. BRASIL. Tribunal Superior Eleitoral. Resolução nº 23.571, de 29 de maio de 2018. Disponível em: http://www.tse.jus.br/legislacao-tse/res/2018/RES235712018.html. Acesso em: 18 out. 2019.

90 Resolução TSE n. 23.571/2018, art. 27. BRASIL. Tribunal Superior Eleitoral. Resolução nº 23.571, de 29 de maio de 2018. Disponível em: http://www.tse.jus.br/legislacao-tse/res/2018/RES235712018.html. Acesso em: 18 out. 2019.

91 BRASIL. Tribunal Superior Eleitoral. Resolução nº 23.571, de 29 de maio de 2018. Disponível em: http://www.tse.jus.br/legislacao-tse/res/2018/RES235712018.html. Acesso em: 18 out. 2019.

do processo. Ouvido o Ministério Público, os autos são conclusos ao relator, que deve levá-los a julgamento perante o Plenário do Tribunal no prazo de até 30 dias.[92]

Deferido ou não o registro do estatuto e do órgão de direção nacional, o tribunal deve comunicar imediatamente o resultado aos Tribunais Regionais Eleitorais, e estes, da mesma forma, aos juízos eleitorais.[93] Caso indeferido o pedido de registro pelo Tribunal Superior Eleitoral, os interessados podem requerer o desentranhamento dos documentos juntados nos autos para posterior utilização, se for o caso, em novo pedido.[94]

Destaca-se que somente o partido político que tiver registrado o seu estatuto no Tribunal Superior Eleitoral pode participar do processo eleitoral, receber recursos do Fundo Partidário e ter acesso gratuito ao rádio e à televisão, nos termos da Lei nº 9.096/1995, art. 7º, §2º.[95]

No entanto, para participar das eleições, o registro deve ser aprovado pelo TSE até seis meses antes do pleito, e a legenda deve constituir órgão de direção na circunscrição em que pretende concorrer até a data da convenção partidária para a escolha dos seus candidatos.

Além disso, o registro do estatuto na Corte Eleitoral também assegura a exclusividade da denominação do partido, bem como de sua sigla e símbolos, vedada a utilização, por outras agremiações, de variações que possam induzir os eleitores a erro ou confusão.

## 1.6.1 Extinção, incorporação e fusão de partidos políticos

A possibilidade de fusão, incorporação e extinção de partidos políticos está prevista no art. 2º da Lei dos Partidos Políticos (Lei

---

92 BRASIL. Tribunal Superior Eleitoral. Resolução nº 23.571, de 29 de maio de 2018. Disponível em: http://www.tse.jus.br/legislacao-tse/res/2018/RES235712018.html. Acesso em: 18 out. 2019.

93 BRASIL. Tribunal Superior Eleitoral. Resolução nº 23.571, de 29 de maio de 2018. Disponível em: http://www.tse.jus.br/legislacao-tse/res/2018/RES235712018.html. Acesso em: 18 out. 2019.

94 BRASIL. Tribunal Superior Eleitoral. Resolução nº 23.571, de 29 de maio de 2018. Disponível em: http://www.tse.jus.br/legislacao-tse/res/2018/RES235712018.html. Acesso em: 18 out. 2019.

95 "Art. 7º O partido político, após adquirir personalidade jurídica na forma da lei civil, registra seu estatuto no Tribunal Superior Eleitoral. [...]§2º Só o partido que tenha registrado seu estatuto no Tribunal Superior Eleitoral pode participar do processo eleitoral, receber recursos do Fundo Partidário e ter acesso gratuito ao rádio e à televisão, nos termos fixados nesta Lei. BRASIL. Lei nº 9.096, de 19 de setembro de 1995. (Lei dos Partidos Políticos). Disponível em: http://www.planalto.gov.br/ccivil_03/leis/l9096.htm. Acesso em: 19. jun. 2019.

nº 9.096/1995), segundo o qual "é livre a criação, fusão, incorporação e extinção de partidos políticos cujos programas respeitem a soberania nacional, o regime democrático, o pluripartidarismo e os direitos fundamentais da pessoa humana".[96]

De acordo com a lei, por decisão de seus órgãos nacionais de deliberação, dois ou mais partidos podem fundir-se em um só ou incorporar-se um ao outro.[97] No caso da fusão, os órgãos de direção dos partidos políticos elaboram projetos comuns de estatuto e programa, e depois os órgãos nacionais de deliberação desses partidos em processo de fusão votam em reunião conjunta e, por maioria absoluta, elegem o órgão de direção nacional que promoverá o registro do novo partido político.[98] Deferido o registro, devem ser cancelados, de ofício, os registros dos órgãos de direção estaduais e municipais dos partidos políticos extintos – em síntese, os partidos envolvidos se "extinguem" e dão origem a um novo partido.

Doutro vértice, na incorporação[99] cabe ao partido político que será incorporado deliberar, por maioria absoluta de votos, em seu órgão de direção nacional, sobre a adoção do estatuto e do programa da outra agremiação partidária, nos termos do Código Civil. Adotados

---

96 BRASIL. Lei nº 9.096, de 19 de setembro de 1995. (Lei dos Partidos Políticos). Disponível em: http://www.planalto.gov.br/ccivil_03/leis/l9096.htm. Acesso em: 19. jun. 2019.

97 Lei nº 9.096/1995, art. 29, caput. BRASIL. Lei nº 9.096, de 19 de setembro de 1995. (Lei dos Partidos Políticos). Disponível em: http://www.planalto.gov.br/ccivil_03/leis/l9096.htm. Acesso em: 19. jun. 2019.

98 Lei nº 9.096/1995, art. 29, §1º, I e II. BRASIL. Lei nº 9.096, de 19 de setembro de 1995. (Lei dos Partidos Políticos). Disponível em: http://www.planalto.gov.br/ccivil_03/leis/l9096.htm. Acesso em: 19. jun. 2019.

99 "PETIÇÃO. PARTIDO POLÍTICO. PATRIOTA. PARTIDO REPUBLICANO PROGRESSISTA (PRP). INCORPORAÇÃO. DEFERIMENTO. ALTERAÇÕES ESTATUTÁRIAS. AQUIESCÊNCIA DA LEGENDA COM AS GLOSAS DO MINISTÉRIO PÚBLICO. DEFERIMENTO PARCIAL. 1. O PATRIOTA requereu o registro da incorporação do Partido Republicano Progressista (PRP) à sua legenda, além de anotação das alterações estatutárias correspondentes. 2. Impõe–se deferir a incorporação, na linha do parecer ministerial e da documentação trazida (Lei 9.096/95 e Res.–TSE 23.751/2018). 3. O partido incorporador faz jus aos votos do incorporado na última eleição para Câmara dos Deputados, com repercussão sobre as verbas do Fundo Partidário (art. 29, §7º, da Lei 9.096/95). Entretanto, incabível declarar nesta oportunidade o cumprimento ou não da cláusula de barreira pela legenda, o que será verificado quando do repasse dos recursos pela Justiça Eleitoral. 4. No tocante às alterações estatutárias, o Ministério Público opinou por se deferir a designação do partido apenas pelo nome (sem a respectiva sigla) e por se readequarem os arts. 60, VII, b; 61, §1º; 62, *caput* e §2º; 73, §3º; 74 e 87. Todavia, *a posteriori*, a própria legenda aquiesceu com a supressão de tais dispositivos, não mais subsistindo controvérsia no particular. 5. Incorporação deferida. Alterações estatutárias parcialmente deferidas, excluindo–se os mencionados artigos." (Petição n. 060195314, Acórdão, Relator(a) Min. Jorge Mussi, Publicação: *DJe – Diário de Justiça Eletrônico*, Tomo 87, Data 10/05/2019). Disponível em: http://www.tse.jus.br/jurisprudencia/decisoes/jurisprudencia. Acesso em: 19 set. 2019.

o estatuto e o programa do partido político incorporador, realiza-se, em reunião conjunta dos órgãos nacionais de deliberação, a eleição do novo órgão de direção nacional.[100] Nessa situação, o partido incorporador permanece com o mesmo nome e sigla, se desejar.

Ressalta-se que somente é admitida a fusão ou a incorporação de partidos políticos que tenham obtido o registro definitivo do Tribunal Superior Eleitoral há pelo menos cinco anos[101] e que o novo estatuto (em caso de fusão) ou instrumento de incorporação deve ser registrado no Ofício Civil e averbado no TSE, respectivamente.[102]

Por sua vez, a extinção dos partidos políticos se dá em duas hipóteses distintas: por decisão do partido ou por determinação da Justiça Eleitoral. Na primeira situação, tem-se o cancelamento, junto ao Ofício Civil e ao Tribunal Superior Eleitoral, do registro de partido que, na forma de seu estatuto, se dissolva, se incorpore ou venha a se fundir a outro, nos termos do art. 27 da Lei dos Partidos Políticos.

No segundo caso, o Tribunal Superior Eleitoral, após trânsito em julgado de decisão, determina o cancelamento do registro civil e do estatuto do partido contra o qual fique comprovado: (i) o recebimento de recursos financeiros de procedência estrangeira; (ii) a subordinação a entidade ou governo estrangeiros; (iii) a não prestação de contas à Justiça Eleitoral, nos termos da lei; ou (iv) a manutenção de organização paramilitar.[103] [104] Aqui, o processo de cancelamento é iniciado pelo

---

[100] Lei nº 9.096/1995, art. 29, §2º e §3º. BRASIL. Lei nº 9.096, de 19 de setembro de 1995. (Lei dos Partidos Políticos). Disponível em: http://www.planalto.gov.br/ccivil_03/leis/l9096.htm. Acesso em: 19. jun. 2019.

[101] Lei nº 9.096/1995, art. 29, §9º. BRASIL. Lei nº 9.096, de 19 de setembro de 1995. (Lei dos Partidos Políticos). Disponível em: http://www.planalto.gov.br/ccivil_03/leis/l9096.htm. Acesso em: 19. jun. 2019.

[102] Lei nº 9.096/1995, art. 29, §8º. BRASIL. Lei nº 9.096, de 19 de setembro de 1995. (Lei dos Partidos Políticos). Disponível em: http://www.planalto.gov.br/ccivil_03/leis/l9096.htm. Acesso em: 19. jun. 2019.

[103] Lei nº 9.096/1995, art. 28. BRASIL. Lei nº 9.096, de 19 de setembro de 1995. (Lei dos Partidos Políticos). Disponível em: http://www.planalto.gov.br/ccivil_03/leis/l9096.htm. Acesso em: 19. jun. 2019.

[104] "Petição. Partido Políticos. Art. 42, *caput*, da Res.-TSE n. 23.465. Pedidos. Revogação ou sustação do dispositivo. Indeferimento. [...] 2. Consoante dispõe o art. 17, III, da Constituição da República, os Partidos Políticos são obrigados a prestar contas à Justiça Eleitoral. 3. A disposição contida no art. 42 da Res.-TSE n. 23.465, ao prever que 'será suspenso o registro ou a anotação do órgão de direção estadual ou municipal que tiver suas contas partidárias julgadas como não prestadas", não é inovadora no âmbito deste Tribunal, pois dispositivo semelhante já constava da Res.-TSE n. 23.432/2014. 4. As hipóteses de desaprovação de contas e de julgamento destas como não prestadas não se confundem. Na primeira, por disposição legal, o registro dos órgãos partidários não pode ser suspenso (Lei nº 9.096/95, arts. 31, §5º, e 37, *caput* c.c §2º). No entanto, a ausência de prestação de contas é motivo de extinção do partido político (Lei nº 9.096/95, art. 28, III) e implica a suspensão do recebimento das quotas

Tribunal a partir de denúncia de eleitor ou representante de partido, ou de representação do Procurador-Geral Eleitoral, sendo que a decisão judicial deve ser precedida de processo regular, assegurada a ampla defesa.

## 1.6.2 Renomeação dos partidos políticos

Além das possibilidades de mudança descritas no item antecedente, os partidos políticos também podem solicitar alteração de nome e sigla. Em relação ao procedimento, verifica-se que as alterações programáticas ou estatutárias, depois de registradas no Ofício Civil, devem ser encaminhadas ao TSE. Em seguida, o pedido com as alterações é anexado aos respectivos autos do processo de registro do partido político ou, se for o caso, aos da petição que deferiu o registro do estatuto partidário adaptado à Lei nº 9.096/1995, obedecido, no que couber, o procedimento previsto nos arts. 26 a 31 da Resolução TSE nº 23.571/2018.[105]

Deferida a modificação, o Tribunal Superior Eleitoral deve comunicar imediatamente o trânsito em julgado da decisão que determinar a alteração de denominação e sigla partidárias à Câmara dos Deputados, ao Senado Federal, ao cartório competente do Registro Civil das Pessoas Jurídicas e aos Tribunais Regionais Eleitorais, devendo esses, da mesma forma, informar os juízos eleitorais.[106]

---

do Fundo Partidário enquanto perdurar a inadimplência e sujeita seus responsáveis às penas da lei (Lei nº 9.096/95, art. 37-A). 5. A situação de inadimplência dos órgãos partidários que não prestam contas à Justiça Eleitoral somente se caracteriza quando as contas são julgadas como não prestadas em processo judicial que se inicia com a intimação dos órgãos partidários e seus responsáveis para suprir a omissão, e, mesmo após a decisão judicial, a agremiação pode requerer a regularização da sua situação de inadimplência, nos termos da Res.-TSE n. 23.464/2015. 6. O art. 42 da Res.-TSE n. 23.465 traz efetividade ao comando constitucional que impõe a obrigação de o órgão partidário prestar contas à Justiça Eleitoral e somente perdura até que a situação seja regularizada. A transitoriedade da inadimplência depende exclusivamente do respeito à obrigação constitucional de prestar contas. [...]" (INSTRUÇÃO n. 3, Acórdão, Relator(a) Min. Henrique Neves Da Silva, Publicação: *DJe – Diário de Justiça Eletrônico*, Data 30/06/2016, p. 34-36). Disponível em: http://www.tse.jus.br/jurisprudencia/decisoes/jurisprudencia. Acesso em: 19 set. 2019.

[105] BRASIL. Tribunal Superior Eleitoral. Incorporação e fusão de partidos políticos – você conhece a diferença?. Disponível em http://www.tse.jus.br/imprensa/noticias-tse/2019/Abril/incorporacao-e-fusao-de-partidos-politicos-voce-conhece-a-diferenca. Acesso em: 7 set. 2019.

[106] Resolução TSE n. 23.571/2018, art. 54. BRASIL. Tribunal Superior Eleitoral. Resolução nº 23.571, de 29 de maio de 2018. Disponível em: http://www.tse.jus.br/legislacao-tse/res/2018/RES235712018.html. Acesso em: 18 out. 2019.

Segundo dados divulgados pelo TSE, nos últimos três anos, sete partidos alteraram suas nomenclaturas. Em 2018, os ministros do TSE aprovaram a troca do nome e da sigla do Partido Ecológico Nacional (PEN) para Patriota (PATRI);[107] o Partido do Movimento Democrático Brasileiro (PMDB) voltou a se chamar Movimento Democrático Brasileiro

---

[107] "REQUERIMENTO. PARTIDO ECOLOGICO NACIONAL (PEN). REGISTRO DE ALTERAÇÕES ESTATUTÁRIAS. IMPUGNAÇÕES. PARECER. MINISTÉRIO PÚBLICO ELEITORAL. ADEQUAÇÃO. DISPOSITIVOS. 1. O Partido Ecológico Nacional (PEN) requer o registro de alterações promovidas em seu estatuto, aprovadas em reunião do Diretório Nacional ocorrida em 26.8.2017. 2. Impugnações, dentre elas do Patriotas (PATRI), legenda em formação e sem estatuto registrado nesta Corte. 3. Parecer da d. Procuradoria-Geral Eleitoral pelo deferimento parcial, excluindo-se, porém, dispositivos atinentes às prerrogativas e competências do cargo de presidente de honra. HOMOLOGAÇÃO. DESISTÊNCIA. IMPUGNAÇÕES. 4. Homologam-se as desistências das impugnações da Comissão Executiva Estadual, de Walney da Rocha Cavalcante (filiado) e de Antônio da Cruz Filgueira Júnior (filiado). INTEMPESTIVIDADE. IMPUGNAÇÃO. OBITER DICTUM. ART. 7º, §3º, DA LEI 9.096/95. USO EXCLUSIVO. NOME. SIGLA. SÍMBOLOS. ESTATUTO. REGISTRO.5. O Patriotas – sem estatuto registrado nesta Corte – impugnou a mudança do nome do PEN para Patriota (sigla PATRI).6. Impugnação intempestiva, porquanto protocolada após o prazo de cinco dias do art. 28 da Res.-TSE 23.465/2015.7. De toda forma, ressalte-se que apenas a legenda com estatuto registrado neste Tribunal possui exclusividade no uso de sua denominação, sigla e símbolos (art. 7º, §3º, da Lei 9.096/95). COMPETÊNCIA. JUSTIÇA ELEITORAL EXAME. ATOS INTERNA CORPORIS. PARTIDOS POLÍTICOS. POTENCIAL AMEAÇA. REGIME DEMOCRÁTICO. CASO DOS AUTOS. CARGO. PRESIDENTE DE HONRA. PRERROGATIVAS. IMUNIDADES. ATOS UNILATERAIS. IMPOSSIBILIDADE.8. Cabe à Justiça Eleitoral, no exercício de suas funções jurisdicionais e administrativas, o controle de atos interna corporis editados pelos partidos políticos que revelem potenciais ameaças ao regime democrático.9. O regime democrático manifesta-se pela livre escolha de candidatos, mediante voto universal e secreto, e também é intrínseco ao próprio funcionamento dos partidos, cujos filiados detêm legítimas pretensões políticas.10. Os arts. 29, §§5 e 6º, e 33, parágrafo único, do estatuto atribuem amplos e irrestritos poderes ao presidente de honra que se sobrepõem às próprias deliberações da legenda: a) veto a filiações; b) expulsão de filiados; c) veto à nomeação para cargos nos órgãos da grei; d) destituição de membros de órgão diretivo; e) veto a coligações; f) escolha dos candidatos a presidente e vice-presidente da República; g) veto a candidaturas.11. Os poderes conferidos ao presidente de honra revestem-se de natureza autoritária e unilateral, colidindo com o princípio democrático que norteia a Constituição Federal.12. Assegurar a possibilidade de filiação, de escolha em convenção partidária e com quem a grei deve se coligar é essencial ao equilíbrio interno das legendas e à transparência do processo eleitoral, evitando-se, assim, deliberações ilegítimas.13. Também fere a democracia interna das legendas a possibilidade de o presidente de honra, de modo absolutamente unilateral, admitir ou expulsar qualquer filiado ou, ainda, nomear ou destituir membro de órgão partidário. 14. Impõe-se glosa ao art. 29, §4º, segundo o qual o presidente de honra pode migrar para outro partido a qualquer tempo e sem nenhuma penalidade, ainda que exerça cargo eletivo. Permite-se a desfiliação partidária sem perda de mandato apenas nas hipóteses taxativas do art. 22-A da Lei 9.096/95. CONCLUSÃO. DEFERIMENTO PARCIAL. 15. Pedido deferido parcialmente, excluindo-se, porém, os arts. 29, §§4º, 5º e 6º, e 33, parágrafo único, do estatuto." (Registro de Partido Político n. 153572, Acórdão, Relator(a) Min. Jorge Mussi, Publicação: *DJe – Diário de Justiça Eletrônico*, Tomo 97, Data 17/05/2018, p. 25-26). Disponível em: http://www.tse.jus.br/jurisprudencia/decisoes/jurisprudencia. Acesso em: 19 set. 2019.

(MDB);[108] e o partido Solidariedade passou a não mais utilizar a sigla SD,[109] sendo representado apenas pelo nome. Em 2017, o Partido

---

108 "PARTIDO DO MOVIMENTO DEMOCRÁTICO BRASILEIRO (PMDB). ALTERAÇÕES ESTATUTÁRIAS. 1. À exceção dos dispositivos referentes aos arts. 1º e 77, XI e XII, do estatuto partidário, incide o art. 28 da Res.-TSE 23.465, no sentido de que "a impugnação deve ser formulada em petição fundamentada dirigida ao relator, com a clara identificação dos fatos e dos fundamentos jurídicos do pedido", razão pela qual se afigura incabível o conhecimento da impugnação, em relação às demais disposições, à míngua de fundamentação. 2. Os convencionais foram devidamente cientificados para a convenção partidária que tinha como um dos pontos de deliberação a alteração do nome da agremiação para Movimento Democrático Brasileiro (MDB), tendo sido a mudança aprovada pela maioria dos presentes, conforme análise de farta prova documental, inclusive dos registros de áudio e vídeo do ato convencional, não havendo contrariedade à Constituição Federal nem à legislação infraconstitucional, circunscrevendo-se a deliberação no âmbito da autonomia do partido. 3. No tocante à alteração do art. 77, não houve mudança quanto às competências do Conselho Nacional atribuídas à Comissão Executiva Nacional, que já constavam da anterior redação do estatuto não questionada anteriormente pelos impugnantes e cujo pedido de homologação fora deferido por este Tribunal Superior. Em suma, as mesmas competências atribuídas anteriormente à Comissão Executiva Nacional constam do novo estatuto apresentado, que foi apenas atualizado, tendo sido inseridos, efetivamente, apenas os incisos XIII e XIV não impugnados efetivamente e que se referem ao Fundo Especial de Financiamento de Campanha (FEFC) e às eventuais coligações. 4. No que concerne à competência do Conselho Nacional alusiva à regulamentação, por resoluções, de disposições do Estatuto, o Ministério Público identificou que ela não constava anteriormente. Na verdade, em versões anteriores do estatuto, sempre foi prevista tal competência, mas, na última retificação sucedida, a agremiação não fez referência a ela no art. 76, XI, apenas corrigindo o erro material do art. 73, II, devidamente homologado por este Tribunal. 5. Não obstante, fato é que tal competência regulamentadora foi novamente referida no texto apresentado pela agremiação, ressaltando-se que sempre se previram quatro competências do Conselho Nacional à Comissão Executiva Nacional e não há notícia de deliberação a respeito de eventual mudança. Assim, também merece homologação o art. 77, XI, quanto à referência feita ao art. 74, VII, diante da mera correção do erro apurado pelo diretório. Impugnação que se julga improcedente. Pedido de alterações estatutárias deferido". (Petição n. 128, Acórdão, Relator(a) Min. Admar Gonzaga, Publicação: *DJe – Diário de Justiça Eletrônico*, Tomo 097, Data 17/05/2018, p. 2-3). Disponível em: http://www.tse.jus.br/jurisprudencia/decisoes/jurisprudencia. Acesso em: 19 set. 2019.

109 "REGISTRO DE PARTIDO POLÍTICO. SOLIDARIEDADE. ALTERAÇÃO ESTATUTÁRIA. NÃO UTILIZAÇÃO DA SIGLA "SD". POSSIBILIDADE. USO DO NOME "SOLIDARIEDADE77". IMPOSSIBILIDADE. CONTRIBUIÇÃO OBRIGATÓRIA DE FILIADOS E MULTA EM CASO DE DESFILIAÇÃO. IMPOSSIBILIDADE. COMISSÕES PROVISÓRIAS. PRAZO. VIGÊNCIA. EXTINÇÃO DO PARTIDO POLÍTICO. DESTINAÇÃO DO PATRIMÔNIO. DISSOLUÇÃO DE ÓRGÃO PARTIDÁRIO. OBSERVÂNCIA DOS PRINCÍPIOS CONSTITUCIONAIS. ADEQUAÇÃO. DEFERIMENTO PARCIAL. 1. Trata-se de requerimento do Solidariedade de anotação de alteração estatutária. Da substituição da sigla partidária para "SOLIDARIEDADE77" ou "SOLIDARIEDADE" 2. Inviabilizada a utilização do nome da legenda com a respectiva indicação numérica, coincidente com o número de candidaturas às eleições majoritárias, sob pena de, na via transversa, malferir o disposto art. 6º, §1º-A, da Lei nº 9.504/1997. Precedentes. 3. Possibilitada a utilização do nome SOLIDARIEDADE, sem sigla – presentes as manifestações favoráveis das Secretarias Judiciária (SJD) e de Tecnologia da Informação (STI) para fins de utilização em boletim de urna –, não vislumbro qualquer prejuízo à identificação da grei ou repercussão na seara eleitoral que impeça a pretensão do Partido. Da contribuição obrigatória de filiados 4. À luz do art. 15, VII, da Lei nº 9.096/1995, a doação "consubstancia ato de liberalidade e, portanto, não pode ser imposta obrigatoriamente ao filiado" (Cta n. 356-64/DF, Rel. Min.

Trabalhista do Brasil (PTdoB) obteve a mudança de nome para AVANTE; o Partido Trabalhista Nacional (PTN), para Podemos (PODE); e o Partido Social Democrata Cristão (PSDC) para Democracia Cristã.[110]

## 1.6.3 Atuais partidos políticos brasileiros

Analisados os principais aspectos procedimentais relativos à constituição e à modificação da estrutura dos partidos políticos,

Henrique Neves da Silva, *DJe* de 2.12.2015). 5. Impossibilidade de regra de doação vinculada ao exercício do mandato eletivo, por se tratar o ato da contribuição de mera liberalidade, não podendo ser obrigatória ao filiado. Precedentes. Da multa no caso de desfiliação 6. A fidelidade partidária que se exige do filiado em nada se coaduna à relação contratual, apta a produzir efeitos sancionatórios pecuniários, tal como a multa. Precedentes. Da vigência dos órgãos provisórios 7. Vinculados os Partidos Políticos à observância do regime democrático estabelecido no art. 17, *caput*, da Constituição Federal, imperiosa a adoção de medidas que promovam a democracia interna, razão pela qual inviável a anotação de alteração estatutária que não fixa prazo determinado para a duração das comissões provisórias, devendo a legenda se adequar ao entendimento desta Corte Superior Eleitoral (RPP n. 1417-96 – DF, Redator para o acórdão Min. Tarcisio Vieira, *DJe* de 15.3.2018). Das doações de pessoas jurídicas 8. Por ocasião do julgamento da ADI 4.650/DF, o Supremo Tribunal Federal asseverou "ser vedado aos partidos políticos o recebimento, direta ou indiretamente, de qualquer auxílio pecuniário ou estimável em dinheiro proveniente de pessoa jurídica, não registrando nenhuma exceção", devendo ser ajustado o estatuto para a exclusão do dispositivo que contenha tal previsão (Pet n. 167, Rel. Min. Napoleão Nunes Maia Filho, *DJe* de 10.8.2017, destaquei). Da destinação do patrimônio do partido na hipótese de sua extinção 9. Extinto o Partido, devem ser devolvidos ao Fundo Partidário todos os recursos dele provenientes e revertidos à União os bens e ativos com eles adquiridos. Precedentes. Da observância dos princípios constitucionais para a dissolução de órgão partidário. 10. Nos termos da orientação desta Casa (MS n. 0601453-16, Rel. Min. Luiz Fux, PSESS de 29.9.2016), há de se observar a "vinculação das legendas partidárias aos direitos fundamentais, inclusive em razão da eficácia horizontal desses postulados, com aplicação plena e imediata, havendo que se estabelecer, no trato com os órgãos de hierarquia inferior, roteiros seguros para o exercício do contraditório e da ampla defesa, em homenagem ao princípio do devido processo legal". (RPP n. 1417-96/DF, Redator para o acórdão Min. Tarcisio Vieira, *DJe* de 15.3.2018), daí porque necessária a adequação do Capítulo III do Estatuto (art. 94), que disciplina a dissolução de órgãos partidários. Parcialmente deferido o pedido de anotação de alteração estatutária relativa ao art. 1º, devendo o partido providenciar o ajuste necessário em seu §4º, para fins de exclusão do nome SOLIDARIEDADE77; determinada, ainda, (i) a supressão das anotações estatutárias relativas aos incs. VII e VIII do art. 9º e incisos III e inc. VI do art. 85, que versam sobre contribuições obrigatórias de filiados, filiados eleitos, multa em caso de desfiliação e doações de pessoas jurídicas; e (ii) a adequação dos arts. 29, §2º, 55, III, e 56, III – relativos ao prazo de duração das comissões provisórias –, 94 – atinente à dissolução de órgãos partidários – e 102 – sobre o inventário decorrente da extinção do Partido Político." (Registro de Partido Político n. 40309, Acórdão, Relator(a) Min. Rosa Weber, Publicação: *DJe – Diário de Justiça Eletrônico*, Data 13/08/2018). Disponível em: http://www.tse.jus.br/jurisprudencia/decisoes/jurisprudencia. Acesso em: 19 set. 2019.

110 BRASIL. Tribunal Superior Eleitoral. Incorporação e fusão de partidos políticos – você conhece a diferença?. Disponível em http://www.tse.jus.br/imprensa/noticias-tse/2019/Abril/incorporacao-e-fusao-de-partidos-politicos-voce-conhece-a-diferenca. Acesso em: 7 set. 2019.

procede-se à descrição do panorama político-partidário atual. Segundo o Tribunal Superior Eleitoral, existem hoje 33 partidos registrados e, portanto, dotados de capacidade eleitoral, os quais estão listados abaixo com nome, sigla e número da legenda, ordenados da data de deferimento mais antiga para a mais recente:[111]

TABELA 1
**Partidos brasileiros: nome – sigla – nº legenda**

Continua

| NOME DO PARTIDO | SIGLA | N. LEGENDA |
|---|---|---|
| Movimento Democrático Brasileiro | MDB | 15 |
| Partido Trabalhista Brasileiro | PTB | 14 |
| Partido Democrático Trabalhista | PDT | 12 |
| Partido dos Trabalhadores | PT | 13 |
| Democratas | DEM | 25 |
| Partido Comunista do Brasil | PCdoB | 65 |
| Partido Socialista Brasileiro | PSB | 40 |
| Partido da Social Democracia Brasileira | PSDB | 45 |
| Partido Trabalhista Cristão | PTC | 36 |
| Partido Social Cristão | PSC | 20 |
| Partido da Mobilização Nacional | PMN | 33 |
| Partido Popular Socialista | PPS | 23 |
| Partido Verde | PV | 43 |
| Avante | AVANTE | 70 |
| Progressistas | PP | 11 |
| Partido Socialista dos Trabalhadores Unificado | PSTU | 16 |
| Partido Comunista Brasileiro | PCB | 21 |
| Partido Renovador Trabalhista Brasileiro | PRTB | 28 |
| Partido Humanista da Solidariedade | PHS | 31 |
| Democracia Cristã | DC | 27 |
| Partido da Causa Operária | PCO | 29 |

[111] BRASIL. Tribunal Superior Eleitoral. Partidos políticos registrados no TSE. Disponível em http://www.tse.jus.br/partidos/partidos-politicos/registrados-no-tse. Acesso em: 7 set. 2019.

Conclusão

| NOME DO PARTIDO | SIGLA | N. LEGENDA |
|---|---|---|
| Podemos | PODE | 19 |
| Partido Social Liberal | PSL | 17 |
| Republicanos | REPUBLICANOS | 10 |
| Partido Socialismo e Liberdade | PSOL | 50 |
| Partido Liberal | PL | 22 |
| Partido Social Democrático | PSD | 55 |
| Patriota | PATRIOTA | 51 |
| Partido Republicano da Ordem Social | PROS | 90 |
| Solidariedade | SOLIDARIEDADE | 77 |
| Partido Novo | NOVO | 30 |
| Rede Sustentabilidade | REDE | 18 |
| Partido da Mulher Brasileira | PMB | 35 |

Dos partidos supramencionados, atualmente 25 possuem representação na Câmara dos Deputados e 17 no Senado, sendo que apenas oito não têm candidatos eleitos em nenhuma das Casas do Congresso Nacional, a saber: PMB, PHS, PCO, DC, PRTB, PCB, PSTU e PTC.[112] [113] Além disso, existem 76 partidos em processo de formação no Brasil, ou seja, que já apresentaram requerimento, mas ainda não obtiveram registro perante o Tribunal Superior Eleitoral e, por conseguinte, não têm atuação regularizada para o exercício das atividades político-partidárias descritas em lei.

## 1.7 Cláusula de barreira

Também denominada cláusula de exclusão ou cláusula de desempenho, a cláusula de barreira é uma norma que impede ou restringe o funcionamento parlamentar ao partido que não alcançar determinado percentual de votos. Em síntese, estabeleceram-se condições alternativas – atualmente, percentual mínimo de votos ou quantidade mínima de candidatos eleitos nas últimas eleições – para que o partido

112 BRASIL. Senado Federal. Senadores em exercício. Disponível em: https://www25.senado.leg.br/web/senadores/em-exercicio/-/e/por-partido. Acesso em: 7 set. 2019.

113 BRASIL. Câmara dos Deputados. Deputados – bancada atual. Disponível em https://www.camara.leg.br/deputados/bancada-atual. Acesso em: 7 set. 2019.

tenha direito a receber recursos do Fundo Partidário[114] e acesso gratuito ao rádio e à televisão.

No Brasil, a cláusula de barreira foi primeiramente instituída pela Constituição de 1967:

> Art. 149 – A organização, o funcionamento e a extinção dos Partidos Políticos serão regulados em lei federal, observados os seguintes princípios:
> [...] VII – exigência de dez por cento do eleitorado que haja votado na última eleição geral para a Câmara dos Deputados, distribuídos em dois terços dos Estados, com o mínimo de sete por cento em cada um deles, bem assim dez por cento de Deputados, em, pelo menos, um terço dos Estados, e dez por cento de Senadores.[115]

À época, a própria manutenção do partido político era condicionada aos requisitos descritos acima, sendo a cláusula de barreira efetivo impedimento ao funcionamento da agremiação.

Embora com percentuais reduzidos, a cláusula de barreira foi mantida pela Emenda Constitucional nº 1/1969, com exigência de 5% do eleitorado que houvesse votado na última eleição geral para a Câmara dos Deputados, distribuídos em pelo menos sete estados, com o mínimo de 7% em cada um deles.

Posteriormente, a Emenda nº 11, de 1978, reduziu a exigência constitucional para 5% do eleitorado que tivesse votado na última eleição geral para a Câmara dos Deputados, distribuídos, pelo menos, por nove estados, com o mínimo de 3% em cada um deles.[116] Em 1985, a EC nº 25 vedou representação aos partidos com percentual de votos inferior a 5% do eleitorado, distribuídos, pelo menos, por nove estados, com o mínimo de 3% em cada.

De forma diversa, a Constituição Federal de 1988, em sua redação original, não previu cláusula de exclusão. Por outro lado, embora a Lei dos Partidos Políticos tenha estabelecido disposição nesse sentido, no

---

[114] O Fundo Partidário (FP) constitui uma das fontes públicas de financiamento eleitoral no Brasil, cujos recursos são distribuídos aos partidos registrados no TSE de acordo com os critérios fixados em lei.

[115] Constituição Federal de 1967, art. 149, VII. BRASIL. (1967) *Constituição da República Federativa do Brasil*. Disponível em: http://www.planalto.gov.br/ccivil_03/constituicao/constituicao67.htm. Acesso em: 8 out. 2019.

[116] KNOERR, Fernando Gustavo. Mandato, autonomia partidária e representatividade política. *In*: FUX, Luiz; PEREIRA, Luiz Fernando Casagrande; AGRA, Walber de Moura (Coord.). PECCININ, Luiz Eduardo (Org.). *Direito constitucional eleitoral*. Belo Horizonte: Fórum, 2018, p. 415-430. (Tratado de Direito Eleitoral, v. 1.)

art. 13,[117] esse foi considerado inconstitucional por unanimidade no Supremo Tribunal Federal, sob o argumento de que prejudicaria os pequenos partidos e, portanto, teria caráter antidemocrático:

> PARTIDO POLÍTICO – FUNCIONAMENTO PARLAMENTAR – PROPAGANDA PARTIDÁRIA GRATUITA – FUNDO PARTIDÁRIO. Surge conflitante com a Constituição Federal lei que, em face da gradação de votos obtidos por partido político, afasta o funcionamento parlamentar e reduz, substancialmente, o tempo de propaganda partidária gratuita e a participação no rateio do Fundo Partidário.[118]

Por conseguinte, do exame do acórdão da supracitada ADI, confere-se a preocupação do STF com a manutenção da atividade partidária e com a igualdade de condições na disputa eleitoral, bem como a rejeição de posturas autoritárias que remetessem às políticas do período ditatorial. Isso porque, na prática, o dispositivo declarado inconstitucional impedia o funcionamento de partidos políticos menores ao determinar que os partidos com menos de 5% dos votos nacionais não teriam direito a representação partidária, não poderiam indicar titulares para as comissões – incluindo Comissões Parlamentares de Inquérito (CPIs) –, não teriam direito à liderança ou a cargos na Mesa Diretora e, ainda, perderiam recursos do Fundo Partidário, bem como ficariam com tempo restrito de propaganda eleitoral em rede nacional de rádio e TV.[119]

Em 2017, contudo, a Emenda Constitucional nº 97 reintroduziu a cláusula de barreira, a ser implementada de forma progressiva. Nesse sentido, a partir das eleições de 2030, somente terão acesso a recursos do Fundo Partidário e à propaganda gratuita em rádio e televisão, nos

---

117 "Art. 13. Tem direito a funcionamento parlamentar, em todas as Casas Legislativas para as quais tenha elegido representante, o partido que, em cada eleição para a Câmara dos Deputados obtenha o apoio de, no mínimo, cinco por cento dos votos apurados, não computados os brancos e os nulos, distribuídos em, pelo menos, um terço dos Estados, com um mínimo de dois por cento do total de cada um deles". BRASIL. Lei nº 9.096, de 19 de setembro de 1995. (Lei dos Partidos Políticos). Dispõe sobre partidos políticos, regulamenta os arts. 17 e 14, §3º, inciso V, da Constituição Federal. Disponível em: http://www.planalto.gov.br/ccivil_03/leis/l9096.htm. Acesso em: 19. jun. 2019.

118 ADI nº 1351, Relator: Min. MARCO AURÉLIO, Tribunal Pleno, julgado em 07/12/2006, *DJ* 30-03-2007 PP-00068 EMENT VOL-02270-01 PP-00019 REPUBLICAÇÃO: *DJ* 29-06-2007 PP-00031 RTJ VOL-00207-01 PP-00116. Disponível em: http://stf.jus.br/portal/jurisprudencia/listarJurisprudencia.asp?s1=%28ADI%24%2ESCLA%2E+E+1351%2ENUME%2E%29+OU+%28ADI%2EACMS%2E+ADJ2+1351%2EACMS%2E%29&base=baseAcordaos&url=http://tinyurl.com/bct739w. Acesso em: 20 set. 2019.

119 BRASIL. Senado Federal. Cláusula de barreira. Disponível em: https://www12.senado.leg.br/noticias/glossario-legislativo/clausula-de-barreira. Acesso em: 8 set. 2019.

termos da lei, os partidos políticos que, alternativamente, (i) obtiverem, nas eleições para a Câmara dos Deputados, no mínimo 3% dos votos válidos, distribuídos em pelo menos um terço das unidades da Federação, com um mínimo de 2% dos votos válidos em cada uma delas; ou (ii) tiverem eleito pelo menos quinze deputados federais, distribuídos em pelo menos um terço das unidades da Federação.[120]

No período anterior às eleições de 2030, será aplicada escala progressiva da seguinte forma:

> Art. 3º [...] Parágrafo único. Terão acesso aos recursos do fundo partidário e à propaganda gratuita no rádio e na televisão os partidos políticos que:
> **I – na legislatura seguinte às eleições de 2018:**
> a) obtiverem, nas eleições para a Câmara dos Deputados, no mínimo, 1,5% (um e meio por cento) dos votos válidos, distribuídos em pelo menos um terço das unidades da Federação, com um mínimo de 1% (um por cento) dos votos válidos em cada uma delas; ou
> b) tiverem elegido pelo menos nove Deputados Federais distribuídos em pelo menos um terço das unidades da Federação;
> **II – na legislatura seguinte às eleições de 2022:**
> a) obtiverem, nas eleições para a Câmara dos Deputados, no mínimo, 2% (dois por cento) dos votos válidos, distribuídos em pelo menos um terço das unidades da Federação, com um mínimo de 1% (um por cento) dos votos válidos em cada uma delas; ou
> b) tiverem elegido pelo menos onze Deputados Federais distribuídos em pelo menos um terço das unidades da Federação;
> **III – na legislatura seguinte às eleições de 2026:**
> a) obtiverem, nas eleições para a Câmara dos Deputados, no mínimo, 2,5% (dois e meio por cento) dos votos válidos, distribuídos em pelo menos um terço das unidades da Federação, com um mínimo de 1,5% (um e meio por cento) dos votos válidos em cada uma delas; ou
> b) tiverem elegido pelo menos treze Deputados Federais distribuídos em pelo menos um terço das unidades da Federação[121]. (Grifos ausentes no original)

Em dezembro 2018, o TSE deliberou sobre petição apresentada pelo Diretório Nacional do Partido Rede Sustentabilidade para manifestação da Corte acerca da data a ser considerada para efeito da exclusão

---

[120] Constituição Federal de 1988, art. 17, §3º. BRASIL. (1988) *Constituição da República Federativa do Brasil*. Disponível em: http://www.planalto.gov.br/ccivil_03/constituicao/constituicao.htm. Acesso em: 8 out. 2019.

[121] BRASIL. Emenda Constitucional n. 97, de 4 de outubro de 2017. Disponível em: http://www.planalto.gov.br/ccivil_03/Constituicao/Emendas/Emc/emc97.htm. Acesso em: 19 set. 2019.

do acesso aos recursos do Fundo Partidário pelos partidos políticos que não alcançaram os requisitos estabelecidos no referido inciso I do art. 3º da Emenda Constitucional nº 97, ou seja, a data-limite de acesso ao Fundo Partidário.

Na sessão, ficou decidido, de forma unânime, que os partidos políticos que não alcançaram o patamar da cláusula de barreira nas eleições de 2018 ficariam impossibilitados de receber recursos do Fundo Partidário a partir de 1º de fevereiro de 2019. Nessa linha, o resultado obtido nas eleições de 2018 para a composição da Câmara dos Deputados seria considerado para aplicação da cláusula de barreira na legislatura de 2019 a 2022.[122]

## 1.8 Órgãos partidários

Assimilados os principais aspectos concernentes aos partidos políticos, procede-se ao entendimento de sua organização interna, no fito de compreender sua estrutura e funcionamento.

A antiga Lei Orgânica dos Partidos Políticos (Lei nº 5.682/1971 – LOPP), promulgada durante o regime militar, continha disposições rígidas sobre a organização e o funcionamento dos partidos políticos, definindo detalhadamente sua estrutura decisória. Seu art. 22, *v.g.*, definia como órgãos partidários: (i) as Convenções Municipais, Regionais e Nacional, para deliberação; (ii) os Diretórios Municipais, Regionais e Nacional, de direção; (iii) os Diretórios Distritais, de ação; e (iv) os conselhos fiscais e consultivos, os departamentos trabalhista, estudantil, feminino e outros com a mesma finalidade, para fins de cooperação. Nesse contexto, a seção municipal era considerada a unidade orgânica e fundamental do partido,[123] e a convenção nacional era o órgão supremo do partido.[124]

Além disso, a lei concedia poderes de intervenção e veto aos órgãos hierarquicamente superiores. Logo, um diretório poderia

---

[122] BRASIL. Tribunal Superior Eleitoral. Petição n. 0601892-56.2018.6.00.0000. Acórdão, Relator Min. Tarcisio Vieira de Carvalho Neto, Acórdão de 19/12/2018, Publicação: *DJE – Diário de Justiça Eletrônico*, Tomo 24, Data 04/02/2019. Disponível em: http://www.tse.jus.br/jurisprudencia/decisoes/jurisprudencia. Acesso em: 23 out. 2019.

[123] Lei nº 5.682/1971, art. 23. BRASIL. Lei nº 5.682, de 21 de julho de 1971. Lei Orgânica dos Partidos Políticos. Disponível em: http://www.planalto.gov.br/ccivil_03/leis/1970-1979/L5682.htm. Acesso em: 3 out. 2019.

[124] Lei nº 5.682/1971, art. 24. BRASIL. Lei nº 5.682, de 21 de julho de 1971. Lei Orgânica dos Partidos Políticos. Disponível em: http://www.planalto.gov.br/ccivil_03/leis/1970-1979/L5682.htm. Acesso em: 3 out. 2019.

intervir em outro hierarquicamente inferior para assegurar a disciplina partidária e preservar normas estatutárias, a ética partidária ou a linha político-partidária fixada por instâncias superiores, entre outras justificativas genéricas. Ao mesmo tempo, a dissolução de diretório e a destituição de comissão executiva eram possibilidades previstas nos casos de indisciplina partidária e de desrespeito ao estatuto, ao programa ou a deliberações tomadas pelos órgãos superiores. Em todas essas intervenções, a decisão deveria ser tomada pela maioria absoluta de membros do diretório interventor.[125]

A LOPP também apresentava regras sobre (i) a participação em convenções, restrita aos eleitores inscritos nos partidos; (ii) a forma de eleição de seus órgãos; (iii) o tempo de mandato dos membros dos diretórios; (iv) o quórum necessário para deliberação; (v) o número mínimo de filiados para a constituição de diretório; (vi) as datas de realização de convenções que versassem sobre temas específicos, etc.

Verifica-se que, *in casu*, a legislação apenas institucionalizou um arranjo que já vigorava nos partidos ARENA e MDB: a autonomia concedida às seções estaduais era mitigada pela centralização das decisões nacionais relevantes nas bancadas do Congresso Nacional. A ação política em nível nacional, assim como as instâncias regionais, era controlada mais pelos parlamentares federais do que pelos órgãos partidários nacionais.[126]

Nessa linha, pontua Pedro Floriano Ribeiro:

> Até 1995, a estrutura decisória dos partidos brasileiros era detalhadamente configurada pela LOPP. A reforma partidária de 1979, que dissolveu a ARENA e o MDB, também revogou e modificou importantes pontos da LOPP, afrouxando quase todas as restrições organizativas e eleitorais que então inviabilizavam a criação de novos partidos. No entanto, a reforma mantinha quase intacta a regulamentação acerca do arcabouço institucional das agremiações; dessa forma, a LOPP continuou moldando as estruturas partidárias até 1995. Era uma regulamentação rígida, o que fazia com que estatutos e regras formais dos partidos fossem muito semelhantes.[127]

---

125 RIBEIRO, Pedro Floriano. Organização e poder nos partidos brasileiros: uma análise dos estatutos. *Revista Brasileira de Ciência Política*, n. 10, abr. 2013, Brasília, p. 233.

126 RIBEIRO, Pedro Floriano. Organização e poder nos partidos brasileiros: uma análise dos estatutos. *Revista Brasileira de Ciência Política*, n. 10, abr. 2013, Brasília, p. 234.

127 RIBEIRO, Pedro Floriano. Organização e poder nos partidos brasileiros: uma análise dos estatutos. *Revista Brasileira de Ciência Política*, n. 10, abr. 2013, Brasília, p. 231.

Conforme se verifica do trecho mencionado acima, apesar de o art. 17, §1º, da Constituição Federal de 1988 ter assegurado aos partidos políticos autonomia para definir sua estrutura interna, organização e funcionamento, para adotar os critérios de escolha e o regime de suas coligações eleitorais e para estabelecer normas de disciplina e fidelidade partidária, tais disposições só se tornaram efetivas com a edição da Lei nº 9.096, em 1995, e a consequente revogação da antiga Lei Orgânica dos Partidos Políticos.

Embora a autonomia concedida às organizações partidárias seja mitigada, porquanto subordinada aos princípios, postulados e normas constitucionais abordados neste capítulo, a Lei dos Partidos Políticos lhes concede liberdade para fixar, em seu programa, seus objetivos políticos e para estabelecer, no estatuto, sua estrutura interna, organização e funcionamento.

Segundo o art. 15 da referida lei, o partido deve dispor em seu estatuto sobre: (i) nome, denominação abreviada e estabelecimento da sede na Capital Federal; (ii) filiação e desligamento de seus membros; (iii) direitos e deveres dos filiados; (iv) modo de organização e administração, com definição de sua estrutura geral e identificação, composição e competências dos órgãos partidários nos níveis municipal, estadual e nacional, duração dos mandatos e processo de eleição dos seus membros; (v) fidelidade e disciplina partidárias, processo para apuração das infrações e aplicação das penalidades, assegurado amplo direito de defesa; (vi) condições e forma de escolha de seus candidatos a cargos e funções eletivas; (vii) finanças e contabilidade, estabelecendo, inclusive, normas que os habilitem a apurar as quantias que os seus candidatos possam despender com a própria eleição, que fixem os limites das contribuições dos filiados e definam as diversas fontes de receita do partido, além das previstas em lei; (viii) critérios de distribuição dos recursos do Fundo Partidário entre os órgãos de nível municipal, estadual e nacional que compõem o partido; e (ix) procedimento de reforma do programa e do estatuto.[128]

Constata-se, portanto, a dissolução da estrutura partidária rígida vigente durante o regime militar, que constituía significativa barreira à constituição de novos partidos e autêntico engessamento das agremiações, sob a nova ordem constitucional. A liberdade de organização dos partidos, nesse contexto, consiste em legítima

128 BRASIL. Lei nº 9.096, de 19 de setembro de 1995. (Lei dos Partidos Políticos). Disponível em: http://www.planalto.gov.br/ccivil_03/leis/l9096.htm. Acesso em: 19. jun. 2019.

manifestação do princípio da autonomia partidária, possibilitando o exercício da democracia interna ao definir seus órgãos e suas respectivas incumbências. A ideia é fundamentalmente permitir a vigência de uma estrutura democrática interna ao partido, que evite a concentração de poder e seja baseada em *accountability* – prestação de contas a instâncias controladoras ou a seus representados, incluindo-se a possibilidade de sanção.[129]

Validamente, de modo geral, é possível afiançar que os partidos brasileiros deveriam possuir, tradicionalmente, os órgãos seguintes:

> [...] a) órgãos de deliberação, representados pelas convenções municipais, regionais e nacional; b) órgãos de direção, formados pelos diretórios municipais, distritais, regionais e nacional; c) órgãos de ação ou de execução, constituído pelas comissões executivas distritais, municipais, regionais e nacional; d) órgãos de cooperação, compostos pelos conselhos fiscais, de ética, institutos de doutrinação política, movimentos sociais, departamentos de jovens e mulheres e outros; e) órgão de ação parlamentar, composto pelas bancadas de representantes do partido nas Câmaras Municipais, nas Assembleias Legislativas, na Câmara Federal e no Senado Federal.[130]

Entretanto, é evidente que nem todos os partidos da atualidade apresentam a mencionada estrutura de forma completa. Todavia, todo partido, para se constituir como tal, deve designar minimamente órgãos de direção estadual e um diretório nacional, sendo facultada, ainda, a constituição de órgãos municipais, conforme as disposições da Resolução TSE nº 23.571/2018. Dessa forma, fica a cargo do partido instituir outras estruturas que desejar, bem como definir suas respectivas funções, uma vez respeitados os limites legais.

## 1.8.1 Diretórios nacional, estadual e municipal

Considerando a função do partido político de estabelecer um elo entre o cidadão e o Estado, em uma perspectiva de desinstitucionalização do poder político, é necessário que a representação seja efetiva, no

---

[129] CAMPOS NETO, Raymundo. *A democracia interna nos partidos políticos brasileiros*. Belo Horizonte: D'Plácido, 2017, p. 107.

[130] MEZZAROBA, Orides. *A democracia, os partidos políticos e o estado*. Disponível em https://dialnet.unirioja.es/descarga/articulo/4818590.pdf. Acesso em: 14 set. 2019.

intuito de garantir o cumprimento dos direitos fundamentais expressos na Constituição.

Partindo dessa premissa, o ordenamento jurídico brasileiro prevê a criação dos diretórios, os quais consistem em órgãos de administração e funcionam como ponto de consolidação das vontades específicas dos filiados, para que o partido exerça sua função democrática em prol da sociedade civil.

Como o Brasil adota o pacto federativo, a conformação da vontade popular perpassa pelo alcance de todas as unidades da federação, no intento de angariar apoio local e buscar o envolvimento com as mais diversas realidades do Brasil. Nesse sentido, entende-se relevante a formação de diretórios em âmbito estadual e municipal, os quais são centralizados na figura do diretório nacional, promovendo a unicidade do partido.

Ressalta-se que a composição do diretório é definida por votação entre as pessoas filiadas ao respectivo partido, de acordo com o procedimento previsto no estatuto partidário, sendo que o órgão de direção nacional ou estadual deve comunicar ao respectivo tribunal eleitoral, no prazo de 30 dias contados da deliberação, a constituição de seus órgãos de direção partidária estaduais e municipais, o início e o fim de sua vigência, e os dados de seus integrantes, para fins de anotação.[131]

Após a referida anotação, o partido político deve, no prazo de 30 dias, informar aos Tribunais Regionais Eleitorais os números de inscrição no Cadastro Nacional da Pessoa Jurídica (CNPJ) dos órgãos de direção estaduais e municipais que houver, sob pena de suspensão da anotação, impedidas novas anotações até a regularização.[132] O diretório nacional, por sua vez, deve realizar o mesmo procedimento perante o Tribunal Superior Eleitoral.

Em princípio, os diretórios são independentes, não comunicando obrigações e sanções ou intervindo entre si. As exceções devem ser expressamente previstas no estatuto de cada partido – algumas agremiações, por exemplo, reservam determinadas matérias à decisão pelo órgão partidário nacional. Em suma, a existência de diretórios nas

---

[131] BRASIL. Tribunal Superior Eleitoral. Resolução nº 23.571, de 29 de maio de 2018. Disponível em: http://www.tse.jus.br/legislacao-tse/res/2018/RES235712018.html. Acesso em: 18 out. 2019.

[132] BRASIL. Tribunal Superior Eleitoral. Resolução nº 23.571, de 29 de maio de 2018. Disponível em: http://www.tse.jus.br/legislacao-tse/res/2018/RES235712018.html. Acesso em: 18 out. 2019.

esferas municipal, estadual e nacional dos partidos é muito relevante para a democracia intrapartidária, sendo sua composição dependente da vontade de seus filiados, e as hipóteses de extinção, modificação e limitação determinadas pelo próprio estatuto partidário.

## 1.8.2 Intervenções e comissões provisórias nos partidos políticos

A despeito do objetivo essencialmente democrático da constituição de diretórios municipais, estaduais e nacionais, os partidos políticos, no exercício de sua autonomia, podem definir hipóteses de intervenção de órgãos hierarquicamente superiores nos inferiores, de modo semelhante às previsões da antiga Lei Orgânica dos Partidos Políticos.

No caso do Movimento Democrático Brasileiro, por exemplo, o estatuto permite a intervenção para: (i) manter a integridade partidária; (ii) assegurar o exercício dos direitos das minorias; (iii) reorganizar as finanças e regularizar as transferências de recursos para outros órgãos partidários, previstas no estatuto ou em resoluções; (iv) assegurar a disciplina e a democracia internas; (v) garantir o desempenho político-eleitoral do partido; (vi) impedir acordo ou coligação com outros partidos em desconformidade com as decisões superiores; (vii) preservar as normas estatutárias, a ética partidária, os princípios programáticos ou a linha político-partidária fixada pelos órgãos superiores e a linha política fixada pelos órgãos competentes; e (viii) regularizar o controle das filiações partidárias.[133]

É previsto, ainda, um procedimento prévio que assegura a ampla defesa, de modo que a intervenção apenas seja decretada pelo voto em maioria absoluta do órgão hierarquicamente superior. Decretada a intervenção, a comissão interventora inicia o exercício pleno de suas funções, com a publicação do ato de designação e a promoção das anotações na Justiça Eleitoral.

De forma semelhante, o Democratas prevê como casos que permitem a intervenção: (i) garantir o direito das minorias; (ii) manter a integridade partidária; (iii) assegurar o desempenho político-eleitoral do partido; (iv) preservar as normas estatutárias, a ética partidária, os princípios programáticos ou a linha político-partidária fixada pelos órgãos superiores; (v) assegurar a disciplina partidária; (vi) normalizar a

---

[133] MDB. *Estatuto 2018*. Disponível em http://www.justicaeleitoral.jus.br/arquivos/tse-estatuto-partido-movimento-democratico-brasileiro. Acesso em: 14 set. 2019.

gestão financeira; e (vii) normalizar o controle das filiações partidárias. Aqui, a intervenção também é decretada pelo voto da maioria absoluta da executiva hierarquicamente superior.[134]

Verifica-se, nessa baliza, que diversos partidos têm previsões semelhantes, e privilegiam o poder hierárquico ao buscarem a defesa da integridade da legenda e a preservação da linha político-partidária estabelecida pelos órgãos superiores, desencorajando eventuais tentativas de dissensão de órgãos inferiores com a possibilidade de intervenção.

Outra questão relevante diz respeito à possibilidade de instituição de comissões provisórias nos partidos políticos. As comissões provisórias consistem em representações temporárias dos partidos, que devem vigorar até a constituição regular de um diretório, mediante eleição interna na esfera da agremiação. Na ausência dos diretórios definitivos, portanto, cabe a elas promover as convenções para a escolha de candidatos.

As comissões provisórias podem ser necessárias em caso de intervenção ou dissolução dos órgãos partidários pelas instâncias hierarquicamente superiores nas hipóteses previstas no estatuto do partido político, situação em que o órgão interventor deve comunicar ao TRE competente as pessoas designadas para compor o órgão ou a comissão provisória, bem como o prazo designado para a constituição do novo órgão definitivo do partido. Por outro lado, também constituem simples alternativa à constituição imediata de órgão partidário permanente, nos termos do estatuto de cada partido político.

A Resolução TSE nº 23.571/2018 previa o prazo de 180 dias de validade da anotação do órgão provisório, período em que o partido deveria constituir órgão definitivo.[135] Tal disposição foi aprovada pelo Plenário do TSE em junho de 2018, tendo os ministros entendido que estabelecer um tempo de vigência para os órgãos provisórios seria um meio de ampliar a democracia interna nas agremiações.

Contudo, em maio de 2019, o Congresso Nacional aprovou a Lei nº 13.831, que promoveu algumas modificações na Lei dos Partidos Políticos, com ênfase para a inclusão dos seguintes dispositivos:

---

[134] DEM. *Estatuto 2018*. Disponível em: http://www.tse.jus.br/partidos/partidos-politicos/arquivos/tse-estatuto-dem-de-8-3-2018-deferido-em-29-4-2019. Acesso em: 14 set. 2019.

[135] BRASIL. Tribunal Superior Eleitoral. Resolução nº 23.571, de 29 de maio de 2018. Disponível em: http://www.tse.jus.br/legislacao-tse/res/2018/RES235712018.html. Acesso em: 18 out. 2019.

> Art. 3º [...]
> §2º É assegurada aos partidos políticos autonomia para definir o prazo de duração dos mandatos dos membros dos seus órgãos partidários permanentes ou provisórios.
> §3º O prazo de vigência dos órgãos provisórios dos partidos políticos poderá ser de até 8 (oito) anos.
> §4º Exaurido o prazo de vigência de um órgão partidário, ficam vedados a extinção automática do órgão e o cancelamento de sua inscrição no Cadastro Nacional da Pessoa Jurídica (CNPJ). [136]

Evidencia-se, destarte, de maneira indubitável, a expressiva dilação do prazo de vigência dos órgãos provisórios, esvaída a tentativa do TSE de evitar o prolongamento excessivo das comissões provisórias no tempo e coagir as agremiações a constituir órgãos permanentes. Isso se mostra prejudicial ao processo democrático na medida em que a ausência de diretórios permanentes implica a assunção de suas funções pelas comissões provisórias, especialmente a realização de convenções.

Em ambos os casos – intervenção e constituição de comissões provisórias –, identificam-se sérios problemas relativos à democracia intrapartidária.

No primeiro caso, isso se dá se o órgão partidário hierarquicamente superior abusar do direito de intervenção, visando à mitigação da autonomia regional em sua formação de opinião e à consequente concentração do poder decisório, o que prejudica a noção democrática e federativa que deve nortear as agremiações.

Da mesma forma, a instituição de comissões provisórias também pode representar um modo de o diretório nacional influir diretamente no processo de tomada de decisão nos âmbitos estadual e municipal, conforme ressalta Pedro Floriano Ribeiro:

> A dissolução de diretórios e executivas pelos órgãos hierarquicamente superiores se tornou uma prática extensamente utilizada pelas cúpulas dos principais partidos, que substituem as instâncias por comissões provisórias locais ou estaduais compostas exclusivamente por membros indicados a partir de cima.[137]

---

136 BRASIL. Lei nº 13.831, de 17 de maio de 2019. Disponível em: http://www.planalto.gov.br/ccivil_03/_ato2019-2022/2019/lei/L13831.htm. Acesso em: 14 set. 2019.

137 RIBEIRO, Pedro Floriano. Organização e poder nos partidos brasileiros: uma análise dos estatutos. *Revista Brasileira de Ciência Política*, n. 10, abr. 2013, Brasília, p. 252.

Nesse sentido, a possibilidade de abuso dos institutos referidos por parte dos dirigentes dos partidos políticos pode representar verdadeiro prejuízo à representatividade partidária, por centralizar a capacidade decisória em órgãos de hierarquia superior, dando espaço ao fenômeno da oligarquização partidária. Por esse viés, o partido se afastaria do ideal de representatividade e do objetivo de reunir pessoas em torno de uma ideologia definida, para dar azo a interesses privados, em nada compatíveis com as premissas constitucionais político-partidárias.

### 1.8.3 Responsabilidade dos órgãos partidários

Considerando a função basilar dos órgãos partidários no que diz respeito à concretização das incumbências constitucionais conferidas aos partidos políticos enquanto entes de representatividade e formação da vontade popular no sistema democrático representativo, é manifesto que o ordenamento jurídico brasileiro fixou responsabilidades condizentes com a relevância institucional das agremiações partidárias.

De início, ressalta-se a necessidade de os órgãos partidários zelarem pela observância dos princípios constitucionais direcionados aos partidos políticos, como a proteção ao regime democrático e representativo. Do mesmo modo, é fundamental a obediência às normas fixadas em estatuto, em respeito à estrutura programática definida pela agremiação.

Além disso, é de responsabilidade dos órgãos partidários promover as deliberações necessárias à atividade decisória dos partidos, seja por meio da organização de convenções, seja por reuniões deliberativas *lato sensu*, a fim de promover um ambiente democrático e participativo entre os filiados, nos termos das previsões estatutárias. Cabe também aos órgãos partidários apurar irregularidades, como casos de indisciplina e infidelidade partidária ou intervenção, seguindo os procedimentos previstos nos estatutos e assegurando o devido processo legal, o contraditório e a ampla defesa.

Os diretórios ainda são incumbidos de gerenciar os recursos do partido, de acordo com as previsões legais e estatutárias, observados, ininterruptamente, os princípios da moralidade e da eficiência. Em contrapartida, também se observa a obrigação de prestar contas, que envolve a manutenção de escrituração contábil contendo a origem de suas receitas e a destinação de suas despesas para posterior apresentação à Justiça Eleitoral, conforme arts. 30 e 32 da Lei nº 9.096/1995.[138] [139]

## 1.9 Privilégios e vedações aos partidos políticos

Considerando a relevância outorgada aos partidos políticos pelo ordenamento jurídico brasileiro, enquanto autênticas instituições democráticas de representação dos interesses e ideologias viventes na sociedade, é decorrência lógica a concessão de privilégios às agremiações que permitam seu efetivo e adequado funcionamento. Por outro lado, a responsabilidade das instituições partidárias no processo democrático-constitucional torna plenamente razoável a imposição de limites às suas atividades, dada a necessidade de se conferir higidez à esfera eleitoral.

---

[138] "Art. 30. O partido político, através de seus órgãos nacionais, regionais e municipais, deve manter escrituração contábil, de forma a permitir o conhecimento da origem de suas receitas e a destinação de suas despesas. BRASIL. Lei nº 9.096, de 19 de setembro de 1995. (Lei dos Partidos Políticos). Disponível em: http://www.planalto.gov.br/ccivil_03/leis/l9096.htm. Acesso em: 19. jun. 2019.

[139] "Art. 32. O partido está obrigado a enviar, anualmente, à Justiça Eleitoral, o balanço contábil do exercício findo, até o dia 30 de junho do ano seguinte. §1º O balanço contábil do órgão nacional será enviado ao Tribunal Superior Eleitoral, o dos órgãos estaduais aos Tribunais Regionais Eleitorais e o dos órgãos municipais aos Juízes Eleitorais. §2º A Justiça Eleitoral determina, imediatamente, a publicação dos balanços na imprensa oficial, e, onde ela não exista, procede à afixação dos mesmos no Cartório Eleitoral. §3º (Revogado). §4º Os órgãos partidários municipais que não haja movimentado recursos financeiros ou arrecadado bens estimáveis em dinheiro ficam desobrigados de prestar contas à Justiça Eleitoral e de enviar declarações de isenção, declarações de débitos e créditos tributários federais ou demonstrativos contábeis à Receita Federal do Brasil, bem como ficam dispensados da certificação digital, exigindo-se do responsável partidário, no prazo estipulado no *caput* deste artigo, a apresentação de declaração da ausência de movimentação de recursos nesse período. §5º A desaprovação da prestação de contas do partido não ensejará sanção alguma que o impeça de participar do pleito eleitoral. §6º A Secretaria Especial da Receita Federal do Brasil reativará a inscrição dos órgãos partidários municipais referidos no §4º deste artigo que estejam com a inscrição baixada ou inativada, mediante requerimento dos representantes legais da agremiação partidária à unidade descentralizada da Receita Federal do Brasil da respectiva circunscrição territorial, instruído com declaração simplificada de que não houve movimentação financeira nem arrecadação de bens estimáveis em dinheiro. §7º O requerimento a que se refere o §6º deste artigo indicará se a agremiação partidária pretende a efetivação imediata da reativação da inscrição pela Secretaria Especial da Receita Federal do Brasil ou a partir de 1º de janeiro de 2020, hipótese em que a efetivação será realizada sem a cobrança de quaisquer taxas, multas ou outros encargos administrativos relativos à ausência de prestação de contas. §8º As decisões da Justiça Eleitoral nos processos de prestação de contas não ensejam, ainda que desaprovadas as contas, a inscrição os dirigentes partidários no Cadastro Informativo dos Créditos não Quitados do Setor Público Federal (Cadin)". BRASIL. Lei nº 9.096, de 19 de setembro de 1995. (Lei dos Partidos Políticos). Disponível em: http://www.planalto.gov.br/ccivil_03/leis/l9096.htm. Acesso em: 19. out. 2019.

Nesse sentido, é possível citar como privilégios: (i) a concessão de recursos públicos aos partidos políticos, seja para o custeio de suas atividades ordinárias (Fundo Partidário)[140] ou para o financiamento de campanha eleitoral (Fundo Especial de Financiamento de Campanha);[141] (ii) horário eleitoral gratuito em rádio e televisão para candidatos;[142] (iii) a possibilidade de utilização gratuita de escolas públicas ou casas legislativas para a realização de suas reuniões ou convenções;[143] (iv) a impossibilidade de imposição de sanção que impeça o partido de participar do pleito eleitoral;[144] (v) autonomia para definir sua estrutura interna, organização e funcionamento;[145] (vi) imunidade tributária quanto a patrimônio, renda ou serviços.[146]

Em contrapartida, a Constituição Federal de 1988 e a legislação ordinária estabelecem algumas vedações aos partidos, a saber: (i) impedimento de subordinação a governo estrangeiro;[147] (ii) vedação de ministrar instrução de caráter militar ou paramilitar;[148] (iii) impossibilidade de utilização indiscriminada dos recursos públicos, com exceções delimitadas por lei e obrigação de prestar contas;[149] e (iv) vedação ao recebimento de recursos financeiros de origem estrangeira, entes públicos e pessoas jurídicas de qualquer natureza, entidades de classe ou sindical ou pessoas físicas que exerçam função ou cargo público de

---

140 BRASIL. Lei nº 9.096, de 19 de setembro de 1995. (Lei dos Partidos Políticos). Disponível em: http://www.planalto.gov.br/ccivil_03/leis/l9096.htm. Acesso em: 19. jun. 2019.

141 Lei nº 9.054/1997, art. 16-C. BRASIL. Lei nº 9.504, de 30 de setembro de 1997. Estabelece normas para as eleições. Disponível em: http://www.planalto.gov.br/ccivil_03/leis/l9504.htm. Acesso em: 16 jun. 2019.

142 Lei nº 9.054/1997, art. 16-A. BRASIL. Lei nº 9.504, de 30 de setembro de 1997. Estabelece normas para as eleições. Disponível em: http://www.planalto.gov.br/ccivil_03/leis/l9504.htm. Acesso em: 16 jun. 2019.

143 BRASIL. Lei nº 9.096, de 19 de setembro de 1995. (Lei dos Partidos Políticos). Disponível em: http://www.planalto.gov.br/ccivil_03/leis/l9096.htm. Acesso em: 19. jun. 2019.

144 BRASIL. Lei nº 9.096, de 19 de setembro de 1995. (Lei dos Partidos Políticos). Disponível em: http://www.planalto.gov.br/ccivil_03/leis/l9096.htm. Acesso em: 19. jun. 2019.

145 BRASIL. Lei nº 9.096, de 19 de setembro de 1995. (Lei dos Partidos Políticos). Disponível em: http://www.planalto.gov.br/ccivil_03/leis/l9096.htm. Acesso em: 19. jun. 2019.

146 Constituição Federal, art. 150, inciso VI, alínea "c". BRASIL. Lei nº 9.096, de 19 de setembro de 1995. (Lei dos Partidos Políticos). Disponível em: http://www.planalto.gov.br/ccivil_03/leis/l9096.htm. Acesso em: 19. jun. 2019.

147 BRASIL. Lei nº 9.096, de 19 de setembro de 1995. (Lei dos Partidos Políticos). Disponível em: http://www.planalto.gov.br/ccivil_03/leis/l9096.htm. Acesso em: 19. jun. 2019.

148 BRASIL. Lei nº 9.096, de 19 de setembro de 1995. (Lei dos Partidos Políticos). Disponível em: http://www.planalto.gov.br/ccivil_03/leis/l9096.htm. Acesso em: 19. jun. 2019.

149 BRASIL. Lei nº 9.096, de 19 de setembro de 1995. (Lei dos Partidos Políticos). Disponível em: http://www.planalto.gov.br/ccivil_03/leis/l9096.htm. Acesso em: 19. jun. 2019.

livre nomeação e exoneração, cargo ou emprego público temporário, ressalvados os filiados a partido político.[150]

Quanto aos mencionados privilégios, observa-se relação imediata com as funções essenciais dos partidos – as prerrogativas têm por objetivo possibilitar substancialmente o melhor exercício de suas atividades, seja quanto ao financiamento material, seja por proteção contra possíveis arbitrariedades. As vedações, por outro lado, buscam coibir eventuais abusos relativos à utilização irregular de recursos públicos ou interferências indevidas no processo brasileiro de formação da opinião pública e de conformação pública.

## 1.10 Filiação partidária

Como desdobramento da liberdade dos partidos políticos, a filiação partidária consiste na possibilidade de o cidadão se juntar à agremiação com a qual se identifica, estabelecendo um vínculo político-jurídico que produz deveres e direitos fixados no estatuto e no programa do partido, bem como na respectiva legislação de regência.[151] Ressalta-se que, segundo a Lei dos Partidos Políticos, a filiação só é possível ao cidadão que esteja em pleno gozo de seus direitos políticos.[152]

É evidente que o filiado não pode ser compelido a se associar ou a se manter associado,[153] no entanto, uma vez estabelecido voluntariamente o vínculo com determinada instituição partidária, deve haver obediência às regras de fidelidade e disciplina partidárias, sob pena de incorrer nas sanções previstas pelo estatuto. Doutro vértice, passa a deter direito de participação em reuniões e demais encontros e direito a voto no âmbito intrapartidário, podendo escolher dirigentes ou mesmo se habilitar para tais cargos.

O processo de filiação partidária varia de acordo com o partido político, já que é regulamentado pelos próprios estatutos, em consonância com a noção de autonomia partidária que permite à agremiação definir

---

150 BRASIL. Lei nº 9.096, de 19 de setembro de 1995. (Lei dos Partidos Políticos). Disponível em: http://www.planalto.gov.br/ccivil_03/leis/l9096.htm. Acesso em: 19. jun. 2019.

151 ARAS, Augusto. *Fidelidade partidária*: efetividade e aplicabilidade. 1. ed. Rio de Janeiro: LMJ Mundo Jurídico, 2016, p. 140.

152 BRASIL. Lei nº 9.096, de 19 de setembro de 1995. (Lei dos Partidos Políticos). Disponível em: http://www.planalto.gov.br/ccivil_03/leis/l9096.htm. Acesso em: 19. jun. 2019.

153 Constituição Federal de 1988, art. 5º, XX. BRASIL. (1988) *Constituição da República Federativa do Brasil*. Disponível em: http://www.planalto.gov.br/ccivil_03/constituicao/constituicao.htm. Acesso em: 8 out. 2019.

sua estrutura, organização e funcionamento.[154] Consequentemente, independe de controle judicial prévio, sendo de responsabilidade dos partidos políticos, por meio de seus diretórios, enviar à Justiça Eleitoral, duas vezes ao ano, a relação de nomes de todos os filiados para fins de verificação do prazo de filiação, indispensável à candidatura.

Isso porque a própria CF/88, em seu art. 14,[155] define a filiação partidária como requisito de elegibilidade, não se admitindo, conforme interpretação hodierna do Supremo Tribunal Federal, a candidatura avulsa, assim como o art. 9º da Lei das Eleições[156] dispõe sobre a exigência de que o cidadão, para concorrer a um cargo eletivo, deve possuir domicílio eleitoral na respectiva circunscrição pelo prazo de seis meses e estar com a filiação deferida pelo partido no mesmo prazo.

Ao mesmo tempo, o art. 20[157] da Lei nº 9.096/1995 faculta a imposição, pelos partidos políticos, de prazos mais extensos de filiação para candidatura a cargos eletivos, os quais não podem ser alterados em ano de eleição.

Não obstante a liberdade interna para fixar suas próprias limitações, cabe ressaltar que o partido político exerce importante função pública, promovendo a intermediação entre candidatos e povo. Tendo isso em vista, é certo que o partido não pode dar espaço a perseguições políticas ou privilégios indevidos, impedindo que alguém venha a pleitear-se como filiado ou candidato a cargo eletivo de forma ilegítima.

Nesse sentido, Jorge, Liberato e Rodrigues ressaltam:

---

154 Constituição Federal de 1988, art. 17, §1º. BRASIL. (1988) *Constituição da República Federativa do Brasil*. Disponível em: http://www.planalto.gov.br/ccivil_03/constituicao/constituicao.htm. Acesso em: 8 out. 2019.

155 "Art. 14. A soberania popular será exercida pelo sufrágio universal e pelo voto direto e secreto, com valor igual para todos, e, nos termos da lei, mediante: [...] §3º São condições de elegibilidade, na forma da lei: [...] V – a filiação partidária." BRASIL. (1988) *Constituição da República Federativa do Brasil*. Disponível em: http://www.planalto.gov.br/ccivil_03/constituicao/constituicao.htm. Acesso em: 8 out. 2019.

156 "Art. 9º. Para concorrer às eleições, o candidato deverá possuir domicílio eleitoral na respectiva circunscrição pelo prazo de seis meses e estar com a filiação deferida pelo partido no mesmo prazo". BRASIL. Lei nº 9.504, de 30 de setembro de 1997. Estabelece normas para as eleições. Disponível em: http://www.planalto.gov.br/ccivil_03/leis/l9504.htm. Acesso em: 16 jun. 2019.

157 "Art. 20. É facultado ao partido político estabelecer, em seu estatuto, prazos de filiação partidária superiores aos previstos nesta Lei, com vistas a candidatura a cargos eletivos. Parágrafo único. Os prazos de filiação partidária, fixados no estatuto do partido, com vistas a candidatura a cargos eletivos, não podem ser alterados no ano da eleição." BRASIL. Lei nº 9.096, de 19 de setembro de 1995. (Lei dos Partidos Políticos). Disponível em: http://www.planalto.gov.br/ccivil_03/leis/l9096.htm. Acesso em: 19. jun. 2019.

> Por isso, ainda que não possa intervir nas suas regras internas, não fica o partido imune ao controle jurisdicional quando, por exemplo, o processo de exclusão de um filiado for marcado por violação do devido processo legal. Todo processo, administrativo ou jurisdicional, deve respeitar tal princípio e se houve ou há falhas nos procedimentos internos do partido que violam as referidas garantias, é perfeitamente possível que sejam utilizadas técnicas processuais que fulminem as referidas ilegalidades. No caso da filiação partidária, havendo, por exemplo, restrição irrazoável e inconstitucional, seja sob o aspecto material ou processual, que culmine com o indeferido do pedido, é perfeitamente possível que se utilize de técnica processual para obter a tutela de um direito fundamental do cidadão que é filiar-se a um partido político, quando nele encontre uma identidade ideológica.[158]

Compreende-se, portanto, perfeitamente possível a interferência da Justiça Eleitoral no processo de filiação caso verificada irregularidade quanto ao cumprimento das obrigações de determinado partido político, visando à concretização do exercício do direito de associação e, por conseguinte, de filiação partidária.

## 1.11 Espécies de desfiliação partidária

Sendo livre a filiação, também o é a desfiliação partidária, que pode ocorrer por desligamento ou por cancelamento. O desligamento constitui ato voluntário, em que o filiado notifica por escrito o órgão de direção municipal e o juiz da Zona Eleitoral em que for inscrito, nos termos do art. 21[159] da Lei dos Partidos Políticos. Decorridos dois dias da data da entrega da comunicação, o vínculo torna-se extinto, para todos os efeitos.

O cancelamento, por outro lado, é automático e compulsório, resultando de (i) morte, (ii) perda de direitos políticos, (iii) expulsão, (iv) filiação a outro partido, desde que se comunique o fato ao juiz da respectiva Zona Eleitoral, ou (v) outras causas previstas no estatuto partidário, com comunicação obrigatória ao atingido no prazo de 48 horas

---

[158] JORGE, Flávio Cheim; LIBERATO, Ludgero; RODRIGUES, Marcelo Abelha. *Curso de direito eleitoral*. 2. ed. Salvador: JusPodivm, 2017, p. 180.

[159] "Art. 21. Para desligar-se do partido, o filiado faz comunicação escrita ao órgão de direção municipal e ao Juiz Eleitoral da Zona em que for inscrito. Parágrafo único. Decorridos dois dias da data da entrega da comunicação, o vínculo torna-se extinto, para todos os efeitos". BRASIL. Lei nº 9.096, de 19 de setembro de 1995. (Lei dos Partidos Políticos). Disponível em: http://www.planalto.gov.br/ccivil_03/leis/l9096.htm. Acesso em: 19. jun. 2019.

da decisão do cancelamento de sua filiação.[160] Havendo duplicidade de filiação partidária, prevalece o vínculo mais recente, devendo a Justiça Eleitoral cancelar os anteriores.[161]

## 1.12 Fidelidade partidária

No intuito de resguardar a autonomia dos partidos políticos, a Constituição Federal de 1988 assegurou a possibilidade de os estatutos estabelecerem normas de fidelidade e disciplina partidária, incluindo sanções por condutas contrárias aos ideais programáticos dos partidos políticos e das regras estatutárias.[162]

É importante ressaltar que o ordenamento jurídico brasileiro dispõe acerca da fidelidade e da disciplina partidárias como figuras distintas e autônomas, sendo necessário diferenciá-las. Segundo o Glossário de Termos Parlamentares da Assembleia Legislativa do Estado de Minas Gerais, a fidelidade partidária remete, sobretudo, à lealdade ao partido político e à observância do programa partidário e das decisões tomadas em deliberação pelos filiados de modo geral e pelos membros que ocupam cargos públicos.[163]

A disciplina partidária, de outro vértice, tem conteúdo mais amplo, pois engloba os atos de infidelidade. Enquanto a infidelidade está relacionada a um ato de desacordo com o ideário político-programático do partido, a indisciplina pode surgir de qualquer transgressão de norma estatutária ou decisão, mesmo que sem ofensa aos ideais da agremiação. Logo, todo ato de infidelidade implica indisciplina partidária, mas o contrário não é verdadeiro.

Segundo Pinto Ferreira, os partidos dependem da manutenção da disciplina entre seus membros frente a sua ideologia. O descumprimento de deveres partidários, portanto, pode levar à instauração de procedimento disciplinar e à imposição de sanção ao filiado, de acordo com a gravidade do ato praticado. Para isso, é preciso que a infração e a

---

160 Lei nº 9.096/1995, art. 22. BRASIL. Lei nº 9.096, de 19 de setembro de 1995. (Lei dos Partidos Políticos). Disponível em: http://www.planalto.gov.br/ccivil_03/leis/l9096.htm. Acesso em: 19. jun. 2019.

161 BRASIL. Lei nº 9.096, de 19 de setembro de 1995. (Lei dos Partidos Políticos). Disponível em: http://www.planalto.gov.br/ccivil_03/leis/l9096.htm. Acesso em: 19. jun. 2019.

162 ARAS, Augusto. *Fidelidade partidária*: efetividade e aplicabilidade. 1. ed. Rio de Janeiro: LMJ Mundo Jurídico, 2016, p. 153.

163 MINAS GERAIS. Assembleia Legislativa – Escola do Legislativo. *Glossário de termos parlamentares*: português, inglês. Belo Horizonte: Assembleia Legislativa do Estado de Minas Gerais, 1997, p. 33.

sanção correspondente estejam previstas de forma expressa no estatuto partidário, em atenção ao princípio da legalidade.[164]

### 1.12.1 Diferenças entre os sistemas majoritário e proporcional

A fidelidade partidária se manifesta de forma distinta entre os sistemas eleitorais majoritário e proporcional. Preliminarmente, cabe ressaltar que a expressão "sistema eleitoral" identifica as diferentes técnicas e procedimentos pelos quais se dá o exercício do direito de voto, quanto à organização do eleitorado e à escolha dos representantes políticos.

Nesse sentido, define-se a forma como a vontade de escolha dos eleitores, a qual se traduz em resultado final. Atualmente, existem dois tipos de sistema – majoritário e proporcional –, ambos adotados pelo Brasil.

O sistema majoritário implica a eleição do candidato que obtiver o maior contingente de votos, em uma regra da maioria. Apresenta, apesar disso, duas variáveis: (i) o sistema da maioria relativa ou simples e (ii) o da maioria absoluta. Na lógica da maioria simples, é eleito o candidato que obtiver o maior número de votos, independentemente do percentual de votação por ele alcançado, havendo apenas um turno – em suma, basta que se obtenham mais votos do que o(s) concorrente(s).

Já no sistema de maioria absoluta, a eleição do candidato é condicionada à obtenção de um número de votos equivalente ao primeiro número inteiro acima da metade dos votos, isto é, 50% dos votos mais um. Se esse percentual não for alcançado em primeiro turno, procede-se ao segundo turno entre os dois candidatos mais votados no primeiro, com decisão pelo sistema de maioria simples.

Por sua vez, o sistema proporcional se aplica necessariamente a situações em que existam mais de dois cargos a serem preenchidos, visto que a proporcionalidade pressupõe a pluralidade de eleitos. Esse sistema comporta tradicionalmente dois modelos: (i) sistema de número uniforme e (ii) sistema de quociente eleitoral.

---

[164] "Art. 5º [...] XXXIX – não há crime sem lei anterior que o defina, nem pena sem prévia cominação legal". BRASIL. (1988) *Constituição da República Federativa do Brasil*. Disponível em: http://www.planalto.gov.br/ccivil_03/constituicao/constituicao.htm. Acesso em: 8 out. 2019.

No primeiro, é determinado previamente o número de votos a ser obtido para a conquista de uma vaga, de modo que o partido eleja tantos candidatos quantas vezes obtiver a quantidade estabelecida. O segundo funciona de forma semelhante, a diferença está no número de votos, que não é fixado de forma prévia, mas depende de um quociente eleitoral calculado a partir da divisão do número de votos válidos pelo número de vagas a serem preenchidas em cada circunscrição eleitoral. Obtido o quociente eleitoral, calcula-se o quociente partidário, isto é, o número de cadeiras que cada partido deve ocupar no parlamento, com a divisão do número de votos válidos recebidos pelo partido pelo quociente eleitoral, desprezada a fração.

De tal modo, constata-se que, enquanto o sistema majoritário se utiliza da lógica da maioria, em um modelo de imposição política, o sistema proporcional tem por objetivo proteger politicamente os interesses das minorias, no desígnio de fortalecer o regime democrático e garantir aos partidos políticos representação condizente com sua força.[165]

Com efeito, no Brasil adota-se o sistema majoritário para a eleição de prefeitos, governadores, senadores e presidente, sendo majoritário simples para a eleição de senadores e prefeitos em municípios com até 200 mil eleitores, e majoritário em dois turnos para os demais casos. O sistema proporcional é utilizado para a eleição de vereadores, deputados estaduais e deputados federais, aderindo-se ao modelo de quociente eleitoral, em que a eleição do candidato depende diretamente dos votos obtidos pelo partido.

Nesse panorama, entende-se que as características do sistema proporcional tornam a fidelidade partidária mais relevante para a preservação de sua legitimidade no sentido de garantir que as opções políticas feitas pelo eleitor no exercício de seu poder de voto sejam mantidas.

Assim, considerando a centralidade dos partidos políticos no sistema democrático vigente no Brasil, a observância de suas diretrizes programáticas adquire grande importância quando o voto do cidadão é sistematicamente direcionado à agremiação, o que implica consequências mais específicas em relação à infidelidade partidária, assunto a ser abordado em subtópico porvindouro.

---

165 FERREIRA, Pinto. *Código eleitoral comentado*. 2. ed. atual. e ampl. São Paulo: Saraiva, 1990, p. 357.

### 1.12.2 Possibilidade de migração de legendas e janela partidária

Considerando a adoção do sistema proporcional para eleição de deputados e vereadores e a consequente dependência dos candidatos em relação ao poder de influência dos partidos políticos, é evidente que o fenômeno da migração entre legendas é recorrente, principalmente devido à pulverização partidária existente no Brasil.

Era comum, portanto, que candidatos e parlamentares, às vésperas do encerramento do prazo de filiação partidária para fins de candidatura (seis meses antes da eleição), migrassem de partido em busca de legendas que potencializassem suas chances de eleição, não havendo comprometimento ideológico algum.

Até 2007, a troca de partido poderia ser feita a qualquer momento, ocorrendo com elevada frequência no período pré-eleitoral, na busca de melhores chances de elegibilidade, e no início do mandato, com vistas a obter benefícios por aproximação com os novos governos.[166]

Tal situação era muito criticada, especialmente em relação a cargos de eleição proporcional, por haver prejuízo tanto ao partido original do candidato, que perdia uma cadeira no parlamento, quanto ao eleitor que havia destinado seu voto àquela legenda.

Com a intenção de solucionar esse problema, o TSE reconheceu, em 2007, que a mudança de legenda feria a fidelidade partidária, estabelecendo como punição a perda de mandato. Ato contínuo, foram estabelecidas também as hipóteses de justa causa, que permitiriam, mediante devida comprovação, a mudança de partido sem perda de mandato, a saber: incorporação ou fusão do partido, criação de novo partido, mudança substancial ou desvio reiterado do programa partidário ou grave discriminação pessoal.[167]

Diante dessa nova interpretação, o STF revisitou seu antigo posicionamento[168] e concluiu que o mandato pertence ao partido, e não ao eleito, de modo que seria constitucional a perda de mandato por

---

[166] FGV. *Entenda a história por detrás da lei da janela partidária*. Disponível em https://direitorio.fgv.br/noticia/entenda-a-historia-por-detras-da-lei-da-janela-partidaria. Acesso em: 15 set. 2019.

[167] Resolução TSE n. 22.610/2007, art. 1º, §1º. BRASIL. Tribunal Superior Eleitoral. *Resolução nº* 22.610, de 25 de outubro de 2007. Disponível em: http://www.tse.jus.br/legislacao-tse/res/2007/RES226102007.htm. Acesso em: 14 set. 2019.

[168] Quando do julgamento do MS n. 20.927/DF, o Tribunal firmou entendimento sobre a inaplicabilidade do princípio da infidelidade partidária aos candidatos eleitos e aos suplentes, concluindo-se que o mandato pertencia ao indivíduo eleito, o qual poderia trocar de legenda sem perder seu cargo.

desfiliação sem justa causa como consequência legal decorrente dos princípios da fidelidade e da representação partidária.

Adiante, em 2015, a então Minirreforma Eleitoral, visando contornar a emergência exacerbada de novos partidos políticos e a resultante hiperfragmentação, que representava significativo prejuízo à ordem democrática, eliminou a exceção para novos partidos, de modo que não seria mais possível mudar para um novo partido sem perder o mandato. A redação do texto legal passou a ser a seguinte:

> Art. 22-A. Perderá o mandato o detentor de cargo eletivo que se desfiliar, sem justa causa, do partido pelo qual foi eleito.
> Parágrafo único. Consideram-se justa causa para a desfiliação partidária somente as seguintes hipóteses:
> I – mudança substancial ou desvio reiterado do programa partidário;
> II – grave discriminação política pessoal; e
> III – mudança de partido efetuada durante o período de trinta dias que antecede o prazo de filiação exigido em lei para concorrer à eleição, majoritária ou proporcional, ao término do mandato vigente[169].

Nesse contexto, foi instituída a figura da janela partidária (inciso III), a qual consiste em um período de trinta dias corridos, antes do prazo de filiação, em que os parlamentares, ocupantes de quaisquer cargos, são autorizados a mudar de legenda sem perder o mandato. Durante esse intervalo, ocorrem diversas negociações sobre troca de partido, envolvendo promessas de recursos para campanha e possibilidades de candidatura nas eleições subsequentes. Especialmente após a fixação da cláusula de barreira, a janela partidária se tornou uma oportunidade de avaliação das perspectivas futuras dos partidos políticos, inclusive em termos de recursos financeiros.

Ressalta-se, no entanto, que a migração para outro partido não altera a distribuição do Fundo Partidário[170] e do acesso gratuito

---

169 BRASIL. Lei nº 9.096, de 19 de setembro de 1995. (Lei dos Partidos Políticos). Disponível em: http://www.planalto.gov.br/ccivil_03/leis/l9096.htm. Acesso em: 19. jun. 2019.

170 Lei nº 9.096/1995: "Art. 41-A. Do total do Fundo Partidário:
I – 5% (cinco por cento) serão destacados para entrega, em partes iguais, a todos os partidos que atendam aos requisitos constitucionais de acesso aos recursos do Fundo Partidário; e
II – 95% (noventa e cinco por cento) serão distribuídos aos partidos na proporção dos votos obtidos na última eleição geral para a Câmara dos Deputados.
Parágrafo único. Para efeito do disposto no inciso II, serão desconsideradas as mudanças de filiação partidária em quaisquer hipóteses". BRASIL. Lei nº 9.096, de 19 de setembro de 1995. (Lei dos Partidos Políticos). Disponível em: http://www.planalto.gov.br/ccivil_03/leis/l9096.htm. Acesso em: 19. jun. 2019.

ao tempo de rádio e televisão,[171] já que esse cálculo é proporcional ao número de deputados federais de cada legenda. A única exceção prevista na legislação tratava do caso de deputados que mudaram para uma agremiação recém-criada, no prazo de 30 dias contados da promulgação da Emenda Constitucional nº 91, de 2016.[172]

---

171 Lei nº 9.504/1997, art. 47, §7º. BRASIL. Lei nº 9.504, de 30 de setembro de 1997. Estabelece normas para as eleições. Disponível em: http://www.planalto.gov.br/ccivil_03/leis/l9504.htm. Acesso em: 16 jun. 2019.

172 "[...] 5. Ao promulgar a EC 91/2016, o Congresso Nacional externou opção de o Poder Constituinte Derivado flexibilizar o princípio constitucional da fidelidade partidária. Facultou ao detentor de mandato eletivo o desligamento do Partido pelo qual foi eleito, sem prejuízo do mandato, em janela única criada nos 30 dias seguintes à promulgação da referida emenda constitucional. Em contrapartida, como forma de salvaguardar a soberania popular e o sistema eleitoral representativo proporcional, a referida desfiliação não foi considerada para fins de distribuição dos recursos do Fundo Partidário e de acesso gratuito ao tempo de rádio e televisão, assegurados aos Partidos Políticos, e não aos Parlamentares, na forma da lei, conforme expresso pela Constituição da República (art. 17, §3º). 6. O entendimento consolidado no julgamento das ADIs 4.430/DF, 4.795/DF, e ADI 5.105/DF não se aplica ao disposto na Emenda Constitucional 91/2016, visto que nas ADIs é tratada a hipótese de criação de um novo Partido e, na EC 91/2016, foi criada hipótese excepcional de migração, independentemente da criação de novo Partido ou da causa da desfiliação. 7. A EC 91/2016 configurou causa nova, excepcional, que possibilitou a saída dos Parlamentares que se encontravam recém filiados ao novo Partido, PMB, transformando-o em mera rota de passagem. Dessa forma, o PMB não se enquadra na hipótese prevista na emenda constitucional de Partido pelo qual foi eleito o Parlamentar, mas unicamente intermediário para se chegar a Partido já existente, sem que a referida transferência pudesse resultar em prejuízo ao seu mandato Parlamentar. 8. No caso, deve prevalecer a orientação tal como defendida pela eminente Ministra MARIA THEREZA em seu decisum liminar de que permanece a representatividade política com as agremiações que elegeram os Parlamentares que migraram para o PMB no momento de sua criação e, logo em seguida, o deixaram, pela janela da EC 91/2016. Não se trata de presunção de fraude das filiações partidárias ao PMB, mas de reconhecimento e aplicação da realidade fática e jurídica advinda com a promulgação da EC 91/2016 e a efetiva desfiliação em massa dos Parlamentares que inicialmente haviam migrado para o PMB.9. Aplica-se o entendimento sufragado na Res.-TSE 23.485, de 1º.7.2016, de que a nova desfiliação, como fato superveniente, anula os motivos autorizadores da transferência da representatividade dos votos conquistados pelo Parlamentar para o Partido recém-criado, pois a vinculação do Parlamentar com a agremiação deixa de existir de fato e de direito. 10. Assim como na divisão do tempo de rádio e TV (parte variável 90%), o acesso aos recursos do Fundo Partidário, em sua cota mais expressiva (parte variável 95%), também deve levar em conta a respectiva representatividade Parlamentar, não cabendo contemplar agremiações desprovidas de tal elemento representativo situação do PMB, o que converteria a atribuição de tais valores em aparente doação ou premiação ex gratia. 11. Nem se diga que o referido entendimento configuraria ameaça à subsistência do PMB no cenário político-partidário nacional, pois, mesmo não dispondo de representatividade Parlamentar atual na Câmara dos Deputados, a lei assegura à referida grei, em pé de igualdade com as demais agremiações, um direito mínimo de acesso tanto ao tempo de rádio e TV, como também aos recursos do Fundo Partidário (parte uniforme), nos termos do que disposto, respectivamente, nos arts. 47, §2º, inciso II, da Lei 9.504/97 e 41-A, inciso I, da Lei 9.096/95. 12. Pedido do PMB julgado improcedente, em consonância com o pronunciamento ministerial, a fim de declarar que a parcela do fundo partidário referente à representatividade política por ele obtida com base no número de Deputados que migraram para os seus quadros à época de sua criação,

### 1.12.3 Infidelidade partidária

Compreendido o conceito de fidelidade partidária, extrai-se que a infidelidade remete à violação do dever de lealdade do filiado para com o partido político e à inobservância dos ideais programáticos pelos filiados e demais membros que ocupam cargos públicos. Tendo em vista a necessidade de manutenção da integridade representativa das agremiações, a própria Lei dos Partidos Políticos prevê, em seu art. 24, que, "na Casa Legislativa, o integrante da bancada de partido deve subordinar sua ação parlamentar aos princípios doutrinários e programáticos e às diretrizes estabelecidas pelos órgãos de direção partidários, na forma do estatuto".[173]

Por esse motivo, responsabiliza-se o filiado por eventual violação dos deveres partidários, situação que deve ser apurada pelo órgão competente, segundo as disposições do estatuto de cada partido. Ressalta-se que não é possível a punição ou aplicação de medida disciplinar por conduta não tipificada no estatuto, sempre assegurado o devido processo legal, o contraditório e a ampla defesa.

Nesse sentido é a previsão do art. 25 da Lei nº 9.096/1995:

> O estatuto do partido poderá estabelecer, além das medidas disciplinares básicas de caráter partidário, normas sobre penalidades, inclusive com desligamento temporário da bancada, suspensão do direito de voto nas reuniões internas ou perda de todas as prerrogativas, cargos e funções que exerça em decorrência da representação e da proporção partidária, na respectiva Casa Legislativa, ao parlamentar que se opuser, pela atitude ou pelo voto, às diretrizes legitimamente estabelecidas pelos órgãos partidários.[174]

Com efeito, verifica-se que a penalidade mais grave por conduta de infidelidade partidária é a perda de função ou cargo eletivo, sanção

---

mas que dele já se desfiliaram, pertence, proporcionalmente, às respectivas agremiações pelas quais foram eleitos para os cargos na Câmara dos Deputados. 13. Fica prejudicado, outrossim, o Agravo Interno interposto do decisum que indeferiu o requerimento de tutela de evidência formulado pelo PMB nos presentes autos." (Petição n. 57225, Acórdão, Relator(a) Min. Napoleão Nunes Maia Filho, Publicação: *DJe – Diário de Justiça Eletrônico*, Data 10/08/2018, p. 78-80). Disponível em: http://www.tse.jus.br/jurisprudencia/decisoes/jurisprudencia. Acesso em: 28 set. 2019.

[173] BRASIL. Lei nº 9.096, de 19 de setembro de 1995. (Lei dos Partidos Políticos). Disponível em: http://www.planalto.gov.br/ccivil_03/leis/l9096.htm. Acesso em: 19. jun. 2019.

[174] BRASIL. Lei nº 9.096, de 19 de setembro de 1995. (Lei dos Partidos Políticos). Disponível em: http://www.planalto.gov.br/ccivil_03/leis/l9096.htm. Acesso em: 19. jun. 2019.

aplicada ao parlamentar que deixa o partido sob cuja legenda tenha sido eleito.[175]

Nesse sentido, cogente destacar que, em 2015, no julgamento da ADI nº 5.081, seguindo o entendimento do relator, Ministro Luís Roberto Barroso, o Supremo Tribunal Federal definiu que a perda de mandato por mudança de partido político não atinge cargos de eleição por sistema majoritário, apenas por sistema proporcional.[176]

*In casu*, o partido político, por meio do presidente do respectivo diretório ou comissão provisória, tem legitimidade ativa para requisitar, perante a Justiça Eleitoral, a decretação da perda do cargo eletivo em decorrência de desfiliação partidária sem justa causa. Observa-se que os diretórios nacionais e regionais dos partidos também podem reivindicar o mandato municipal, considerando que a estrutura e o funcionamento dos partidos segue a lógica do princípio federativo.[177]

A legitimidade ativa do partido foi definida pelo STF, nos julgados em que se assentou que o mandato eletivo tem por titular a legenda, e não o indivíduo, em decorrência da necessidade de fortalecimento da

---

175 BRASIL. Lei nº 9.096, de 19 de setembro de 1995. (Lei dos Partidos Políticos). Disponível em: http://www.planalto.gov.br/ccivil_03/leis/l9096.htm. Acesso em: 19. jun. 2019.

176 "DIREITO CONSTITUCIONAL E ELEITORAL. AÇÃO DIRETA DE INCONSTITUCIONALIDADE. RESOLUÇÃO Nº 22.610/2007 DO TSE. INAPLICABILIDADE DA REGRA DE PERDA DO MANDATO POR INFIDELIDADE PARTIDÁRIA AO SISTEMA ELEITORAL MAJORITÁRIO. 1. Cabimento da ação. Nas ADIs 3.999/DF e 4.086/DF, discutiu-se o alcance do poder regulamentar da Justiça Eleitoral e sua competência para dispor acerca da perda de mandatos eletivos. O ponto central discutido na presente ação é totalmente diverso: saber se é legítima a extensão da regra da fidelidade partidária aos candidatos eleitos pelo sistema majoritário. 2. As decisões nos Mandados de Segurança 26.602, 26.603 e 26.604 tiveram como pano de fundo o sistema proporcional, que é adotado para a eleição de deputados federais, estaduais e vereadores. As características do sistema proporcional, com sua ênfase nos votos obtidos pelos partidos, tornam a fidelidade partidária importante para garantir que as opções políticas feitas pelo eleitor no momento da eleição sejam minimamente preservadas. Daí a legitimidade de se decretar a perda do mandato do candidato que abandona a legenda pela qual se elegeu. 3. O sistema majoritário, adotado para a eleição de presidente, governador, prefeito e senador, tem lógica e dinâmica diversas da do sistema proporcional. As características do sistema majoritário, com sua ênfase na figura do candidato, fazem com que a perda do mandato, no caso de mudança de partido, frustre a vontade do eleitor e vulnere a soberania popular (CF, art. 1º, parágrafo único; e art. 14, *caput*). 4. Procedência do pedido formulado em ação direta de inconstitucionalidade". (ADI 5081, Relator(a): Min. ROBERTO BARROSO, Tribunal Pleno, julgado em 27/05/2015, PROCESSO ELETRÔNICO *DJe*-162 DIVULG 18-08-2015 PUBLIC 19-08-2015). Disponível em: http://stf.jus.br/portal/jurisprudencia/listarJurisprudencia.asp?s1=%28ADI%24%2ESCLA%2E+E+5081%2ENUME%2E%29+OU+%28ADI%2EACMS%2E+ADJ2+5081%2EACMS%2E%29&base=baseAcordaos&url=http://tinyurl.com/nolskrt. Acesso em: 23 out. 2019.

177 ARAS, Augusto. *Fidelidade partidária*: efetividade e aplicabilidade. 1. ed. Rio de Janeiro: LMJ Mundo Jurídico, 2016, p. 478-479.

democracia representativa e partidária.[178] Contudo, ante a possibilidade de inércia do partido político em reivindicar o mandato de que é titular e, compreendendo o TSE a legítima expectativa de direito por parte de suplentes,[179] fixou-se a legitimidade sucessiva.

Assim, quando a legenda não formular o pedido dentro do prazo de 30 dias, contados a partir da data da desfiliação, terceiro interessado (suplente)[180] ou o Ministério Público pode fazê-lo, em nome

---

178 "EMENTA: CONSTITUCIONAL. ELEITORAL. MANDADO DE SEGURANÇA. FIDELIDADE PARTIDÁRIA. DESFILIAÇÃO. PERDA DE MANDATO. ARTS. 14, §3º, V E 55, I A VI DA CONSTITUIÇÃO. CONHECIMENTO DO MANDADO DE SEGURANÇA, RESSALVADO ENTENDIMENTO DO RELATOR. SUBSTITUIÇÃO DO DEPUTADO FEDERAL QUE MUDA DE PARTIDO PELO SUPLENTE DA LEGENDA ANTERIOR. ATO DO PRESIDENTE DA CÂMARA QUE NEGOU POSSE AOS SUPLENTES. CONSULTA, AO TRIBUNAL SUPERIOR ELEITORAL, QUE DECIDIU PELA MANUTENÇÃO DAS VAGAS OBTIDAS PELO SISTEMA PROPORCIONAL EM FAVOR DOS PARTIDOS POLÍTICOS E COLIGAÇÕES. ALTERAÇÃO DA JURISPRUDÊNCIA DO SUPREMO TRIBUNAL FEDERAL. MARCO TEMPORAL A PARTIR DO QUAL A FIDELIDADE PARTIDÁRIA DEVE SER OBSERVADA [27.3.07]. EXCEÇÕES DEFINIDAS E EXAMINADAS PELO TRIBUNAL SUPERIOR ELEITORAL. DESFILIAÇÃO OCORRIDA ANTES DA RESPOSTA À CONSULTA AO TSE. ORDEM DENEGADA. 1. Mandado de segurança conhecido, ressalvado entendimento do Relator, no sentido de que as hipóteses de perda de mandato parlamentar, taxativamente previstas no texto constitucional, reclamam decisão do Plenário ou da Mesa Diretora, não do Presidente da Casa, isoladamente e com fundamento em decisão do Tribunal Superior Eleitoral. 2. A permanência do parlamentar no partido político pelo qual se elegeu é imprescindível para a manutenção da representatividade partidária do próprio mandato. Daí a alteração da jurisprudência do Tribunal, a fim de que a fidelidade do parlamentar perdure após a posse no cargo eletivo. 3. O instituto da fidelidade partidária, vinculando o candidato eleito ao partido, passou a vigorar a partir da resposta do Tribunal Superior Eleitoral à Consulta n. 1.398, em 27 de março de 2007. 4. O abandono de legenda enseja a extinção do mandato do parlamentar, ressalvadas situações específicas, tais como mudanças na ideologia do partido ou perseguições políticas, a serem definidas e apreciadas caso a caso pelo Tribunal Superior Eleitoral. 5. Os parlamentares litisconsortes passivos no presente mandado de segurança mudaram de partido antes da resposta do Tribunal Superior Eleitoral. Ordem denegada. (MS 26602, Relator(a): Min. EROS GRAU, Tribunal Pleno, julgado em 04/10/2007, *DJe*-197 DIVULG 16-10-2008 PUBLIC 17-10-2008 EMENT VOL-02337-02 PP-00190 RTJ VOL-00208-01 PP-00072)". Disponível em: http://stf.jus.br/portal/jurisprudencia/listarJurisprudencia.asp?s1=%28MS%24%2ESCLA%2E+E+26602%2ENUME%2E%29+OU+%28MS%2EACMS%2E+ADJ2+26602%2EACMS%2E%29&base=baseAcordaos&url=http://tinyurl.com/blyxesx. Acesso em: 23 out. 2019.

179 A legítima expectativa, *in casu*, se refere à possibilidade de sucessão imediata, posse e exercício de cargo eletivo frente à perda de mandato do infiel.

180 No caso do suplente, o TSE entendeu que apenas o primeiro suplente teria direito de ação, a ser exercido no prazo decadencial de 30 dias. Conforme: "AGRAVO REGIMENTAL. AÇÃO DE PERDA DE CARGO ELETIVO. DESFILIAÇÃO PARTIDÁRIA. ILEGITIMIDADE DO AGRAVANTE. TERCEIRO SUPLENTE. DESPROVIMENTO. 1. Nas ações por infidelidade partidária, tão somente o primeiro suplente do partido detém legitimidade para pleitear a perda do cargo eletivo de parlamentar infiel à agremiação pela qual foi eleito, visto que a legitimidade ativa do suplente fica condicionada à possibilidade de sucessão imediata. 2. Agravo regimental desprovido. (Petição n. 177391, Acórdão, Relator(a) Min. Laurita Vaz, Publicação: *DJe – Diário de Justiça Eletrônico*, Data 26/08/2013, p. 135/136)". Disponível em: http://www.tse.jus.br/jurisprudencia/decisoes/jurisprudencia. Acesso em: 23 out. 2019.

próprio, no prazo de 30 dias subsequentes.[181] O fundamento para isso está justamente relacionado ao sistema proporcional: se o candidato é eleito por determinada legenda, não faz sentido, em princípio, que permaneça no cargo sem representar os ideais partidários desse partido específico, situação que prejudicaria não só a representação política da agremiação, mas também a do eleitor, que destinou seu voto ao candidato, e do vice ou suplente, que poderiam ocupar seu lugar. Nesse sentido, é justo que se conceda ao Ministério Público e ao suplente a possibilidade de requerer a perda do mandato, no fito de se proteger a representatividade partidária.

Aqui, a legitimidade passiva é reconhecida ao mandatário que se desligou do partido político. Se ele se filiar a outra legenda, essa também deve ser citada para integrar o processo como litisconsorte.[182]

Por outro lado, pode o mandatário que se desfiliou ou que pretenda se desfiliar pedir a declaração de existência de justa causa, fazendo citar o partido. A existência de justa causa, abordada no subtópico anterior, remete às exceções legais à aplicação de penalidade por desfiliação, quais sejam: (i) mudança substancial ou desvio reiterado do programa partidário, (ii) grave discriminação política pessoal, e (iii) mudança de partido efetuada durante o período da janela partidária.[183] Além disso, a EC nº 97/2017, em decorrência da instituição de cláusula de barreira, previu a possibilidade de o eleito por partido que não preencher os requisitos mínimos do §3º do art. 17[184] da Constituição se filiar a outro partido que os tenha atingido, sem perda do mandato. Comprovada uma dessas circunstâncias, portanto, isenta-se o desfiliado da penalidade legal.

---

181 Resolução TSE n. 22.610/2007, art. 1º, *caput* e §1º. BRASIL. Tribunal Superior Eleitoral. Resolução nº 22.610, de 25 de outubro de 2007. Disponível em: http://www.tse.jus.br/legislacao-tse/res/2007/RES226102007.htm. Acesso em: 14 set. 2019.

182 GOMES, José Jairo. *Direito eleitoral*. 12. ed. São Paulo: Atlas, 2016, p. 131.

183 Lei nº 9.096/1995, art. 22-A. BRASIL. Lei nº 9.096, de 19 de setembro de 1995. (Lei dos Partidos Políticos). Disponível em: http://www.planalto.gov.br/ccivil_03/leis/l9096.htm. Acesso em: 19. jun. 2019.

184 "Art. 17, §3º. Somente terão direito a recursos do fundo partidário e acesso gratuito ao rádio e à televisão, na forma da lei, os partidos políticos que alternativamente: I – obtiverem, nas eleições para a Câmara dos Deputados, no mínimo, 3% (três por cento) dos votos válidos, distribuídos em pelo menos um terço das unidades da Federação, com um mínimo de 2% (dois por cento) dos votos válidos em cada uma delas; ou II – tiverem elegido pelo menos quinze Deputados Federais distribuídos em pelo menos um terço das unidades da Federação". BRASIL. Lei nº 10.406, de 10 de janeiro de 2002. Institui o Código Civil. Disponível em: http://www.planalto.gov.br/ccivil_03/leis/2002/l10406.htm. Acesso em: 17 jul. 2019.

Situação diversa, porém, ocorre quando o desligamento é provocado por ato do partido (expulsão), não havendo se falar de ajuizamento de ação de perda de mandato. Nesse caso, a agremiação não pode postular a perda do cargo eletivo do expulso, tendo o TSE entendido ser "incabível a propositura de ação de perda de cargo eletivo por desfiliação partidária se o partido expulsa o mandatário da legenda, pois a questão alusiva à infidelidade partidária envolve o desligamento voluntário da agremiação".[185]

## 1.13 Competência e procedimento

Em relação à competência, cabe ao Tribunal Superior Eleitoral processar e julgar o pedido relativo a mandato federal e, nos demais casos (estadual e municipal), ao Tribunal do respectivo estado.[186] Em ambos, o procedimento é o mesmo, previsto na Resolução TSE nº 22.610/2007 e descrito a seguir.

Primeiramente, na inicial, o requerente deve expor o fundamento do pedido e juntar a prova documental da desfiliação, podendo arrolar até três testemunhas e requerer, justificadamente, outras provas, inclusive documentos em poder de terceiros ou de repartições públicas.[187] Após, o mandatário que se desfiliou e o eventual partido em que esteja inscrito devem ser citados para responder a ação, no prazo de cinco dias, sendo advertidos de forma expressa que, em caso de revelia, os fatos afirmados na inicial são presumidos verdadeiros.[188]

Em resposta, o requerido deve juntar prova documental, também podendo arrolar até três testemunhas e requerer, justificadamente, a produção de outras provas, inclusive documentos em poder de terceiros ou de repartições públicas.[189] Decorrido o prazo de resposta, o tribunal deve ouvir o representante do Ministério Público no prazo de 48 horas, quando este não for requerente, para, em seguida, julgar o pedido, se não houver necessidade de dilação probatória.[190]

---

185 BRASIL. Tribunal Superior Eleitoral. Agravo de Instrumento n. 20556, Acórdão, Relator(a) Min. Arnaldo Versiani, Publicação: *DJE – Diário de justiça eletrônico*, Tomo 205, Data 23/10/2012, p. 3. Disponível em: http://www.tse.jus.br/jurisprudencia/decisoes/jurisprudencia. Acesso em: 1 out. 2019.

186 Resolução TSE nº 22.610/2007, art. 2º.

187 Resolução TSE nº 22.610/2007, art. 3º.

188 Resolução TSE nº 22.610/2007, art. 4º, *caput* e Parágrafo único.

189 Resolução TSE nº 22.610/2007, art. 5º.

190 Resolução TSE nº 22.610/2007, art. 6º.

Quando houver necessidade de produção de provas, o relator deve deferi-las, designando o quinto dia útil subsequente para, em uma única oportunidade, tomar depoimentos pessoais e inquirir testemunhas, as quais devem ser trazidas pela parte que as arrolou. Encerrada a instrução, o relator deve intimar as partes e o representante do Ministério Público para apresentarem, em 48 horas, alegações finais por escrito.[191] Ressalta-se que incumbe ao(s) requerido(s) o ônus da prova de fato extintivo, impeditivo ou modificativo da eficácia do pedido.[192]

Para o julgamento, o relator deve preparar voto e solicitar a inclusão do processo na pauta da sessão seguinte, observada a antecedência de 48 horas e facultada a sustentação oral pelos procuradores das partes por quinze minutos.[193] Julgado procedente o pedido, o tribunal deve decretar a perda do cargo e comunicar a decisão ao presidente do órgão legislativo competente para que emposse, conforme o caso, o suplente ou o vice, no prazo de dez dias.[194]

Ainda, segundo a referida resolução, o processo descrito tem preferência, devendo ser encerrado no prazo de 60 dias.[195] Além disso, são irrecorríveis as decisões interlocutórias do relator, que podem ser revistas no julgamento final, cabendo apenas o recurso previsto no art. 121, §4º, da Constituição[196] contra o acórdão.[197]

## 1.14 Convenções partidárias

Como visto, a filiação a partido político é condição de elegibilidade no âmbito do ordenamento jurídico brasileiro. No entanto, para fins de registro de candidatura, também é necessária a intermediação dos

---

191 Resolução TSE nº 22.610/2007, art. 7º, *caput* e §único.

192 Resolução TSE nº 22.610/2007, art. 8º.

193 Resolução TSE nº 22.610/2007, art. 9º.

194 Resolução TSE nº 22.610/2007, art. 10.

195 Resolução TSE nº 22.610/2007, art. 12.

196 "Art. 121. [...] §4º – Das decisões dos Tribunais Regionais Eleitorais somente caberá recurso quando:
I – forem proferidas contra disposição expressa desta Constituição ou de lei;
II – ocorrer divergência na interpretação de lei entre dois ou mais tribunais eleitorais;
III – versarem sobre inelegibilidade ou expedição de diplomas nas eleições federais ou estaduais;
IV – anularem diplomas ou decretarem a perda de mandatos eletivos federais ou estaduais;
V – denegarem *habeas corpus*, mandado de segurança, *habeas data* ou mandado de injunção". BRASIL. (1988) *Constituição da República Federativa do Brasil*. Disponível em: http://www.planalto.gov.br/ccivil_03/constituicao/constituicao.htm. Acesso em: 8 out. 2019.

197 Resolução TSE nº 22.610/2007, art. 11.

partidos, os quais são responsáveis por registrar seus candidatos perante a Justiça Eleitoral em ano de eleição.[198]

Em princípio, todos que estejam filiados a uma legenda têm o direito subjetivo político de concorrer a cargos eleitorais. Contudo, por haver sempre mais interessados que vagas a preencher, deve-se utilizar de método transparente e democrático para selecionar os que serão indicados pelo partido para se tornarem candidatos e concorrerem oficialmente ao pleito, qual seja, a convenção, que constitui uma reunião ou assembleia formada pelos filiados de um partido político, cuja finalidade é eleger os que irão concorrer ao pleito, ou seja, é o meio pelo qual os partidos escolhem os candidatos que disputarão as eleições.[199]

Em decorrência do princípio da autonomia partidária, as regras relativas aos requisitos e formalidades para escolha e substituição de candidatos, realização de convenções, prazos, forma de convocação e quórum para instalação da assembleia e deliberação estão previstas no estatuto de cada partido e são de natureza *interna corporis*. Conforme previsão do §1º do art. 7º da Lei das Eleições, em caso de omissão do estatuto, cabe ao órgão de direção nacional do partido (diretório nacional) estabelecer as normas sobre a formação de coligações para fins de escolha e substituição dos candidatos, publicando-as no *Diário Oficial da União* (*DOU*) até 180 dias antes das eleições.[200]

É importante destacar que as convenções são alinhadas às eleições, de modo que existem as modalidades nacional, estadual ou regional e municipal. A nacional é a que se presta à seleção dos candidatos a presidente e vice-presidente da República; a estadual, dos candidatos a governador, vice-governador, senador e respectivos suplentes, deputado federal, estadual e distrital; já a municipal, dos candidatos a prefeito, vice-prefeito e vereador.

Apesar disso, diante do necessário caráter nacional[201] que os partidos devem apresentar, conforme o art. 17, inciso I, da Constituição, a deliberação nacional prevalece em relação às instâncias estadual e municipal. Nesse sentido, a inobservância das diretrizes e orientações fixadas em âmbito nacional sobre a escolha de candidatos e a formação de coligações enseja a intervenção, nos termos do estatuto, do diretório

---

198 Lei nº 9.504/1997, arts. 10 e 11.

199 GOMES, José Jairo. *Direito eleitoral*. 14. ed. rev., atual. e ampl. São Paulo: Atlas, 2018, p. 372.

200 Lei nº 9.504/1997, art. 7º, §1º.

201 Constituição Federal, art. 17, inciso I.

nacional nas demais esferas, para invalidar suas deliberações e os atos dela decorrentes.[202]

Os atos de intervenção e invalidação de deliberações devem ser comunicados à Justiça Eleitoral até 30 dias após o prazo para registro de candidatura.[203] Se houver necessidade de registro de novos candidatos, em face da invalidação, esse deve ser requerido em até dez dias da deliberação invalidatória, respeitado o prazo de até 20 dias antes das eleições.[204]

É admitido ao órgão estadual intervir no municipal, desde que o faça para garantir o cumprimento das diretrizes nacionalmente estabelecidas, já que a possibilidade de anular eventual deliberação sobre coligações foi expressamente conferida ao órgão de direção nacional do partido, conforme disposto no art. 7º, §2º, da Lei das Eleições.

Em relação ao local, entende-se que a convenção nacional pode ser realizada fora da capital, em qualquer estado da Federação, e a regional pode ocorrer em local diverso da capital do Estado, e a municipal deve ser realizada dentro do território do município. Seguindo essas disposições, é facultada aos partidos a utilização gratuita de prédios públicos, como escolas, ginásios desportivos e casas legislativas, desde que as atividades desenvolvidas nos locais não sejam prejudicadas e os partidos se responsabilizem por eventuais danos causados em decorrência do evento.[205] Para tanto, é necessário que o respectivo diretório solicite o uso do local à autoridade responsável, expondo os motivos e indicando a data em que pretende utilizá-lo.

Ressalta-se que a convenção deve ser convocada pelo respectivo diretório, sendo nula aquela feita por quem não seja filiado ao partido.[206] A convocação é normalmente feita por edital, o qual deve conter o dia, o horário e a matéria objeto de deliberação, podendo ser publicado na imprensa. Não havendo órgão de imprensa na localidade, admite-se sua publicação mediante afixação no lugar de costume no cartório de sua respectiva zona eleitoral. Entre a data da convocação e a realização da convenção, deve mediar prazo razoável, sob pena de inviabilizar-se

---

[202] Lei nº 9.504/1997, Art. 7º, §2º.

[203] Lei nº 9.504/1997, Art. 7º, §3º.

[204] Lei nº 9.504/1997, Art. 7º, §4º.

[205] Lei nº 9.096/1995, art. 51; Lei nº 9.504/1997, art. 8º, §2º.

[206] Conforme precedente do TSE, "Convenção municipal: nulidade. Convocada e presidida por quem não é filiado, nula será a convenção, e sem efeito a escolha de candidatos" (Recurso Especial Eleitoral n. 10576, Acórdão de Relator(a) Min. Torquato Jardim, Publicação: PSESS – Publicado em Sessão, Data 21/09/1992, p. 1). Disponível em: http://www.tse.jus.br/jurisprudencia/decisoes/jurisprudencia. Acesso em: 20.09.2019.

o ato, o que enseja sua invalidação. A lei não prevê prazo específico, tal matéria deve ser disciplinada no estatuto, como manifestação da autonomia partidária.[207]

A convenção deve ser presidida por quem o estatuto indicar, não sendo possível, evidentemente, que seja por indivíduo estranho aos quadros do partido. Em relação ao prazo, a convenção para a escolha de candidatos deve ser realizada no período entre 20 de julho a 5 de agosto do ano e requisição de eleitoral, conforme art. 8º, *caput*, da Lei das Eleições. Embora em princípio possa ser realizada em qualquer dia da semana, é recomendável que ocorra em domingo ou feriado, de modo a permitir maior participação dos convencionais.

## 1.15 Registro de candidatos

Escolhidos os candidatos que irão disputar as eleições por meio de convenção, é necessário que o partido formalize na Justiça Eleitoral o requerimento dos registros de candidatura dos filiados selecionados. Para isso, é instaurado um processo cujo objeto é o próprio registro de candidatos no pleito político-eleitoral.

Nesse contexto, cabe ao Juízo ou Tribunal eleitoral conhecer *ex officio* todas as questões envolvidas nesse processo, em relação às condições de elegibilidade,[208] eventuais causas de inelegibilidade e

---

[207] GOMES, José Jairo. *Direito eleitoral*. 14. ed. rev., atual. e ampl. São Paulo: Atlas, 2018, p. 374.

[208] Art. 14 [...] §3º São condições de elegibilidade, na forma da lei:
I – a nacionalidade brasileira;
II – o pleno exercício dos direitos políticos;
III – o alistamento eleitoral;
IV – o domicílio eleitoral na circunscrição;
V – a filiação partidária;
VI – a idade mínima de:
a) trinta e cinco anos para Presidente e Vice-Presidente da República e Senador;
b) trinta anos para Governador e Vice-Governador de Estado e do Distrito Federal;
c) vinte e um anos para Deputado Federal, Deputado Estadual ou Distrital, Prefeito, Vice-Prefeito e juiz de paz;
d) dezoito anos para Vereador.
§4º São inelegíveis os inalistáveis e os analfabetos.
§5º O Presidente da República, os Governadores de Estado e do Distrito Federal, os Prefeitos e quem os houver sucedido, ou substituído no curso dos mandatos poderão ser reeleitos para um único período subsequente.
§6º Para concorrerem a outros cargos, o Presidente da República, os Governadores de Estado e do Distrito Federal e os Prefeitos devem renunciar aos respectivos mandatos até seis meses antes do pleito.
§7º São inelegíveis, no território de jurisdição do titular, o cônjuge e os parentes consanguíneos ou afins, até o segundo grau ou por adoção, do Presidente da República, de Governador de Estado ou Território, do Distrito Federal, de Prefeito ou de quem os haja substituído

requisitos formais do pedido de registro, resguardados o contraditório e a ampla defesa.

Conforme aduz a Lei das Eleições, "as condições de elegibilidade e as causas de inelegibilidade devem ser aferidas no momento da formalização do pedido de registro da candidatura".[209] A despeito de serem aferidas, nem todas as condições devem estar perfeitas na data-limite para o pedido de registro de candidatura, algumas podem ser atendidas apenas na data da posse, como, *v.g.*, a idade do candidato.[210]

---

dentro dos seis meses anteriores ao pleito, salvo se já titular de mandato eletivo e candidato à reeleição.

§8º O militar alistável é elegível, atendidas as seguintes condições:

I – se contar menos de dez anos de serviço, deverá afastar-se da atividade;

II – se contar mais de dez anos de serviço, será agregado pela autoridade superior e, se eleito, passará automaticamente, no ato da diplomação, para a inatividade.

§9º Lei complementar estabelecerá outros casos de inelegibilidade e os prazos de sua cessação, a fim de proteger a probidade administrativa, a moralidade para exercício de mandato considerada vida pregressa do candidato, e a normalidade e legitimidade das eleições contra a influência do poder econômico ou o abuso do exercício de função, cargo ou emprego na administração direta ou indireta.

§10 – O mandato eletivo poderá ser impugnado ante a Justiça Eleitoral no prazo de quinze dias contados da diplomação, instruída a ação com provas de abuso do poder econômico, corrupção ou fraude.

§11 – A ação de impugnação de mandato tramitará em segredo de justiça, respondendo o autor, na forma da lei, se temerária ou de manifesta má-fé". BRASIL. (1988) *Constituição da República Federativa do Brasil*. Disponível em: http://www.planalto.gov.br/ccivil_03/constituicao/constituicao.htm. Acesso em: 8 out. 2019.

209 Lei nº 9.504/1997, art. 11, §10º.

210 "ELEIÇÕES 2016. AGRAVO REGIMENTAL EM RECURSO ESPECIAL. REGISTRO DE CANDIDATURA AO CARGO DE VEREADOR. IDADE MÍNIMA DE 18 ANOS. CONDIÇÃO DE ELEGIBILIDADE. ALÍNEA D DO INCISO VI DO §3º DO ART. 14 DA CF. AFERIÇÃO ATÉ A DATA-LIMITE PARA O PEDIDO DE REGISTRO. AUSÊNCIA DE ARGUMENTOS HÁBEIS PARA MODIFICAR A DECISÃO AGRAVADA. AGRAVO REGIMENTAL DESPROVIDO. 1. É vedada a inovação de tese recursal em Agravo Interno. Precedente: AgR-REspe 4190-49/MG, Rel. Min. MARIA THEREZA DE ASSIS MOURA, *DJe* 31.3.2016. 2. Conforme disposto no art. 16 da CF, a lei que alterar o processo eleitoral entrará em vigor na data de sua publicação, não se aplicando à eleição que ocorra até um ano da data de sua vigência. Visto que a Lei 13.165/2015 entrou em vigor na data de sua publicação, 29.9.2015, e o 1º turno das eleições ocorreu em 2.10.2016, nota-se que foi atendido o princípio da anterioridade constitucional em matéria eleitoral. 3. Aplicam-se as novidades trazidas pela Lei 13.165/2015 aos desdobramentos relacionados às eleições de 2016. Nesse sentido: Cta 519-44/DF, Rel. Min. HERMAN BENJAMIN, *DJe* 14.3.2016. 4. O Legislador ordinário houve por bem alterar a redação do §2º do art. 11 da Lei 9.504/97, conferindo-lhe a redação dada pela Lei 13.165/2015, impondo que a idade mínima do candidato, quando fixada em 18 anos, deverá ser atingida até a data-limite para o pedido do registro. 5. Tendo o agravante, candidato ao cargo de Vereador, completado 18 anos tão somente em 26.9.2016, em data, portanto, posterior ao prazo limítrofe para a formulação de Requerimento de Registro de Candidatura, considera-se não satisfeita a condição de elegibilidade fixada na alínea d do inciso VI do §3º do art. 14 da CF. 6. Agravo Regimental a que se nega provimento". (Recurso Especial Eleitoral n. 5635, Acórdão, Relator(a) Min. Napoleão Nunes Maia Filho, Publicação: PSESS – Publicado em Sessão, Data 13/12/2016). Disponível em: http://www.tse.jus.br/jurisprudencia/decisoes/jurisprudencia. Acesso em: 20 set. 2019.

Logo, não se deve confundir o momento de averiguação com o momento de existência das condições de elegibilidade ou causas de inelegibilidade, porquanto o que realmente importa para o exercício do direito fundamental de sufrágio é que, no dia do pleito, o candidato seja elegível.

Por esse motivo, a causa de inelegibilidade ou a ausência de condição de elegibilidade inicialmente detectada pode ser afastada por alterações supervenientes, o que significa que o indeferimento inicial do pedido de registro pode ser revertido se, até o dia da eleição, o candidato reestabelecer sua elegibilidade (elegibilidade superveniente). O contrário também pode ocorrer, caso, em virtude de mudanças posteriores, o candidato se torne inelegível.

Ressalta-se que o *status* de candidato apenas é obtido com a efetivação do registro de candidatura, que se dá com o trânsito em julgado da decisão que defere o pedido. O rito que lhe antecede pode ser compendiado nas etapas seguintes: (i) pedido tempestivo de registro de candidatura; (ii) publicação do edital; (iii) abertura do prazo de cinco dias para impugnação via Ação de Impugnação de Registro de Candidatura por candidato, partido, coligação ou Ministério Público; (iv) abertura do prazo de três dias para a realização de diligências, caso necessário; (v) conclusão dos autos ao juiz eleitoral ou juiz relator, para que profira decisão no prazo de três dias após o encerramento das diligências (se não houver impugnação, é facultado ao juiz relator decidir monocraticamente).

A decisão prolatada pode deferir ou indeferir o pedido de registro de candidatura. Caso ocorra o indeferimento, tem-se sentença meramente declaratória – apenas se reconhece e se afirma a inelegibilidade. Da sentença, cabe recurso ao TRE no prazo de três dias e, sucessivamente, ao TSE e ao STF. Havendo ação de impugnação, a sentença deve ser comum à do processo de registro, de modo que lhes sejam cabíveis os mesmos recursos.

Destaca-se que, devido ao caráter de urgência da ação, prioriza-se o princípio da celeridade, de modo que, em até 20 dias antes da data do pleito, todos os registros de candidatos e seus respectivos recursos em instâncias ordinárias devem estar julgados e publicadas as decisões relativas.[211]

---

[211] Lei nº 9.504/1997, art. 16, §1º.

### 1.15.1 Coligações

Segundo a Lei nº 9.504/1997, a deliberação sobre eventual coligação deve ocorrer na convenção para escolha de candidatos,[212] sendo específica para cada eleição e circunscrição. Nesse sentido, mediante deliberação, podem ser formadas coligações com partidos diversos no âmbito de uma circunscrição, independentemente das celebradas por diretórios de outras circunscrições.

A coligação consiste no consórcio de partidos políticos formado com o objetivo de atuação conjunta e cooperativa na disputa eleitoral, possibilidade expressa pela Constituição Federal no §1º do art. 17, que lhes confere autonomia para "adotar os critérios de escolha e o regime de suas coligações nas eleições majoritárias, vedada a sua celebração nas eleições proporcionais, sem obrigatoriedade de vinculação entre as candidaturas em âmbito nacional, estadual, distrital ou municipal".[213]

Ressalta-se, por oportuno, que a vedação para coligação em eleições proporcionais (deputado federal e estadual/distrital e vereador) foi estabelecida pela EC nº 97/2017 e é aplicável a partir das eleições de 2020.

Com efeito, a coligação deve ter denominação própria, que não pode "coincidir, incluir ou fazer referência a nome ou número de candidato, nem conter pedido de voto para partido político".[214] O nome escolhido deve coincidir com a forma de apresentação perante o eleitorado, principalmente no espaço dedicado à propaganda eleitoral. Ressalta-se que, embora a ata da convenção deva ser registrada e homologada pela Justiça Eleitoral, a coligação não nasce desse ato, e sim da manifestação de vontade emanada das agremiações.

Observa-se que, a despeito de não se confundir com os partidos que a integram, a coligação não tem personalidade jurídica, apenas judiciária. Nos termos do art. 6º, §1º, da Lei das Eleições, no entanto, a coligação detém as mesmas prerrogativas e obrigações de um partido político relativamente ao processo eleitoral, de modo que deve funcionar como um partido único perante a Justiça Eleitoral e a organização dos interesses partidários.

A partir disso, surge a necessidade de se designar um representante, cargo equivalente ao de presidente de partido político em relação

---

212 Lei nº 9.504/1997, art. 8º, *caput*.

213 Constituição Federal, art. 17º, §1º.

214 Lei nº 9.504/1997, art. 6º, §1º-A.

ao trato dos interesses e à representação da coligação no processo eleitoral.[215]

Em face da Justiça Eleitoral, a coligação deve se reportar por seu representante, possuindo legitimidade ativa e passiva para atuar junto ao Poder Judiciário. Não é admitido, logo, que os partidos integrantes da coligação venham a praticar atos no processo eleitoral de forma isolada, como requerer registro de candidatura ou impugnar pedido de registro.

## 1.15.2 Preenchimento da cota de gênero

No âmbito das ações afirmativas, visando garantir maior igualdade de participação para mulheres, implementou-se no Brasil a cota eleitoral de gênero, que consiste na reserva de um número de vagas que os partidos devem lançar para eleições proporcionais (deputados e vereadores) às filiadas. A ideia é essencialmente resguardar a posição de mulheres que, tradicionalmente, não ocupam espaço relevante na política brasileira, no intuito de reduzir discriminações.

Primeiramente, a referida política foi implementada pela Lei nº 9.100/1995, que determinava, em seu art. 11, §3º, o percentual mínimo de 20% das vagas de cada partido ou coligação para candidaturas femininas. Posteriormente, em 2009, a Lei nº 12.034 alterou a Lei das Eleições, instituindo que a cota mínima fosse elevada para 30%, além disso adotou disposição genérica ao dispor que, nas eleições proporcionais, cada partido deve preencher o mínimo de 30% e o máximo de 70% para candidaturas "de cada sexo".[216]

Os citados percentuais devem ser atendidos no momento de formalização do pedido de registro de candidatura perante a Justiça Eleitoral. Caso o partido não atenda à determinação, entende-se que os autos devem retornar ao Tribunal Regional Eleitoral respectivo, para que se proceda à regulação na forma da lei.

No entanto, caso fato posterior prejudique o percentual de candidaturas por razões alheias ao partido, entende-se que a cota legal será inevitavelmente afetada, sem responsabilidade da agremiação. Nesse sentido, o TSE já decidiu que o indeferimento posterior de

---

215 Lei nº 9.504/1997, art. 6º, §3º, III.

216 "Art. 10, §3º Do número de vagas resultante das regras previstas neste artigo, cada partido ou coligação preencherá o mínimo de 30% (trinta por cento) e o máximo de 70% (setenta por cento) para candidaturas de cada sexo". BRASIL. *Lei nº 9.504, de 30 de setembro de 1997*. Estabelece normas para as eleições. Disponível em: http://www.planalto.gov.br/ccivil_03/leis/l9504.htm. Acesso em: 16 jun. 2019.

candidaturas[217] ou a renúncia por parte de candidatas[218] não violam o mínimo de 30% previsto em lei, uma vez que atendido o requisito pelo partido no momento do registro.

Ainda nesse contexto, convém destacar a circunstância dos transgêneros no Brasil. Conforme salientado, a atual legislação brasileira prevê um número mínimo de candidaturas femininas com vistas a incentivar a participação das mulheres na política. Ocorre que a norma não é específica quanto à referência biológica ou social dos candidatos. Assim sendo, questionou-se, por exemplo, se um homem – biológico – mas que se considera mulher – com ou sem cirurgia de alteração de sexo – poderia concorrer às vagas destinadas ao sexo feminino.

Sob a perspectiva dos Direitos Humanos e considerando o sentimento do candidato quanto a sua situação social, e não biológica, o Tribunal Superior Eleitoral compreendeu que o escopo da norma era observar o efetivo gênero do indivíduo e não o fator biológico. Dessa maneira, transgêneros podem concorrer ao pleito nas vagas destinadas a homens ou mulheres, de acordo com o gênero que compreendem ser o seu.

Esse entendimento foi exarado no acórdão transcrito a seguir, de relatoria do Ministro Tarcísio Vieira de Carvalho Neto:

> CONSULTA. REQUISITOS. LEGITIMIDADE. SENADORA. EXAME. EXPRESSÃO "CADA SEXO". REFERÊNCIA. TRANSGÊNEROS.

---

217 ELEIÇÕES PROPORCIONAIS – COTA DE GÊNERO – ATENDIMENTO – OPORTUNIDADE. Possível é o atendimento da exigência do §3º do art. 10 da Lei nº 9.504/1997 em data posterior à do limite para requerimento de candidaturas, desde que isso se faça tendo em vista o espaço de tempo assinado no art. 10, §5º, da citada Lei, para a complementação, consideradas as vagas remanescentes, sendo certo que o indeferimento posterior de candidaturas não infirma a observância do sistema de cotas pelo Partido. (Recurso Especial Eleitoral n. 107079, Acórdão, Relator(a) Min. Marco Aurélio, Publicação: PSESS – Publicado em Sessão, Data 11/12/2012). Disponível em: http://www.tse.jus.br/jurisprudencia/decisoes/jurisprudencia. Acesso em: 27.09.2019.

218 Representação. Eleição proporcional. Percentuais legais por sexo. Alegação. Descumprimento posterior. Renúncia de candidatas do sexo feminino. 1. Os percentuais de gênero previstos no art. 10, §3º, da Lei nº 9.504/97 devem ser observados tanto no momento do registro da candidatura, quanto em eventual preenchimento de vagas remanescentes ou na substituição de candidatos, conforme previsto no §6º do art. 20 da Res.-TSE n. 23.373. 2. Se, no momento da formalização das renúncias por candidatas, já tinha sido ultrapassado o prazo para substituição das candidaturas, previsto no art. 13, §3º, da Lei nº 9.504/97, não pode o partido ser penalizado, considerando, em especial, que não havia possibilidade jurídica de serem apresentadas substitutas, de modo a readequar os percentuais legais de gênero. Recurso especial não provido. (Recurso Especial Eleitoral n. 21498, Acórdão, Relator(a) Min. Henrique Neves Da Silva, Publicação: *DJe – Diário de Justiça Eletrônico*, Tomo 117, Data 24/06/2013, p. 56). Disponível em: http://www.tse.jus.br/jurisprudencia/decisoes/jurisprudencia. Acesso em: 27 set. 2019.

OMISSÃO LEGISLATIVA. NOME SOCIAL. CADASTRO ELEITORAL. PRINCÍPIOS DA DIGNIDADE DA PESSOA HUMANA. IGUALDADE. NÃO DISCRIMINAÇÃO. INTIMIDADE. DIREITO À FELICIDADE. BEM-ESTAR OBJETIVO. VALORES DE JUSTIÇA. FINS SOCIAIS. EXIGÊNCIAS DO BEM COMUM. COTAS FEMININA E MASCULINA. CONTABILIZAÇÃO. PERCENTUAIS. ART. 10, §3º, DA LEI N. 9.504/97. PEDIDO DE REGISTRO DE CANDIDATURA. NOME COMPLETO. ART. 12, *CAPUT*, DA LEI DAS ELEIÇÕES. NOME CIVIL. DETERMINAÇÃO. NOME SOCIAL. URNAS ELETRÔNICAS. POSSIBILIDADE. EXPRESSÃO "NÃO ESTABELEÇA DÚVIDA QUANTO A SUA IDENTIDADE". CANDIDATURAS PROPORCIONAIS E MAJORITÁRIAS. IDÊNTICOS REQUISITOS. ART. 11 DA LEI DAS ELEIÇÕES. I. Cabimento. 1. É cabível consulta formulada em tese, sobre matéria eleitoral (pertinência temática), por Senadora da República (autoridade com jurisdição federal), estando preenchidos, portanto, os requisitos exigidos pelo art. 23, XII, do CE. II. Premissas teóricas. a) Malgrado inexista menção ao sexo feminino no art. 10, §3º, da Lei n. 9.504/97, é evidente tratar-se de ação afirmativa que visa à superação do déficit democrático oriundo da sub-representação das mulheres nas casas legislativas, o que não guarda nenhuma incompatibilidade com o reconhecimento dos direitos dos(as) candidatos(as) a serem computados nas cotas feminina ou masculina, de acordo com sua identidade de gênero. b) O cerne das questões ora apresentadas denota a lacuna do mencionado dispositivo legal, porquanto a expressão "cada sexo" não contempla a diversidade de gênero com seus marcadores sociais singulares e diferenciados. Com efeito, a construção do gênero representa fenômeno sociocultural que exige abordagem multidisciplinar a fim de conformar uma realidade ainda impregnada por preconceitos e estereótipos – geralmente de caráter moral e religioso – aos valores e às garantias constitucionais. É imperioso, pois, avançar e adotar medidas que denotem respeito à diversidade, ao pluralismo, à subjetividade e à individualidade como expressões do postulado supremo da dignidade da pessoa humana. Ademais, um dos objetivos fundamentais da República Federativa do Brasil consiste em "promover o bem de todos, sem preconceitos de origem, raça, sexo, cor, idade e quaisquer outras formas de discriminação", nos termos do art. 3º, IV, da Carta Magna. c) O princípio da imutabilidade do nome vem sendo mitigado pela jurisprudência do STF e do STJ, e pode implicar, inclusive, na possibilidade de alteração do registro civil independentemente de prévia autorização judicial, conforme, aliás, vem sendo discutido no bojo na ADI n. 4275. Cabe a esta Justiça especializada, nos limites de suas atribuições e competências, adotar as providências necessárias para que o exercício do sufrágio seja consentâneo e sensível às questões de gênero ora examinadas. III. Com base nesses fundamentos, adotam-se as seguintes orientações para as questões veiculadas na presente Consulta.

1. A expressão "cada sexo" mencionada no art. 10, §3º, da Lei n. 9.504/97 refere-se ao gênero, e não ao sexo biológico, de forma que tanto os homens como as mulheres transexuais e travestis podem ser contabilizados nas respectivas cotas de candidaturas masculina ou feminina. Para tanto, devem figurar como tal nos requerimentos de alistamento eleitoral, nos termos estabelecidos pelo art. 91, *caput*, da Lei das Eleições, haja vista que a verificação do gênero para o efeito de registro de candidatura deverá atender aos requisitos previstos na Res.-TSE n. 21.538/2003 e demais normas de regência. 2. A expressão contida no art. 12, *caput*, da Lei n. 9.504/97, de que o candidato deve "indicar seu nome completo" no pedido de registro candidatura, refere-se ao nome civil, constante do cadastro eleitoral, por ser imprescindível ao exame das certidões negativas exigidas no pedido de registro de candidatura, o qual deverá ser restrito ao âmbito interno da Justiça Eleitoral, enquanto o nome social deverá ser utilizado nas divulgações públicas. 3. É possível o uso exclusivo do nome social nas urnas eletrônicas, observados os parâmetros do art. 12 da Lei n. 9.504/97, que permite o registro do "prenome, sobrenome, cognome, nome abreviado, apelido ou nome pelo qual é mais conhecido, desde que não se estabeleça dúvida quanto à sua identidade, não atente contra o pudor e não seja ridículo ou irreverente". 4. A expressão "não estabeleça dúvida quanto à sua identidade", prevista no *caput* do art. 12 da Lei n. 9.504/97, refere-se à identificação do(a) candidato(a) conforme seja conhecido(a), inclusive quanto à identidade de gênero. 5. O nome social poderá ser utilizado tanto nas candidaturas proporcionais como nas majoritárias, haja vista que o art. 11 da Lei n. 9.504/97, ao estabelecer o rol de dados e documentos que devem instruir o pedido de registro, não faz nenhuma distinção nesse sentido. 6. Acolhe-se a manifestação da Assessoria Consultiva no sentido de que a autodeclaração de gênero deve ser manifestada por ocasião do alistamento eleitoral ou da atualização dos dados do cadastro eleitoral, ou seja, até cento e cinquenta e um dia antes da data das eleições, nos termos do art. 91, *caput*, da Lei n. 9.504/97, razão pela qual se propõe a edição de regras específicas sobre o tema. 7. Consulta conhecida. (Consulta n. 060405458, Acórdão, Relator(a) Min. Tarcisio Vieira de Carvalho Neto, Publicação: DJe – Diário de Justiça eletrônico, Tomo 63, Data 03/04/2018).[219]

Na prática, porém, a obrigação quanto à quota de gênero no Brasil não tem se mostrado tão eficaz, conforme pontua Rodrigo López Zílio:

Essa obrigação imposta aos partidos e coligações não tem surtido o efeito esperado pela Justiça Eleitoral. De fato, a realidade apresentada

[219] Disponível em: http://www.tse.jus.br/jurisprudencia/decisoes/jurisprudencia. Acesso em: 27 set. 2019.

nas eleições municipais de 2012 indica a existência de um preenchimento de vagas meramente formal, no momento do registro da candidatura, principalmente por candidatas mulheres, sendo os registros sucedidos por renúncias coletivas dessas candidaturas – mormente quando já expirado o prazo para eventual indicação de substituto.[220]

Ademais, conforme se verifica em recentes denúncias e julgados sobre a matéria, alguns partidos frequentemente se utilizam de meios para fraudar a obrigação, através, *v.g.*, de inclusão de "candidatas laranjas", o que tem ensejado um grande debate na Justiça Eleitoral no que se refere aos efeitos dessas candidaturas para a chapa – assunto a ser abordado no capítulo subsequente.

## 1.16 Financiamento dos partidos políticos

Considerando a importância da organização político-partidária para a ordem democrática brasileira, em termos de harmonização e expressão dos interesses heterogêneos da sociedade, é evidente a necessidade de se promover um ambiente propício para a escolha legítima por parte dos cidadãos, capaz de gerar autenticidade para o sistema representativo[221] e promover a institucionalização das formas de pensamento.

Na prática, porém, a atuação política e as campanhas eleitorais importam custos elevados, o que gera manifesta necessidade de arrecadação de recursos financeiros por parte das agremiações para sua manutenção e participação nos respectivos pleitos. Nesse contexto, compreende-se por sistema de financiamento político-partidário o contexto jurídico que confere aos partidos políticos legítimas condições para agir, no intuito de proporcionar o exercício de sua incumbência constitucional de representação de segmentos da sociedade civil.[222]

Desse modo, considerando a relevância do fator financeiro para a efetiva projeção dos anseios e interesses da sociedade, verificam-se

---

[220] ZILIO, Rodrigo López. *Direito eleitoral*. 5. ed. Porto Alegre: Verbo Jurídico, 2016. p. 304.

[221] AGRA, Walber de Moura. Financiamento eleitoral no Brasil. *In*: CAMPILONGO, Celso Fernandes; GONZAGA, Alvaro de Azevedo; FREIRE, André Luiz (Coord.). *Enciclopédia jurídica da PUC-SP*. Tomo Direito Administrativo e Constitucional. 1. ed. São Paulo: Pontifícia Universidade Católica de São Paulo, 2017.

[222] CASAS-ZAMORA, Kevin. *Political Finance and state funding systems*: an overview. Brookings institutions/University of Costa Rica, May 2008, p. 5. Disponível em: https://ifes.org/sites/default/files/politicalfinanceandstatefundingsystems_english_0.pdf. Acesso em: 27 set. 2019.

três modelos possíveis de financiamento político-partidário: público, privado ou misto.

O financiamento público se refere à disponibilização de recursos financeiros pelo Estado para os partidos políticos, direta ou indiretamente, por meio de serviços e bens. Tal modalidade tem por objetivo limitar o poder de influência de interesses pessoais nas funções partidárias e na política de modo geral, fortalecendo o pluripartidarismo, criando incentivos à observância das regras eleitorais e garantindo que as forças políticas relevantes consigam atingir o eleitorado. Em suma, a ideia é possibilitar um ambiente eleitoral de justa competitividade entre candidatos e partidos, bem como um processo de maior transparência em relação aos gastos.[223]

Por outro lado, o financiamento privado diz respeito ao recebimento de subsídios particulares e representa fonte democrática de contribuição, por consistir meio de participação política do cidadão. A doação, aqui, é entendida como demonstração de proximidade ideológica em relação a determinado partido.

Nesse ponto, cumpre registrar a possibilidade de as agremiações receberem doações privadas. *In verbis*:

> Art. 39. Ressalvado o disposto no art. 31, o partido político pode receber doações de pessoas físicas e jurídicas para constituição de seus fundos.
> §1º As doações de que trata este artigo podem ser feitas diretamente aos órgãos de direção nacional, estadual e municipal, que remeterão, à Justiça Eleitoral e aos órgãos hierarquicamente superiores do partido, o demonstrativo de seu recebimento e respectiva destinação, juntamente com o balanço contábil.
> §2º Outras doações, quaisquer que sejam, devem ser lançadas na contabilidade do partido, definidos seus valores em moeda corrente.
> §3º As doações de recursos financeiros somente poderão ser efetuadas na conta do partido político por meio de:
> I – cheques cruzados e nominais ou transferência eletrônica de depósitos;
> II – depósitos em espécie devidamente identificados;
> III – mecanismo disponível em sítio do partido na internet que permita o uso de cartão de crédito, cartão de débito, emissão on-line de boleto bancário ou, ainda, convênios de débitos em conta, no formato único e no formato recorrente, e outras modalidades, e que atenda aos seguintes requisitos:

---

[223] ZOVATTO, Daniel. Financiamento de partidos e campanhas eleitorais na América Latina: uma análise comparada. *Opinião Pública*, v. XI, n. 2, p. 287-336. Campinas: CESOP, 2005, p. 299-300.

> a) identificação do doador;
> b) emissão obrigatória de recibo eleitoral para cada doação realizada.
> [...]
> §5º Em ano eleitoral, os partidos políticos poderão aplicar ou distribuir pelas diversas eleições os recursos financeiros recebidos de pessoas físicas e jurídicas, observando-se o disposto no §1º do art. 23, no art. 24 e no §1o do art. 81 da Lei no 9.504, de 30 de setembro de 1997, e os critérios definidos pelos respectivos órgãos de direção e pelas normas estatutárias[224].

Por último, o financiamento misto diz respeito à arrecadação de recursos públicos e privados, modelo atualmente compreendido como alternativa adequada à construção de um processo eleitoral equilibrado e saudável. A ideia é essencialmente combinar as duas modalidades, no intuito de se atingir a proporção adequada de cada uma.

Adota-se, no Brasil, o modelo de financiamento misto, regulamentado pela Lei das Eleições e pela Lei dos Partidos Políticos. Atualmente, a parcela pública dos recursos compreende, além da propaganda eleitoral gratuita, o Fundo Partidário (FP) e o Fundo Especial de Financiamento de Campanha (FEFC), para custeio dos gastos em campanha eleitoral, ao passo que a parcela privada é constituída por doações de pessoas físicas.

O Fundo Partidário, destinado ao subsídio das atividades ordinárias dos partidos, é constituído por (i) multas e penalidades pecuniárias aplicadas nos termos do Código Eleitoral e leis conexas; (ii) recursos financeiros que lhe forem destinados por lei, em caráter permanente ou eventual; (iii) doações de pessoas físicas, efetuadas diretamente na conta do Fundo Partidário; e (iv) dotações orçamentárias da União.[225]

No que tange à divisão do montante total, verifica-se que 95% são distribuídos conforme a proporção de votos obtidos por cada legenda na última eleição para a Câmara dos Deputados; e 5% são divididos igualmente entre todas as siglas.

O Fundo Eleitoral, por sua vez, é provido por recursos do Tesouro Nacional e integra o Orçamento Geral da União, tendo por objetivo financiar as campanhas eleitorais dos partidos brasileiros durante as eleições. Do valor total do FEFC, 2% são divididos igualmente entre todos

---

224 BRASIL. Lei nº 9.096, de 19 de setembro de 1995. (Lei dos Partidos Políticos). Disponível em: http://www.planalto.gov.br/ccivil_03/leis/l9096.htm. Acesso em: 19. jun. 2019.

225 BRASIL. Lei nº 9.096, de 19 de setembro de 1995. (Lei dos Partidos Políticos). Disponível em: http://www.planalto.gov.br/ccivil_03/leis/l9096.htm. Acesso em: 19. jun. 2019.

os partidos com estatuto registrado no TSE; 35% entre os partidos com ao menos um representante na Câmara dos Deputados, na proporção dos votos obtidos pelos deputados na última eleição; 48% conforme o número de deputados de cada partido na Câmara; e 15% conforme o número de senadores de cada sigla.[226]

Para receber os recursos do Fundo Eleitoral, os diretórios nacionais dos partidos têm de aprovar em votação, por maioria absoluta de seus membros, os critérios para distribuição do dinheiro e, em seguida, devem enviar um ofício à Presidência do TSE com as informações sobre os critérios fixados.[227] Além disso, todos os recursos não utilizados pelos partidos devem ser devolvidos ao Tesouro Nacional.

Na eleição de 2018, o valor total do FEFC disponibilizado foi de R$1.716.209.431,00, enquanto o FP entregou R$888.735.090,00. Por conseguinte, nota-se que a parcela pública no financiamento das Eleições de 2018 perfaz quase 2,6 bilhões de reais.

Doutro vértice, em relação às doações privadas, destaca-se que a Lei dos Partidos Políticos veda o recebimento, direto ou indireto, de qualquer contribuição procedente de (i) entidade ou governo estrangeiros; (ii) entes públicos e pessoas jurídicas de qualquer natureza; (iii) entidade de classe ou sindical; e (iv) pessoas físicas que exerçam função ou cargo público de livre nomeação e exoneração, ou cargo ou emprego público temporário, ressalvados os filiados a partido político.[228]

Destaca-se que a vedação a subsídios de pessoas jurídicas é recente e decorre do julgamento da Ação Direta de Inconstitucionalidade nº 4.650/DF pelo Supremo Tribunal Federal, que decidiu, em 2015, pela inconstitucionalidade das doações de pessoas jurídicas a partidos políticos.[229] A fundamentação utilizada se baseou na proteção aos

---

[226] Lei nº 9.504/1997, art. 16-D.

[227] Lei nº 9.504/1997, art. 16-C, §7º.

[228] Lei nº 9.096/1995, art. 31.

[229] "DIREITO CONSTITUCIONAL E ELEITORAL. MODELO NORMATIVO VIGENTE DE FINANCIAMENTO DE CAMPANHAS ELEITORAIS. LEI DAS ELEIÇÕES, ARTS. 23, §1º, INCISOS I e II, 24 e 81, *CAPUT* e §1º. LEI ORGÂNICA DOS PARTIDOS POLÍTICOS, ARTS. 31, 38, INCISO III, e 39, *CAPUT* e §5º. CRITÉRIOS DE DOAÇÕES PARA PESSOAS JURÍDICAS E NATURAIS E PARA O USO DE RECURSOS PRÓPRIOS PELOS CANDIDATOS. PRELIMINARES. IMPOSSIBILIDADE JURÍDICA DO PEDIDO. REJEIÇÃO. PEDIDOS DE DECLARAÇÃO PARCIAL DE INCONSTITUCIONALIDADE SEM REDUÇÃO DE TEXTO (ITENS E.1.e E.2). SENTENÇA DE PERFIL ADITIVO (ITEM E.5). TÉCNICA DE DECISÃO AMPLAMENTE UTILIZADA POR CORTES CONSTITUCIONAIS. ATUAÇÃO NORMATIVA SUBSIDIÁRIA E EXCEPCIONAL DO TRIBUNAL SUPERIOR ELEITORAL, SOMENTE SE LEGITIMANDO EM CASO DE INERTIA DELIBERANDI DO CONGRESSO NACIONAL PARA REGULAR A MATÉRIA APÓS O TRANSCURSO DE PRAZO RAZOÁVEL (IN CASU, DE DEZOITO MESES). INADEQUAÇÃO DA

princípios democrático, republicano e da isonomia, sob o argumento de que o exercício da cidadania, em sentido estrito, é incompatível com a essência das pessoas jurídicas, de modo que eventual autorização para sua interferência na vida política brasileira seria contrária à própria natureza do regime democrático.

Assim, por entender que o desenho do sistema vigente permitia que empresas privadas, com interesses majoritariamente lucrativos, fossem doadoras protagonistas do processo eleitoral – em detrimento de pessoas físicas, entidades sem fins lucrativos e sindicatos –, o Tribunal concluiu pela sua inconstitucionalidade, admitindo apenas doações de pessoas físicas.

Ademais, importante destacar que a Lei nº 13.878/2019 introduziu alteração por meio da qual, nas eleições municipais de 2020, os candidatos poderão "usar recursos próprios em sua campanha até o total de 10% (dez por cento) dos limites previstos para gastos de campanha no cargo em que concorrer". Trata-se, *in casu*, de nova hipótese de autofinanciamento (antes os candidatos poderiam financiar a totalidade de sua campanha).[230]

---

VIA ELEITA. IMPROCEDÊNCIA. PRETENSÕES QUE VEICULAM ULTRAJE À LEI FUNDAMENTAL POR AÇÃO, E NÃO POR OMISSÃO. MÉRITO. OFENSA AOS PRINCÍPIOS FUNDAMENTAIS DEMOCRÁTICO E DA IGUALDADE POLÍTICA. CUMULAÇÃO DE PEDIDOS DE ADI E DE ADI POR OMISSÃO EM UMA ÚNICA DEMANDA DE CONTROLE CONCENTRADO DE CONSTITUCIONALIDADE. VIABILIDADE PROCESSUAL. PREMISSAS TEÓRICAS. POSTURA PARTICULARISTA E EXPANSIVA DA SUPREMA CORTE NA SALVAGUARDA DOS PRESSUPOSTOS DEMOCRÁTICOS. SENSIBILIDADE DA MATÉRIA, AFETA QUE É AO PROCESSO POLÍTICO-ELEITORAL. AUTOINTERESSE DOS AGENTES POLÍTICOS. AUSÊNCIA DE MODELO CONSTITUCIONAL CERRADO DE FINANCIAMENTO DE CAMPANHAS. CONSTITUIÇÃO-MOLDURA. NORMAS FUNDAMENTAIS LIMITADORAS DA DISCRICIONARIEDADE LEGISLATIVA. PRONUNCIAMENTO DO SUPREMO TRIBUNAL FEDERAL QUE NÃO ENCERRA O DEBATE CONSTITUCIONAL EM SENTIDO AMPLO. DIÁLOGOS INSTITUCIONAIS. ÚLTIMA PALAVRA PROVISÓRIA. MÉRITO. DOAÇÃO POR PESSOAS JURÍDICAS. INCONSTITUCIONALIDADE DOS LIMITES PREVISTOS NA LEGISLAÇÃO (2% DO FATURAMENTO BRUTO DO ANO ANTERIOR À ELEIÇÃO). VIOLAÇÃO AOS PRINCÍPIOS DEMOCRÁTICO E DA IGUALDADE POLÍTICA. CAPTURA DO PROCESSO POLÍTICO PELO PODER ECONÔMICO. "PLUTOCRATIZAÇÃO" DO PRÉLIO ELEITORAL. LIMITES DE DOAÇÃO POR NATURAIS E USO DE RECURSOS PRÓPRIOS PELOS CANDIDATOS. COMPATIBILIDADE MATERIAL COM OS CÂNONES DEMOCRÁTICO, REPUBLICANO E DA IGUALDADE POLÍTICA. AÇÃO DIRETA DE INCONSTITUCIONALIDADE JULGADA PARCIALMENTE PROCEDENTE. (ADI 4650, Relator(a): Min. LUIZ FUX, Tribunal Pleno, julgado em 17/09/2015, PROCESSO ELETRÔNICO *DJe*-034 DIVULG 23-02-2016 PUBLIC 24-02-2016). Disponível em: http://stf.jus.br/portal/jurisprudencia/listarJurisprudencia.asp?s1=%28ADI%24%2ESCLA%2E+E+4650%2ENUME%2E%29+OU-+%28ADI%2EACMS%2E+ADJ2+4650%2EACMS%2E%29&base=baseAcordaos&url=http://tinyurl.com/pyskmyv. Acesso em: 20 set. 2019.

230 BRASIL. Lei nº 13.878, de 3 de outubro de 2019. Disponível em: http://www.planalto.gov.br/ccivil_03/_Ato2019-2022/2019/Lei/L13878.htm. Acesso em: 20 out. 2019.

## 1.17 Aplicação mínima obrigatória em políticas públicas para as mulheres

Além da cota de gênero estabelecida a partir do mínimo de 30% de candidaturas, a legislação fixou o percentual mínimo de 5% dos recursos do Fundo Partidário a ser utilizado em campanhas eleitorais de mulheres, no intento de fomentar a participação política feminina.[231]

A Minirreforma Eleitoral de 2015 trouxe a seguinte previsão:

> Art. 9º Nas três eleições que se seguirem à publicação desta Lei, os partidos reservarão, em contas bancárias específicas para este fim, no mínimo 5% (cinco por cento) e no máximo 15% (quinze por cento) do montante do Fundo Partidário destinado ao financiamento das campanhas eleitorais para aplicação nas campanhas de suas candidatas, incluídos nesse valor os recursos a que se refere o inciso V do art. 44 da Lei n. 9.096, de 19 de setembro de 1995.[232]

Em face do referido dispositivo, a Procuradoria-Geral da República (PGR) ajuizou Ação Direta de Inconstitucionalidade perante o STF, alegando contradição com o princípio fundamental da igualdade. Especialmente em relação ao limite máximo de 15%, afirmou-se o reforço das desigualdades e a redução do pluralismo nas posições de gênero – se não existiam limites máximos para o financiamento de campanhas masculinas, não seria coerente fixar limites máximos para mulheres. Sustentou a PGR que o patamar de 5% representaria proteção deficiente aos direitos políticos das mulheres, sugerindo a adoção do percentual mínimo de 30%.[233]

---

[231] Lei nº 9.096/1995, art. 44, V.

[232] BRASIL. Lei nº 13.165, de 29 de setembro de 2015. Disponível em: http://www.planalto.gov.br/ccivil_03/_ato2015-2018/2015/lei/l13165.htm. Acesso em: 15 set. 2019.

[233] "Ementa: AÇÃO DIRETA DE INCONSTITUCIONALIDADE. DIREITO CONSTITUCIONAL E ELEITORAL. ART. 9º DA LEI 13.165/2015. FIXAÇÃO DE PISO (5%) E DE TETO (15%) DO MONTANTE DO FUNDO PARTIDÁRIO DESTINADO AO FINANCIMENTO DAS CAMPANHAS ELEITORAIS PARA A APLICAÇÃO NAS CAMPANHAS DE CANDIDATAS. PRELIMINAR DE IMPOSSIBILIDADE JURÍDICA DO PEDIDO. REJEIÇÃO. INCONSTITUCIONALIDADE. OFENSA À IGUALDADE E À NÃO-DISCRIMINAÇÃO. PROCEDÊNCIA DA AÇÃO. 1. O Supremo Tribunal Federal, ao examinar as alegações de inconstitucionalidade de norma, deve fixar a interpretação que constitucionalmente a densifique, a fim de fazer incidir o conteúdo normativo cuja efetividade independe de ato do Poder Legislativo. Precedentes. 2. O princípio da igualdade material é prestigiados por ações afirmativas. No entanto, utilizar, para qualquer outro fim, a diferença estabelecida com o objetivo de superar a discriminação ofende o mesmo princípio da igualdade, que veda tratamento discriminatório fundado em circunstâncias que estão fora do controle das pessoas, como a raça, o sexo, a cor da pele ou qualquer outra diferenciação arbitrariamente considerada. Precedente do CEDAW. 3. A autonomia partidária não consagra regra que

Em março de 2018, o Supremo Tribunal Federal decidiu, por maioria de votos, que a distribuição de recursos do Fundo Partidário destinado ao financiamento de campanhas eleitorais de mulheres deve ser feita na exata proporção das candidaturas de ambos os sexos, respeitado o patamar mínimo de 30% de candidatas de gênero, no caso, mulheres, em harmonia com o sopesado na Lei das Eleições. A Corte também entendeu ser inconstitucional a fixação de prazo para essa regra, segundo se verifica da redação inicial da lei, já que a não discriminação quanto à distribuição de recursos deve perdurar enquanto for justificada a necessidade de se fixar cota mínima de candidaturas femininas.

Na mesma linha, o Plenário do Tribunal Superior Eleitoral, em sede de consulta, deliberou que os partidos políticos deveriam, já para as eleições de 2018, reservar ao menos 30% dos recursos do FEFC para financiar campanhas femininas no período eleitoral, devendo o mesmo percentual ser aplicado em relação ao tempo de propaganda eleitoral gratuita em rádio e televisão.[234]

---

exima o partido do respeito incondicional aos direitos fundamentais, pois é precisamente na artificiosa segmentação entre o público e o privado que reside a principal forma de discriminação das mulheres. 4. Ação direta julgada procedente para: (i) declarar a inconstitucionalidade da expressão "três " contida no art. 9º da Lei 13.165/2015; (ii) dar interpretação conforme à Constituição ao art. 9º da Lei 13.165/2015 de modo a (a) equiparar o patamar legal mínimo de candidaturas femininas (hoje o do art. 10, §3º, da Lei 9.504/1997, isto é, ao menos 30% de cidadãs), ao mínimo de recursos do Fundo Partidário a lhes serem destinados, que deve ser interpretado como também de 30% do montante do fundo alocado a cada partido, para eleições majoritárias e proporcionais, e (b) fixar que, havendo percentual mais elevado de candidaturas femininas, o mínimo de recursos globais do partido destinados a campanhas lhes seja alocado na mesma proporção; (iii) declarar a inconstitucionalidade, por arrastamento, do §5º-A e do §7º do art. 44 da Lei 9.096/95. (ADI 5617, Relator(a): Min. EDSON FACHIN, Tribunal Pleno, julgado em 15/03/2018, PROCESSO ELETRÔNICO *DJe*-211 DIVULG 02-10-2018 PUBLIC 03-10-2018)". Disponível em: http://stf.jus.br/portal/jurisprudencia/listarJurisprudencia.asp?s1=%28ADI%24%2ESCLA%2E+E+5617%2ENUME%2E%29+OU+%28ADI%2EACMS%2E+ADJ2+5617%2EACMS%2E%29&base=baseAcordaos&url=http://tinyurl.com/hj3ale7. Acesso em: 15 out. 2019.

234 "CONSULTA. SENADORAS E DEPUTADAS FEDERAIS. INCENTIVO À PARTICIPAÇÃO FEMININA NA POLÍTICA. DISTRIBUIÇÃO DOS RECURSOS DO FUNDO ESPECIAL DE FINANCIAMENTO DE CAMPANHA (FEFC) E DO TEMPO DE PROPAGANDA ELEITORAL GRATUITA NO RÁDIO E NA TV. PROPORCIONALIDADE. ART. 10, §3º, DA LEI N. 9.504/1997. MÍNIMO LEGAL DE 30% DE CANDIDATURAS POR GÊNERO. APLICABILIDADE. FUNDAMENTOS. ADI 5617. STF. EFICÁCIA TRANSCENDENTE. PAPEL INSTITUCIONAL DA JUSTIÇA ELEITORAL. PROTAGONISMO. PRÁTICAS AFIRMATIVAS. FORTALECIMENTO. DEMOCRACIA INTERNA DOS PARTIDOS. QUESITOS RESPONDIDOS AFIRMATIVAMENTE. [...] Conclusão. Consulta respondida afirmativamente, nos seguintes termos: a distribuição dos recursos do Fundo Especial de Financiamento de Campanha (FEFC), previsto nos arts. 16-C e 16-D, da Lei das Eleições, e do tempo de propaganda eleitoral gratuita no rádio e na televisão, regulamentada nos arts. 47 e seguintes do mesmo diploma legal, deve observar os percentuais mínimos de candidatura por gênero, nos termos do art. 10, §3º, da Lei nº 9.504/97, na linha da orientação firmada na Suprema Corte ao exame da ADI 5617. No caso de percentual superior de

Atualmente, portanto, ambos os fundos públicos – FP e FEFC – têm restrições, aplicando-se a eles o percentual mínimo de 30% para financiamento de campanhas de mulheres.[235]

## 1.18 Prestação de contas dos partidos políticos

Tendo em vista os princípios norteadores do processo eleitoral e do Direito Político brasileiros, são de fundamental importância tanto a transparência quanto à origem e ao destino dos recursos empregados no financiamento dos partidos políticos e campanhas quanto a verificação do comprimento das normas pela Justiça Eleitoral.

Nesse sentido, além das mencionadas disposições sobre distribuição e composição dos fundos, existem normas de limitação dos gastos de campanhas[236] e de obrigatoriedade da prestação de contas,[237] cujo

---

candidaturas, impõe-se o acréscimo de recursos do FEFC e do tempo de propaganda na mesma proporção." (Consulta n. 060025218, Acórdão, Relator(a) Min. Rosa Weber, Publicação: *DJe – Diário de Justiça Eletrônico*, Tomo 163, Data 15/08/2018). Disponível em: http://www.tse.jus.br/jurisprudencia/decisoes/jurisprudencia. Acesso em: 27 set. 2019.

235 BRASIL. Tribunal Superior Eleitoral. Cota de 30% para mulheres nas eleições proporcionais deverá ser cumprida por cada partido em 2020. Disponível em http://www.tse.jus.br/imprensa/noticias-tse/2019/Marco/cota-de-30-para-mulheres-nas-eleicoes-proporcionais-devera-ser-cumprida-por-cada-partido-em-2020. Acesso em: 25 set. 2019.

236 "Art. 5º Nas eleições para Presidente da República em 2018, o limite de gastos de campanha de cada candidato será de R$ 70.000.000, 00 (setenta milhões de reais). Parágrafo único. Na campanha para o segundo turno, se houver, o limite de gastos de cada candidato será de 50% (cinquenta por cento) do valor estabelecido no caput deste artigo".
Art. 6º O limite de gastos nas campanhas dos candidatos às eleições de Governador e Senador em 2018 será definido de acordo com o número de eleitores de cada Unidade da Federação apurado no dia 31 de maio de 2018, nos termos previstos neste artigo. §1º Nas eleições para Governador, serão os seguintes os limites de gastos de campanha de cada candidato: I – nas unidades da Federação com até um milhão de eleitores: R$ 2.800.000, 00 (dois milhões e oitocentos mil reais); II – nas unidades da Federação com mais de um milhão de eleitores e de até dois milhões de eleitores: R$ 4.900.000, 00 (quatro milhões e novecentos mil reais); III – nas unidades da Federação com mais de dois milhões de eleitores e de até quatro milhões de eleitores: R$ 5.600.000, 00 (cinco milhões e seiscentos mil reais); IV – nas unidades da Federação com mais de quatro milhões de eleitores e de até dez milhões de eleitores: R$ 9.100.000, 00 (nove milhões e cem mil reais); V – nas unidades da Federação com mais de dez milhões de eleitores e de até vinte milhões de eleitores: R$ 14.000.000, 00 (catorze milhões de reais);
VI – nas unidades da Federação com mais de vinte milhões de eleitores: R$ 21.000.000, 00 (vinte e um milhões de reais). §2º Nas eleições para Senador, serão os seguintes os limites de gastos de campanha de cada candidato:
I – nas unidades da Federação com até dois milhões de eleitores: R$ 2.500.000, 00 (dois milhões e quinhentos mil reais); II – nas unidades da Federação com mais de dois milhões de eleitores e de até quatro milhões de eleitores: R$ 3.000.000, 00 (três milhões de reais); III – nas unidades da Federação com mais de quatro milhões de eleitores e de até dez milhões de eleitores: R$ 3.500.000, 00 (três milhões e quinhentos mil reais); IV – nas unidades da Federação com mais de dez milhões de eleitores e de até vinte milhões de eleitores: R$

objetivo é conceder efetividade às premissas de idoneidade e equilíbrio no ambiente eleitoral.

Em sede de prestação de contas, *v.g.*, o balanço a ser apresentado deve conter necessariamente: (i) discriminação dos valores e destinação dos recursos oriundos do fundo partidário; (ii) origem e valor das contribuições e doações; (iii) despesas de caráter eleitoral, com especificação e comprovação de todos os gastos com atividades de campanha; e (iv) discriminação detalhada das receitas e despesas.[238]

Em relação às despesas sujeitas a registro e, por conseguinte, à declaração em prestação de contas, a Lei das Eleições dispõe o seguinte:

> Art. 26. São considerados gastos eleitorais, sujeitos a registro e aos limites fixados nesta Lei:
> I – confecção de material impresso de qualquer natureza e tamanho, observado o disposto no §3º do art. 38 desta Lei;
> II – propaganda e publicidade direta ou indireta, por qualquer meio de divulgação, destinada a conquistar votos;
> III – aluguel de locais para a promoção de atos de campanha eleitoral;
> IV – despesas com transporte ou deslocamento de candidato e de pessoal a serviço das candidaturas, observadas as exceções previstas no §3º deste artigo.
> V – correspondência e despesas postais;
> VI – despesas de instalação, organização e funcionamento de Comitês e serviços necessários às eleições;
> VII – remuneração ou gratificação de qualquer espécie a pessoal que preste serviços às candidaturas ou aos comitês eleitorais;

---

4.200.000, 00 (quatro milhões e duzentos mil reais); V – nas unidades da Federação com mais de vinte milhões de eleitores: R$ 5.600.000, 00 (cinco milhões e seiscentos mil reais). §3º Nas campanhas para o segundo turno de governador, onde houver, o limite de gastos de cada candidato será de 50% (cinquenta por cento) dos limites fixados no §1º deste artigo. Art. 7º Em 2018, o limite de gastos será de: I – R$ 2.500.000, 00 (dois milhões e quinhentos mil reais) para as campanhas dos candidatos às eleições de Deputado Federal; II – R$ 1.000.000, 00 (um milhão de reais) para as campanhas dos candidatos às eleições de Deputado Estadual e Deputado Distrital". BRASIL. *Lei nº 13.488, de 6 de outubro de 2017*. Disponível em: http://www.planalto.gov.br/ccivil_03/_Ato2015-2018/2017/Lei/L13488.htm. Acesso em: 4 out. 2019.

237 "Art. 30. O partido político, através de seus órgãos nacionais, regionais e municipais, deve manter escrituração contábil, de forma a permitir o conhecimento da origem de suas receitas e a destinação de suas despesas".
[...]
"Art. 32. O partido está obrigado a enviar, anualmente, à Justiça Eleitoral, o balanço contábil do exercício findo, até o dia 30 de abril do ano seguinte". BRASIL. Lei nº 9.096, de 19 de setembro de 1995. (Lei dos Partidos Políticos). Disponível em: http://www.planalto.gov.br/ccivil_03/leis/l9096.htm. Acesso em: 19. jun. 2019.

238 Lei nº 9.096/1995, art. 33.

> VIII – montagem e operação de carros de som, de propaganda e assemelhados;
> IX – a realização de comícios ou eventos destinados à promoção de candidatura;
> X – produção de programas de rádio, televisão ou vídeo, inclusive os destinados à propaganda gratuita;
> XI – (Revogado);
> XII – realização de pesquisas ou testes pré-eleitorais;
> XIII – (Revogado);
> XIV – (Revogado);
> XV – custos com a criação e inclusão de sítios na internet e com o impulsionamento de conteúdos contratados diretamente com provedor da aplicação de internet com sede e foro no País. [239]

A legislação ainda prevê expressamente que os gastos pessoais do candidato não são considerados eleitorais e, portanto, não estão sujeitos à prestação de contas, a saber: (i) combustível e manutenção de veículo automotor usado pelo candidato na campanha; (ii) remuneração, alimentação e hospedagem do condutor do veículo; (iii) alimentação e hospedagem própria; e (iv) uso de linhas telefônicas registradas em seu nome como pessoa física, até o limite de três linhas.[240]

Além disso, a lei estabelece limites em relação ao total gasto da campanha: de 10% para custos com alimentação do pessoal que presta serviços às candidaturas ou aos comitês eleitorais, e de 20% com aluguel de veículos automotores.[241] Assim, atendidas as disposições legais e encerradas as eleições, faz-se obrigatória a prestação de contas de recursos arrecadados e das despesas em campanha, tanto por candidatos quanto por partidos.

Segundo José Jairo Gomes, a prestação de contas "constitui o instrumento oficial que permite a realização de auditoria, fiscalização e controle financeiro das campanhas eleitorais".[242]

Isso porque o controle imposto pela prestação de contas confere maior transparência e legitimidade ao processo eleitoral, prevenindo o abuso de poder econômico e possibilitando o conhecimento, por parte da sociedade, da procedência do financiamento eleitoral de seus

[239] BRASIL. Lei nº 9.504, de 30 de setembro de 1997. Estabelece normas para as eleições. Disponível em: http://www.planalto.gov.br/ccivil_03/leis/l9504.htm. Acesso em: 16 jun. 2019.

[240] Lei nº 9.504/1997, art. 26, §3º.

[241] Lei nº 9.504/1997, art. 26, §1º.

[242] GOMES, José Jairo. *Direito eleitoral*. 14. ed. rev., atual. e ampl. São Paulo: Atlas, 2018, p. 487.

partidos e mandatários. Tem-se, dessa forma, meio apto a averiguar a integridade da arrecadação e dos gastos durante o período eleitoral, a partir do contraste entre o declarado e a realidade da campanha.

## 1.18.1 Natureza jurisdicional

A jurisprudência do Tribunal Superior Eleitoral sempre se alinhou à natureza administrativa do processo de prestação de contas, não compreendendo válida a possibilidade de interposição de recursos especiais contra acórdãos de Tribunais Regionais Eleitorais proferidos em análise de prestação de contas.

Em face desse entendimento, o então governador de Minas Gerais, Aécio Neves, interpôs, em 2008, Recurso Extraordinário[243] perante o Supremo Tribunal Federal, sustentando que o art. 121, §§3º e 4º, da Constituição[244] prevê a recorribilidade *lato sensu* das decisões do TSE e dos TREs, não empregando o vocábulo "causa", que condiciona o cabimento de recurso extraordinário ao STF.[245] Com efeito, o STF,

---

[243] BRASIL. Supremo Tribunal Federal. *RE n. 825.274/SP*, que substituiu o RE n. 591.470, interposto por Aécio Neves, como paradigma de repercussão geral (Tema 124). "CONSTITUCIONAL. DIREITO ELEITORAL. PRESTAÇÃO DE CONTAS. CABIMENTO DE RECURSO ESPECIAL ELEITORAL. ART. 121, §4º, DA CONSTITUIÇÃO DA REPÚBLICA. REPERCUSSÃO GERAL RECONHECIDA. 1. Tem repercussão geral a questão constitucional relativa à delimitação da competência que a Constituição da República outorgou ao Tribunal Superior Eleitoral para examinar recurso especial eleitoral (art. 121, §4º, da Constituição da República), mormente no que diz respeito à dúvida de seu cabimento nas prestações de contas de campanhas eleitorais. 2. Relevância jurídica e transcendência de interesses caracterizados." (RE 591470 RG, Relatora: Min. CÁRMEN LÚCIA, julgado em 16/10/2008, *DJe*-206 DIVULG 30-10-2008 PUBLIC 31-10-2008 EMENT VOL-02339-10 PP-02004). Disponível em: http://stf.jus.br/portal/jurisprudencia/listarJurisprudencia.asp?s1=%28RE%24%2ESCLA%2E+E+591470%2ENUME%2E%29+OU+%28RE%2EPRCR%2E+ADJ2+591470%2EPRCR%2E%29&base=baseRepercussao&url=http://tinyurl.com/md3882u. Acesso em: 25 out. 2019.

[244] "Art. 121. [...] §3º – São irrecorríveis as decisões do Tribunal Superior Eleitoral, salvo as que contrariarem esta Constituição e as denegatórias de *habeas corpus* ou mandado de segurança.
§4º – Das decisões dos Tribunais Regionais Eleitorais somente caberá recurso quando:
I – forem proferidas contra disposição expressa desta Constituição ou de lei;
II – ocorrer divergência na interpretação de lei entre dois ou mais tribunais eleitorais;
III – versarem sobre inelegibilidade ou expedição de diplomas nas eleições federais ou estaduais;
IV – anularem diplomas ou decretarem a perda de mandatos eletivos federais ou estaduais;
V – denegarem *habeas corpus*, mandado de segurança, *habeas data* ou mandado de injunção". BRASIL. (1988) *Constituição da República Federativa do Brasil*. Disponível em: http://www.planalto.gov.br/ccivil_03/constituicao/constituicao.htm. Acesso em: 8 out. 2019.

[245] "Art. 102. Compete ao Supremo Tribunal Federal, precipuamente, a guarda da Constituição, cabendo-lhe:
[...] III – julgar, mediante recurso extraordinário, as causas decididas em única ou última instância, quando a decisão recorrida:

por maioria, reconheceu a existência de repercussão geral da questão constitucional, mas não julgou o apelo até o momento.

Em 2009, contudo, instituiu-se a Lei nº 12.034, que alterou o art. 30 da Lei nº 9.504/1997, para determinar que cabe recurso ao órgão superior da Justiça Eleitoral da decisão que julgar as contas prestadas (§5º),[246] alterado, em seguida, pela Lei nº 13.165 de 2015[247]. Ainda no fito de conferir admissibilidade aos recursos em processos de prestação de contas, modificou-se o art. 37 da Lei nº 9.096/1995, para afirmar que o exame da prestação de contas dos órgãos partidários tem caráter jurisdicional, em contraposição ao entendimento anterior.

Nesse sentido, conforme pontua Josaphá Francisco dos Santos:

> [...] com o advento da Lei n. 12.034/2009 a prestação de contas deixou de ser um mero procedimento administrativo e alçou o status de verdadeira ação jurisdicional.
> [...] Enquanto compreendidas como matéria administrativa, as prestações de contas não estavam sujeitas ao duplo grau de jurisdição e, via de regra, os candidatos inconformados com a decisão prolatada encontravam grandes dificuldades em submetê-las a um juízo revisional.[248]

Atualmente, destarte, a legislação ordinária indica a natureza jurisdicional do processo de prestação de contas, entendimento que pode ser revisto pelo Supremo Tribunal Federal na apreciação do RE nº 825.274/SP, que substituiu o RE nº 591.470, interposto por Aécio Neves, como paradigma de repercussão geral (Tema 124).

---

a) contrariar dispositivo desta Constituição;
b) declarar a inconstitucionalidade de tratado ou lei federal;
c) julgar válida lei ou ato de governo local contestado em face desta Constituição.
d) julgar válida lei local contestada em face de lei federal". BRASIL. (1988) *Constituição da República Federativa do Brasil*. Disponível em: http://www.planalto.gov.br/ccivil_03/constituicao/constituicao.htm. Acesso em: 8 out. 2019.

246 BRASIL. Lei nº 12.034, de 29 de setembro de 2009. Disponível em: http://www.planalto.gov.br/ccivil_03/_Ato2007-2010/2009/Lei/L12034.htm. Acesso em: 5 out. 2019.

247 "Art. 30 [...]§5º Da decisão que julgar as contas prestadas pelos candidatos caberá recurso ao órgão superior da Justiça Eleitoral, no prazo de 3 (três) dias, a contar da publicação no Diário Oficial." BRASIL. Lei nº 13.165, de 29 de setembro de 2015. Disponível em: http://www.planalto.gov.br/ccivil_03/_Ato2015-2018/2015/Lei/L13165.htm#art2. Acesso em: 8 out. 2019.

248 SANTOS, Josaphá Francisco dos. A prestação de contas de campanha perante a Justiça Eleitoral. *In*: NETO, Tarcisio Vieira de Carvalho; FERREIRA, Telson Luís Cavalcante (Coord.). *Aspectos materiais e processuais*. São Paulo: Migalhas, 2016, p. 179-189.

## 1.18.2 Sanção por desaprovação ou não prestação de contas

Ao julgar a prestação de contas, a Justiça Eleitoral deve verificar a legalidade da utilização dos recursos, podendo decidir: (i) pela aprovação, caso regulares; (ii) pela aprovação com ressalvas, quando houver falhas que não comprometam a regularidade; (iii) pela desaprovação, quando verificadas falhas que comprometam sua regularidade; e (iv) pela não prestação, caso as contas não tenham sido apresentadas mesmo após a notificação emitida pela Justiça Eleitoral, que concede prazo de 72 horas para apresentação das contas.[249]

A aprovação com ressalvas se refere à evidência de faltas materiais, sempre que as contas prestadas pelos candidatos e partidos não estiverem inteiramente regulares, mas também não contenham faltas tão graves a ponto de ensejar a desaprovação. Aqui, tem-se a aplicação do princípio da razoabilidade e da proporcionalidade, em hipóteses de erros materiais menos significativos ou que não comprometam a análise das contas prestadas, com a consequente manutenção da lisura do pleito.[250] Por conseguinte, o efeito disso é essencialmente ético: a aprovação com ressalvas tem aparência de legitimidade em relação ao partido ou candidato, não denotando gravidade de conduta.[251]

A desaprovação, por outro lado, provoca repercussão contrária: transmite a ideia de que o partido político e/ou a campanha não se conduziram dentro dos parâmetros legais, éticos e, logo, são juridicamente reprováveis. *In casu*, tem-se, por consequência, a aplicação de sanções.

A redação anterior do art. 37 da Lei dos Partidos Políticos previa que a falta de prestação de contas ou sua desaprovação total ou parcial implicava a suspensão de novas cotas do Fundo Partidário, sujeitando os responsáveis às penas da lei.[252] Com a Minirreforma Eleitoral de 2015, porém, fixou-se que a desaprovação das contas do partido implica

---

[249] Lei nº 9.054/1997, art. 30.

[250] Nesse sentido: "[...] 4. Considerado o pequeno montante do serviço inicialmente não declarado, que constituiu a única irregularidade averiguada, e não se vislumbrando a má-fé do candidato, dada a posterior justificativa apresentada, é de se aprovar, com ressalvas, a prestação de contas, com base nos princípios da razoabilidade e da proporcionalidade. Precedentes. Recurso provido" (Recurso em Mandado de Segurança n. 551, Acórdão, Relator(a) Min. Caputo Bastos, Publicação: *DJ* – Diário de Justiça, Data 24/06/2008, p. 8). Disponível em: http://www.tse.jus.br/jurisprudencia/decisoes/jurisprudencia. Acesso em: 19 out. 2019.

[251] GOMES, José Jairo. *Direito eleitoral*. 15. ed. São Paulo: Atlas, 2019, p. 504.

[252] "Art. 37. A falta de prestação de contas ou sua desaprovação total ou parcial implica a suspensão de novas cotas do Fundo Partidário e sujeita os responsáveis às penas da lei." BRASIL. *Lei nº 9.096, de 19 de setembro de 1995*. (Lei dos Partidos Políticos). Disponível em: http://www.planalto.gov.br/ccivil_03/leis/l9096.htm. Acesso em: 19. jun. 2019.

exclusivamente a sanção de devolução da importância apontada como irregular, acrescida de multa de até 20%.[253]

Assim, em caso de desaprovação das contas, não mais se suspendem as cotas do Fundo Partidário – a sanção deve ter valor certo, acrescido da multa de até 20%, cujo prazo de pagamento deve ser de um a doze meses a partir da data da decisão de desaprovação, baseada no princípio da proporcionalidade (§3º).[254]

O pagamento desse valor, por sua vez, deve ocorrer por meio de desconto nos repasses futuros de cotas do Fundo Partidário, não podendo ser aplicado no segundo semestre de ano eleitoral (§9º).[255] Além disso, a sanção somente pode ser aplicada se a prestação de contas for julgada, pelo juízo ou tribunal competente, em até cinco anos de sua apresentação (§3º).[256]

Ressalta-se, ainda, de acordo com a Resolução de regência do TSE, que a desaprovação deve ocorrer quando: (i) verificada irregularidade que comprometa a integralidade das contas; (ii) apresentados apenas parcialmente os documentos e informações inerentes à prestação de contas e exigidos pelo Sistema de Prestação de Contas Anual da Justiça Eleitoral, e não seja possível verificar movimentação financeira do

---

[253] "Art. 37. A desaprovação das contas do partido implicará exclusivamente a sanção de devolução da importância apontada como irregular, acrescida de multa de até 20% (vinte por cento)". BRASIL. Lei nº 13.165, de 29 de setembro de 2015. Disponível em: http://www.planalto.gov.br/ccivil_03/_ato2015-2018/2015/lei/l13165.htm. Acesso em: 15 set. 2019.

[254] "Art. 37 [...] §3º A sanção a que se refere o *caput* deste artigo deverá ser aplicada de forma proporcional e razoável, pelo período de 1 (um) a 12 (doze) meses, e o pagamento deverá ser feito por meio de desconto nos futuros repasses de cotas do fundo partidário a, no máximo, 50% (cinquenta por cento) do valor mensal, desde que a prestação de contas seja julgada, pelo juízo ou tribunal competente, em até 5 (cinco) anos de sua apresentação, vedada a acumulação de sanções." BRASIL. Lei nº 13.877, de 27 de setembro de 2019. Disponível em: http://www.planalto.gov.br/ccivil_03/_Ato2015-2018/2017/Lei/L13488.htm. Acesso em: 4 out. 2019.

[255] "Art. 37 [...] §9º O desconto no repasse de cotas resultante da aplicação da sanção a que se refere o *caput* será suspenso durante o segundo semestre do ano em que se realizarem as eleições." BRASIL. Lei nº 13.165, de 29 de setembro de 2015. Disponível em: http://www.planalto.gov.br/ccivil_03/_ato2015-2018/2015/lei/l13165.htm. Acesso em: 15 set. 2019.

[256] Art. 37 [...] §3º A sanção a que se refere o *caput* deste artigo deverá ser aplicada de forma proporcional e razoável, pelo período de 1 (um) a 12 (doze) meses, e o pagamento deverá ser feito por meio de desconto nos futuros repasses de cotas do fundo partidário a, no máximo, 50% (cinquenta por cento) do valor mensal, desde que a prestação de contas seja julgada, pelo juízo ou tribunal competente, em até 5 (cinco) anos de sua apresentação, vedada a acumulação de sanções." BRASIL. Lei nº 13.877, de 27 de setembro de 2019. Disponível em: http://www.planalto.gov.br/ccivil_03/_Ato2019-2022/2019/Lei/L13877.htm#art1. Acesso em: 19 out. 2019.

órgão partidário; ou (iii) verificado que a declaração de ausência de movimentação de recursos no período não corresponde à verdade.[257]

Na hipótese de não prestação, a Lei dos Partidos Políticos dispõe, em seu art. 37-A, que "implicará a suspensão de novas cotas do Fundo Partidário enquanto perdurar a inadimplência e sujeitará os responsáveis às penas da lei".[258] Dessa forma, enquanto o partido político não prestar contas à Justiça Eleitoral, fica impedido de receber recursos do Fundo Partidário.

Logo, compreende-se que a desaprovação das contas ocorre quando o partido apresenta a prestação de contas, mas – diante de irregularidades graves, como, por exemplo, omissões de natureza contábil, descumprimento da destinação de recursos do fundo partidário à participação feminina na política, entre outras – tem sua prestação rejeitada pelo Poder Judiciário Eleitoral.[259] Como consequência, a legislação impõe a suspensão de cotas do Fundo Partidário.

---

[257] Resolução TSE n. 23.546/2017, art. 46, III.

[258] BRASIL. Lei nº 9.096, de 19 de setembro de 1995. (Lei dos Partidos Políticos). Disponível em: http://www.planalto.gov.br/ccivil_03/leis/l9096.htm. Acesso em: 19. jun. 2019.

[259] "AGRAVO REGIMENTAL. RECURSO ESPECIAL. PRESTAÇÃO CONTAS. ELEIÇÕES 2014. RES.-TSE 23.406/2014. OMISSÕES. DESPESAS. EXTRATOS BANCÁRIOS. AUSÊNCIA. IRREGULARIDADES GRAVES. DESAPROVAÇÃO. DESPROVIMENTO. 1. No caso, o TRE/GO reprovou as contas do recorrente relativas ao pleito de 2014, determinando suspensão de cotas do Fundo Partidário por dois meses. 2. Omissões de despesas verificadas mediante circularização de dados da Justiça Eleitoral constituem falhas graves e aptas a gerar a respectiva desaprovação. 3. A suposta inexpressividade de tais gastos não foi discutida na instância a quo e concluir a esse respeito demandaria análise de fatos e provas, providência inviável em sede extraordinária, a teor da Súmula 24/TSE. 4. Nos termos dos arts. 12 e 13 da Res.-TSE 23.406/2014, o partido deve abrir duas contas bancárias, uma específica para doações para campanha e outra distinta para o recebimento e manuseio de recursos do Fundo Partidário. 5. Na hipótese, além dessas, havia duas outras e, com relação a uma delas, a grei nem sequer encaminhou os extratos bancários físicos para viabilizar o controle por esta Justiça, sob o argumento de que inexistiu movimentação financeira decorrente de sobras de campanha. 6. Todavia, tais extratos eram essenciais, sobretudo para que se verificasse inexistência de doações por fontes vedadas ou de origem não identificada. 7. Não se pode admitir que nenhuma conta bancária aberta em nome de partidos políticos fique à margem do conhecimento da Justiça Eleitoral, sob pena de o exame do fluxo contábil restar incompleto. 8. Agravo regimental desprovido". (Recurso Especial Eleitoral n. 282046, Acórdão, Relator(a) Min. Jorge Mussi, Publicação: *DJe – Diário de Justiça Eletrônico*, Data 27/03/2019, p. 56-57). Disponível em: http://www.tse.jus.br/jurisprudencia/decisoes/jurisprudencia. Acesso em: 2 out. 2019.
"AGRAVO REGIMENTAL. RECURSO ESPECIAL. CONTAS ANUAIS DE PARTIDO. EXERCÍCIO FINANCEIRO DE 2014. DOCUMENTOS ESSENCIAIS. AUSÊNCIA. IRREGULARIDADE INSANÁVEL. SUSPENSÃO. COTAS. FUNDO PARTIDÁRIO. ADEQUAÇÃO. DESPROVIMENTO. 1. No caso, manteve-se aresto unânime do TRE/GO por meio do qual se desaprovaram as contas do exercício financeiro de 2014 por expressivas omissões de natureza contábil, além da notória desídia da legenda, que, apesar de intimada duas vezes para sanar as falhas, manteve-se inerte durante toda a marcha do feito. 2. Não se preencheram as peças a seguir: a) Demonstração das Mutações do Patrimônio Líquido;

Doutro vértice, as contas não prestadas ocorrem quando não são declarados os gastos à Justiça Eleitoral. E, ante a gravidade da omissão, que afeta indubitavelmente a ética e a transparência do processo político-partidário, a legislação impõe a suspensão do repasse do Fundo Partidário.

Ainda nesse contexto, registra-se que, em 2018, o Partido Socialista Brasileiro (PSB) e o Partido Popular Socialista (PPS) apresentaram a Ação Direta de Inconstitucionalidade nº 6032 perante o Supremo Tribunal Federal, alegando que o art. 47, *caput* e §2º, da Resolução/TSE nº 23.432/2014, o art. 48, *caput* e §2º, da Resolução/TSE nº 23.546/2017, e o art. 42, *caput*, da Resolução/TSE nº 23.571/2018, ofendem os preceitos constitucionais e usurpam a competência legislativa do Congresso Nacional, uma vez que não caberia ao Tribunal Superior Eleitoral, através de Resolução, impor sanções.

---

b) Demonstração do Resultado do Exercício; c) Demonstrativo de Contribuições Recebidas; d) Demonstrativo de Doações Recebidas; e) Demonstrativo de Sobras de Campanha; f) Demonstrativo de Transferências Financeiras Intrapartidárias Efetuadas; g) Demonstrativo de Transferências Intrapartidárias Recebidas. 3. Deixou-se, ademais, de se apresentar: a) Demonstrativo de Receitas e Despesas; b) conciliação bancária; c) Demonstrativo de Dívidas de Campanha; d) Demonstrativos de Acordos; e) Controle de despesas com pessoal; f) Livro Razão; g) extratos bancários; h) documentos fiscais que comprovariam as despesas de caráter eleitoral; i) balancetes dos meses de junho a novembro. 4. Além disso, juntou-se o Livro Diário sem a autenticação no ofício civil, não se lançou nenhum gasto com pessoal e não se registraram as doações estimáveis em dinheiro. 5. Tais omissões inviabilizaram por completo a atividade fiscalizatória da Justiça Eleitoral e violaram os princípios da transparência e da confiabilidade, de modo que a suspensão de cotas do Fundo Partidário por dez meses revela-se adequada. 6. Inaplicável ao caso o AgR-REspe 75-28/ES, Rel. Min. Henrique Neves da Silva, *DJe* de 18.9.2014, em que a suspensão de cotas por seis meses decorreu de "apresentação irregular do Livro Diário", ao passo que na espécie a multiplicidade de falhas é manifesta. 7. Agravo regimental desprovido". (Recurso Especial Eleitoral n. 19505, Acórdão, Relator(a) Min. Jorge Mussi, Publicação: *DJe – Diário de Justiça Eletrônico*, Data 27/03/2019, p. 58-59) Disponível em: http://www.tse.jus.br/jurisprudencia/decisoes/jurisprudencia. Acesso em: 2 out. 2019.
"Prestação de contas. Partido social democrático. Diretório nacional. Exercício de 2013. Reiteração no descumprimento da destinação de recursos do fundo partidário à participação feminina na política. Desaprovação. Sanções de acréscimo de 2, 5% no gasto com o incentivo à participação da mulher na política e suspensão da cota do fundo partidário por um mês. Sanção mínima. Razoabilidade e proporcionalidade. [...] 5. Diante do descumprimento reiterado da norma e observada a aplicação da sanção de forma proporcional e razoável, determino a suspensão do repasse de uma única cota do Fundo Partidário – patamar mínimo, conforme dispõe o art. 37, §3º, da Lei nº 9.096/95 – a ser cumprida de forma parcelada, em 2 (duas) vezes, com valores iguais e consecutivamente, à luz dos princípios da proporcionalidade e da razoabilidade. Precedentes." (Prestação de Contas n. 28329, Acórdão, Relator(a) Min. Tarcisio Vieira de Carvalho Neto, Publicação: *DJe – Diário de Justiça Eletrônico*, Data 18/02/2019). Disponível em: http://www.tse.jus.br/jurisprudencia/decisoes/jurisprudencia. Acesso em: 2 out. 2019.

*In verbis:*

Art. 47. A falta de prestação de contas implica a proibição de recebimento de recursos oriundos do partidário, enquanto não for regularizada a situação do partido político.
[...]
§2º Julgadas não prestadas as contas dos órgãos regionais, municipais ou zonais, serão eles e os seus responsáveis considerados, para todos os efeitos, inadimplentes perante a Justiça Eleitoral e o registro ou anotação dos seus órgãos de direção e ficará suspenso até a regularização da sua situação.[260]

Art. 48. A falta de prestação de contas implica a proibição de recebimento de recursos oriundos do Fundo Partidário, enquanto não for regularizada a situação do partido político.
[...]
§2º O órgão partidário, de qualquer esfera, que tiver as suas contas julgadas como não prestadas fica obrigado a devolver integralmente todos os recursos provenientes do Fundo Partidário que lhe forem entregues, distribuídos ou repassados, bem como terá suspenso o registro ou a anotação, no caso de órgão de direção estadual ou municipal.[261]

Art. 42. Será suspenso o registro ou a anotação do órgão de direção estadual ou municipal que tiver suas contas partidárias julgadas como não prestadas, devendo o órgão ser inativado e novas anotações indeferidas até que seja regularizada a situação.[262]

Em suma, os citados dispositivos da Resolução de regência aduzem que o partido político que não prestar contas deverá devolver os recursos recebidos do Fundo Partidário, e ainda terá suspenso seu registro junto ao Tribunal Superior Eleitoral, em se tratando de órgão de direção estadual ou municipal.

Diante do debate constitucional acerca da possibilidade de a referida matéria ser objeto de Resolução do TSE, o Supremo Tribunal

---

260 BRASIL. Tribunal Superior Eleitoral. Resolução nº 23.432, de 16 de dezembro de 2014. Disponível em: http://www.tse.jus.br/legislacao/codigo-eleitoral/normas-editadas-pelo-tse/resolucao-no-23-432-de-16-de-dezembro-de-2014-2013-brasilia-2013-df. Acesso em: 26 out. 2019.

261 BRASIL. Tribunal Superior Eleitoral. Resolução nº 23.546, de 18 de dezembro de 2017. Disponível em: http://www.tse.jus.br/legislacao-tse/res/2017/RES235462017.html. Acesso em: 26 out. 2019.

262 BRASIL. Tribunal Superior Eleitoral. Resolução nº *23.571, de 29 de maio de 2018*. Disponível em: http://www.tse.jus.br/legislacao-tse/res/2018/RES235712018.html. Acesso em: 18 out. 2019.

Federal, por decisão proferida pelo Ministro Gilmar Mendes, concedeu parcialmente a medida cautelar requerida pelos partidos para:

> [...] conferir interpretação conforme à Constituição às normas do art. 47, *caput* e §2º, da Res./TSE 23.432/2014; do art. 48, *caput* e §2º, da Res./TSE 23.546/2017; e do art. 42, *caput*, da Res./TSE 23.571/2018, afastando qualquer interpretação que permita que a sanção de suspensão do registro ou anotação do órgão partidário regional ou municipal seja aplicada de forma automática, como consequência da decisão que julga as contas não prestadas, assegurando que tal penalidade somente pode ser aplicada após decisão, com trânsito em julgado, decorrente de procedimento específico de suspensão de registro, nos termos do art. 28 da Lei 9.096/1995.[263]

Adiante, em 05.12.2019, por maioria, o Supremo Tribunal Federal conheceu da ação direta inconstitucionalidade e, por unanimidade, converteu o julgamento do referendo em medida cautelar em julgamento definitivo de mérito, concluindo de modo a dar interpretação conforme à Constituição Federal para o fim de rechaçar a penalidade de suspensão do registro ou anotação das agremiações partidárias estaduais e/ou municipais de maneira automática quando as contas forem julgadas não prestadas.[264]

## 1.19 Candidaturas avulsas

Reconhecida a manifesta importância dos partidos políticos para o sistema constitucional eleitoral brasileiro, substancialmente relacionada à institucionalização e a despersonalização do poder, é vital debater a admissibilidade ou não de candidaturas avulsas, isto é, candidaturas que prescindem de filiação prévia a uma organização partidária para viabilizar o acesso a cargos eletivos.

---

[263] BRASIL. Supremo Tribunal Federal. *ADI 6032 MC*, Relator: Min. Gilmar Mendes, julgado em 16/05/2019, publicado em PROCESSO ELETRÔNICO *DJe*-104 DIVULG 17/05/2019 PUBLIC 20/05/2019. Disponível em: http://stf.jus.br/portal/jurisprudencia/listarJurisprudencia.asp?s1=%28ADI%24%2ESCLA%2E+E+6032%2ENUME%2E%29+NAO+S%2EPRES%2E&base=baseMonocraticas&url=http://tinyurl.com/ydzbuwvk. Acesso em: 26 out. 2019.

[264] BRASIL. Supremo Tribunal Federal. ADI 6032 MC, Relator: Min. Gilmar Mendes, julgado em 05/12/2019. Disponível em: http://portal.stf.jus.br/processos/detalhe.asp?incidente=5565542#decisoes. Acesso em: 13 de abril. 2020.

Da leitura da CF/88, confere-se, no art. 14, §3º,[265] a filiação como condição de elegibilidade, requisito a ser atendido no momento do protocolo do pedido de registro de candidatura. Nesse sentido, *a priori*, a candidatura avulsa não é figura originalmente aceita pela ordem constitucional brasileira.

Por definição, inclusive, a candidatura avulsa representa expressivo desprendimento em relação às premissas ideológicas adotadas na conformação do sistema eleitoral pátrio. Isso porque vai de encontro à lógica de representatividade social, definição ideológica e intermediação entre Estado e sociedade. Aqui, o problema da representatividade diz respeito à ausência de um interesse coletivo previamente conhecido e determinado que sirva como base: nas candidaturas avulsas, predomina a convicção pessoal do candidato, não havendo uma estrutura ou linha ideológica bem definida e transparente que confira segurança jurídica às suas deliberações.

Contudo, em meio à crise de representação política vivenciada pelo Brasil, em que parte dos partidos políticos é vista com demasiada desconfiança, a candidatura avulsa é compreendida como possível via contributiva e solução dos problemas contemporâneos,[266] em uma tentativa de reverter a 'oligarquização' e a ditadura intrapartidárias.

Ao facultar a filiação partidária, essa se torna ato voluntário, fruto de uma opção consciente e de uma proposta de trabalho virtuoso, que não decorre de mera imposição legal. Por esse viés, entende-se que, em médio prazo, a candidatura avulsa pode até fortalecer os partidos políticos, que, devido à concorrência com outro sistema paralelo, devem

---

265 "Art. 14. A soberania popular será exercida pelo sufrágio universal e pelo voto direto e secreto, com valor igual para todos, e, nos termos da lei, mediante: [...]
§3º São condições de elegibilidade, na forma da lei:
I – a nacionalidade brasileira;
II – o pleno exercício dos direitos políticos;
III – o alistamento eleitoral;
IV – o domicílio eleitoral na circunscrição;
V – a filiação partidária;
VI – a idade mínima de:
a) trinta e cinco anos para Presidente e Vice-Presidente da República e Senador;
b) trinta anos para Governador e Vice-Governador de Estado e do Distrito Federal;
c) vinte e um anos para Deputado Federal, Deputado Estadual ou Distrital, Prefeito, Vice-Prefeito e juiz de paz;
d) dezoito anos para Vereador. (BRASIL. (1988) *Constituição da República Federativa do Brasil*. Disponível em: http://www.planalto.gov.br/ccivil_03/constituicao/constituicao.htm. Acesso em: 8 out. 2019).

266 ARAS, Augusto. *Fidelidade partidária*: efetividade e aplicabilidade. 1. ed. Rio de Janeiro: LMJ Mundo Jurídico, 2016, p.11.

conquistar filiados a partir de sua integridade e de seus preceitos ideológicos.

A discussão é fomentada, também, pela redação do Pacto de San José da Costa Rica, assinado pelo Brasil e recepcionado por meio do Decreto nº 678/1992, que prevê:

> ARTIGO 23
> Direitos Políticos
> 1. Todos os cidadãos devem gozar dos seguintes direitos e oportunidades:
> a) de participar da direção dos assuntos públicos, diretamente ou por meio de representantes livremente eleitos;
> b) de votar e se eleitos em eleições periódicas autênticas, realizadas por sufrágio universal e igual e por voto secreto que garanta a livre expressão da vontade dos eleitores; e
> c) de ter acesso, em condições gerais de igualdade, às funções públicas de seu país.
> 2. A lei pode regular o exercício dos direitos e oportunidades e a que se refere o inciso anterior, exclusivamente por motivos de idade, nacionalidade, residência, idioma, instrução, capacidade civil ou mental, ou condenação, por juiz competente, em processo penal.[267]

Como se extrai do Artigo 23, inciso 1, *b*, e inciso 2, a filiação partidária não se inclui entre os motivos pelos quais é legítimo restringir a participação dos candidatos em eleições. Diante disso, a Corte Interamericana de Direitos Humanos (CIDH), no caso *Yatama vs. Nicarágua,* decidiu, em 2005, que as restrições à capacidade eleitoral passiva devem atender a critérios de legalidade, finalidade e necessidade em uma sociedade, sem estabelecer critérios discriminatórios e tendo por base a razoabilidade.

Especificamente quanto à necessidade de filiação a partido político como condição para o exercício da capacidade eleitoral passiva, a Corte entendeu ser a restrição incompatível com o Pacto de San José, dada a inexistência de dispositivos que permitam o estabelecimento de tal exigência. A despeito de se reconhecer a importância dos partidos políticos enquanto entidades associativas indispensáveis ao desenvolvimento e fortalecimento da democracia, entende-se a possibilidade

---

[267] OEA. Comissão Interamericana de Direitos Humanos. *Convenção Americana Sobre Direitos Humanos*, 1969. (Pacto de San José da Costa Rica). Disponível em: https://www.cidh.oas.org/basicos/portugues/c.convencao_americana.htm. Acesso em: 24 out. 2019.

de candidatura a partir de outras formas, que permitam o alcance dos mesmos fins.[268]

A norma transcrita ainda favorece a ampliação da participação política, visto que, além de expandir a quantidade de cidadãos aptos a disputar o pleito eleitoral, promove a harmonização com outras normas constitucionais fundamentais, a exemplo da liberdade de associação (art. 5º, XX, CF). Nesse diapasão, precisas são as considerações de Marcos Ramayana:

> A candidatura avulsa representa uma expressão da sociedade e dos anseios de uma minoria que se identifica com a pessoa específica do candidato. É o candidato sem filiação partidária.
> [...] A candidatura avulsa pode aparecer que é uma evidente antítese aos partidos políticos por autorizar todo o tipo de aventuras eleitorais, quando pessoas desvinculadas das origens partidárias apenas buscam o voto do eleitor. No entanto, representa mais uma forma democrática de sufrágio e, portanto, tem o seu valor na balança da soberania popular.[269]

Em síntese, se, por um lado, a admissibilidade de candidaturas avulsas pode implicar relevante aperfeiçoamento da democracia brasileira ao ampliar a liberdade política do cidadão e expandir a participação popular no governo, por outro, confronta o núcleo essencial do sistema estabelecido pela Constituição Federal de 1988, que elege a filiação partidária como condição de elegibilidade expressa.

Vê-se que afastar a filiação partidária por força de dilações na esfera infraconstitucional pressupõe necessariamente um agir contrário às disposições do legislador constituinte, traduzindo-se, numa cognição perfunctória, em autêntica violação à ordem vigente.

Não obstante, em face dessa controvérsia, o Supremo Tribunal Federal reconheceu, em outubro de 2017, a repercussão geral da matéria objeto do ARE nº 1.054.490,[270] relativo ao recurso de decisão

---

[268] OEA. Comissão Interamericana de Direitos Humanos. Caso Yatama Vs. Nicaragua. Sentencia de 23 de Junio de 2005, párrafo 215. Disponível em http://www.corteidh.or.cr/docs/casos/articulos/seriec_127_esp.pdf. Acesso em 27 set. 2019.

[269] RAMAYANA, Marcos. *Direito eleitoral*. 16. ed. Rio de Janeiro: Impetus, 2018, p. 107-108.

[270] ARE 1054490 QO, Relator: Min. ROBERTO BARROSO, Tribunal Pleno, julgado em 05/10/2017, PROCESSO ELETRÔNICO *DJe*-045 DIVULG 08-03-2018 PUBLIC 09-03-2018. Disponível em: http://stf.jus.br/portal/jurisprudencia/listarJurisprudencia.asp?s1=%28ARE%24%2ESCLA%2E+E+1054490%2ENUME%2E%29+OU+%28ARE%2EACMS%2E+ADJ2+1054490%2EACMS%2E%29&base=baseAcordaos&url=http://tinyurl.com/y5s4sfpx. Acesso em: 15 out. 2019.

que indeferiu a candidatura avulsa de cidadão a prefeito do Rio de Janeiro nas eleições de 2016.

Dessa forma, embora atualmente não se admitam candidaturas avulsas, tal entendimento pode ser revisto pelo julgamento do processo mencionado no âmbito da Corte Constitucional.

# PROBLEMÁTICAS CONTEMPORÂNEAS DO SISTEMA POLÍTICO-ELEITORAL BRASILEIRO: PARTIDOS POLÍTICOS E CANDIDATURAS – UMA ANÁLISE LEGAL, JURISPRUDENCIAL E SOCIOECONÔMICA

Estabelecidas as principais premissas relativamente ao regime jurídico ao qual os partidos políticos estão submetidos, bem como os fundamentos teóricos adotados pelo ordenamento pátrio quanto ao seu funcionamento, há de se constatar que as atividades exercidas pelas agremiações sofreram profundas mudanças com o passar dos anos, especialmente pelas alterações erigidas no contexto socioeconômico vivenciado no Brasil.

Nesse sentido, analisada a prévia construção acerca da realidade abstrata dos partidos políticos, o presente capítulo pretende enumerar algumas de suas problemáticas atuais, especialmente no que tange aos fundamentos constitutivos, às limitações da autonomia partidária e ao financiamento das agremiações e campanhas eleitorais, esferas cuja conformação se alterou profundamente nos últimos anos, seja pela atuação legislativa, seja pela construção jurisprudencial.

## 2.1 Recapitulando: breve histórico do financiamento político-partidário no Brasil

Até o ano de 2014, no âmbito do regime de financiamento misto, as contribuições públicas eram provenientes do Fundo Partidário (FP), regulamentado pela Lei nº 9.906/1995, e das provisões direcionadas à propaganda eleitoral gratuita.[271] À época, já não se incluíam entre as contribuições públicas doações financeiras de entidades ou governos estrangeiros, vedadas desde 1946 pelo Decreto-Lei nº 9.258[272] e, posteriormente, pela Lei das Eleições.[273]

Por outro lado, em relação às contribuições privadas, tinha-se que o partido político poderia receber doações de pessoas físicas e jurídicas para a constituição de seus fundos,[274] sendo proibidos, entretanto, auxílios pecuniários provenientes de (i) entidades ou governos estrangeiros; (ii) autoridades ou órgãos públicos; (iii) autarquias, empresas públicas concessionárias de serviços públicos, sociedades de economia mista e fundações instituídas em virtude de lei e para cujos recursos concorram órgãos ou entidades governamentais; e (iv) entidade de classe ou sindical.[275]

Em 2015, contudo, operaram-se algumas mudanças devido à conclusão da apreciação da já citada ADI nº 4.650, de relatoria do Ministro Luiz Fux, pelo Supremo Tribunal Federal. A decisão do Tribunal, que

---

[271] "Art. 13. A Justiça Eleitoral fará ampla divulgação, pela imprensa e pela radiodifusão e televisão, bem como por meio de cartazes afixados nos logradouros públicos, das relações dos candidatos de todos os partidos com os respectivos símbolos e siglas, bem como da côr em que figurarão nas cédulas.
[...] §3º As estações de radiodifusão e televisão de qualquer potência, inclusive as de propriedade da União, dos Estados, Distrito Federal e Territórios, Municípios, Autarquias, Sociedades de Economia e Fundações, nos 60 (sessenta) dias anteriores às 48 (quarenta e oito) horas do pleito de cada Circunscrição Eleitoral do País, reservarão diariamente duas (2) horas para propaganda política gratuita, sendo uma delas durante o dia, entre as 13 (treze) e as 18 (dezoito) horas e outra à noite entre as 20 (vinte) e as 22 (vinte e duas) horas sob critério de rigorosa rotatividade aos diferentes partidos, e distribuídas entre êles na proporção das respectivas legendas no Congresso Nacional e nas Assembléias Legislativas Estaduais e, Câmaras Municipais". BRASIL. Câmara dos Deputados. Lei nº 4.109, de 27 de julho de 1962. Disponível em: https://www2.camara.leg.br/legin/fed/lei/1960-1969/lei-4109-27-julho-1962-353820-publicacaooriginal-1-pl.html. Acesso em: 15 set. 2019.

[272] "Art. 26. Será cancelado o registro de partido político mediante denuncia de qualquer eleitor, de delegado de partido ou representação do Procurador Geral ao Tribunal Superior. a) quando se provar que recebe de procedência estrangeira orientação político-partidária contribuição em dinheiro ou qualquer outro auxílio". [...] BRASIL. Decreto-Lei nº 9.295, de 27 de maio de 1946. Disponível em: http://www.planalto.gov.br/ccivil_03/Decreto-Lei/Del9295.htm. Acesso em: 15 set. 2019.

[273] "Art. 24. É vedado, a partido e candidato, receber direta ou indiretamente doação em dinheiro ou estimável em dinheiro, inclusive por meio de publicidade de qualquer espécie, procedente de:
I – entidade ou governo estrangeiro". BRASIL. Lei nº 9.504, de 30 de setembro de 1997. Estabelece normas para as eleições. Disponível em: http://www.planalto.gov.br/ccivil_03/leis/l9504.htm. Acesso em: 16 jun. 2019.

[274] BRASIL. Lei nº 9.096, de 19 de setembro de 1995. (Lei dos Partidos Políticos). Disponível em: http://www.planalto.gov.br/ccivil_03/leis/l9096.htm. Acesso em: 19. jun. 2019.

[275] BRASIL. Lei nº 9.096, de 19 de setembro de 1995. (Lei dos Partidos Políticos). Disponível em: http://www.planalto.gov.br/ccivil_03/leis/l9096.htm. Acesso em: 19. jun. 2019.

declarou inconstitucionais os dispositivos que autorizavam a doação de pessoas jurídicas a campanhas eleitorais, reduziu o financiamento privado às doações de pessoas físicas, afetando de forma significativa o montante disponível aos partidos políticos para fins de custeio de suas atividades e campanhas eleitorais.

Referida mudança foi absorvida pela legislação brasileira com o advento da Lei nº 13.165/2015, que incorporou a vedação de doações de pessoas jurídicas a partidos políticos, ainda que indiretamente. Além disso, a nova legislação elevou o limite de doações de bens estimáveis em dinheiro de pessoas físicas a candidatos e acrescentou regra específica sobre o financiamento de candidaturas femininas, prevendo percentual mínimo do Fundo Partidário a ser utilizado na criação e manutenção de programas de programas de promoção e difusão da participação política das mulheres.[276]

Em face da redução de recursos imposta pela Lei nº 13.165/2015, foram aprovadas pelo Congresso Nacional, em 2017, a Lei nº 13.487/2017[277] – que estabeleceu o Fundo Especial de Financiamento de Campanha – e a Lei nº 13.488/2017 – que promoveu novas modificações na lei eleitoral e trouxe regulamentações adicionais sobre o FEFC.[278]

Sendo o Fundo Eleitoral composto exclusivamente por recursos do Tesouro Nacional, entende-se que a principal consequência das alterações promovidas em termos de financiamento partidário foi o aumento expressivo dos recursos públicos despendidos com a seara eleitoral. Segundo dados disponibilizados pelo TSE, para a eleição geral de 2018, o montante do FEFC foi de R$1.716.209.431,00, e o valor total do Fundo Partidário aprovado em 2018 pelo Congresso Nacional foi de R$888.735.090,00, dos quais R$780.357.505,00 são provenientes da dotação orçamentária anual, e R$108.377.585,00 das multas eleitorais.[279] Ao final, a parcela pública do financiamento eleitoral brasileiro no ano de 2018 soma aproximadamente 2,6 bilhões de reais, valor em muito superior ao disponibilizado em 2014 – pouco mais de 360 milhões de reais.

---

[276] BRASIL. Lei nº 13.165, de 29 de setembro de 2015. Disponível em: http://www.planalto.gov.br/ccivil_03/_ato2015-2018/2015/lei/l13165.htm. Acesso em: 15 set. 2019.

[277] BRASIL. Lei nº 13.487, de 6 de outubro de 2017. Disponível em: http://www.planalto.gov.br/ccivil_03/_ato2015-2018/2017/lei/l13487.htm. Acesso em 4 out. 2019.

[278] BRASIL. Lei nº 13.488, de 6 de outubro de 2017. Disponível em: http://www.planalto.gov.br/ccivil_03/_Ato2015-2018/2017/Lei/L13488.htm. Acesso em: 4 out. 2019.

[279] BRASIL. Tribunal Superior Eleitoral. Fundo partidário. Disponível em: http://www.tse.jus.br/partidos/fundo-partidario-1/fundo-partidario. Acesso em: 26 jun. 2019.

## 2.2 Novo modelo de financiamento dos partidos políticos e candidaturas: utilização dos recursos públicos e das contribuições privadas

Conforme elucidado acima, o atual modelo brasileiro de financiamento político-partidário congloba doações públicas (Fundo Eleitoral e Fundo Partidário) e privadas (pessoas físicas), em uma tentativa de equilibrar (i) a liberdade de manifestação dos cidadãos, permitindo-lhes contribuir democraticamente com o suporte financeiro dos partidos a que mais se alinham e (ii) a justa competitividade entre os partidos, a partir da concessão de recursos públicos distribuídos por critérios objetivos.

Se, por um lado, o financiamento das agremiações, aliado à regulamentação estatal, consiste em circunstância necessária ao exercício da função democrática dos partidos políticos, por outro, abre espaço para abusos de poder econômico, permitindo uma influência indevida do dinheiro na política e afetando o caráter democrático do instituto. Nessa linha, critica-se o uso de recursos financeiros para a distorção do cenário político-eleitoral e mera manutenção de controle de poder.

Além de ameaçar valores democráticos fundamentais, o encarecimento exacerbado das campanhas eleitorais altera as prioridades dos agentes políticos, que passam a dar mais importância à obtenção de recursos, em detrimento do compromisso e da responsabilidade com os eleitores. Isso porque, quando o acesso a valores pecuniários se torna fator determinante, a ocultação de gastos e recursos recebidos, muitas vezes ilícitos, passa a ser fenômeno frequente, reduzindo significativamente a transparência do processo político.[280]

Nesse contexto, candidatos e partidos frequentemente se utilizam de estratégias para infringir as normas eleitorais e fraudar procedimentos essenciais à fiscalização e à transparência do processo democrático, com vistas ao alcance e à manutenção do poder e dos benefícios que lhes são concedidos. Tal cenário se torna ainda mais problemático quando se trata da utilização de recursos públicos, que deveria necessariamente se pautar pelos princípios constitucionais que regem a Administração Pública, *v.g.*: legalidade, impessoalidade, moralidade, publicidade e eficiência.

Tendo isso em vista, procede-se à discussão de problemáticas atuais ligadas a candidaturas e partidos políticos, no intuito de evidenciar

---

280 FALGUERA, Elin; JONES, Samuel; OHMAN, Magnus. *Financiamento de partidos políticos e campanhas eleitorais*: um manual sobre financiamento político. Rio de Janeiro: FGV, 2015, p. 24.

pontos extremamente prejudiciais ao processo democrático e ao equilíbrio na disputa eleitoral, que necessitam, ao nosso juízo, de uma regulamentação mais eficiente por parte do Estado.

## 2.2.1 Fundo partidário

Embora o arquétipo eleitoral brasileiro tenha privilegiado a sistemática dos partidos políticos ao conceder-lhes o direito a receber recursos do Fundo Partidário,[281] essencialmente destinado ao subsídio de suas atividades, é evidente que isso serviu de incentivo à multiplicação das legendas no Brasil, provocando a redução de sua representatividade e consistência ideológica.

Tal conjuntura ainda era agravada pela possibilidade de estabelecimento de coligações partidárias em eleições proporcionais,[282] o que permitia que diversos partidos sem densidade eleitoral mínima para atingir o quociente eleitoral e eleger candidatos pudessem obtê-la se coligando a partidos maiores. Nesse sentido, conforme ponderado pelo Ministro Luís Roberto Barroso no julgamento da ADI nº 5.081/DF, a junção do sistema proporcional de lista aberta com o direito a recursos do Fundo Partidário e acesso gratuito a rádio e televisão propicia o surgimento das denominadas legendas de aluguel, que dão azo à apropriação privada do dinheiro do fundo e negociam o tempo de televisão com partidos maiores, em coligações de caráter oportunista, não realizadas em função de afinidade de ideias.[283]

---

[281] CF, art. 17, §3º.

[282] Ressalta-se que a EC 97/2017 vedou as coligações proporcionais a partir das eleições de 2020.

[283] Voto do relator ministro Luís Roberto Barroso na ADI n. 5.081/DF, cuja ementa é a seguinte: Ementa: "DIREITO CONSTITUCIONAL E ELEITORAL. AÇÃO DIRETA DE INCONSTITUCIONALIDADE. RESOLUÇÃO Nº 22.610/2007 DO TSE. INAPLICABILIDADE DA REGRA DE PERDA DO MANDATO POR INFIDELIDADE PARTIDÁRIA AO SISTEMA ELEITORAL MAJORITÁRIO. 1. Cabimento da ação. Nas ADIs 3.999/DF e 4.086/DF, discutiu-se o alcance do poder regulamentar da Justiça Eleitoral e sua competência para dispor acerca da perda de mandatos eletivos. O ponto central discutido na presente ação é totalmente diverso: saber se é legítima a extensão da regra da fidelidade partidária aos candidatos eleitos pelo sistema majoritário. 2. As decisões nos Mandados de Segurança 26.602, 26.603 e 26.604 tiveram como pano de fundo o sistema proporcional, que é adotado para a eleição de deputados federais, estaduais e vereadores. As características do sistema proporcional, com sua ênfase nos votos obtidos pelos partidos, tornam a fidelidade partidária importante para garantir que as opções políticas feitas pelo eleitor no momento da eleição sejam minimamente preservadas. Daí a legitimidade de se decretar a perda do mandato do candidato que abandona a legenda pela qual se elegeu. 3. O sistema majoritário, adotado para a eleição de presidente, governador, prefeito e senador, tem lógica e dinâmica diversas da do sistema proporcional. As características do sistema majoritário, com sua ênfase na

Esse processo de distanciamento do interesse público, em benefício de ambições privadas, torna evidente o real objetivo da multiplicação de partidos políticos, qual seja, a obtenção de recursos financeiros de origem pública. Desse modo, descaracteriza-se a intenção legítima da constituição das legendas, relativa ao ímpeto de contribuição efetiva para programas de governo ou definição de políticas públicas, levando à descrença e desconfiança generalizadas por parte da sociedade brasileira no sistema eleitoral.

### 2.2.2 Doações privadas

A despeito do caráter democrático das doações privadas, como demonstração de afinidade ideológica, é inegável a influência econômica exercida por colaboradores em relação às atividades partidárias, principalmente considerando o já mencionado processo de encarecimento eleitoral e a crescente dependência de recursos financeiros por parte das agremiações.

Para o Ministro Marco Aurélio Mello:

> A comunidade jurídica nacional não pode acreditar no patrocínio desinteressado das pessoas jurídicas. Ao contrário, deve evitar que a riqueza tenha o controle do processo eleitoral em detrimento dos valores constitucionais compartilhados pela sociedade. [...] O financiamento privado das campanhas eleitorais e dos partidos políticos é problema de grande amplitude e não tem permitido que a democracia firme-se, no Brasil, como direito fundamental plenamente conquistado.[284]

Observa-se, assim, que a recente vedação à doação de pessoas jurídicas teve por fundamento o objetivo de redução do controle do processo eleitoral por parte de empresas privadas, que frequentemente

---

figura do candidato, fazem com que a perda do mandato, no caso de mudança de partido, frustre a vontade do eleitor e vulnere a soberania popular (CF, art. 1º, parágrafo único; e art. 14, *caput*). 4. Procedência do pedido formulado em ação direta de inconstitucionalidade". (ADI 5081, Relator(a): Min. ROBERTO BARROSO, Tribunal Pleno, julgado em 27/05/2015, PROCESSO ELETRÔNICO *DJe*-162 DIVULG 18-08-2015 PUBLIC 19-08-2015). Disponível em: http://stf.jus.br/portal/jurisprudencia/listarJurisprudencia.asp?s1=%28ADI%24%2ESCLA%2E+E+5081%2ENUME%2E%29+OU+%28ADI%2EACMS%2E+ADJ2+5081%2EACMS%2E%29&base=baseAcordaos&url=http://tinyurl.com/nolskrt. Acesso em: 26 jun. 2019.

284 MELLO, Marco Aurélio. A democracia participativa e a inconstitucionalidade do financiamento privado das campanhas eleitorais por pessoas jurídicas. *In*: NETO, Tarcisio Vieira de Carvalho; FERREIRA, Telson Luís Cavalcante (Coord.). *Aspectos materiais e processuais*. São Paulo: Migalhas, 2016, p. 15-27.

se valem do patrocínio como forma de impor seus interesses, em detrimento dos valores sociais e da formação da vontade coletiva. Considerou-se, assim, incoerente que pessoas jurídicas, em sua maioria com fins lucrativos, tivessem maior peso na disputa eleitoral que os cidadãos titulares de direitos políticos.

### 2.2.3 Fundo Especial de Financiamento de Campanha

Conforme explicitado, estando a esfera pública permeada pela noção de moralidade, impessoalidade, legalidade, publicidade e isonomia, entende-se que tais orientações devem ser estendidas à instância eleitoral, principalmente no que se refere à utilização de recursos públicos, a qual afeta diretamente a Administração.

Em consonância com esse entendimento, defende-se que os gastos em campanhas eleitorais, majoritariamente procedentes do Fundo Especial de Financiamento de Campanhas devem estar sujeitos aos termos da regulamentação legal e aos limites constitucionais. Infelizmente, todavia, verificam-se diversas condutas por parte de candidatos e, sobretudo, dos partidos políticos, que contrariam essas diretrizes e refletem o individualismo da política moderna, consubstanciado em desvio de finalidade, irregularidade de prestação de contas e favorecimento pessoal.

### 2.2.4 Contratação de parentes e empresas de parentes com recursos do Fundo Partidário e do Fundo Eleitoral Especial de Financiamento de Campanha para atuarem nas campanhas eleitorais

O Tribunal Superior Eleitoral tem proferido decisões[285] que coíbem práticas de favorecimento pessoal no âmbito da Justiça Eleitoral, em consonância com as premissas já expostas.

Nesse contexto, e considerando o novo modelo de financiamento da atividade política brasileira, quase que exclusivamente público, é

[285] "DIREITO ELEITORAL. PRESTAÇÃO DE CONTAS. EXERCÍCIO FINANCEIRO DE 2013. DIRETÓRIO NACIONAL. PARTIDO PROGRESSISTA (PP). DESAPROVAÇÃO. (Prestação de Contas n. 29021, Acórdão, Relator(a) Min. Luís Roberto Barroso, Publicação: *DJe – Diário de Justiça Eletrônico*, Tomo 117, Data 21/06/2019, p. 83-85). Disponível em: http://www.tse.jus.br/jurisprudencia/decisoes/jurisprudencia. Acesso em: 25 out. 2019.

imprescindível uma nova interpretação com relação à forma com que esses recursos – de origem pública – são utilizados.

Destaca-se, assim, a reprovação, pelo plenário do Tribunal Regional Eleitoral do Mato Grosso do Sul (TRE-MS), das contas de candidata à deputada estadual nas eleições de 2018, e a determinação de devolução de valores ao Tesouro Nacional, em face da contratação de familiares (dois filhos) como cabos eleitorais para campanha, com a utilização, *in casu*, de quase 50% dos recursos que recebeu por meio dos fundos públicos (Fundo Partidário e do Fundo Eleitoral Especial de Financiamento de Campanha).[286]

Com efeito, a despeito da inexistência de ressalva legal expressa, concluiu-se, no referido julgado, pela incompatibilidade da contratação

---

[286] "PRESTAÇÃO DE CONTAS. ELEIÇÕES 2018. AUSÊNCIA DE COMPROVAÇÃO DA UTILIZAÇÃO DE RECURSOS DO FUNDO ESPECIAL DE FINANCIAMENTO DE CAMPANHA. DEVOLUÇÃO AO TESOURO NACIONAL. USO IRREGULAR DE RECURSOS DO FUNDO ESPECIAL DE FINACIAMENTO DE CAMPANHA (FEFC) COM A CONTRATAÇÃO DE FAMILIARES DA CANDIDATA PRESTADORA. INTERPRETAÇÃO SISTEMÁTICA DE ACORDO COM A CONSTITUIÇÃO FEDERAL. OFENSA AOS PRINCÍPIOS CONSTITUCIONAIS DA MORALIDADE E DA IMPESSOALIDADE. ART. 37 DA CONSTITUIÇÃO FEDERAL. SÚMULA VINCULANTE N.º 13. CONTAS DESAPROVADAS. REMESSA DOS AUTOS AO MINISTÉRIO PÚBLICO ELEITORAL PARA APURAR POSSÍVEL CRIME ELEITORAL. 1. A despeito de não haver restrição legal expressa, a contratação de familiares da prestadora como cabos eleitorais para campanha, com a utilização de recursos públicos oriundos do Fundo Partidário (FP) ou Fundo Especial de Financiamento de Campanha (FEFC) é incompatível com o conjunto jurídico-constitucional brasileiro, com nítida sobreposição de interesses privados em detrimento de interesses públicos, em dissonância com os princípios da impessoalidade, da moralidade e isonomia, insculpidos no art. 37 da Constituição Federal. 2. Considerando o novo regime jurídico de financiamento, o processo de prestação de contas, apesar de se limitar à averiguação da regularidade contábil da campanha, deve ser analisado de acordo com o sistema constitucional vigente, com censura da justiça eleitoral quando recursos públicos são direcionados a cônjuges, companheiros ou parentes de candidato, em linha reta, colateral ou por afinidade, até o terceiro grau, inclusive, segundo inteligência do que prevê a Súmula Vinculante n.º 13 do STF. 3. *In casu*, a candidata prestadora utilizou-se de, aproximadamente, 50% (cinquenta por cento) dos recursos financeiros movimentados (provenientes do FEFC) para contratar os serviços de dois filhos, sendo que, um deles, para ser coordenador de campanha, em período que estava de licença médica no cargo de servidor público municipal. 4. Contas desaprovadas. 5. Devolução dos recursos do Fundo Especial de Financiamento de Campanha sem a devida comprovação de sua utilização, a teor do art. 82, §1º, da Resolução TSE n. 23.553/2017. Do mesmo modo, restituição de recursos do Fundo Especial de Financiamento de Campanha utilizados com contratação de parentes em até 3º grau para a campanha eleitoral. 6. Remessa de cópia dos autos à Procuradoria Regional Eleitoral para apurar a ocorrência de possível crime de apropriação indébita eleitoral, tipificado no art. 354-A do Código Eleitoral". (PRESTAÇÃO DE CONTAS n 060118203, ACÓRDÃO n 060118203 de 23/07/2019, Relator: DANIEL CASTRO GOMES DA COSTA, Publicação: *DJE* – Diário da Justiça Eleitoral, Tomo 2237, Data 26/07/2019, p. 15/28). Disponível em: http://inter03.tse.jus.br/InteiroTeor/pesquisa/actionGetBinary.do?tribunal=MS&processoNumero=060118203&processoClasse=PC&decisaoData=20190723&decisaoNumero=060118203&protocolo=&noCache=0.08741832999357646. Acesso em: 25 out. 2019.

de parentes (em até terceiro grau) com a utilização de recursos públicos procedentes do Fundo Partidário ou do Fundo Eleitoral, dada a nítida sobreposição de interesses particulares aos interesses públicos, em dissonância com os princípios da impessoalidade, da moralidade e da isonomia albergados pelo art. 37 da Constituição Federal.[287]

Ressalta-se, ademais, o alinhamento da Justiça Eleitoral com o entendimento do Supremo Tribunal Federal segundo o qual a proibição ao nepotismo não exige edição de lei formal, por decorrer diretamente dos princípios do art. 37[288] da CF/1988, em especial o da moralidade. Posteriormente, o STF ainda estendeu o impedimento à administração direta e indireta de qualquer dos Poderes, a partir da edição da Súmula Vinculante nº 13,[289] que faz alusão não exclusivamente ao nepotismo direto, mas também ao nepotismo cruzado.

## 2.2.5 Contratação de advogados com recursos do Fundo Partidário para defender filiados em ações eleitorais

O Tribunal Superior Eleitoral também decidiu sobre a impossibilidade de utilização de recursos do Fundo Partidário para financiar a contratação de advogados para defender seus filiados em ações eleitorais. Quando do julgamento da prestação de contas do Partido Progressista,[290] o Tribunal entendeu ser necessário comprovar a vinculação das despesas

---

[287] PRESTAÇÃO DE CONTAS N. 060118203, ACÓRDÃO N. 060118203 de 23/07/2019, Relator: DANIEL CASTRO GOMES DA COSTA, Publicação: *DJE* – Diário da Justiça Eleitoral, Tomo 2237, Data 26/07/2019, p. 15-28. Disponível em: http://inter03.tse.jus.br/sjur-pesquisa/pesquisa/actionBRSSearch.do?toc=true&docIndex=0&httpSessionName=brsstateSJUT1970230528&sectionServer=MS&grupoTotalizacao=0. Acesso em: 24 out. 2019.

[288] "Art. 37. A administração pública direta e indireta de qualquer dos Poderes da União, dos Estados, do Distrito Federal e dos Municípios obedecerá aos princípios de legalidade, impessoalidade, moralidade, publicidade e eficiência e, também, ao seguinte: [...]". BRASIL. (1988) *Constituição da República Federativa do Brasil*. Disponível em: http://www.planalto.gov.br/ccivil_03/constituicao/constituicao.htm. Acesso em: 8 out. 2019.

[289] "A nomeação de cônjuge, companheiro ou parente em linha reta, colateral ou por afinidade, até o terceiro grau, inclusive, da autoridade nomeante ou de servidor da mesma pessoa jurídica investido em cargo de direção, chefia ou assessoramento, para o exercício de cargo em comissão ou de confiança ou, ainda, de função gratificada na administração pública direta e indireta em qualquer dos poderes da União, dos Estados, do Distrito Federal e dos Municípios, compreendido o ajuste mediante designações recíprocas, viola a Constituição Federal." Disponível em: http://www.stf.jus.br/portal/jurisprudencia/menusumario.asp?sumula=1227. Acesso em: 25 set. 2019.

[290] Prestação de Contas n. 29021, Acórdão, Relator Min. Luís Roberto Barroso, Publicação: *DJe – Diário de Justiça Eletrônico*, Tomo 117, Data 21/06/2019, p. 83-85. Disponível em: http://www.tse.jus.br/jurisprudencia/decisoes/jurisprudencia. Acesso em: 25 out. 2019.

com serviços advocatícios às atividades do partido, de modo a evitar a aplicação de recursos públicos a questões de ordem particular.

O mesmo foi constatado nos julgamentos de prestação de contas do Partido da Social Democracia Brasileira[291] e do Partido do Movimento Democrático Brasileiro,[292] sendo que esse último teria contratado advogado para atuar na defesa de filiado específico, acusado de captação ilícita de sufrágio, sob a justificativa de prevenir a cassação de seu mandato.

Segundo o relator da PC 291-06.2014.6.00.0000/DF, Ministro Edson Fachin, afirmar que o mandato pode vir a ser cassado e que isso legitima o interesse da agremiação na manutenção da representação partidária justifica o emprego de recursos de outras fontes para essa finalidade, mas não de fundos públicos. Na oportunidade, ressaltou-se, também, que a utilização do Fundo Partidário é estritamente vinculada

[291] "DIREITO ELEITORAL. PRESTAÇÃO DE CONTAS. EXERCÍCIO FINANCEIRO DE 2013. DIRETÓRIO NACIONAL. PARTIDO PROGRESSISTA (PP). DESAPROVAÇÃO. [...] I. IRREGULARIDADES ANALISADASIRREGULARIDADES NA APLICAÇÃO DOS RECURSOS DO FUNDO PARTIDÁRIO [...] c) Despesas com serviços advocatícios 6. Esta Corte tem considerado exigível a apresentação de relatórios dos processos em que os profissionais atuaram, de modo a aferir a vinculação da despesa às atividades do partido. Precedentes. 7. Nas prestações de contas do PP relativas aos exercícios financeiros de 2011 e de 2012 foram identificadas despesas com serviços advocatícios para a defesa de filiados pela suposta prática de ato de improbidade administrativa, em função de fraude e/ou de desvio de finalidade em processo licitatório. A identificação dessas irregularidades só foi possível em razão da exigência de apresentação de relatórios de processos em que atuaram os escritórios. 8. No caso, os documentos apresentados, relativos à contratação de diversos escritórios de advocacia, evidenciam que parcela das despesas, no montante de R$ 1.203.686, 00, deve ser considerada irregular. Isso porque a documentação apresentada (i) não permite identificar a vinculação das despesas às atividades partidárias, ou (ii) demonstra que a contratação se deu para fins estranhos a essas atividades, tais como a defesa de dirigentes, parlamentares ou filiados ao partido em ações de improbidade administrativa, ações penais ou tomadas de contas especiais decorrentes de sua atuação em cargos públicos [...] Dessa forma, a autonomia partidária não pode constituir uma barreira instransponível para que a Justiça Federal, em casos extremos, fiscalize se o gasto realizado é absolutamente antieconômico. Exatamente por isso, há precedentes desta Corte no sentido de que a economicidade na utilização dos recursos públicos também pode ser objeto de controle. [...] (Prestação de Contas n. 29021, Acórdão, Relator(a) Min. Luís Roberto Barroso, Publicação: *DJe – Diário de Justiça Eletrônico*, Tomo 117, Data 21/06/2019, p. 83-85). Disponível em: http://www.tse.jus.br/jurisprudencia/decisoes/jurisprudencia. Acesso em: 25 out. 2019.

[292] "[...] 13. O pagamento de defesa judicial de filiado que responde a demandas pela prática de atos eleitorais ilícitos é incompatível com as hipóteses de uso dos recursos do Fundo Partidário previstas no art. 44 da Lei dos Partidos Políticos. [...]" (Prestação de Contas n. 29106, Acórdão, Relator(a) Min. Edson Fachin, Publicação: *DJe – Diário de Justiça Eletrônico*, Tomo 116, Data 19/06/2019, p. 14/16). Disponível em: http://www.tse.jus.br/jurisprudencia/decisoes/jurisprudencia. Acesso em: 25 out. 2019.

à extensão das hipóteses previstas no art. 44 da Lei nº 9.906/1995,[293] sendo a despesa do caso concreto estranha a essas alternativas.

Recentemente, no entanto, foi sancionada a Lei nº 13.877/2019, que alterou a Lei dos Partidos Políticos para incluir, entre as hipóteses de aplicação do Fundo Partidário, a contratação de serviços de consultoria contábil e advocatícia e de serviços para atuação jurisdicional em processos judiciais e administrativos de interesse partidário, bem como nos litígios que envolvam candidatos do partido, eleitos ou não, relacionados exclusivamente ao processo eleitoral.[294]

## 2.2.6 O "caixa dois" de campanha

Nos termos do voto do Ministro Luiz Fux na AP nº 470, a prática de caixa dois pode ser definida como "manutenção ou movimentação

[293] "Art. 44. Os recursos oriundos do Fundo Partidário serão aplicados:
I – na manutenção das sedes e serviços do partido, permitido o pagamento de pessoal, a qualquer título, observado, do total recebido, os seguintes limites:
a) 50% (cinquenta por cento) para o órgão nacional;
b) 60% (sessenta por cento) para cada órgão estadual e municipal;
II – na propaganda doutrinária e política;
III – no alistamento e campanhas eleitorais;
IV – na criação e manutenção de instituto ou fundação de pesquisa e de doutrinação e educação política, sendo esta aplicação de, no mínimo, vinte por cento do total recebido.
V – na criação e manutenção de programas de promoção e difusão da participação política das mulheres, criados e mantidos pela secretaria da mulher do respectivo partido político ou, inexistindo a secretaria, pelo instituto ou fundação de pesquisa e de doutrinação e educação política de que trata o inciso IV, conforme percentual que será fixado pelo órgão nacional de direção partidária, observado o mínimo de 5% (cinco por cento) do total;
VI – no pagamento de mensalidades, anuidades e congêneres devidos a organismos partidários internacionais que se destinem ao apoio à pesquisa, ao estudo e à doutrinação política, aos quais seja o partido político regularmente filiado;
VII – no pagamento de despesas com alimentação, incluindo restaurantes e lanchonetes;
VIII – na contratação de serviços de consultoria contábil e advocatícia e de serviços para atuação jurisdicional em ações de controle de constitucionalidade e em demais processos judiciais e administrativos de interesse partidário, bem como nos litígios que envolvam candidatos do partido, eleitos ou não, relacionados exclusivamente ao processo eleitoral;
IX – (VETADO);
X – na compra ou locação de bens móveis e imóveis, bem como na edificação ou construção de sedes e afins, e na realização de reformas e outras adaptações nesses bens;
XI – no custeio de impulsionamento, para conteúdos contratados diretamente com provedor de aplicação de internet com sede e foro no País, incluída a priorização paga de conteúdos resultantes de aplicações de busca na internet, mediante o pagamento por meio de boleto bancário, de depósito identificado ou de transferência eletrônica diretamente para conta do provedor, o qual deve manter conta bancária específica para receber recursos dessa natureza, proibido nos 180 (cento e oitenta) dias anteriores à eleição". BRASIL. Lei nº 9.096, de 19 de setembro de 1995. (Lei dos Partidos Políticos). Disponível em: http://www.planalto.gov.br/ccivil_03/leis/l9096.htm. Acesso em: 19. jun. 2019.

[294] Lei nº 9.096/1995, art. 44, VIII.

de recursos financeiros não escriturados ou falsamente escriturados na contabilidade de pessoas jurídicas as mais diversas, como associações, fundações, sociedade comerciais e partidos políticos".[295] Corresponde, portanto, à movimentação de recursos financeiros, de origem lícita ou ilícita, em campanhas eleitorais sem o devido registro, por meio da omissão na prestação de contas.

Trata-se de conduta manifestamente contrária aos princípios que regem o Direito Eleitoral e à noção de transparência que deve orientar os gastos em campanha, visto que a ocultação de valores tem o condão de impedir a efetiva fiscalização por parte da Justiça Eleitoral e, por conseguinte, de prejudicar a isonomia entre concorrentes e o equilíbrio durante o período eleitoral, abrindo espaço também para influências econômicas indevidas.

Embora o delito esteja previsto em diversas normas, como a Lei de Lavagem de Dinheiro,[296] a Lei dos Crimes contra o Sistema Financeiro Nacional[297] e a Lei dos Crimes contra a Ordem Tributária,[298] o Código Eleitoral[299] não apresenta uma disposição específica quanto à temática, sendo que apenas parte dos autores e órgãos judiciais sustenta que seu art. 350[300] englobaria a atividade no âmbito eleitoral. Referido hiato normativo acaba por produzir indubitável insegurança jurídica na apuração da prática, o que se pretende corrigir com a aprovação do Projeto de Lei nº 3855/2019,[301] a partir da edição de dispositivo específico e da ampliação das hipóteses de incidência da conduta típica e da criminalização penal da prática.

---

[295] BRASIL. Supremo Tribunal Federal. Ação Penal 470. Voto Ministro Luiz Fux, Item VI – Primeira Parte. Disponível em: http://www.stf.jus.br/arquivo/cms/noticiaNoticiaStf/anexo/AP470mLFitem6.pdf. Acesso em: 25 out. 2019.

[296] BRASIL. Lei nº 9.613, de 3 de março de 1998. Disponível em: http://www.planalto.gov.br/ccivil_03/leis/l9613.htm. Acesso em: 20 out. 2019.

[297] BRASIL. Lei nº 7.492, de 16 de junho de 1986. Disponível em: http://www.planalto.gov.br/ccivil_03/LEIS/L7492.htm. Acesso em: 20 out. 2019.

[298] BRASIL. Lei nº 8.137, de 27 de dezembro de 1990. Disponível em: http://www.planalto.gov.br/ccivil_03/LEIS/L8137.htm. Acesso em: 21 set. 2019.

[299] BRASIL. Lei nº 4.737, de 15 de julho de 1965. Disponível em: http://www.planalto.gov.br/ccivil_03/leis/l4737.htm. Acesso em: 20 out. 2019.

[300] "Art. 350. Omitir, em documento público ou particular, declaração que dêle devia constar, ou nele inserir ou fazer inserir declaração falsa ou diversa da que devia ser escrita, para fins eleitorais: Pena – reclusão até cinco anos e pagamento de 5 a 15 dias-multa, se o documento é público, e reclusão até três anos e pagamento de 3 a 10 dias-multa se o documento é particular." BRASIL. Lei nº 4.737, de 15 de julho de 1965. Disponível em: http://www.planalto.gov.br/ccivil_03/leis/l4737.htm. Acesso em: 20 out. 2019.

[301] BRASIL. Câmara dos Deputados. Projeto de Lei nº 3855, de 2019 (n. anterior: PL 4850/2016). Disponível em: https://www.camara.leg.br/propostas-legislativas/2080604. Acesso em: 20 out. 2019.

## 2.3 Políticas paritárias em relação a mulheres e demais minorias

No art. 5º, *caput*, a Constituição brasileira expressamente previu o princípio da isonomia, definindo que "todos são iguais perante a lei".[302] Embora uma leitura mais imediata possa indicar a necessidade de conferir idêntico tratamento a todos, a interpretação sistemática do texto constitucional leva à compreensão de um dever de equidade que segue a lógica aristotélica – conferir tratamento igual aos iguais e desigual aos desiguais na medida em que se diferenciam. Consoante a isso, proclama Celso Antônio Bandeira de Mello que "a lei deve ser instrumento regulador da vida social que necessita tratar equitativamente todos os cidadãos".[303]

Nessa linha, entende-se possível a utilização de critérios discriminatórios de forma legítima, sempre em prol dos indivíduos, quando subsistir relação lógica entre o critério de discriminação e o fato da vida. As ações afirmativas, de tal modo, podem ser compreendidas como mecanismos aptos a concretizar e dar efetividade à plena realização da igualdade material e da dignidade da pessoa humana.

Logo, considerando o dever do Estado de promover a efetivação do mencionado princípio, imprescindível a adoção de políticas paritárias em relação às minorias sociais no âmbito eleitoral, dada a importância de se conferir representatividade aos diversos segmentos da sociedade, em atenção aos seus direitos políticos (art. 14º, CF)[304] e ao princípio republicano (art. 1º, CF).[305]

---

[302] BRASIL. (1988) *Constituição da República Federativa do Brasil*. Disponível em: http://www.planalto.gov.br/ccivil_03/constituicao/constituicao.htm. Acesso em: 8 out. 2019.

[303] BANDEIRA DE MELLO, Celso Antônio. *Curso de direito administrativo*. 4. ed. São Paulo: Malheiros, 1993, p. 10

[304] "Art. 14. A soberania popular será exercida pelo sufrágio universal e pelo voto direto e secreto, com valor igual para todos, e, nos termos da lei, mediante". BRASIL. (1988) *Constituição da República Federativa do Brasil*. Disponível em: http://www.planalto.gov.br/ccivil_03/constituicao/constituicao.htm. Acesso em: 8 out. 2019.

[305] "Art. 1º A República Federativa do Brasil, formada pela união indissolúvel dos Estados e Municípios e do Distrito Federal, constitui-se em Estado Democrático de Direito e tem como fundamentos:
I – a soberania;
II – a cidadania;
III – a dignidade da pessoa humana;
IV – os valores sociais do trabalho e da livre iniciativa;
V – o pluralismo político." BRASIL. (1988) *Constituição da República Federativa do Brasil*. Disponível em: http://www.planalto.gov.br/ccivil_03/constituicao/constituicao.htm. Acesso em: 8 out. 2019.

Não obstante, até o presente momento, é indubitável que as políticas de inclusão implementadas na esfera eleitoral são relativas às desigualdades de gênero, as quais, no entanto, têm sido fraudadas por candidatos e partidos políticos com certa frequência, conforme se expõe adiante.

## 2.3.1 Fraude à cota de gênero ("candidaturas laranjas")

Apesar da disposição legal acerca do percentual mínimo de candidaturas de gênero – e, *in casu*, para ponderação, femininas (30%) – a ser observado pelos partidos, é extremamente comum a prática de ações com o objetivo de fraudá-la, em descumprimento à cota de gênero e em prejuízo à tentativa de incremento da participação feminina na política.

Em especial, costuma-se lançar a candidatura de mulheres que, na realidade, não irão disputar o pleito – as denominadas candidaturas fictícias ou laranjas. Nesse caso, os nomes femininos são arrolados na lista do partido para atender ao percentual mínimo e, por conseguinte, viabilizar a presença do partido e de seus candidatos nas eleições, sem existir, contudo, suporte real à candidatura.

Dado o entendimento do TSE de que o posterior indeferimento de candidatura ou a renúncia por parte de candidatas não constituem violação à cota de gênero pelo partido, uma vez atendido o requisito no momento do registro, tem-se efetivo prejuízo à apuração de condutas fraudulentas, nas quais ocorre a utilização de mulheres filiadas, sem nenhuma competitividade ou intenção eleitoral, para o preenchimento do percentual mínimo. Nesse sentido, perpetua-se a baixa representatividade e participação femininas, em conduta com aparente licitude.

Sendo a maior parte do eleitorado composta por indivíduos do sexo feminino e a quantidade de filiados de cada gênero muito próxima, não há razoabilidade na manutenção da baixa representação feminina na política, tanto em cargos legislativos quanto executivos. Dessa forma, o enfrentamento das candidaturas de fachada pela Justiça Eleitoral é condição essencial para a concretização da política de cotas estabelecida pela legislação brasileira.[306]

---

[306] NUNES, Geórgia Ferreira Martins; SOARES, Lorena de Araújo Costa. Candidatas de fachada: a violência política decorrente da fraude eleitoral e do abuso de poder e as respostas jurídicas para efetivação dos grupos minoritariamente representados. *In:* FUX, Luiz; PEREIRA, Luiz Fernando Casagrande; AGRA, Walber de Moura (Coord.); PECCINI, Luiz Eduardo (Org.). *Direito Constitucional Eleitoral*. Belo Horizonte: Fórum, 2018, p. 543-570. (Tratado de Direito Eleitoral, v. 1).

Ademais, diversas são as ações em trâmite na Justiça Eleitoral que debatem fraude na cota de gêneros e a penalidade aplicável. Nesse contexto, o Tribunal Superior Eleitoral julgou o primeiro recurso relacionado ao tema. Nesse *leading case*, o TSE concluiu, por maioria de votos, 4x3, que a constatação de candidaturas laranjas, com o desígnio de fraudar a cota mínima de candidaturas femininas, enseja a cassação de toda a chapa, com a respectiva perda de mandato dos eleitos. *In verbis:*

> RECURSOS ESPECIAIS. ELEIÇÕES 2016. VEREADORES. PREFEITO. VICE-PREFEITO. AÇÃO DE INVESTIGAÇÃO JUDICIAL ELEITORAL (AIJE). ART. 22 DA LC 64/90. **FRAUDE. COTA DE GÊNERO. ART. 10, §3º, DA LEI 9.504/97.** RECURSOS ESPECIAIS. ELEIÇÕES 2016. VEREADORES. PREFEITO. VICE-PREFEITO. AÇÃO DE INVESTIGAÇÃO JUDICIAL ELEITORAL (AIJE). ART. 22 DA LC 64/90. FRAUDE. COTA DE GÊNERO. ART. 10, §3º, DA LEI 9.504/97. 1. O TRE/PI, na linha da sentença, reconheceu fraude na quota de gênero de 30% quanto às candidaturas das coligações Compromisso com Valença I e II ao cargo de vereador nas Eleições 2016, fixando as seguintes sanções: a) cassação dos registros das cinco candidatas que incorreram no ilícito, além de sua inelegibilidade por oito anos; b) cassação dos demais candidatos registrados por ambas as chapas, na qualidade de beneficiários. 2. Ambas as partes recorreram. A coligação autora pugna pela inelegibilidade de todos os candidatos e por se estender a perda dos registros aos vencedores do pleito majoritário, ao passo que os candidatos pugnam pelo afastamento da fraude e, alternativamente, por se preservarem os registros de quem não anuiu com o ilícito. PRELIMINAR. LITISCONSÓRCIO PASSIVO NECESSÁRIO. DIRIGENTES PARTIDÁRIOS. SÚMULA 24/TSE. REJEIÇÃO. 3. O TRE/PI assentou inexistir prova de que os presidentes das agremiações tinham conhecimento da fraude, tampouco que anuíram ou atuaram de modo direto ou implícito para sua consecução, sendo incabível citá-los para integrar a lide como litisconsortes passivos necessários. Concluir de forma diversa esbarra no óbice da Súmula 24/TSE. TEMA DE FUNDO. FRAUDE. COTA DE GÊNERO. ART. 10, §3º, DA LEI 9.504/97. ROBUSTEZ. GRAVIDADE. AFRONTA. GARANTIA FUNDAMENTAL. ISONOMIA. HOMENS E MULHERES. ART. 5º, I, DA CF/88. 4. A fraude na cota de gênero de candidaturas representa afronta à isonomia entre homens e mulheres que o legislador pretendeu assegurar no art. 10, §3º, da Lei 9.504/97 – a partir dos ditames constitucionais relativos à igualdade, ao pluralismo político, à cidadania e à dignidade da pessoa humana – e a prova de sua ocorrência deve ser robusta e levar em conta a soma das circunstâncias fáticas do caso, o que se demonstrou na espécie. 5. A extrema semelhança dos registros nas contas de campanha de cinco candidatas – tipos de

despesa, valores, data de emissão das notas e até mesmo a sequência numérica destas – denota claros indícios de maquiagem contábil. A essa circunstância, de caráter indiciário, somam-se diversos elementos específicos. 6. A fraude em duas candidaturas da Coligação Compromisso com Valença I e em três da Coligação Compromisso com Valença II revela-se, ademais, da seguinte forma: a) Ivaltânia Nogueira e Maria Eugênia de Sousa disputaram o mesmo cargo, pela mesma coligação, com familiares próximos (esposo e filho), sem nenhuma notícia de animosidade política entre eles, sem que elas realizassem despesas com material de propaganda e com ambas atuando em prol da campanha daqueles, obtendo cada uma apenas um voto; b) Maria Neide da Silva sequer compareceu às urnas e não realizou gastos com publicidade; c) Magally da Silva votou e ainda assim não recebeu votos, e, além disso, apesar de alegar ter sido acometida por enfermidade, registrou gastos – inclusive com recursos próprios – em data posterior; d) Geórgia Lima, com apenas dois votos, é reincidente em disputar cargo eletivo apenas para preencher a cota e usufruir licença remunerada do serviço público. 7. Modificar as premissas fáticas assentadas pelo TRE/PI demandaria reexame de fatos e provas (Súmula 24/TSE). **CASSAÇÃO. TOTALIDADE DAS CANDIDATURAS DAS DUAS COLIGAÇÕES.** LEGISLAÇÃO. DOUTRINA. JURISPRUDÊNCIA. 8. Caracterizada a fraude e, por conseguinte, comprometida a disputa, não se requer, para fim de perda de diploma de todos os candidatos beneficiários que compuseram as coligações, prova inconteste de sua participação ou anuência, aspecto subjetivo que se revela imprescindível apenas para impor a eles inelegibilidade para eleições futuras. Precedentes. 9. Indeferir apenas as candidaturas fraudulentas e as menos votadas (feito o recálculo da cota), preservando-se as que obtiveram maior número de votos, ensejaria inadmissível brecha para o registro de "laranjas", com verdadeiro incentivo a se "correr o risco", por inexistir efeito prático desfavorável. 10. O registro das candidaturas fraudulentas possibilitou maior número de homens na disputa, cuja soma de votos, por sua vez, contabilizou-se para as respectivas alianças, culminando em quociente partidário favorável a elas (art. 107 do Código Eleitoral), que puderam então registrar e eleger mais candidatos. 11. O círculo vicioso não se afasta com a glosa apenas parcial, pois a negativa dos registros após a data do pleito implica o aproveitamento dos votos em favor das legendas (art. 175, §§3º e 4º, do Código Eleitoral), evidenciando-se, mais uma vez, o inquestionável benefício auferido com a fraude. 12. A adoção de critérios diversos ocasionaria casuísmo incompatível com o regime democrático. 13. Embora o objetivo prático do art. 10, §3º, da Lei 9.504/97 seja incentivar a presença feminina na política, a cota de 30% é de gênero. Manter o registro apenas das candidatas também afrontaria a norma, em sentido contrário ao que usualmente ocorre. INELEGIBILIDADE. NATUREZA PERSONALÍSSIMA. PARCIAL PROVIMENTO. 14. Inelegibilidade constitui sanção personalíssima que incide apenas perante quem cometeu, participou ou anuiu com a prática ilícita, e não ao mero beneficiário. Precedentes. 15. Embora incabível aplicá-la indistintamente a todos os candidatos, constata-se a anuência de Leonardo Nogueira (filho de Ivaltânia Nogueira) e de Antônio Gomes da Rocha (esposo de Maria Eugênia de Sousa), os quais, repita-se, disputaram o mesmo pleito pela mesma coligação, sem notícia de animosidade familiar ou política, e com ambas atuando na candidatura daqueles em detrimento das suas. CASSAÇÃO. DIPLOMAS. PREFEITA E VICE-PREFEITO. AUSÊNCIA. REPERCUSSÃO. SÚMULA 24/TSE. 16. Não se vislumbra de que forma a fraude nas candidaturas proporcionais teria comprometido a higidez do pleito majoritário, direta ou indiretamente, ou mesmo de que seria de responsabilidade dos candidatos aos cargos de prefeito e vice-prefeito. Conclusão diversa esbarra na Súmula 24/TSE. **CONCLUSÃO. MANUTENÇÃO. PERDA. REGISTROS. VEREADORES. EXTENSÃO.** INELEGIBILIDADE. IMPROCEDÊNCIA. CHAPA MAJORITÁRIA. 17. Recursos especiais dos candidatos ao cargo de vereador pelas coligações Compromisso com Valença I e II desprovidos, mantendo-se cassados os seus registros, e recurso da Coligação Nossa União É com o Povo parcialmente provido para impor inelegibilidade a Leonardo Nogueira e Antônio Gomes da Rocha, subsistindo a improcedência quanto aos vencedores do pleito majoritário, revogando-se a liminar e executando-se o aresto logo após a publicação (precedentes). (Recurso Especial Eleitoral n. 19392, Acórdão, Relator(a) Min. Jorge Mussi, Publicação: DJe – Diário de Justiça eletrônico, Tomo 193, Data 04/10/2019, Página 105/107).[307] (Grifos nossos)

## 2.3.2 Não aplicação do percentual mínimo do Fundo Partidário e do Fundo Especial de Financiamento de Campanha para mulheres

De forma semelhante à fraude em cota de gênero nos registros de candidatura, constata-se, com frequência, a não aplicação do percentual mínimo do Fundo Partidário e do Fundo Eleitoral em campanhas femininas. Com efeito, os recursos direcionados para campanhas de mulheres são irregularmente repassados para filiados homens, em descumprimento à política paritária instituída pela lei.

[307] Recurso Especial Eleitoral n. 19392, Acórdão, Relator(a) Min. Jorge Mussi, Publicação: *DJe – Diário de Justiça Eletrônico*, Tomo 193, Data 04/10/2019, p. 105/107. Disponível em: http://www.tse.jus.br/jurisprudencia/decisoes/jurisprudencia. Acesso em: 19 set. 2019.

Em diversas situações, essa prática é associada a candidaturas fictícias e evidenciada pela não realização de campanha, pela inexistência de gasto eleitoral ou pela não transferência ou arrecadação de recursos.

Recentemente, inclusive, o Plenário do TSE manteve a cassação de diplomas eleitorais de vereadores de Rosário do Sul (RS) por uso ilícito de verbas do Fundo Partidário, no primeiro julgamento em que examinado esse tipo de desvio. No caso concreto, a vereadora havia repassado parte dos recursos recebidos por ela a título de promoção de candidaturas femininas a candidatos do sexo masculino, tendo sido condenado também um dos beneficiados.[308]

Durante o julgamento, a Corte decidiu ainda que a situação mencionada se enquadra nas hipóteses de ajuizamento de representação prevista no art. 30-A da Lei das Eleições,[309] que trata da solicitação de

---

308 "DIREITO ELEITORAL E PROCESSUAL CIVIL. RECURSOS ESPECIAIS ELEITORAIS COM AGRAVO. ELEIÇÕES 2016. REPRESENTAÇÃO POR CAPTAÇÃO OU GASTO ILÍCITO DE RECURSOS DE CAMPANHA. ART. 30-A DA LEI N. 9.504/1997. DESVIRTUAMENTO NA APLICAÇÃO DOS RECURSOS DO FUNDO PARTIDÁRIO DESTINADOS À PROMOÇÃO DA PARTICIPAÇÃO FEMININA NA POLÍTICA. DOAÇÃO DE PARTE DA VERBA A CANDIDATOS DO GÊNERO MASCULINO. DESVIO DE FINALIDADE. ILÍCITO CONFIGURADO. CONHECIMENTO DOS AGRAVOS. DESPROVIMENTO DOS RECURSOS ESPECIAIS ELEITORAIS. [...] III.6) GRAVIDADE DA CONDUTA. PROPORCIONALIDADE DA SANÇÃO DE CASSAÇÃO. 19. Conforme jurisprudência desta Corte, para a configuração do ilícito do art. 30-A deve-se analisar a violação material, e não meramente formal dos bens jurídicos tutelados pela norma. Assim, a procedência da representação exige a demonstração de gravidade da conduta reputada ilegal, que deve ser aferida pela relevância jurídica da irregularidade. Precedentes. 20. No caso em análise, a gravidade da conduta, em razão da relevância jurídica das irregularidades, ficou amplamente demonstrada. Primeiro, porque o percentual dos recursos do Fundo Partidário objeto de irregularidade, em relação ao total de receitas em ambas as campanhas, foi substancial, pois: (i) o valor recebido pelo candidato Afrânio em razão da doação (R$ 2.000, 00) representa 66% das suas receitas de campanha; e (ii) o valor doado pela candidata Jalusa (R$ 12.000, 00) representa 53% de suas receitas. Ademais, a recalcitrância em dar cumprimento a medidas cujo objetivo é conferir efetividade à cota de gênero não pode ser minimizada, sob pena de que este Tribunal Superior venha a homologar práticas em franca colisão com os recentes avanços da jurisprudência do STF e do TSE destinados a superar o caráter meramente nominal da reserva de 30% de candidaturas para as mulheres. 21. A alegação dos recorrentes no sentido de ser desproporcional a aplicação da sanção de cassação dos mandatos, ao argumento de que o valor da doação não foi capaz de promover qualquer desequilíbrio no pleito, não merece ser acolhida, tendo em vista que: (i) a potencialidade de a conduta desequilibrar o pleito eleitoral não é exigida para a caracterização da conduta de arrecadação e gasto ilícito de recursos; e (ii) a sanção de cassação do mandato é a consequência imposta pelo §2º do art. 30-A da Lei nº 9.504/1997, em razão da prática das condutas vedadas pelo *caput* [...]" Acórdão, Relator(a) Min. Luís Roberto Barroso, Publicação: *DJe – Diário de Justiça Eletrônico*, Data 20/09/2019). Disponível em: http://www.tse.jus.br/jurisprudencia/decisoes/jurisprudencia. Acesso em: 29 set. 2019.

309 "Art. 30-A. Qualquer partido político ou coligação poderá representar à Justiça Eleitoral, no prazo de 15 (quinze) dias da diplomação, relatando fatos e indicando provas, e pedir a abertura de investigação judicial para apurar condutas em desacordo com as normas desta Lei, relativas à arrecadação e gastos de recursos.

abertura de investigação judicial para apurar condutas ilícitas, relativas à arrecadação e aos gastos de recursos de campanha.[310]

Tal decisão reforça o papel dos tribunais de preservar as ações afirmativas em favor das mulheres e corrigir gradualmente a sub-representação feminina na política, assegurando a competitividade das candidaturas femininas e punindo estratégias dissimuladas que visam burlar a lei e neutralizar as medidas implementadas.

## 2.4 Fim das coligações proporcionais

As coligações partidárias têm por fundamento o consórcio de partidos políticos com o objetivo de atuação conjunta e cooperativa na disputa eleitoral, sendo instituto previsto pela Constituição Federal em seu art. 17, §1º. Ao longo do tempo, contudo, as coligações passaram a ser, em sua maioria, fenômeno ideologicamente inconsistente, meramente baseado em estratégias de maximização de votos e conquista de cadeiras.

Tal situação era agravada no âmbito do sistema proporcional de lista aberta, em que os membros são eleitos de acordo com os votos dos partidos coligados e, diversas vezes, por força dos "puxadores de voto".[311] Nesse contexto, o eleitor não costuma ter consciência de quem seu voto irá efetivamente beneficiar, disfunção ainda mais latente no caso das coligações – o eleitor, por exemplo, ao conceder seu voto para um partido A, com ideologia de direita, pode eleger candidato de um partido B, de ideologia de esquerda, coligado a esse.

---

§1º Na apuração de que trata este artigo, aplicar-se-á o procedimento previsto no art. 22 da Lei Complementar no 64, de 18 de maio de 1990, no que couber.
§2º Comprovados captação ou gastos ilícitos de recursos, para fins eleitorais, será negado diploma ao candidato, ou cassado, se já houver sido outorgado.
§3º O prazo de recurso contra decisões proferidas em representações propostas com base neste artigo será de 3 (três) dias, a contar da data da publicação do julgamento no Diário Oficial." BRASIL. Lei nº 9.504, de 30 de setembro de 1997. Estabelece normas para as eleições. Disponível em: http://www.planalto.gov.br/ccivil_03/leis/l9504.htm. Acesso em: 16 jun. 2019.

310 BRASIL. Tribunal Superior Eleitoral. Corte confirma cassação de diplomas de dois vereadores de Rosário do Sul (RS). Disponível em http://www.tse.jus.br/imprensa/noticias-tse/2019/Agosto/tse-confirma-cassacao-de-diplomas-de-dois-vereadores-de-rosario-do-sul-rs. Acesso em: 29 set. 2019.

311 Trata-se de candidato com alta popularidade que gera quantidade de votos muito significativa para o partido, possibilitando a eleição de outros candidatos da agremiação que inicialmente não teriam chances reais.

Por esse motivo, a Emenda Constitucional nº 97/2017 alterou o §1º do art. 17,[312] vedando a celebração de coligações proporcionais e mantendo apenas as majoritárias, em que o voto é essencialmente direcionado ao candidato, sendo a eleição de 2020 a primeira com a nova sistemática.

## 2.5 Crise ideológica dos partidos brasileiros

Apesar de a Constituição Federal de 1988 ter conferido papel central aos partidos políticos no sistema eleitoral, enquanto instituições organizadas em função de suas ideias com participação ativa no processo democrático, é evidente a atual crise ideológica que enfrenta o país, a qual pode ser compreendida sob duas perspectivas: jurídica e social.

O aspecto jurídico se refere ao próprio conjunto de normas sobre o tema, que pode conter algum tipo de incongruência interna, enquanto o social diz respeito ao progressivo distanciamento do cidadão comum em relação às instâncias governamentais, ocasionado pelo não atendimento das expectativas sociais dos eleitores. Nesse sentido Marcello Baquero aduz que:

> [...] a insatisfação dos cidadãos face à incapacidade do sistema partidário em canalizar suas aspirações adequada e eficazmente tem contribuído decisivamente para o crescente distanciamento do eleitor dos partidos e para a emergência de formas alternativas de representação política à margem dos partidos tradicionais.[313]

É inequívoco que a eficácia e a clareza das regras eleitorais e das ações partidárias conduzem a um cenário de maior legitimidade do sistema eleitoral como um todo e, por conseguinte, a um maior aprimoramento do regime democrático, como espaço de realização e

---

[312] "[...] §1º É assegurada aos partidos políticos autonomia para definir sua estrutura interna e estabelecer regras sobre escolha, formação e duração de seus órgãos permanentes e provisórios e sobre sua organização e funcionamento e para adotar os critérios de escolha e o regime de suas coligações nas eleições majoritárias, vedada a sua celebração nas eleições proporcionais, sem obrigatoriedade de vinculação entre as candidaturas em âmbito nacional, estadual, distrital ou municipal, devendo seus estatutos estabelecer normas de disciplina e fidelidade partidária." BRASIL. (1988) *Constituição da República Federativa do Brasil*. Disponível em: http://www.planalto.gov.br/ccivil_03/constituicao/constituicao.htm. Acesso em: 8 out. 2019.

[313] BAQUERO, Marcello. A tese da mobilização cognitiva e o declínio dos partidos. Trabalho apresentado no XX Encontro Anual da ANPOCS, Caxambu, MG, 22-26 de outubro, 1996, p. 13.

aprimoramento da emancipação política e cultural da população. O contrário, contudo, leva à descrença em relação ao sistema político, como consequência dos reiterados desvios programáticos, das fraudes às imposições legais, das constantes irregularidades financeiras e dos recentes escândalos de corrupção verificados no Brasil.

Em linhas gerais, a crise dos partidos políticos está intimamente ligada ao contínuo descolamento de diretrizes, interesses e ações políticas em relação às expectativas sociais, bem como à fragilidade da relação de confiança estabelecida entre mandatários e eleitorado. Sobre o tema, inclusive, Bobbio pontua:

> Em vez de subordinarem os interesses partidários e pessoais aos interesses gerais, grandes e pequenos partidos disputam para ver quem consegue desfrutar com maior astucia todas as oportunidades para ampliar a própria esfera de poder. Em vez de assumirem a responsabilidade de seus comportamentos mais clamorosos e criticáveis, empregam toda a habilidade dialética para demonstrar que a responsabilidade é do adversário, a tal ponto que o país vai se arruinando e ninguém é responsável.[314]

Importante ressaltar que a crítica não se direciona ao simples jogo político, que envolve a negociação de interesses, a formação de alianças e oposições – fatores intrínsecos à atividade política no âmbito do Estado democrático, baseado no pluralismo. O cerne da discussão diz respeito à redução da atividade política a um esquema fechado, sem espaço para o exercício da cidadania e para a formação de opinião, que se perpetua em um ciclo vicioso.[315] Verifica-se, de fato, manifesto desalinhamento entre a teoria da representação social dos partidos e sua efetiva participação enquanto agentes democráticos ideologicamente definidos.

Entende-se, assim, que a problemática não diz respeito ao regime eleitoral adotado, mas à existência concreta das agremiações na atualidade, que desprivilegia os princípios basilares do sistema democrático. O excessivo individualismo da política brasileira prejudica a

---

314 BOBBIO, Norberto. *As ideologias e o poder em crise*. 4. ed. Tradução de João Ferreira. Brasília: UnB, 1999, p. 193.

315 VIEIRA, Hector Luís C. O dilema dos partidos políticos brasileiros: a crise de representatividade e o reposicionamento dos atores democráticos. In: XXII Encontro Nacional do CONPEDI/ UNINOVE Tema: Sociedade global e seus impactos sobre o estudo e a efetividade do Direito na contemporaneidade, organização CONPEDI/UNINOVE. Coordenadores: José Filomeno de Moraes Filho, Regina Célia Martinez, Ilton Norberto Rob Filho. Florianópolis: FUNJAB, 2013, p. 14.

relevância das agremiações na condição de representantes das demandas sociais de determinado segmento, desestabilizando a estrutura partidária erigida pela CF/88.

Desse modo, levando em consideração o histórico de corrupção, fraude e abuso de poder econômico na esfera política brasileira, prática há muito existente e que se mostrou profundamente arraigada no cotidiano do país, fica evidente a crise de representatividade que atinge a maior parte da população e que ameaça seriamente a confiabilidade na própria estrutura democrática e nas instituições do país como um todo.

## 2.6 Mídia digital e o fenômeno das redes sociais: uma nova realidade

A crescente utilização de recursos digitais tem naturalmente promovido mudanças nas relações eleitorais, especialmente na forma de se fazer propaganda e divulgar informações. Embora possibilite maior fluidez na comunicação, o meio virtual apresenta características que potencializam os problemas a serem enfrentados durante o período eleitoral, dada a rapidez na propagação de notícias, a ampliação do público alcançado, a facilidade de divulgação de conteúdos falsos e a dificuldade de realização de debates sérios.[316]

Em face dessa nova realidade, a Reforma Eleitoral de 2017 (Lei nº 13.488) estabeleceu algumas mudanças na legislação ordinária, a fim de regulamentar as novas práticas virtuais e coibir condutas incompatíveis com o padrão ético esperado da atuação político-partidária. As principais regras são relacionadas (i) à identificação do conteúdo a ser divulgado, (ii) à possibilidade de rastreamento das publicações e (iii) à preocupação com a exposição de informações falsas que possam ferir a imagem e a honra de outros candidatos e partidos.[317]

Nesse sentido, passou-se a admitir o impulsionamento pago de conteúdo na internet, desde que identificado de forma inequívoca como tal, interno à aplicação utilizada e contratado exclusivamente por partidos, coligações e candidatos, sendo vedada a propaganda eleitoral

---

316 NEISSER, Fernando; BERNARDELLI, Paula; MACHADO, Raquel. A mentira no ambiente digital: impactos eleitorais e possibilidades de controle. *In*: FUX, Luiz; PEREIRA, Luiz Fernando Casagrande; AGRA, Walber de Moura (Coord.); PECCINI, Luiz Eduardo (Org.). *Direito constitucional eleitoral*. Belo Horizonte: Fórum, 2018, p. 51-70. (Tratado de Direito Eleitoral, v. 4)

317 BRASIL. *Lei nº 13.488, de 6 de outubro de 2017*. Disponível em: http://www.planalto.gov.br/ccivil_03/_Ato2015-2018/2017/Lei/L13488.htm. Acesso em: 4 out. 2019.

paga no meio digital.[318] Com isso, permite-se a utilização da internet para fornecer visibilidade a determinados candidatos e partidos e, ao mesmo tempo, garante-se mínima possibilidade de fiscalização e controle ao concentrar as publicações em perfis específicos, impedindo a propagação desenfreada de conteúdo.

Além disso, estabeleceu-se a possibilidade de a Justiça Eleitoral determinar a suspensão do acesso a conteúdo veiculado que deixar de cumprir as disposições da legislação eleitoral, sendo o tempo de suspensão proporcional à gravidade da infração cometida, observado o máximo de 24 horas, em atenção ao princípio da proporcionalidade.[319]

Portanto, em termos de debate democrático, a principal preocupação com a internet diz respeito aos algoritmos utilizados. Se o foco é atrair atenção, programa-se o ambiente digital para entregar conteúdos mais alinhados ao pensamento do usuário, em uma espécie de "bolha"

---

[318] "Art. 57-C. É vedada a veiculação de qualquer tipo de propaganda eleitoral paga na internet, excetuado o impulsionamento de conteúdos, desde que identificado de forma inequívoca como tal e contratado exclusivamente por partidos, coligações e candidatos e seus representantes.
§1º É vedada, ainda que gratuitamente, a veiculação de propaganda eleitoral na internet, em sítios:
I – de pessoas jurídicas, com ou sem fins lucrativos;
II – oficiais ou hospedados por órgãos ou entidades da administração pública direta ou indireta da União, dos Estados, do Distrito Federal e dos Municípios;
§2º A violação do disposto neste artigo sujeita o responsável pela divulgação da propaganda e, quando comprovado seu prévio conhecimento, o beneficiário à multa no valor de R$ 5.000, 00 (cinco mil reais) a R$ 30.000, 00 (trinta mil reais).
§2º A violação do disposto neste artigo sujeita o responsável pela divulgação da propaganda ou pelo impulsionamento de conteúdos e, quando comprovado seu prévio conhecimento, o beneficiário, à multa no valor de R$ 5.000, 00 (cinco mil reais) a R$ 30.000, 00 (trinta mil reais) ou em valor equivalente ao dobro da quantia despendida, se esse cálculo superar o limite máximo da multa.
§3º O impulsionamento de que trata o *caput* deste artigo deverá ser contratado diretamente com provedor da aplicação de internet com sede e foro no País, ou de sua filial, sucursal, escritório, estabelecimento ou representante legalmente estabelecido no País e apenas com o fim de promover ou beneficiar candidatos ou suas agremiações. BRASIL. Lei nº 9.504, de 30 de setembro de 1997. Estabelece normas para as eleições. Disponível em: http://www.planalto.gov.br/ccivil_03/leis/l9504.htm. Acesso em: 16 jun. 2019.

[319] "Art. 57-I. A requerimento de candidato, partido ou coligação, observado o rito previsto no art. 96 desta Lei, a Justiça Eleitoral poderá determinar, no âmbito e nos limites técnicos de cada aplicação de internet, a suspensão do acesso a todo conteúdo veiculado que deixar de cumprir as disposições desta Lei, devendo o número de horas de suspensão ser definida proporcionalmente à gravidade da infração cometida em cada caso, observado o limite máximo de vinte e quatro horas.
§1º A cada reiteração de conduta, será duplicado o período de suspensão.
§2º No período de suspensão a que se refere este artigo, a empresa informará, a todos os usuários que tentarem acessar seus serviços, que se encontra temporariamente inoperante por desobediência à legislação eleitoral". BRASIL. Lei nº 9.504, de 30 de setembro de 1997. Estabelece normas para as eleições. Disponível em: http://www.planalto.gov.br/ccivil_03/leis/l9504.htm. Acesso em: 16 jun. 2019.

que induz o sujeito a ter mais contato com visões semelhantes.[320] Tal tecnologia propicia a formação de indivíduos mais intolerantes e extremistas, causando prejuízo ao debate democrático, que pressupõe pluralidade e contraste entre visões distintas.

### 2.6.1 *Fake news*: a nova vilã da democracia

Diante desse novo contexto, a veiculação de mentiras em redes sociais, as chamadas *fake news*, passa a ser grande preocupação do Direito Eleitoral, principalmente devido à dificuldade em se identificar o responsável pela divulgação da informação e o público ao qual o conteúdo se destina, bem como à insegurança sobre os efeitos que a notícia pode ter sobre o eleitorado.[321]

Tal prática se refere à propagação de notícias falsas, usualmente voltadas ao ataque de um adversário ou à promoção pessoal exacerbada, com base em uma situação inverídica e estrategicamente pensada, por meio de redes sociais e com aparência de seriedade. Para a Justiça Eleitoral, a principal preocupação é que as escolhas políticas dos indivíduos não se pautem por informações falsas e por um ambiente eleitoral de pouca transparência, em que se perde a autonomia de decisão.

Ao mesmo tempo, preocupa a utilização conjunta da microssegmentação ("bolha virtual") com outras ferramentas, aptas a potencializar o impacto do conteúdo, como os perfis falsos, administrados por outras pessoas com o objetivo de simular indivíduos reais e agir de acordo com interesses específicos. Além disso, é frequente o uso dos chamados *fake bots*, que consistem em perfis de usuários falsos, administrados por robôs, que são programados para responder a conteúdo da internet – como se pessoas reais fossem.

Como se vê, a problemática nuclear envolvida no uso desses mecanismos é a ausência de transparência e a dificuldade de identificação dos envolvidos em seu desenvolvimento e financiamento ou mesmo

---

[320] Ainda em 2007, Cass Sustein descreveu essa situação em um futuro distópico: "It is some time in the future. Technology has greatly increased people's ability to 'filter' what they want to read, see, and hear. [...] If you are interested in politics, you may want to restrict yourself to certain points of view by hearing only from people with whom you agree". SUNSTEIN, Cass. *Republic.com 2.0*. Princeton: Princeton University Press, 2007, p. 1-2.

[321] NEISSER, Fernando; BERNARDELLI, Paula; MACHADO, Raquel. A mentira no ambiente digital: impactos eleitorais e possibilidades de controle. *In*: FUX, Luiz; PEREIRA, Luiz Fernando Casagrande; AGRA, Walber de Moura (Coord.); PECCINI, Luiz Eduardo (Org.). *Direito constitucional eleitoral*. Belo Horizonte: Fórum, 2018, p. 51-70. (Tratado de Direito Eleitoral, v. 4).

dos verdadeiros administradores dos perfis, o que torna complexa a responsabilização por eventuais atos ilícitos. Isso porque a internet facilita o agravamento das *fake news* ao permitir a pluralização das fontes e a viabilização da propagação instantânea de notícias e opiniões, em um fluxo intenso de divulgação e troca de informações.

Segundo Richard Hasen, o fato de cada um ser, simultaneamente, destinatário e fonte de informação prejudica a hegemonia de fontes confiáveis. Ademais, a polarização política, agravada pelas chamadas "bolhas", eleva a possibilidade de a imprensa se posicionar de forma assumidamente tendenciosa, como ocorre, por exemplo, com alguns veículos de comunicação nos Estados Unidos.[322]

Nesse sentido, o que justifica maior controle e fiscalização das *fake news*, em comparação a outras formas de propaganda negativa, é justamente a elevada dificuldade de identificação do que é *fake*, o excessivo prejuízo ao debate democrático e à autêntica formação de opinião, haja vista a imprecisão quanto a sua fonte.

Imprescindível, portanto, que se implemente uma regulamentação mais dinâmica e eficaz quanto ao tema, exigindo maior transparência quanto ao uso da infraestrutura de rede e instituindo normas sobre o uso de dados sensíveis e robôs, limites à orientação de conteúdo por microssegmentação e formas de controle de financiadores e desenvolvedores de conteúdos.

Nesse sentido, embora distantes de uma solução,[323] importante consignar que o Tribunal Superior Eleitoral, reunido com vários seguimentos ligados à mídia, organizações sociais, partidos e outros tribunais, tem realizado diversos eventos e debates[324] públicos para debater a problemática e procurar meios de coibir a prática antidemocrática. Citam-se, nesse contexto: o Seminário Internacional *Fake News* e Eleições e, mais recentemente, o projeto e o portal Enfrentamento à Desinformação.[325]

---

322 HASEN, Richard L. A constitutional right to lie in campaigns and elections. *Montana Law Review*, v. 74, n. 1, 2013, p. 53-77.

323 BRASIL. Tribunal Superior Eleitoral. Especialistas debatem saídas para o fenômeno das fake news durante seminário no TSE. Disponível em: http://www.tse.jus.br/imprensa/noticias-tse/2019/Maio/especialistas-debatem-saidas-para-o-fenomeno-das-fake-news-durante-seminario-no-tse. Acesso em: 3 out. 2019.

324 BRASIL. Tribunal Superior Eleitoral. Seminário Internacional Fake News e Eleições contará com a participação de especialistas internacionais. Disponível em: http://www.tse.jus.br/imprensa/noticias-tse/2019/Abril/seminario-internacional-fake-news-e-eleicoes-contara-com-a-participacao-de-especialistas-internacionais. Acesso em: 3 out. 2019.

325 BRASIL. Tribunal Superior Eleitoral. Enfrentamento à desinformação. Disponível em: http://www.tse.jus.br/videos/enfrentamento-a-desinformacao. Acesso em: 11 nov. 2019.

### 2.6.2 Divulgação da atuação parlamentar e dos candidatos

Conforme já salientado, a titularidade do mandato, no caso dos cargos eletivos proporcionais, é dos próprios partidos políticos, que irão se fazer representados nas mais diversas instâncias do Estado por meio de seus filiados escolhidos nas eleições pelo voto popular. Nesse sentido, é perceptível que a figura do candidato eleito possui um viés dúplice de representação, alcançando tanto a agremiação ao qual está filiado como os eleitores que nele depositaram sua confiança para a representação dos interesses político-programáticos da legenda.

A partir desse cenário, é evidente que a conformação jurídica do sistema político-partidário no Brasil aponta para a existência de um pacto ideológico previamente acertado entre a tríade "partido político – filiado eleito – eleitores", de forma que a gestação de políticas públicas promovidas no âmbito do mandato deve estar em consonância com o acerto anterior, consubstanciado na figura do voto.

Inclusive, esse raciocínio encontra guarida na própria Constituição Federal de 1988, quando enuncia que todo poder emana do povo, que o exerce por meio de representantes eleitos ou diretamente, nos termos da própria Carta (art. 1º, parágrafo único, CF).[326] Torna-se latente, desse modo, a ideia de que o candidato eleito, ao representar determinado segmento da sociedade civil por meio do mandato, tem a obrigação de informar esses representados acerca de sua atuação parlamentar, visto que a publicidade é um dos principais pilares de todo e qualquer regime democrático.

Logo, as novas tecnologias são importantes instrumentos para a divulgação informações, uma vez que possibilitam um rápido fluxo entre as partes envolvidas e colaboram para que todo e qualquer segmento da sociedade civil possa ter acesso. Esse quadro, contudo, igualmente promove uma facilidade na dissipação das já abordadas *fake news*, pela pulverização de pessoas que possam vir a participar desse intercâmbio de conteúdos e da superficialidade do controle a que possam ser submetidos.

Vê-se, então, que o ambiente digital ao qual os candidatos atualmente se submetem, ao mesmo tempo em que pode contribuir

---

326 "[...] Parágrafo único. Todo o poder emana do povo, que o exerce por meio de representantes eleitos ou diretamente, nos termos desta Constituição." BRASIL. (1988) *Constituição da República Federativa do Brasil*. Disponível em: http://www.planalto.gov.br/ccivil_03/constituicao/constituicao.htm. Acesso em: 8 out. 2019.

para uma maior aproximação com seus eleitores e uma apresentação mais clara e confiável do trabalho que está sendo realizado, pode também colaborar para uma exposição a críticas ilegítimas por meio de inverdades, o que pode vir a comprometer a própria legitimidade das demais informações.

Ademais, o uso de tecnologias também possibilita a existência de um debate em prol das ideias postas com outros eleitores e partidos para além das casas legislativas, o que igualmente auxilia no aumento da politização das discussões e da participação popular nos processos decisórios, conferindo maior legitimidade ao sistema como um todo. Nessa linha, há de se ressaltar que os próprios candidatos ficam expostos a uma maior pressão por parte da sociedade civil, dado que estão sujeitos a cobranças mais incisivas e periódicas acerca de sua atuação parlamentar.

Em síntese, se, por um lado, as inovações tecnológicas suscitam diversos questionamentos e preocupações, por outro, também permitem um contato mais próximo entre candidatos ou mandatários e eleitores, proporcionando maior exposição da sua atividade parlamentar.

Nessa linha, a difusão de informações não apenas permite um acompanhamento mais dinâmico da sociedade sobre políticas e posicionamentos, mas também admite uma cobrança mais direta por parte da população, de forma a se evidenciar um espaço abstrato que inaugura uma nova era de relacionamento entre os atores da política e seus apoiadores.

## 2.7 Proteções de dados

Em agosto de 2018, foi publicada, no *Diário Oficial da União*, a Lei nº 13.709,[327] denominada de Lei Geral de Proteção de Dados Pessoais. Registra-se, por oportuno, que a norma ainda não está em vigor, pois cumpre 24 meses de *vacacio legis*. Entretanto, embora não seja de aplicação imediata, dada sua especificidade e importância, inclusive para os partidos políticos, merece atenção especial.

A Lei Geral de Proteção de Dados Pessoais (LGPD) tem por finalidade determinar como as pessoas jurídicas e físicas deverão fazer o tratamento dos seus dados. Assim, a norma impõe as medidas de

---

[327] BRASIL. Lei nº 13.709, de 14 de agosto de 2018. Lei Geral de Proteção de Dados Pessoais (LGPD). Disponível em: http://www.planalto.gov.br/ccivil_03/_ato2015-2018/2018/lei/L13709.htm. Acesso em: 5 nov. 2019.

coleta, armazenamento e processamento das informações recebidas, visando uniformizar os dados recebidos para proteger a privacidade e os direitos fundamentais dos envolvidos. *In verbis*:

> Art. 1º Esta Lei dispõe sobre o tratamento de dados pessoais, inclusive nos meios digitais, por pessoa natural ou por pessoa jurídica de direito público ou privado, com o objetivo de proteger os direitos fundamentais de liberdade e de privacidade e o livre desenvolvimento da personalidade da pessoa natural.[328]

Para fins de interpretação da legislação, o tratamento de dados é conceituado como "toda operação realizada com dados pessoais, como as que se referem a coleta, produção, recepção, classificação, utilização, acesso, reprodução, transmissão, distribuição, processamento, arquivamento, armazenamento, eliminação, avaliação ou controle da informação, modificação, comunicação, transferência, difusão ou extração".[329]

Registra-se que nem todos os dados disponibilizados via internet serão considerados para fins da LGPD, mas tão somente aqueles que permitem a identificação das pessoas físicas, como, por exemplo, o Cadastro Nacional de Pessoa Físicas, ou, ainda, quando, pelo conjunto de dados, seja possível identificar o detentor das informações, como o nome completo combinado com o endereço.

A partir da vigência da LGPD, as pessoas jurídicas e físicas que solicitarem dados pessoais que ensejam a identificação do titular deverão fornecer informações claras e precisas sobre o tema e ter o consentimento expresso do titular. Ademais, quanto à anuência, observa-se que o art. 8º assevera:

> Art. 8º O consentimento previsto no inciso I do art. 7º desta Lei deverá ser fornecido por escrito ou por outro meio que demonstre a manifestação de vontade do titular.
> §1º Caso o consentimento seja fornecido por escrito, esse deverá constar de cláusula destacada das demais cláusulas contratuais.
> §2º Cabe ao controlador o ônus da prova de que o consentimento foi obtido em conformidade com o disposto nesta Lei.

---

328 BRASIL. Lei nº 13.709, de 14 de agosto de 2018. Lei Geral de Proteção de Dados Pessoais (LGPD). Disponível em: http://www.planalto.gov.br/ccivil_03/_ato2015-2018/2018/lei/L13709.htm. Acesso em: 5 nov. 2019.

329 BRASIL. Lei nº 13.709, de 14 de agosto de 2018. Lei Geral de Proteção de Dados Pessoais (LGPD). Disponível em: http://www.planalto.gov.br/ccivil_03/_ato2015-2018/2018/lei/L13709.htm. Acesso em: 5 nov. 2019.

> §3º É vedado o tratamento de dados pessoais mediante vício de consentimento.
> §4º O consentimento deverá referir-se a finalidades determinadas, e as autorizações genéricas para o tratamento de dados pessoais serão nulas.
> §5º O consentimento pode ser revogado a qualquer momento mediante manifestação expressa do titular, por procedimento gratuito e facilitado, ratificados os tratamentos realizados sob amparo do consentimento anteriormente manifestado enquanto não houver requerimento de eliminação, nos termos do inciso VI do *caput* do art. 18 desta Lei.
> §6º Em caso de alteração de informação referida nos incisos I, II, III ou V do art. 9º desta Lei, o controlador deverá informar ao titular, com destaque de forma específica do teor das alterações, podendo o titular, nos casos em que o seu consentimento é exigido, revogá-lo caso discorde da alteração.[330]

Outro ponto que merece relevo é o ambiente de validade da norma. Isso porque a LGPD será aplicada mesmo fora do Brasil quando o objetivo da pessoa jurídica ou física que está requerendo os dados for a prestação de serviços ou fornecimento de bens no Brasil. Nota-se a previsão do art. 3º:

> Art. 3º Esta Lei aplica-se a qualquer operação de tratamento realizada por pessoa natural ou por pessoa jurídica de direito público ou privado, independentemente do meio, do país de sua sede ou do país onde estejam localizados os dados, desde que:
> I – a operação de tratamento seja realizada no território nacional;
> II – a atividade de tratamento tenha por objetivo a oferta ou o fornecimento de bens ou serviços ou o tratamento de dados de indivíduos localizados no território nacional; ou
> III – os dados pessoais objeto do tratamento tenham sido coletados no território nacional.
> §1º Consideram-se coletados no território nacional os dados pessoais cujo titular nele se encontre no momento da coleta.
> §2º Excetua-se do disposto no inciso I deste artigo o tratamento de dados previsto no inciso IV do *caput* do art. 4º desta Lei.

Validamente, o objetivo da norma não é impedir ou dificultar o tratamento dos dados pessoais, mas sim regulamentar e dar garantias de proteção aos titulares das informações de que elas não serão

---

330 BRASIL. Lei nº 13.709, de 14 de agosto de 2018. Lei Geral de Proteção de Dados Pessoais (LGPD). Disponível em: http://www.planalto.gov.br/ccivil_03/_ato2015-2018/2018/lei/L13709.htm. Acesso em: 5 nov. 2019.

compartilhadas, vendidas ou deixadas, sem segurança, em qualquer local. Ao mesmo tempo, consigna-se que LGPD traz algumas ressalvas, não se aplicando ao tratamento de dados pessoais quando:

> Art. 4º Esta Lei não se aplica ao tratamento de dados pessoais:
> I – realizado por pessoa natural para fins exclusivamente particulares e não econômicos;
> II – realizado para fins exclusivamente:
> a) jornalístico e artísticos; ou
> b) acadêmicos, aplicando-se a esta hipótese os arts. 7º e 11 desta Lei;
> III – realizado para fins exclusivos de:
> a) segurança pública;
> b) defesa nacional;
> c) segurança do Estado; ou
> d) atividades de investigação e repressão de infrações penais; ou
> IV – provenientes de fora do território nacional e que não sejam objeto de comunicação, uso compartilhado de dados com agentes de tratamento brasileiros ou objeto de transferência internacional de dados com outro país que não o de proveniência, desde que o país de proveniência proporcione grau de proteção de dados pessoais adequado ao previsto nesta Lei.[331]

Com efeito, volvendo a temática para a linha de pesquisa do presente estudo, constata-se que a Lei Geral de Proteção de Dados será aplicável aos partidos políticos, na medida em que esses terão acesso a informações pessoais dos candidatos e demais filiados. Por conseguinte, excluído os casos em que os partidos compartilharão os dados de seus candidatos com os órgãos eleitorais para fins de registro e sequência do processo eleitoral, deverão as agremiações se planejarem para a nova lei, armazenando corretamente, nos termos da LGPD, as informações recebidas, inclusive com a possibilidade (não obrigatoriedade) de adoção de programas de *Compliance* de dados.

## 2.8 Abusos na utilização dos institutos das intervenções e comissões provisórias

Conforme alinhavado no Capítulo 1, a liberdade de estabelecer, em estatuto partidário, a possibilidade de intervenção e de instituição de

---

[331] BRASIL. Lei nº 13.709, de 14 de agosto de 2018. Lei Geral de Proteção de Dados Pessoais (LGPD). Disponível em: http://www.planalto.gov.br/ccivil_03/_ato2015-2018/2018/lei/L13709.htm. Acesso em: 5 nov. 2019.

comissões provisórias é decorrente do exercício da autonomia partidária, estabelecida pela CF/88. Frequentemente, todavia, os partidos políticos se utilizam desse recurso de forma abusiva, no intuito de sobrepor os interesses de dirigentes nacionais aos dos órgãos partidários estaduais e municipais.

O alargamento das justificativas para autorizar o processo de intervenção de instâncias superiores sobre inferiores e a redução das formalidades necessárias para que ocorra tem sido estratégia da cúpula do partido para fazer valer suas determinações. A situação é agravada pela recorrente dissolução de diretórios, que são substituídos por comissões provisórias compostas por membros do diretório nacional, com plenos poderes para formar convenções e deliberar sobre coligações e candidaturas.

Sobre o tema, Emerson Urizzi Cervi e Felipe Borba avaliam que:

> A proporção de comissões provisórias de um partido pode ser usada como um indicador do grau de centralização de poder nas mãos de dirigentes partidários nacionais, que controlariam, de cima, as principais decisões partidárias estaduais e municipais, como a política de alianças e o lançamento de candidaturas. Ao analisar o conjunto dos diretórios de sete partidos, Guarnieri (2011) mostra que a capacidade de coordenação política-eleitoral de [sic] estruturas partidárias com poucas de comissões provisórias é menor, dado o alto custo das negociações internas.[332]

Dessa forma, as excessivas intervenções e instaurações de comissões provisórias produzem autêntica ditadura intrapartidária, com prevalência do órgão nacional sobre as instâncias estaduais e municipais e autêntica desvalorização do processo democrático e das consequentes especificidades locais. Sendo as agremiações o alicerce do sistema eleitoral brasileiro, é extremamente danoso que sua estrutura interna não esteja de acordo com os princípios e desígnios do preceito democrático, dado seu reflexo contíguo no modo da atuação política.

Essa problemática é histórica e também contemporânea. Deve-se rejeitar, por conseguinte, o processo de formação e propositura de demandas locais, estaduais e regionais, em benefício da manutenção de poder e de interesses personalíssimos de agentes perpetuados em âmbito nacional, havendo, pois, manifesto desacordo com o texto constitucional, que prevê o pacto federativo e a consequente autonomia

---

[332] URIZZI CERVI, Emerson; BORBA, Felipe. Os diretórios partidários municipais e o perfil sociodemográficos dos seus membros. *Revista Brasileira de Ciência Política*, n. 26. Brasília, maio/ago. 2018, p. 7-62.

de seus entes, realidade que deve ser igualmente observada no âmbito do sistema político-partidário.

## 2.9 Criminalização da atividade política

A criminalização da política, discussão muito presente na atualidade, remete à possibilidade de conversão da responsabilidade política em responsabilização penal. A responsabilidade política está intimamente relacionada ao surgimento do Estado Democrático de Direito, pressupondo certa liberdade de decisão por parte do parlamentar, que se traduz no dever de prestar contas. A lógica é justamente sancionar a violação dos valores políticos, consubstanciada na ruptura ou perturbação das relações de confiança.

A responsabilidade penal, doutro vértice, pode ser compreendida como forma de censura, que se opera quando da constatação da autoria de condutas lesivas a bens jurídicos essenciais, os quais são protegidos pelo ordenamento jurídico por meio da cominação de sanções restritivas de liberdade *lato sensu*.

A principal diferença entre as duas formas é que a responsabilidade política consiste em forma democraticamente legítima de controle da atividade parlamentar, com a submissão dos governantes ao sufrágio, enquanto a responsabilização penal abre espaço para estratégias de contorno do processo democrático, em que grupos mais influentes podem recorrer ao Poder Judiciário.

Essa, inclusive, é outra discussão pertinente sobre o tema: verificar em que medida a criminalização da política violaria a divisão do Estado em três poderes, conforme determinado pela Constituição. Isso porque transferir ao Judiciário a responsabilidade de decidir sobre questões eminentemente políticas prejudica o próprio sistema democrático, considerando-se a ausência de legitimidade de voto dos tribunais.

A problemática central envolvida nesse fenômeno diz respeito ao próprio papel representativo dos mandatários – ao se responsabilizar penalmente um parlamentar, há de se ter em mente que ele está a exercer uma função pública cuja força deriva da vontade popular, nos termos do parágrafo único do art. 1º da Constituição Federal.

Nessa linha, eventuais restrições impostas, em última análise, podem comprometer a própria representatividade nele depositada por parcela da sociedade civil, sendo necessário estabelecer condutas e requisitos precisos para a responsabilização do indivíduo que ocupa cargo eletivo, sob pena de comprometimento da expressão político-partidária em si.

## 2.10 Transparência nos partidos políticos

A partir do exposto, resta evidente que os partidos políticos constituem organismos centrais da representatividade política no Brasil, porquanto a filiação partidária é condição de elegibilidade constitucionalmente expressa, e a jurisprudência do Supremo Tribunal Federal e a do Tribunal Superior Eleitoral, até o presente momento, vedam as chamadas candidaturas avulsas.

Dada essa centralidade que erige do próprio texto constitucional, é de suma importância que os partidos políticos observem os princípios da publicidade e da transparência no exercício de suas atividades, por serem efetivamente responsáveis pela representação política. Afinal, não há como se conceber uma atuação estatal pautada por esses princípios se os próprios atores que a compõem não as observarem em seus trâmites internos.

Ocorre que, diferentemente do desejado, os dados levantados pelo Movimento Transparência Partidária,[333] no ano de 2018, demonstram que os partidos políticos existentes no Brasil apresentam níveis extremamente baixos quanto à transparência de seus procedimentos, o que apenas corrobora a visão prévia da sociedade civil acerca dos altos índices de corrupção e reforça a descrença generalizada no sistema político-partidário.

Com efeito, o estudo produzido partiu dos quatro seguintes eixos: (i) contabilidade; (ii) dirigentes e filiados; (iii) procedimentos internos; e (iv) estrutura partidária.

Como elementos fundamentais relacionados à contabilidade, apurou-se a (in)existência, nos âmbitos nacional, estadual e municipal, de informações acerca: (i) das receitas e despesas dos partidos políticos, incluindo CNPJ, CPF e nome dos doadores, vendedores e/ou prestadores de serviços; (ii) do patrimônio das agremiações, com ativos e passivos; e (iii) formatação/clarividência dos dados disponibilizados.[334]

---

333 MOVIMENTO TRANSPARÊNCIA PARTIDÁRIA. *Ranking da transparência partidária – Relatório sintético*. Primeira Edição. Ano 1 – março de 2018. Disponível em: http://www.transparenciapartidaria.org/blog/ranking-da-transparencia-partidaria. Acesso em: 25 out. 2019.

334 MOVIMENTO TRANSPARÊNCIA PARTIDÁRIA. *Ranking da transparência partidária – Relatório sintético*. Primeira Edição. Ano 1 – março de 2018. Disponível em: http://www.

Em relação aos dirigentes e filiados, buscaram-se dados acerca da relação detalhada de filiados (nome, CPF, local de residência, contratação no partido, etc.), lista de dirigentes nos âmbitos da federação, histórico dos dirigentes (eleições realizadas, datas, etc.) e relação de candidatos nos pleitos.[335]

No tocante aos procedimentos, avaliou-se se o partido político era transparente, com indicação destacada e direta, quanto às regras para a ocupação de cargos no interior da legenda, para escolha dos candidatos do partido em eleições e para aplicação dos recursos do partido, bem como se era pública a composição do comitê de ética da agremiação.[336]

Por último, no que tange à estrutura partidária, examinou-se como se dava o processo decisório interno dos partidos, bem como seus fluxogramas, além da eventual existência de setorização interna quanto a pagamentos, direção, gerência, publicidade, etc. Ao mesmo tempo, analisou-se a transparência das questões atinentes à fundação ou instituto para promoção das ideias do partido político.[337]

Com base nesses conjuntos de informações, cada variável interna de um dos eixos recebeu uma nota de 0 a 2,50, e a nota final de cada eixo foi a soma das quatro variáveis que o compõem, podendo chegar a 10. A nota final foi calculada a partir da média aritmética entre as notas conferidas a cada um dos eixos. Sendo os resultados referentes a consultas feitas em fevereiro de 2018, as conclusões foram as seguintes:

transparenciapartidaria.org/blog/ranking-da-transparencia-partidaria. Acesso em: 25 out. 2019.

335 MOVIMENTO TRANSPARÊNCIA PARTIDÁRIA. *Ranking da transparência partidária – Relatório sintético*. Primeira Edição. Ano 1 – março de 2018. Disponível em: http://www.transparenciapartidaria.org/blog/ranking-da-transparencia-partidaria. Acesso em: 25 out. 2019.

336 MOVIMENTO TRANSPARÊNCIA PARTIDÁRIA. *Ranking da transparência partidária – Relatório sintético*. Primeira Edição. Ano 1 – março de 2018. Disponível em: http://www.transparenciapartidaria.org/blog/ranking-da-transparencia-partidaria. Acesso em: 25 out. 2019.

337 MOVIMENTO TRANSPARÊNCIA PARTIDÁRIA. *Ranking da transparência partidária – Relatório sintético*. Primeira Edição. Ano 1 – março de 2018. Disponível em: http://www.transparenciapartidaria.org/blog/ranking-da-transparencia-partidaria. Acesso em: 25 out. 2019.

TABELA 2
**Total de partidos por eixo de variáveis**

| **Eixos** | **Variáveis** | **Total de partidos que informam** |
|---|---|---|
| Contabilidade | Receitas | 01 (3%) |
| | Despesas | 01 (3%) |
| | Formato do dado | 00 |
| | Patrimônio | 01 (3%) |
| Dirigentes e Filiados | Relação de filiados | 02 (6%) |
| | Lista de dirigentes | 00 |
| | Histórico dos dirigentes | 00 |
| | Relação dos candidatos | 00 |
| Procedimentos | Regras ocupação de cargos | 02 (6%) |
| | Regras escolha dos candidatos | 00 |
| | Regras aplicação dos recursos | 00 |
| | Comitê e Código de ética | 00 |
| Estrutura partidária | Fundação do Partido | 26 (74%) |
| | Contratados do partido | 00 |
| | Órgãos decisórios do partido | 00 |
| | Agenda de dirigentes | 29 (83%) |

Fonte: *Ranking* da transparência partidária – Relatório sintético (2018).[338]

Nesse ponto, é imperioso registrar que diferentes levantamentos apontam que as agremiações políticas brasileiras carecem de confiança junto ao eleitor. A título de exemplo, tem-se o Índice de Confiança nas Instituições do Ibope, o qual aduz que, entre os anos de 2009 a 2017, a confiabilidade dos partidos nunca superou a margem de 35% e, em análises recentes, nos três últimos anos, o índice não ultrapassou 20 pontos. Ademais, em 2017, em pesquisa realizada pela Escola de Direito de São Paulo da Fundação Getúlio Vargas, notou-se que somente 7% dos brasileiros entrevistados acreditam nas agremiações políticas.[339]

338 MOVIMENTO TRANSPARÊNCIA PARTIDÁRIA. *Ranking da transparência partidária – Relatório sintético*. Primeira Edição. Ano 1 – março de 2018, p. 10. Disponível em: http://www.transparenciapartidaria.org/blog/ranking-da-transparencia-partidaria. Acesso em: 25 out. 2019.

339 MOVIMENTO TRANSPARÊNCIA PARTIDÁRIA. *Ranking da transparência partidária – Relatório sintético*. Primeira Edição. Ano 1 – março de 2018, p. 10. Disponível em: http://www.transparenciapartidaria.org/blog/ranking-da-transparencia-partidaria. Acesso em: 25 out. 2019.

TABELA 3

**Nível de transparência dos partidos políticos brasileiros**

| Indicador | Final | Contabilidade | Dirigentes e filiados | Procedimentos | Estrutura partidária |
|---|---|---|---|---|---|
| NOVO | 2,50 | 6,00 | 0,00 | 2,00 | 2,00 |
| PT | 1,38 | 0,00 | 0,00 | 2,00 | 3,50 |
| DEM | 0,88 | 0,00 | 0,00 | 0,00 | 3,50 |
| PMDB | 0,88 | 0,00 | 0,00 | 0,00 | 3,50 |
| PP | 0,88 | 0,00 | 0,00 | 0,00 | 3,50 |
| PRB | 0,88 | 0,00 | 0,00 | 0,00 | 3,50 |
| PSB | 0,88 | 0,00 | 0,00 | 0,00 | 3,50 |
| PSDB | 0,88 | 0,00 | 0,00 | 0,00 | 3,50 |
| PSOL | 0,88 | 0,00 | 0,00 | 0,00 | 3,50 |
| PTB | 0,88 | 0,00 | 0,00 | 0,00 | 3,50 |
| PV | 0,88 | 0,00 | 0,00 | 0,00 | 3,50 |
| SD | 0,88 | 0,00 | 0,00 | 0,00 | 3,50 |
| PCB | 0,75 | 0,00 | 0,00 | 0,00 | 3,00 |
| PCdoB | 0,75 | 0,00 | 0,00 | 0,00 | 3,00 |
| PDT | 0,75 | 0,00 | 0,00 | 0,00 | 3,00 |
| PMN | 0,75 | 0,00 | 0,00 | 0,00 | 3,00 |
| PPS | 0,75 | 0,00 | 2,00 | 0,00 | 1,00 |
| PR | 0,75 | 0,00 | 0,00 | 0,00 | 3,00 |
| PROS | 0,75 | 0,00 | 0,00 | 0,00 | 3,00 |
| REDE | 0,75 | 0,00 | 0,00 | 0,00 | 3,00 |
| PHS | 0,63 | 0,00 | 0,00 | 0,00 | 2,50 |
| PPL | 0,63 | 0,00 | 2,00 | 0,00 | 0,50 |
| PRTB | 0,63 | 0,00 | 0,00 | 0,00 | 2,50 |
| PSC | 0,63 | 0,00 | 0,00 | 0,00 | 2,50 |
| PSTU | 0,63 | 0,00 | 0,00 | 0,00 | 2,50 |
| AVANTE | 0,50 | 0,00 | 0,00 | 0,00 | 2,00 |
| PMB | 0,50 | 0,00 | 0,00 | 0,00 | 2,00 |
| PODE | 0,50 | 0,00 | 0,00 | 0,00 | 2,00 |
| PRP | 0,50 | 0,00 | 0,00 | 0,00 | 2,00 |
| PSDC | 0,50 | 0,00 | 0,00 | 0,00 | 2,00 |
| PTC | 0,50 | 0,00 | 0,00 | 0,00 | 2,00 |
| PSD | 0,38 | 0,00 | 0,00 | 0,00 | 1,50 |
| PEN | 0,13 | 0,00 | 0,00 | 0,00 | 0,50 |

Fonte: *Ranking* da transparência partidária – Relatório sintético (2018).[340]

[340] MOVIMENTO TRANSPARÊNCIA PARTIDÁRIA. *Ranking da transparência partidária – Relatório sintético*. Primeira Edição. Ano 1 – março de 2018, p. 10. Disponível em: http://

TABELA 4
*Ranking* **da transparência partidária – resultado final**

| Partido | Pontuação |
|---|---|
| NOVO | 2,50 |
| PT | 1,38 |
| DEM | 0,88 |
| PMDB | 0,88 |
| PP | 0,88 |
| PRB | 0,88 |
| PSB | 0,88 |
| PSDB | 0,88 |
| PSOL | 0,88 |
| PTB | 0,88 |
| PV | 0,88 |
| SD | 0,88 |
| PCB | 0,75 |
| PCdoB | 0,75 |
| PDT | 0,75 |
| PMN | 0,75 |
| PPS | 0,75 |
| PR | 0,75 |
| PROS | 0,75 |
| REDE | 0,75 |
| PHS | 0,63 |
| PPL | 0,63 |
| PRTB | 0,63 |
| PSC | 0,63 |
| PSTU | 0,63 |
| AVANTE | 0,50 |
| PMB | 0,50 |
| PODE | 0,50 |
| PRP | 0,50 |
| PSDC | 0,50 |
| PTC | 0,50 |
| PSD | 0,38 |
| PEN | 0,13 |
| PCO | 0,00 |
| PSL | 0,00 |

Fonte: *Ranking* da transparência partidária – Relatório sintético (2018)[341]

www.transparenciapartidaria.org/blog/ranking-da-transparencia-partidaria. Acesso em: 25 out. 2019.

341 MOVIMENTO TRANSPARÊNCIA PARTIDÁRIA. *Ranking da transparência partidária – Relatório sintético*. Primeira Edição. Ano 1 – março de 2018, p. 9. Disponível em: http://www.

Com base nos resultados apresentados, conclui-se, de forma indubitável, que o nível de transparência dos partidos políticos brasileiros está longe do ideal, não se alinhando às expectativas delineadas na Carta de 1988, o que corrobora o cenário já apresentado da crise de representatividade dos partidos políticos.

## 2.11 Ausência de democracia intrapartidária

Conforme sopesado nos itens pretéritos, os partidos políticos brasileiros não apresentam confiabilidade junto à população. Logo, é preciso olhar para o seu funcionamento interno, com vistas a identificar dissonâncias que podem colaborar com a falta de confiança.

Assim, passa-se à análise da democracia intrapartidária ou democracia interna, que, para Álvaro Cunhal:[342]

> [...] é um conjunto de princípios e uma orientação do trabalho prático que se insere na esfera da teoria, da política, da prática e da ética. A democracia interna do Partido é uma forma de decidir, um método de trabalho, um critério de discussão e de decisão, uma maneira de actuar e de estar na vida, uma forma de pensar, de sentir e de viver.

Compreende-se, desse modo, que a democracia intrapartidária é o exercício da democracia internamente pelos partidos políticos, sobretudo no tocante à igualdade de participação e de tratamento entre os filiados. Nesse escopo, objetiva-se a equidade entre os seus membros como pilar principal da estrutura partidária.

Em palestra proferida na Universidade de Coimbra, Portugal, em julho de 2019, durante os seminários específicos do Pós-doutoramento em Direitos Humanos e Democracia, o Ministro Sérgio Banhos, do Tribunal Superior Eleitoral, consignou – no contexto brasileiro – o descrédito nos partidos políticos, o qual poderia ser resumido em:

> (i) O efeito prejudicial da corrupção política e dos privilégios dos políticos;
> (ii) O crescimento da alienação política e da perda da confiança das nas instituições;

---

transparenciapartidaria.org/blog/ranking-da-transparencia-partidaria. Acesso em: 25 out. 2019.

342 CUNHAL, Álvaro. *O partido com paredes de vidro*. 6. ed. Lisboa: Avante, 2002. [Edição eletrônica, 2010]. Disponível em: https://www.marxists.org/portugues/cunhal/1985/08/partido.pdf. Acesso em: 5. nov. 2019.

> (iii) A polarização exacerbada das opiniões políticas, sem conteúdo, mas revestidas de um discurso de ódio, potencializada pela utilização nociva dos novos meios de comunicação digital;
> (iv) A existência de muitos partidos (hoje, como dito, 35) e a instabilidade governamental (o País experimentou dois processos de *impeachment* desde a promulgação da Carta de 1988);
> (v) O descumprimento histórico de compromissos eleitorais que gerou a erosão da confiança nos partidos políticos e nas instituições;
> (vi) A ausência de transparência e accountability nas agremiações partidárias;
> (vii) A ausência de democracia no seio das agremiações partidárias.[343]

Ressalta-se, ademais, que essa não é uma preocupação exclusivamente brasileira. De forma comparada, partindo da premissa de que, no continente europeu, os partidos políticos também apresentam ressalvas quanto à atuação interna, a *Comissão Europeia para a Democracia Através do Direito* (Comissão de Veneza de 2008) introduziu o *Code of Good Practice in the field of Political Parties* (Código de Boas Práticas no domínio dos Partidos Políticos). Veja-se:

> 4. The proposed Code of Good Practice in the field of Political Parties has, in comparison with the former texts on political parties, a number of specific features, which introduce a new approach to the issue. Its explicit aim, as mandated in the PACE Resolution, is to reinforce political parties' internal democracy and increase their credibility in the eyes of citizens, thus contributing to the legitimacy of the democratic process and institutions as a whole and fostering participation in political life, as well as to promote democratic principles such asequality, dialogue, co-operation, transparency and the fight against corruption).[344] [345]

---

[343] Fala do Ministro Sérgio Silveira Banhos no Seminário Específico do Programa de Pós-Doutoramento em Democracia e Direitos Humanos do *Ius Gentium Conimbrigae*/Centro de Direitos Humanos, em Coimbra, Portugal, em julho de 2019.

[344] VENICE COMMISSION. *European Commission for Democracy through Law*, 2009. Disponível em: https://www.venice.coe.int/webforms/documents/default.aspx?pdffile=CDL-AD%282009%29002-e. Acesso em: 5 nov. 2019.

[345] Tradução livre: O Código de Boas Práticas proposto no campo dos Partidos Políticos, em comparação com textos anteriores sobre partidos políticos, uma série de características específicas que introduzem uma nova abordagem ao problema. Seu objetivo explícito, conforme estabelecido na Resolução PACE, é reforçar democracia interna dos partidos políticos e aumentar sua credibilidade aos olhos dos cidadãos, contribuindo para a legitimidade do processo e das instituições democráticas como um todo e promover a participação na vida política, bem como promover princípios democráticos como igualdade, diálogo, cooperação, transparência e luta contra a corrupção.

A finalidade do *Code of Good Practice in the field of Political Parties* (Código de Boas Práticas no domínio dos Partidos Políticos) era fortalecer a democracia intrapartidária, a fim de elevar a credibilidade dos partidos políticos. Como efeito reflexo haveria, ainda, uma maior legitimidade das instituições democráticas, diminuindo, assim, os problemas de transparência e corrupção.[346]

Ao analisar a temática, Fernando Guarnieri[347] aduz o mister de que "se passe a olhar para as regras no interior dos partidos. A hipótese é a de que a falta de democracia intrapartidária afastaria as pessoas dos partidos e levaria à baixa participação do cidadão na vida política com a consequente avaliação negativa dessas instituições".

Vislumbra-se, portanto, a necessidade de se volver maior atenção para o que acontece dentro dos partidos políticos, não só na Europa e no Brasil, mas no mundo, haja vista ser latente o problema interno das agremiações, o que deve ser combatido, sob pena de prejudicar os valores do Estado Democrático de Direito.

Nesse contexto, Flavia Freidenberg[348] ressalta que, para uma democracia intrapartidária eficaz, deve-se cumprir uma série de requisitos:

> Garantías de igualdad entre los afiliados y protección de los derechos fundamentales en el ejercicio de su libertad de opinión;
> Mecanismos de selección de candidatos a cargos de representación (internos o externos) competitivos;
> Participación de los afiliados en los órganos de gobierno, sin discriminación en la representación de los diversos grupos que integran la organización;
> Activa influencia de los diversos grupos en la discusión y formación de las posiciones programáticas y elaboración de propuestas del partido y en las decisiones comunes que éste tome;
> Respeto del principio de mayoría, que haga que las decisiones sean tomadas en función de la agregación mayoritaria de las voluntades individuales y garantías para las minorías;

[346] VENICE COMMISSION. *European Commission for Democracy through Law*, 2009. Disponível em: https://www.venice.coe.int/webforms/documents/default.aspx?pdffile=CDL-AD%282009%29002-e. Acesso em: 5 nov. 2019.

[347] GUARNIERI, Fernando. Democracia intrapartidária e reforma política. *Revista Parlamento e Sociedade*, São Paulo, v. 3, n. 5, p. 83-106, jul./dez. 2015. Disponível em: https://www.al.sp.gov.br/repositorio/bibliotecaDigital/22715_arquivo.pdf. Acesso em: 5 nov. 2019.

[348] FREIDENBERG, Flavia. Democracia interna: reto ineludible de los partidos políticos. *Revista de Derecho Electoral*, n. 1, Primer Semestre, 2006. Disponível em: https://dialnet.unirioja.es/descarga/articulo/3987968.pdf. Acesso em: 5 nov. 2019.

Y control efectivo por parte de los militantes de los dirigentes, a través de procesos que castiguen o premien a los que toman las decisiones.[349]

*In casu*, a preocupação quanto à ausência de democracia intrapartidária no Brasil toma maior proporção quando considerado o enorme volume de recursos públicos que hoje são destinados aos partidos políticos (PF e FEFC) e a tramitação, em estágio avançado, na Câmara dos Deputados, de dois projetos de leis – PL nº 9212/2017[350] e PL 3190/2019[351] – referentes ao voto distrital[352] misto, o que perfaz a necessidade de transparência em relação ao gasto dos recursos públicos recebidos e a forma de escolha dos candidatos, respectivamente.

Portanto, no espectro de Sérgio Banhos, para que a situação de descrédito dos partidos políticos se transforme, deve-se adotar formas democráticas de seleção de candidaturas, com respeito às candidaturas de gênero; garantias aos direitos dos filiados, consignando igual tratamento; fomentação à participação das decisões do partido; distribuição democrática do poder dentro dos partidos; controle, fiscalização e transparência nas movimentações financeiras dos partido; e, por fim, a exigência de programas de *Compliance* como meio de estabelecer regras de condutas para os membros das agremiações.[353]

---

349 Tradução livre: Garantias de igualdade entre os membros e proteção dos direitos fundamentais no exercício de sua liberdade de opinião; Mecanismos de seleção de candidatos para cargos representativos competitivos (internos ou externos); Participação de afiliadas nos órgãos sociais, sem discriminação na representação dos vários grupos que compõem a organização; Influência ativa dos diversos grupos na discussão e formação das posições programáticas e elaboração de propostas partidárias e nas decisões comuns que toma; Respeito ao princípio da maioria, que toma decisões tomadas com base na agregação maioritária de vontades e garantias individuais para minorias; Controle efetivo dos militantes dos líderes, por meio de processos que punem ou recompensam quem toma as decisões.

350 BRASIL. Câmara dos Deputados. Projeto de Lei nº 9212, de 2017. Disponível em: https://www.camara.leg.br/proposicoesWeb/fichadetramitacao?idProposicao=2163674. Acesso em: 4 nov. 2019.

351 BRASIL. Câmara dos Deputados. Projeto de Lei nº 3190, de 2019. Disponível em: https://www.camara.leg.br/proposicoesWeb/fichadetramitacao?idProposicao=2205294. Acesso em: 4 nov. 2019.

352 "Sistemas mistos: de um modo geral são aqueles que cominam uma forma de escrutínio proporcional com outra maioritário (o eleitor dispõe de dois votos, uma para eleger o mandatário num círculo uninominal e outro para eleger mandatários constantes de listas partidárias em círculos plurinominais), procurando favorecer-se, por regra, os maiores partidos, sem prejudicar a representação das minorias com uma expressão eleitoral minimamente relevante." MORAIS, Carlos Blanco. *O sistema político*: no contexto da erosão da democracia representativa. Coimbra: Almedina, 2018, p.242.

353 Fala do Ministro Sérgio Silveira Banhos no Seminário Específico do Programa de Pós-Doutoramento em Democracia e Direitos Humanos do *Ius Gentium Conimbrigae*/Centro de Direitos Humanos, em Coimbra, Portugal, em julho de 2019.

CAPÍTULO 3

# *COMPLIANCE* ELEITORAL E PARTIDÁRIO

Em face de tudo quanto exposto até aqui, é indubitável que, a despeito da importância conferida pela Constituição Federal de 1988 aos partidos políticos, vivenciou-se, nos últimos anos, um quadro reiterado de descrença da população em relação ao sistema político-partidário brasileiro, muito por conta dos diversos escândalos de corrupção que se tornaram notórios e por um movimento de "criminalização" da atividade política, que encontra, em certa medida, respaldo de boa parte da sociedade civil.

Consolidou-se uma triste e simplória visão de que a prática de delitos é quase que um pressuposto para o caminhar da atividade política, chegando-se ao ponto de, para considerável parcela da sociedade, não haver dissociação entre a política e a corrupção.

Nesse sentido, e considerando as demais problemáticas atuais enfrentadas pelos partidos e pelas candidaturas – boa parte delas delineadas no Capítulo 2 –, observa-se que a figura do *Compliance* no âmbito do sistema político-partidário passou a ser vista como uma medida atrativa para a recuperação de credibilidade e para a adoção de premissas democráticas no âmbito da gestão dos partidos.

Logo, esse último capítulo se dispõe a dialogar sobre os fundamentos constitutivos do *Compliance* no mundo e sua recepção pelo ordenamento jurídico brasileiro, buscando apontar de que forma a disciplina poderia se dar no âmbito do Direito Eleitoral para o alcance dos fins propostos pela CF/1988, bem como os desafios a serem enfrentados.

## 3.1 *Compliance*

Na atualidade, os desafios sociais e ambientais são parte cada vez mais presente do contexto de atuação das organizações, afetando sua estratégia e cadeira de valor, assim como sua reputação e valor econômico de longo prazo.[354] Os acontecimentos recentes no ambiente empresarial e político, envolvendo crises financeiras mundiais, escândalos de fraude e corrupção e ameaças cibernéticas, passaram, assim, a exigir um aperfeiçoamento da governança, em relação ao processo de tomada de decisão, à capacidade de avaliação e à deliberação ética.

Nesse contexto, a pressão exercida pelo governo e pela sociedade em relação aos temas de integridade e *Compliance* se acentuou, já que a celebração de acordos internacionais reforçando a cooperação entre países sobre o combate à corrupção, fraudes e outros ilícitos e o enrijecimento da legislação e fiscalização atinentes elevaram os custos da não conformidade, tanto pelos encargos judiciais e administrativos quanto pela exposição de imagem e prejuízo à reputação, visto que, segundo Jorge Miranda,[355] "a representação política implica a responsabilidade política, ou seja, o dever de prestar contas por parte dos governantes, a sujeição a um juízo de mérito sobre os seus atos e atividades por parte dos governados e a possibilidade da sua substituição por ato destes".

De tal modo, com relação à prática do *Compliance* na realidade brasileira, Castro, Amaral e Guerreiro[356] asseveram:

> In Brazil, awareness of the importance of anti-corruption compliance has significantly increased in recent years due to a series of factors, including the rising global relevance of the Brazilian economy, the increase in direct foreign investment in the country, and the recent scandals involving Brazilian companies and the country's political system.

Aliado a isso, é indubitável o crescente interesse no tema *Compliance*, no fito de instituir mecanismos de segurança e desenvolver uma cultura ética e estandardizada nas organizações públicas e privadas, na sociedade civil e nas relações constituídas entre essas partes, visando, entre vários objetivos, sobretudo, ao combate à corrupção.

---

354 INSTITUTO BRASILEIRO DE GOVERNANÇA CORPORATIVA. *Código das melhores práticas de governança corporativa*. 5. ed. São Paulo: IBGC, 2015, p. 15.

355 MIRANDA, Jorge. *Direito eleitoral*. Coimbra: Almedina, 2018, p. 52-53.

356 CASTRO, Patricia Reis; AMARAL, Juliana Ventura; GUERREIRO, Reinaldo. Adherence to the compliance program of Brazil's anti-corruption law and internal controls implementation. *Revista Contabilidade & Finanças*, São Paulo, v. 30, n. 80, p. 186-201, ago. 2019, p. 190. Disponível em: http://www.scielo.br/scielo.php?script=sci_arttext&pid=S1519-70772019000200186&lng=en&nrm=iso>. Acesso em 15 out. 2019.

## 3.1.1 Origem

Sucessivos eventos de violação de valores e diretrizes éticas e falha de liderança marcaram a evolução do *Compliance*. Na década de 1970, uma série de crimes corporativos nos Estados Unidos resultou na promulgação da primeira lei anticorrupção do mundo, a *Foreign Corrupt Practice Act*,[357]em 1977. Tal instrumento representou o marco inicial da proibição de pagamento de propinas para obtenção de negócios no exterior, prática antes muito recorrente no plano internacional.

A partir disso, organizações internacionais passaram a editar convenções anticorrupção, como, *v.g.*, a Convenção Interamericana contra a Corrupção, de 1996;[358] a Convenção sobre o Combate da Corrupção de Funcionários Públicos Estrangeiros em Transações Comerciais Internacionais, de 1997;[359] e a Convenção das Nações Unidas contra a Corrupção, de 2003.[360]

Paralelamente, iniciou-se um movimento de extensão da responsabilidade por práticas corruptas às companhias, dada a sua elevada participação em transações globais, de modo que a maioria dos instrumentos internacionais anticorrupção passou a incluir disposições sobre a adoção de medidas sancionatórias em face de pessoas jurídicas.

Diante de tais circunstâncias e das crises posteriores que tiveram impacto mundial,[361] surgiram iniciativas no sentido de adotar boas práticas de governança corporativa, conforme os valores de integridade, e impor mecanismos de controle para melhorar a prestação de contas e a transparência no sistema financeiro, no desígnio de conferir maior

---

357 THE UNITED STATES. Department of Justice. *Foreign Corrupt Practices Act of 1977*. Disponível em: https://www.justice.gov/sites/default/files/criminal-fraud/legacy/2012/11/14/fcpa-english.pdf. Acesso em: 27 set. 2019.

358 BRASIL. Decreto n. 4.410, de 7 de outubro de 2002. Promulga a Convenção Interamericana contra a Corrupção, de 29 de março de 1996, com reserva para o art. XI, parágrafo 1º, inciso "c". Disponível em: http://www.planalto.gov.br/ccivil_03/decreto/2002/D4410.htm. Acesso em: 28 set. 2019.

359 BRASIL. Decreto n. 3.678, de 30 de novembro de 2000. Promulga a Convenção sobre o Combate da Corrupção de Funcionários Públicos Estrangeiros em Transações Comerciais Internacionais, concluída em Paris, em 17 de dezembro de 1997. Disponível em: http://www.planalto.gov.br/ccivil_03/decreto/D3678.htm. Acesso em: 29 set. 2019.

360 BRASIL. Decreto n. 5.687, de 31 de janeiro de 2006. Promulga a Convenção das Nações Unidas contra a Corrupção, adotada pela Assembleia-Geral das Nações Unidas em 31 de outubro de 2003 e assinada pelo Brasil em 9 de dezembro de 2003. Disponível em: http://www.planalto.gov.br/ccivil_03/_Ato2004-2006/2006/Decreto/D5687.htm. Acesso em: 29 set. 2019.

361 Por exemplo, a crise imobiliária de 2008 nos Estados Unidos.

proteção ao contribuinte e ao consumidor.[362] A partir disso, a implementação de programas de *Compliance* passou a ser exigência cada vez mais frequente em diversas legislações, tendência que se estende até os dias atuais, em constante aperfeiçoamento.

### 3.1.2 Conceito e objetivos

A palavra *Compliance* vem do verbo *to comply*, que significa "cumprir". O programa de *Compliance*, portanto, visa ao cumprimento da lei, consistindo em um conjunto de procedimentos e mecanismos interdependentes que contribuem para a efetividade do sistema de governança, a fim de tornar a observância da legislação parte da cultura corporativa. Não se tem a pretensão de eliminar totalmente a chance de ocorrência de um ilícito, mas sim de reduzir suas possibilidades, criando ferramentas para que a empresa consiga identificar rapidamente a irregularidade e lidar de forma mais adequada com a questão.[363]

Esse, inclusive, é o motivo pelo qual o Estado incentiva a adoção do programa de integridade – trata-se de forma de compartilhamento da responsabilidade de garantir o cumprimento da legislação, em que o Poder Público confere aos agentes privados papel mais ativo na observância da lei e cria incentivos concretos para o desenvolvimento de um efetivo projeto de *Compliance* pelas empresas.

Tal política deve se pautar pelos princípios básicos da governança corporativa, a qual consiste no sistema de direção, monitoramento e incentivo, envolvendo relacionamentos entre sócios, conselho de administração, diretoria e órgãos de fiscalização e controle. Segundo o Código das Melhores Práticas de Governança Corporativa, esses princípios são:

> Transparência
> Consiste no desejo de disponibilizar para as partes interessadas as informações que sejam de seu interesse e não apenas aquelas impostas por disposições de leis ou regulamentos. Não deve restringir-se ao desempenho econômico-financeiro, contemplando também os demais

---

[362] INSTITUTO BRASILEIRO DE GOVERNANÇA CORPORATIVA. *Construindo um sistema de conformidade alinhado às melhores práticas de governança corporativa* (título provisório). Versão em audiência, novembro/2017, p. 7.

[363] MENDES, Francisco Schertel; Carvalho, Vinicius Marques de. *Compliance*: concorrência e combate à corrupção. São Paulo: Trevisan, 2017. p. 29. [livro eletrônico]

> fatores (inclusive intangíveis) que norteiam a ação gerencial e que conduzem à preservação e à otimização do valor da organização.
> Equidade
> Caracteriza-se pelo tratamento justo e isonômico de todos os sócios e demais partes interessadas (*stakeholders*), levando em consideração seus direitos, deveres, necessidades, interesses e expectativas.
> Prestação de Contas (*accountability*)
> Os agentes de governança devem prestar contas de sua atuação de modo claro, conciso, compreensível e tempestivo, assumindo integralmente as consequências de seus atos e omissões e atuando com diligência e responsabilidade no âmbito dos seus papeis.
> Responsabilidade Corporativa
> Os agentes de governança devem zelar pela viabilidade econômico-financeira das organizações, reduzir as externalidades negativas de seus negócios e suas operações e aumentar as positivas, levando em consideração, no seu modelo de negócios, os diversos capitais (financeiro, manufaturado, intelectual, humano, social, ambiental, reputacional, etc.) no curto, médio e longo prazos.[364]

Além disso, destaca-se a importância da gestão de riscos, que é essencialmente meio apto a "reduzir o impacto negativo dos riscos sobre as metas organizacionais, por meio da adoção de controles internos".[365] Trata-se, de fato, da definição de estratégias e *performance* de uma empresa para identificar suas necessidades de *Compliance* e, com isso, definir uma política mais eficaz.

A partir dessas diretrizes, busca-se promover um ambiente de compromisso ético, em que a observância de normas e princípios pelos membros da companhia seja reflexo da própria liderança, e a má conduta constitua exceção a ser combatida de forma responsável e adequada. Aqui, o papel central do *Compliance* é o de adoção de uma postura preventiva, dificultando a ocorrência de condutas que possam prejudicar tanto a pessoa jurídica quanto o ambiente social em que se insere.

---

[364] INSTITUTO BRASILEIRO DE GOVERNANÇA CORPORATIVA. *Código das melhores práticas de governança corporativa*. 5. ed. São Paulo: IBGC, 2015, p. 21.

[365] CASTRO, Rodrigo Pironti Aguirre de; GONÇALVES, Francine Silva Pacheco. *Compliance e gestão de risco nas empresas estatais*. Belo Horizonte: Fórum, 2018, p. 29, *apud* BRASIL. Tribunal de Contas da União. *Levantamento de governança e gestão das aquisições*. Brasília: TCU, 2013.

### 3.1.3 Diferenças entre programa de integridade e programa de conformidade

Cabe ressaltar a distinção conceitual entre programa de integridade e programa de conformidade. O programa de conformidade é voltado ao cumprimento de normas, isto é, à conformidade ou obediência normativa. Nesse sentido, relaciona-se à observância de procedimentos, ao agir de acordo com rotinas de controle e ao engajamento em relação a normas legais, infralegais e internas,[366] o que implica a criação, no contexto das pessoas jurídicas, de mecanismos de incentivo e controle ao cumprimento das regras jurídicas postas.

O programa de *Compliance*, por outro lado, tem conceito mais amplo, compreendendo não só os instrumentos desenvolvidos em prol do respeito e cumprimento das leis, como também o fomento de uma cultura ética e de boa governança, fundada em rigorosos padrões de boa conduta.[367]

Jorge Alexandre González esquematiza o argumento:

> [...] cabe siñalar que el compliance es algo más que el cumplimiento normativo. Es, em realidade el sometimiento a aquellas normas de origen legislativo, pero también a aquellas otras autoimpuestas, derivadas de unos estándares superiores a los exigidos por la ley. Frente al concepto clásico de Derecho positivo (hard law), se añade el cumplimiento ético, la responsabilidad socialcorporativa, etc. (soft law).
> Sentada esta base simplificada del contenido de la función de compliance parece sencillo deducir que en el ámbito de los partidos políticos esta función se desarrolla primitivamente en muy diversos ámbitos. Los partidos tienen que observar una serie de aspectos puramente normativos, como pueden ser los relativos a su financiación, la protección de datos personales de sus filiados y simpatizantes o, más recentemente, la prevención penal. Junto a estas previsiones se empiezan a implantar otra serie de compromisos de autocumplimiento que no vienen exigidos por las normas vigentes. Así comienzan a desarrollarse códigos éticos o de buenas prácticas, que junto a las normas de Derecho positivo, elevan los estándares exigidos por las mismas y tratan de completar, dentro

---

366 MELO, Valdir. Programas de conformidade e a busca de integridade em organizações. In: Texto para discussão 2475 – IPEA (Instituto de Pesquisa Econômica Aplicada. Brasília, 29 de maio de 2019.

367 BUCHHIANERI PINHEIRO, Maria Claudia. Tomemos a sério o debate em torno do compliance partidário: uma primeira reflexão crítica dos Projetos de Lei n.ºs 60/2017 e 429/2017, do Senado Federal. Em busca de um modelo efetivo. *In*: FUX, Luiz; PEREIRA, Luiz Fernando Casagrande; AGRA, Walber de Moura (Coord.); PECCINI, Luiz Eduardo (Org.). *Direito partidário*. Belo Horizonte: Fórum, 2018, p. 225-251. (Tratado de Direito Eleitoral, v. 2).

del partido, la función de compliance desde un punto de vista teórico (la exigencia de dimisión a un cargo público del partido imputado por corrupción seria un ejemplo clásico de este segundo grupo, pues no es una previsión legalmente establecida, pero sí autoimpuesta en algunos partidos políticos).[368]

No que tange à realidade dos partidos políticos, discussão objeto deste estudo, compreende-se que a proposta de implementação de um programa de *Compliance* se alinha mais aos objetivos traçados. Isso porque a conformidade com a lei é dever intrínseco à existência das agremiações, dada a sua função eminentemente pública e de concretização democrática – considerada, especialmente, a utilização de recursos públicos que permeia sua atividade –, não havendo, pois, razoabilidade em se centralizar a política de evolução ética dos partidos na mera consecução das leis.

É evidente que a observância das leis é fator a ser considerado e aprimorado constantemente na esfera partidária, mas é preciso atentar também para fatores que vão além, relacionados à solução de problemas de ordem ética, democrática e discriminatória, muitos dos quais já listados no capítulo anterior.

### 3.1.4 *Compliance* no mundo

Segundo ponderado, o *Compliance* constitui importantíssimo instrumento para que se tente alcançar uma gestão eficiente e íntegra, auxiliando empresas e entes públicos a terem uma atuação calcada na lei e que busque diminuir vertiginosamente as possibilidades de atuações corrosivas ao próprio arquétipo estatal.

Entretanto, a disciplina teve maturação relativamente tardia no cenário jurídico, de forma que o primeiro ato internacional específico contra a corrupção foi a Convenção da Organização para a Cooperação e Desenvolvimento Econômico,[369] firmada apenas em 17 de dezembro

---

368 GONZÁLEZ, Jorge Alexandre. Función de compliance y partidos políticos en España. *Debate 21*, 8 de maio de 2015. Disponível em: https://debate21.es/2015/05/08/funcion-de-compliance-y-partidos-politicos-en-espana/. Acesso em 28 jan. 2018.

369 BRASIL. Decreto n. 3.678, de 30 de novembro de 2000. Promulga a Convenção sobre o Combate da Corrupção de Funcionários Públicos Estrangeiros em Transações Comerciais Internacionais, concluída em Paris, em 17 de dezembro de 1997. Disponível em: http://www.planalto.gov.br/ccivil_03/decreto/D3678.htm. Acesso em: 29 set. 2019.

de 1997, tendo sido recepcionada pelo ordenamento jurídico brasileiro por meio do Decreto nº 3.678, de 30 de novembro de 2000.[370]

A partir desse quadro, faz-se fundamental perpassar pela realidade do *Compliance* em alguns países a fim de promover subsídio histórico e teórico mínimo para aprofundamento das reflexões acerca do quadro brasileiro, especialmente quanto ao sistema eleitoral e aos partidos políticos.

### 3.1.4.1 Estados Unidos

Os Estados Unidos da América possuem papel essencial no surgimento de uma cultura de *Compliance*, tendo sido pioneiros na formulação leis que buscassem maior incisividade no combate à corrupção e numa atuação hígida do Estado, com o *Foreign Corrupt Practices Act* (1977)[371] e o *Ethics in Government Act* (1978).[372]

Referida atuação legiferante fora desencadeada pelo famoso "Caso Watergate", quando o jornal Washington Post denunciou que a invasão à sede do Comitê do Partido Nacional Democrata para que se instalassem escutas e se obtivessem documentos era de conhecimento do então presidente Richard Nixon, o que acabou culminando com sua renúncia no dia 9 de agosto de 1974.[373]

Nesse contexto, observa-se que o FCPA é uma lei promulgada pelo Congresso Norte-Americano e destina-se, essencialmente, a criar sanções cíveis, administrativas e penais no combate à corrupção comercial internacional, tendo aplicação sobre pessoas físicas e jurídicas americanas que, em atividade comercial no exterior, se utilizam de

---

[370] BRASIL. Decreto n. 3.678, de 30 de novembro de 2000. Promulga a Convenção sobre o Combate da Corrupção de Funcionários Públicos Estrangeiros em Transações Comerciais Internacionais, concluída em Paris, em 17 de dezembro de 1997. Disponível em: http://www.planalto.gov.br/ccivil_03/decreto/D3678.htm. Acesso em: 29 set. 2019.

[371] THE UNITED STATES. Department of Justice. *Foreign Corrupt Practices Act of 1977*. Disponível em: https://www.justice.gov/sites/default/files/criminal-fraud/legacy/2012/11/14/fcpa-english.pdf. Acesso em: 27 set. 2019.

[372] THE UNITED STATES. House Office of the Legislative. *Ethics In Government Act Of 1978*. Disponível em: https://legcounsel.house.gov/Comps/Ethics%20In%20Government%20Act%20Of%201978.pdf. Acesso em 27 set. 2019.

[373] KIM, Shin Jae; MUZZI, Renata; FALCETTA, Giovanni; LONGO, Thaísa Toledo. Compliance em empresas estatais. Padrões internacionais e legislação brasileira. *In:* PAULA, Marco Aurélio Borges de; CASTRO, Rodrigo Pironti Aguirre de (Coord.). *Compliance, gestão de riscos e combate à corrupção*: integridade para o desenvolvimento. Belo Horizonte: Fórum, 2018, p. 149-182.

corrupção no poder público estrangeiro para obter ou reter transações comerciais naquele país.

Logo, a norma obriga empresas a adotarem e manterem um sistema interno de controles contábeis suficiente para evitar adulteração das contas, bem como a apresentarem anualmente demonstrações contábeis de suas transações financeiras globais, sob pena de severas sanções cíveis, administrativas e criminais:

> No sistema americano, a responsabilidade da pessoa jurídica é mais ampla e se relaciona com o ilícito praticado por qualquer pessoa física de alguma forma ligada com a empresa. No entanto, a pena imposta para a empresa fica relacionada ao grau de negligência organizacional, ou seja, com a falha na prevenção de comportamentos ilícitos.[374]

O *Ethics in Government Act* caminhou no mesmo sentido da supracitada FCPA, determinando a divulgação pública e obrigatória do histórico financeiro e de emprego de funcionários públicos norte-americanos, bem como de seus familiares imediatos. Além disso, a lei também previu a criação do *Office of Special Counsel*, um escritório vinculado ao *Department of Justice* cujo objetivo seria investigar indivíduos que ocupassem ou ocuparam posições de destaque no Governo Federal dos EUA e em organizações nacionais de campanhas eleitorais presidenciais.[375]

Com relação ao *Compliance* na seara eleitoral, vários são os manuais e regulamentos utilizados pelos partidos americanos (democrata e republicano) nos Estados. Conquanto não exista uma legislação específica que trate da matéria, observa-se que as próprias administrações eleitorais disponibilizam manuais com vista a orientar candidatos e partidos quanto ao cumprimento das normas gerais e dos procedimentos no período eleitoral.

Cita-se, a título de exemplo, o *Compliance Manual for Candidates*,[376] editado pela *New Jersey Election Law Enforcement Commission*, do Estado

---

374 BARRILARI, Claudia Cristina. *Crime empresarial, autorregulação e compliance*. São Paulo: Thomson Reuters Brasil, 2018, p. 137.

375 A despeito de referida previsão ter sido extremamente criticada pelo *Justice* Antonin Scalia, em virtude de uma aparente violação à tripartição das funções estatais, dado que a Constituição dos EUA não preveria ao Poder Legislativo a possibilidade de iniciar uma investigação criminal, a Suprema Corte dos Estados Unidos entendeu pela sua constitucionalidade, no caso *Morrison vs. Olson*, em 1988. OYES. *Morrison v. Olson*. Disponível em: www.oyez.org/cases/1987/87-1279. Acesso em: 28 out. 2019.

376 NEW JERSEY ELECTION LAW ENFORCEMENT COMMISSION. 2018. *Compliance manual for candidates*. Disponível em: https://www. https://www.elec.state.nj.us/pdffiles/forms/compliance/man_cf.pdf Acesso em: 27 set. 2019.

Americano de New Jersey, que apresenta uma série de instruções, requerimentos e formulários, concernentes, sobretudo, a registros de candidatura, arrecadação e gastos de campanha e atuação dos comitês, com o escopo de que haja o fiel cumprimento à legislação eleitoral e, além disso, de imprimir transparência e integridade às candidaturas e ao processo eleitoral como um todo.

### 3.1.4.2 Canadá

A despeito de o primeiro *Auditor General of Canada* ter sido nomeado já em 1878, as funções a ele atualmente atribuídas sofreram mudanças substanciais com a promulgação do *Auditor General Act* (1977),[377] a partir do qual se pôde efetivamente falar na implementação de uma cultura de *Compliance* no âmbito da administração pública canadense.

Nesse sentido, além da já determinada fiscalização das finanças públicas do Estado do Canadá, conferiu-se ao *Auditor General* um mandato mais amplo, de forma a se examinar quão bem o governo lida com seus assuntos, no intento de se avaliar e afiançar a implementação de políticas públicas:

> Le corresponde auditar los departamentos y agencias federales, la mayoría de las empresas de la Corona y muchas otras organizaciones federales, y los informes al Parlamento de su obra. El papel del Auditor General de Canadá es ayudar a la rendición de cuentas mediante la realización independiente de las auditorías de federales del gobierno. Tales exámenes se proporcionan a los integrantes del Parlamento con el propósito objetivo de información para ayudar a examinar las actividades del gobierno y exigirle rendición de cuentas.[378]

Já no ano de 1995, o *Act* foi emendado para estabelecer o cargo *Commissioner of the Environment and Sustainable Development*, integrante da estrutura do *Office of the Auditor General of Canada*, cuja incumbência é fornecer aos parlamentares análises e recomendações objetivas e independentes sobre os esforços do Governo Federal do Canadá para proteger o meio ambiente e promover o desenvolvimento sustentável.

---

377 CANADA. Justice Laws Website. *Auditor General Act*. Disponível em: https://laws-lois.justice.gc.ca/eng/acts/a-17/. Acesso em: 29 set. 2019.

378 BUTELER, Alfonso. Los sistemas para el control de la corrupción publica en el orden global. *Revista de Direito Econômico e Socioambiental*, Curitiba, v. 8, n. 3, p. 239-261, set./dez. 2017, p. 259.

Ainda sobre o *Compliance* no Canadá, observa-se que o Conselho da Cidade de Cambridge estabeleceu *The Code of Conduct* (Código de Conduta):

> [...] The Code of Conduct outlines the ethical behaviour expected of these members. The Code also increases the public's confidence in our elected and appointed officials through transparency and accountability. The City appointed an Integrity Commissioner to uphold the Council Code of Conduct.[379]

Anota-se, também, o *Administrative Compliance Policy For Political Financing, que* se aplica a partidos políticos, associações de distrito eleitoral, candidatos a candidatos, candidatos a líderes, candidatos, terceiros e colaboradores. É administrado pela Unidade de Assistência à Conformidade do Setor de Financiamento Político nas Eleições Canadá[380] e traduz os princípios orientadores seguintes:

> Guiding principles
> The following principles identify circumstances in which the public interest in improved compliance with the legislation and in the efficient use of resources warrants the use of administrative compliance measures rather than making a formal referral to the Commissioner.
> The non-compliance does not affect the integrity and fair administration of the political financing regime.
> The non-compliance is not of such a nature as to warrant public censure.
> The circumstances of the non-compliance are such that formal enforcement is not required for the purposes of future deterrence.
> The application of the policy to a particular instance of non-compliance can be determined on the basis of the factual information available without any investigation being required.
> The non-compliance does not undermine public perception of a fair and equal operation of the compliance process.[381]

---

379 CANADA. CA: Cambridge City Council. *Code of conduct for members of council*. Disponível em: https://www.cambridge.ca/en/your-city/Code-of-Conduct.aspx. Acesso em: 25 set. 2019.

380 CANADA. Elections Canada. *Administrative compliance policy for political financing*. Disponível em:https://www.elections.ca/content.aspx?section=pol&dir=acp&document=index&lang=e. Acesso em: 25 set. 2019.

381 CANADA. Elections Canada. *Administrative compliance policy for political financing*. Disponível em:https://www.elections.ca/content.aspx?section=pol&dir=acp&document=index&lang=e. Acesso em: 25 set. 2019.

### 3.1.4.3 Reino Unido

A regulamentação do *Compliance* no Reino Unido atualmente vigente é, de certo, uma das mais rígidas do mundo, tendo sido inaugurada com o chamado UK Bribery Act (2010),[382] de forma que referido diploma possui aplicação mais ampla que a americana FCPA e tipifica quatro crimes distintos: (i) a corrupção ativa de sujeitos públicos e privados; (ii) a corrupção passiva de sujeitos públicos ou privados; (iii) a corrupção de agentes públicos estrangeiros; e (iv) a falha das empresas na prevenção da corrupção. As penas previstas são de até 10 anos de prisão e multas, inclusive ilimitadas.[383]

Nesse espectro, a legislação criminal anteriormente prevista na *common law* e nos diplomas *Public Bodies Corrupt Act* (1889)[384] e *Prevention of Corruption Acts* (1906 e 1916)[385] [386] deu lugar ao moderno e severo regramento do UKBA, em substituição a "um sistema antiquado, disperso, que não acompanhava a realidade contemporânea do comércio mundial".[387]

Complementando a ideia do *Bribery Act 2010*, Michael Peterson aduz:

> It does not matter if the person receiving the advantage or the offer of an advantage is the person who may actually perform or has performed the function or activity, nor does it matter if the person intending to bribe acts directly or through a third party.[388]

---

382 UNITED KINGDOM. *Bribery Act 2010*. Disponível em: http://www.le http://www.legislation.gov.uk/ukpga/2010/23/contentsgislation.gov.uk/ukpga/2010/23/contents. Acesso em: 28 out. 2019.

383 GALVÃO DE CARVALHO, Paulo Roberto. Legislação anticorrupção no mundo: análise comparativa entre a Lei Anticorrupção brasileira, o Foreign Corrupt Practices Act norte-americano e o Bribery Act do Reino Unido. *In:* QUEIROZ, Ronaldo Pinheiro; SOUZA, Jorge Munhos. *Lei Anticorrupção*. Salvador: JusPODIVM, 2015, p. 56.

384 UNITED KINGDOM. *Public Bodies Corrupt Practices Act 1889*. Disponível em: http://www.legislation.gov.uk/ukpga/Vict/52-53/69/contents/enacted. Acesso em: 28 out. 2019.

385 UNITED KINGDOM. *Prevention of Corruption Act 1906*. Disponível em: http://www.legislation.gov.uk/ukpga/Edw7/6/34/enacted. Acesso em: 28 out. 2019.

386 UNITED KINGDOM. *Prevention of Corruption Act 1916*. Disponível em: http://www.legislation.gov.uk/ukpga/Geo5/6-7/64/enacted. Acesso em: 28 out. 2019.

387 BERTOCCELLI, Rodrigo de Pinho. Compliance. *In:* CARVALHO, André Castro; BERTOCCELLI, Rodrigo de Pinho; ALVIM, Tiago Cripa; VENTURINI, Otavio (Coord.). *Manual de compliance*. Rio de Janeiro: Forense, 2019, p. 47.

388 PETERSON, Michael. Amending the Foreign Corrupt Practices Act: should the Bribery Act 2010 be a guideline. *Richmond Journal of Global Law and Business*, v. 12, n. 3, p. 417-432 Summer 2013. Disponível em:https://heinonline.org/HOL/P?h=hein.journals/rjnglbs12&i=443. Acesso em: 25 set. 2019.

Ainda nessa série, a legislação britânica erigiu à categoria de ilícito penal autônomo a mera conduta de falhar na prevenção da corrupção, ampliando a responsabilidade da empresa no desenho, na implementação, na aplicação e na avaliação de suas próprias regras de integridade.

Todavia, embora a legislação dos Estados Unidos não faça menção expressa às exigências de *Compliance*, a adoção de um programa de integridade tem consequências jurídicas relevantes para a aplicação das sanções nele previstas, sendo esse fator considerado tanto na decisão de ajuizar uma ação penal por violação ao FCPA quanto no momento da aplicação da penalidade à empresa ou na escolha das condições a serem cumpridas para suspensão da pena ou do processo.

Desse modo, é apropriado identificar as diferenças entre o FCPA e o Bribery Act conforme visão de Michael Peterson:

> There are several important and distinct differences between the United States' FCPA and the UK Bribery Act 2010 including: 1) whom it is an offense to bribe; 2) offenses for receipt of bribes; 3) corporate offenses; 4) the extent of criminal penalties; and 5) exceptions. The foremost difference between the acts regards to whom it is an offense to make payments. While the FCPA prohibits direct or indirect payments to foreign officials and political parties, the UK Bribery Act 2010 prohibits any advantage paid to any person with the intention to induce an improper performance or reward for an improper performance, including, but not limited to, foreign officials. Under the FCPA, one can only be punished for paying an individual who is not a foreign official or a member of a foreign political party if the payment is made knowing that a portion of the value is going to a foreign official or political party." The Bribery Act, however, does not require a connection to a foreign official for a bribe to fall within its purview. By having made it an offense to bribe a larger group of individuals, it is much easier to violate the Bribery Act 2010 than the FCPA. It may be particularly relevant that it is illegal to make payments to corporate leaders who are not in any way connected to a foreign government under the Bribery Act 2010, but similar prohibitions are not included under the FCPA.
>
> Second, the two laws differ greatly in whether it is only an offense to provide a bribe or whether it is also an offense to receive such benefits. The Bribery Act 2010 not only criminalizes providing a bribe, but also makes it an offense to request, receive, agree to receive, or anticipate an advantage as a consequence of performing an improper relevant function." However, the FCPA contains no such provision concerning the receipt of bribes. Third, the acts differ regarding strict liability offences of corporate offenders. The Bribery Act 2010 holds corporations strictly liablefor failing to prevent bribery. "Under the Bribery Act, companies will be liable if anyone acting under its authority commits

a bribery offence. Such persons can include employees, consultants, agents, subsidiaries and joint venture partners." However, having adequate oversight procedures to prevent bribery offenses acts as a defense. Again, the FCPA does not contain such a provision and does not have strict liability offenses for companies. Fourth, the acts differ in the severity of criminal penalties for bribery offenses. The FCPA creates fines of up to $2 million per violation by companies and up to $250,000 fines for individuals along with up to 5 years imprisonment. The Bribery Act on the other hand allows prosecutors to impose an unlimited fine and sentences of up to 10 years. Finally, the acts differ in how they treat legal facilitation payments versus bribes. The FCPA allows the facilitation or expedition of payments to expedite or secure the performance of a routine government action and payments, as long as the offers and gifts were lawful within the recipients' country. Such payments are also allowed if they are part of reasonable and bona fide expenditures related to "the promotion, demonstration, or explanation of products or services" or the execution of a contract. The Bribery Act 2010 has no such exceptions or defenses.[389]

### 3.1.4.4 Portugal

Portugal tem passado por um amplo processo normativo que visa ao combate à corrupção. Desde 2002,[390] *v.g.*, faz parte do Grupo de Estados Contra a Corrupção (GRECO), órgão criado em 1999 com fito de monitorar e estabelecer padrões de medidas anticorrupção nos países signatários. Atualmente, fazem parte dessa organização 49 Estados.[391]

O GRECO tem se empenhado em diminuir os níveis de corrupção na Europa e nos Estados Unidos. Não obstante, consoante o Relatório de 2018, que analisou o nível de corrupção no sistema judiciário dos Estados, Portugal deixou de cumprir parte das recomendações da entidade:

---

[389] PETERSON, Michael. Amending the Foreign Corrupt Practices Act: should the Bribery Act 2010 be a guideline. *Richmond Journal of Global Law and Business*, v. 12, n. 3, p. 417-432 Summer 2013. Disponível em:https://heinonline.org/HOL/P?h=hein.journals/rjnglbs12&i=443. Acesso em: 25 set. 2019.

[390] COE. Members and observers/ etats membres et observateurs. Disponível em: https://www.coe.int/en/web/greco/structure/member-and-observers#{%2222358830%22:[]}. Acesso em: 05 nov. 2019.

[391] COE. About GRECO. Disponível em: https://www.coe.int/en/web/greco/about-greco/what-is-greco. Acesso em: 05 nov. 2019.

FIGURA 1
**GRECO – Relatório 2018**

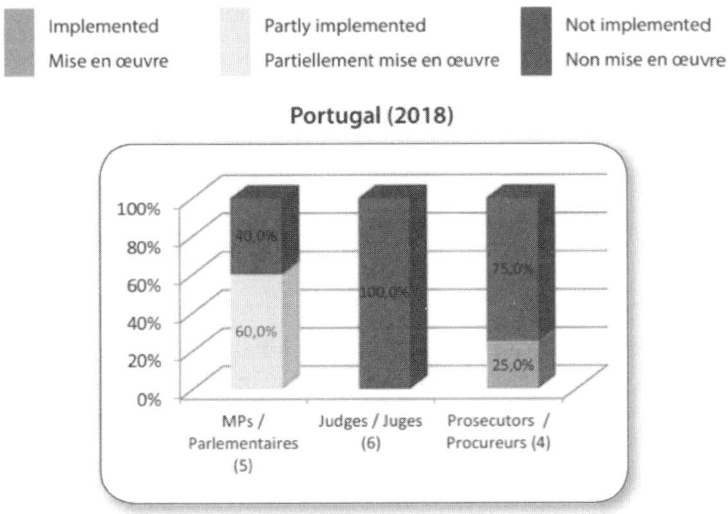


Fonte: GRECO. 19th General Activity Report (2018).[392]
Os números entre parênteses referem-se ao número de recomendações emitidas em cada categoria. O ano refere-se ao ano em que a avaliação mais recente foi feita/tornada pública.

Não obstante o relatório anterior, partindo-se de uma análise das medidas já adotadas por Portugal com vistas ao combate à corrupção, é preciso observar que o país apresenta bons ajustes já implementados, principalmente quando comparado a outros países da União Europeia.

Destaca-se, nesse baleado, o *Criminal Compliance*, que surgiu em Portugal como medida de controle de governança corporativa e de responsabilidade penal e tem por finalidade a harmonia das normas que conduzem as atividades das empresas e, além disso, o zelo para que todos dentro das empresas atuem de acordo com as regras, desde a direção até o menor funcionário, por intermédio de adoção de medidas internas, códigos de condutas e afins.[393] Assim, segundo conclusão de Karine Carvalho:

---

392 GRECO. 19th General Activity Report (2018). p. 29. Disponível em: https://rm.coe.int/19th-general-activity-report-2018-group-of-states-against-corruption-g/1680951d14. Acesso em: 7 nov. 2019.

393 CARVALHO, Karine Cito Carneiro de. *"Compliance" no combate à fraude organizacional e à corrupção*. 2018. Dissertação (Mestrado) – Faculdade de Direito da Universidade de Coimbra,

> [...] a grande inovação deste instituto, na medida que elabora regras de condutas internas aos funcionários, vem a ser a possibilidade do controle e monitoramento dos serviços, a forma como estão sendo executados e a redução dos riscos pertinentes ao negócio, já que agindo desta forma tem-se o comprometimento de funcionários com a execução do trabalho dentro das regras de atuação da empresa.[394]

Também chama a atenção a Lei nº 36 de 1994, denominada "Medidas de combate à corrupção e criminalidade económica e financeira", cuja última atualização deu-se em 2009, pela Lei nº 32, que em seu art. 1º, prevê a competência do Ministério Público e da Polícia Judiciária:

> Artigo 1.º
> Acções de prevenção
> 1 – Compete ao Ministério Público e à Polícia Judiciária, através da Direcção Central para o Combate à Corrupção, Fraudes e Infracções Económicas e Financeiras, realizar, sem prejuízo da competência de outras autoridades, acções de prevenção relativas aos seguintes crimes:
> a) Corrupção, peculato e participação económica em negócio;
> b) Administração danosa em unidade económica do sector público;
> c) Fraude na obtenção ou desvio de subsídio, subvenção ou crédito;
> d) Infracções económico-financeiras cometidas de forma organizada, com recurso à tecnologia informática;
> e) Infracções económico-financeiras de dimensão internacional ou transnacional.
> 2 – A Polícia Judiciária realiza as acções previstas no número anterior por iniciativa própria ou do Ministério Público.
> 3 – As acções de prevenção previstas no n.º 1 compreendem, designadamente:
> a) A recolha de informação relativamente a notícias de factos susceptíveis de fundamentar suspeitas do perigo da prática de um crime;
> b) A solicitação de inquéritos, sindicâncias, inspecções e outras diligências que se revelem necessárias e adequadas à averiguação da conformidade de determinados actos ou procedimentos administrativos, no âmbito das relações entre a Administração Pública e as entidades privadas;

---

Coimbra, 2018. Disponível em: https://estudogeral.uc.pt/bitstream/10316/85846/1/Tese%20Karine%20Vers%C3%A3o%20Entrega%2005.07.pdf. Acesso em: 7 nov. 2019.

394 CARVALHO, Karine Cito Carneiro de. *"Compliance" no combate à fraude organizacional e à corrupção*. 2018. Dissertação (Mestrado) – Faculdade de Direito da Universidade de Coimbra, Coimbra, 2018. Disponível em: https://estudogeral.uc.pt/bitstream/10316/85846/1/Tese%20Karine%20Vers%C3%A3o%20Entrega%2005.07.pdf. Acesso em: 7 nov. 2019.

> c) A proposta de medidas susceptíveis de conduzirem à diminuição da corrupção e da criminalidade económica e financeira.[395]

Desse modo, extrai-se do excerto acima que Portugal não só adota medidas para combater a corrupção financeira, como impõe ao Ministério Público e à Polícia Judiciária o dever de propor "medidas susceptíveis de conduzirem à diminuição da corrupção e da criminalidade económica e financeira". Ou seja, é clara a preocupação com o combate à corrupção.

Ademais, outra medida que importa identificar é a Lei nº 05 de 2002, denominada "Medidas de Combate à Criminalidade Organizada", cuja última atualização ocorreu em 2017, através da Lei nº 30. Entre as várias aplicações da norma, faz-se imperioso ressaltar as alíneas que tratam de tráfico de influência, recebimento indevido de vantagem, corrução (ativa e passiva) e peculato:

> CAPÍTULO I
> Artigo 1.º
> Âmbito de aplicação
> 1 – A presente lei estabelece um regime especial de recolha de prova, quebra do segredo profissional e perda de bens a favor do Estado, relativa aos crimes de:
> [...]
> d) Tráfico de influência;
> e) Recebimento indevido de vantagem;
> f) Corrupção ativa e passiva, incluindo a praticada nos setores público e privado e no comércio internacional, bem como na atividade desportiva;
> g) Peculato;
> h) Participação económica em negócio;[396]

Verifica-se, portanto, que Portugal, ainda que com nomenclatura distinta, possui norma com o espírito do *Compliance*, ou seja, que visa dar integridade às atividades públicas e privadas (e a relação entre ambas), uma vez que os programas de conformidade miram, primordialmente, evitar situações de corrupção na relação entre os setores público e privado.

---

[395] LISBOA. Procuradoria-Geral Distrital de Lisboa. Medidas de combate à criminalidade organizada. Disponível em: http://www.pgdlisboa.pt/leis/lei_mostra_articulado.php?nid=147&tabela=leis&so_miolo=. Acesso em: 7 nov. 2019.

[396] LISBOA. Procuradoria-Geral Distrital de Lisboa. Medidas de combate à criminalidade organizada. Disponível em: http://www.pgdlisboa.pt/leis/lei_mostra_articulado.php?nid=147&tabela=leis&so_miolo=. Acesso em: 7 nov. 2019.

Além das normas regulamentadores de combate à corrupção, o Estado lusitano possui em seu organograma o Conselho de Prevenção da Corrupção, o qual tem por função ser:

> [...] uma entidade administrativa independente que funciona junto do Tribunal de Contas e tem como fim desenvolver, nos termos da lei, uma actividade de âmbito nacional no domínio da prevenção da corrupção e infracções conexas [...] O CPC não é, pois, um órgão de investigação criminal, a qual compete a outros órgãos e instituições do Estado, em especial, ao Ministério Público.[397]

As atribuições e competências do Conselho de Prevenção da Corrupção são bem definidas:

> 1. A actividade do CPC está exclusivamente orientada para a prevenção da corrupção, incumbindo-lhe designadamente:
> a) Recolher e organizar informações relativas à prevenção de corrupção activa ou passiva; de criminalidade económica e financeira, de branqueamento de capitais, de tráfico de influência, de apropriação ilegítima de bens públicos, de administração danosa, de peculato, de participação económica em negócios, de abuso de poder ou violação de dever de segredo, bem como de aquisição de imóveis ou valores mobiliários em consequência da obtenção ou utilização ilícitas de informação privilegiada no exercício de funções na Administração Pública ou no sector público empresarial;
> b) Acompanhar a aplicação dos instrumentos jurídicos e das medidas administrativas adoptadas pela Administração Pública e sector público empresarial para a prevenção da corrupção e avaliar a respectiva eficácia;
> c) Dar parecer, a solicitação da Assembleia da República, do Governo ou dos órgãos do governo próprio das regiões autónomas, sobre a elaboração ou aprovação de instrumentos normativos, internos ou internacionais de prevenção ou repressão dos factos referidos na alínea a).
> 2. O CPC colabora, a solicitação das entidades públicas interessadas, na adopção de medidas internas susceptíveis de prevenir a corrupção, designadamente:
> a) Na elaboração de códigos de conduta que, entre outros objectivos, facilitem aos órgãos e agentes a comunicação às autoridades competentes de tais factos ou situações conhecidas no desempenho das suas funções e estabeleçam o dever de participação de actividades externas,

[397] LISBOA. Conselho de prevenção da corrupção. Natureza e objetivos. Disponível em: http://www.cpc.tcontas.pt/instituicao/competencias.html. Acesso em: 7 nov. 2019.

investimentos, activos ou benefícios substanciais havidos ou a haver, susceptíveis de criar conflitos de interesses no exercício das suas funções;
b) Na promoção de acções de formação inicial ou permanente dos respectivos agentes para a prevenção e combate daqueles factos ou situações.
3. O CPC coopera com os organismos internacionais em actividades orientadas aos mesmos objetivos.

### 3.1.4.5 França

A França passou por uma profunda mudança de paradigma no que tange às figuras do *Compliance* e do combate à corrupção, por meio da recente promulgação da Lei Sapin II (LOI nº 2016-1691),[398] que obrigou as empresas francesas, ou pertencentes a grupos com sede no país, sujeitas aos termos da lei, a adotarem um programa de integridade sólido. Nos termos do art. 17 da Lei Sapin II, as iniciativas que devem ser implementadas são, em síntese: (i) manter código de conduta com descrição dos atos a serem prevenidos; (ii) manter canal de denúncias, controles contábeis e regime disciplinar e de tratamento de ocorrências; (iii) mapear riscos de corrupção por zona geográfica e negócio; (iv) avaliar a integridade de terceiros (clientes, fornecedores, intermediários); (v) realizar treinamento de pessoas expostas aos riscos, inclusive terceiros; e (vi) monitorar e controlar as medidas implementadas a partir do programa definido.

Embora o regramento francês tenha sido um dos inaugurados mais recentemente e promovido importantes aprimoramentos no cenário de combate à corrupção no país, as mudanças perpetradas não trouxeram grandes inovações relativamente à responsabilidade penal da pessoa jurídica, a despeito de certa movimentação da jurisprudência francesa em torno da culpabilidade desses entes:

> Um pouco desalinhada com a tendência adotada pelos países europeus, ainda que se identifiquem divergências conceituais entre eles, a França adota uma linha própria, pautando a adoção da responsabilidade penal da pessoa jurídica, introduzida na reforma do Código Penal de 1992,

[398] FRANCE. Loi n. 2016-1691 du 9 décembre 2016 relative à la transparence, à la lutte contre la corruption et à la modernisation de la vie économique. *Journal Officiel de La République Française*. Disponível em: https://www.cjoint.com/doc/16_12/FLknuHuFltM_loisapin2.pdf. Acesso em: 28 out. 2019.

por critérios mais pragmáticos do que necessariamente dogmáticos, o que acarretou falhas na forma com que fora introduzida na legislação.[399]

### 3.1.4.6 Austrália

Considerando-se especificadamente a seara eleitoral, chama a atenção que a *Australian Electoral Commission* (Comissão Eleitoral Australiana) possui destacado programa de conformidade de divulgação financeira,[400] que analisa as informações financeiras dos partidos políticos e entidades associadas e também faz investigações referentes a possíveis transgressões das condições de divulgação financeira com base nas informações recebidas ou de conteúdo público.[401]

Importante destacar que o processo de investigação **é** deflagrado após a emissão de notificação por um representante oficial da AEC. A cientificação formal estabelece que os representantes a serem investigados devem fornecer todos os documentos necessários à investigação em local e hora pré-determinados, sendo possível, além disso, a solicitação de novos documentos.[402] Esse procedimento **é** tão relevante que a *Electoral Act* (Lei Eleitoral da Austrália) prevê, em seu art. 316, a imposição de cumprimento da obrigação.[403]

Com efeito, a *Australian Electoral Commission* publica no *Transparency Register* detalhes de transparência de partidos políticos, candidatos, grupo de senadores, campanhas políticas, entidades associadas, terceiros e doadores. Especificadamente, os dados de transparência da AEC

---

[399] BARRILARI, Claudia Cristina. *Crime empresarial, autorregulação e compliance*. São Paulo: Thomson Reuters Brasil, 2018, p. 175.

[400] AEC – AUSTRALIAN ELECTORAL COMMISSIONER. *Compliance program – financial disclosure*. Disponível em: https://www.aec.gov.au/Parties_and_Representatives/compliance/index.htm. Acesso em: 8 nov. 2019.

[401] AEC – AUSTRALIAN ELECTORAL COMMISSIONER. *Compliance program – financial disclosure*. Disponível em: https://www.aec.gov.au/Parties_and_Representatives/compliance/index.htm. Acesso em: 8 nov. 2019.

[402] AEC – AUSTRALIAN ELECTORAL COMMISSIONER. *Compliance program – financial disclosure*. Disponível em: https://www.aec.gov.au/Parties_and_Representatives/compliance/index.htm. Acesso em: 8 nov. 2019.

[403] "Art. 316 Investigation etc. (1) In this section: authorised officer means a person authorised by the Electoral Commission under subsection (2). prescribed person means a person whose name is included in a list in a report mentioned in subsection 17(2A). (2) The Electoral Commission may, by instrument in writing signed by the Electoral Commissioner on behalf of the Electoral Commission, authorize a person or a person included in a class of persons to perform duties under this section." AU. *Commonwealth Electoral Act 1918*. Disponível em: https://www.legislation.gov.au/Details/C2019C00103. Acesso em: 8 nov. 2019.

incluem retornos anuais de eleições e reivindicações de financiamento de eleições.[404]

Como se vê, a AEC desempenha um importante papel ao fornecer ao público informações que podem ajudá-lo a participar do processo eleitoral. Ademais, conforme previsto na *Electoral Act*, a *Australian Electoral Commission* também tem a função de disponibilizar publicamente determinadas informações financeiras dos participantes no processo eleitoral. Essas informações permitem que os eleitores façam suas avaliações sabendo quem financia os partidos políticos e candidaturas.

Nota-se, consoante o *Financial Disclosure Compliance Framework* de 2017:

> The AEC performs a role in providing the public with information which can assist them in participating in the electoral process. As provided by the Electoral Act, the AEC also has the role of making publicly available certain financial information from participants in the electoral process. Such information allows voters to make judgements knowing who funds political parties and to what extent. To this end, the important components of disclosure as required by Part XX of the Electoral Act are:
> Identity – the name and address of the true participants in a transaction, such as the source and recipient of a donation, are clearly identified;
> Value – the true value is accorded to a transaction;
> Date – a precise date can be important information for the public (e.g. if donations from an entity precede or coincide with the making of a decision).
> The aim of openness and transparency in the political financial activity of electoral participants can be undermined by failure in any one of these components.[405]

Ainda segundo o mencionado relatório, várias são as etapas estipuladas pela AEC que visam assegurar o cumprimento das divulgações financeiras eleitorais, como, *v.g.*, fornecer informações sobre o esquema de divulgação financeira da *Commonwealth*; identificar aqueles com obrigações de divulgação; verificar devoluções no recebimento para observar se elas parecem completas; realizar análises de conformidade de devoluções, quando apropriado, encaminhando, ao mesmo tempo,

---

[404] AEC – AUSTRALIAN ELECTORAL COMMISSIONER. *Transparency register*. Disponível em: aec.gov.au/Parties_and_Representatives/financial_disclosure/transparency-register/. Acesso em: 8. nov. 2019.

[405] AEC – AUSTRALIAN ELECTORAL COMMISSIONER. *Financial disclosure compliance framework*. 2017. Disponível em: Parties_and_Representatives/compliance/files/financial-disclosure-compliance-framework.docx. Acesso em: 8. nov. 2019.

para as autoridades competentes, aqueles que não cumpriram suas obrigações.

Nota-se, então, que o modelo de integridade apresentado pela Austrália está intimamente relacionado ao processo de prestação de contas. Isso porque, diferentemente do Brasil, em que também existe o dever de prestação e divulgação das contas eleitorais, a Austrália dispõe de um órgão específico que impõe o dever de divulgar as contas e informar os eleitores a fidedigna situação do processo político-partidário-eleitoral, encaminhando as inconsistências verificadas para o setor administrativo-criminal responsável.

### 3.1.4.7 Espanha

Sola-Morales e Zurbano-Berenguer asseveram que, "en las últimas décadas, la corrupción política ha invadido las agendas mediáticas de países europeos y latinoamericanos demostrando ser un problema de primer orden para las sociedades democráticas".[406]

No entanto, conforme identifica Alfonso Buteler,[407] a Espanha não experimentou, ao longo de sua história, o patamar de corrupção visto por outros países, alcançando níveis satisfatórios de transparência e higidez em relação ao seu arquétipo institucional, o que acabou por retardar, até o momento, a criação de uma estrutura mais robusta de órgãos especializados em matérias anticorrupção.

Não obstante a essa carência de legislação, Claudia Cristina Barrilari abaliza que, ao longo do tempo, houve novas configurações para que se alcançassem teorias da ação e da culpabilidade suficientemente aptas a enquadrar as pessoas jurídicas nas sanções já previstas, como uma maneira de adequação ao novo quadro institucional visualizado na contemporaneidade, *v.g.*, isso porque:

> [...] desde os anteprojetos de reforma do Código Penal espanhol da década de 1980, começou-se a tratar da imposição de consequências acessórias às pessoas jurídicas diante da prática de ilícitos cometidos no

---

[406] SOLA-MORALES, Salomé; ZURBANO-BERENGUER, Belén. Discurso mediático y encuadres noticiosos sobre la corrupción política en España. *Convergencia*, Toluca, v. 26, n. 79, 005, abr. 2019. Disponível em: http://www.scielo.org.mx/scielo.php?script=sci_arttext&pid=S1405-14352019000100005&lng=es&nrm=iso. Acesso em: 15 out. 2019.

[407] BUTELER, Alfonso. El control de la corrupción en el derecho comparado: los casos de Argentina, Brasil y España. *A&C – Revista de Direito Administrativo & Constitucional*, Belo Horizonte, ano 13, n. 53, p. 23-43, jul./set. 2013, p. 40

exercício de suas atividades ou da utilização da sociedade para favorecer ou encobrir a prática de ilícitos.[408]

Assim, identifica-se, na realidade espanhola, considerável aparato estatal especializado no combate à corrução, podendo-se destacar duas importantes autoridades no espectro "integridade/*compliance*" do país: a *Fiscalía Especial para la Represión de los Delitos Económicos*[409] e a *Intervención General de la Administración del Estado.*[410]

A primeira exerce funções a ela conferidas a partir de uma vertente tríplice, cuidando de: (i) delitos econômicos de alta repercussão e/ou de complexidade técnico-jurídico, (ii) crimes envolvendo corrupção pública e (iii) delitos de alta repercussão que envolvam lavagem de dinheiro, cometidos por organizações criminosas nacionais ou internacionais, salvo se se referirem majoritariamente a narcotráfico ou terrorismo.

A segunda é um organismo vinculado ao *Ministerio de Economía y Hacienda* que executa o controle interno da atividade econômico-financeira do Estado, também exercendo três importantes atividades: (i) função interventora, (ii) controle financeiro permanente e (iii) auditoria pública, com o objetivo de comprovar a legalidade e a eficiência das políticas públicas levadas a cabo pelas autoridades.[411]

Com relação à transparência e ao combate a irregularidades no campo eleitoral, entende-se que, além dos órgãos administrativos de organização das eleições e o controle de legalidade exercido pelo poder judiciário espanhol, tanto a *Fiscalía Especial para la Represión de los Delitos Económicos*[412] quanto a *Intervención General de la Administración del Estado* podem atuar na fiscalização.

---

408 BARRILARI, Claudia Cristina. *Crime empresarial, autorregulação e compliance*. São Paulo: Thomson Reuters Brasil, 2018, p. 158.

409 ESPAÑA. Fiscalia General del Estado. Instrucción 1/1996, de 15 de enero, sobre competencias y organización de la Fiscalía especial para la represión de los delitos económicos relacionados con la corrupción. Disponível em: https://www.fiscal.es/memorias/estudio2016/INS/INS_01_1996.html. Acesso em: 28 out. 2019.

410 ESPANÃ. Ministerio de Hacienda. Intervención general de la administración del estado. Disponível em: https://www.igae.pap.hacienda.gob.es/sitios/igae/es-ES/Paginas/inicio.aspx. Acesso em: 28 out. 2019.

411 BUTELER, Alfonso. El control de la corrupción en el derecho comparado: los casos de Argentina, Brasil y España. *A&C – Revista de Direito Administrativo & Constitucional*, Belo Horizonte, ano 13, n. 53, p. 23-43, jul./set. 2013, p. 40, p. 42.

412 ESPAÑA. Fiscalia General del Estado. Instrucción 1/1996, de 15 de enero, sobre competencias y organización de la Fiscalía especial para la represión de los delitos económicos relacionados con la corrupción. Disponível em: https://www.fiscal.es/memorias/estudio2016/INS/INS_01_1996.html. Acesso em: 28 out. 2019.

Nessa visão, em que pese se entenda que a questão da transparência nos partidos políticos não seja um bem jurídico digno de proteção criminal autônoma, Inés Olaizola Nogales,[413] ao ponderar os partidos espanhóis, anota que:

> La publicidad de los donantes y de las donaciones permite a los ciudadanos estar alerta acerca de las posibles desviaciones y abusos de poder que puedan presentarse en el futuro como contrapartida de las donaciones. Además la transparencia sirve para que los ciudadanos conozcan la opción política a la que votan y los intereses que puede representar y para proteger la democracia interna del partido, pues permite el control de las bases sobre sus dirigentes. Las medidas de transparencia son el mejor antídoto contra la financiación ilegal de los partidos políticos y contra la corrupción que se deriva de ella. Apuesto por una transparencia completa, continua y oportuna. Por supuesto tiene que haber mecanismos de vigilancia, de control y de sanción en caso de incumplimiento [...].

### 3.1.4.8 Colômbia

Tratando-se de um país mais próximo do Brasil no que tange aos aspectos sociais, políticos e históricos, inclusive em relação a eventos recentes de corrupção, a Colômbia iniciou, desde o início do séc. XX, um paulatino movimento de alinhamento com a tendência internacional do *Compliance* e de legislação anticorrupção.

O Estado colombiano adota um sistema de governança no qual o órgão de cúpula, a *Controloría General de la República,*[414] é uma espécie de quarto poder, conforme aduz Buteler:

> La Contraloría General de la República es el máximo órgano de control fiscal del Estado, conforme lo estipula el art. 119 de su Constitución. Tiene a su cargo la supervisión de la gestión fiscal de la administración y de los particulares o entidades que manejan fondos o bienes de la Nación (art. 267).

---

413 NOGALES, Inés Olaizola. Medidas de regeneración democrática: la nueva regulación de la financiación de los partidos políticos en España. *Populus – Revista Jurídica da Escola Judiciária Eleitoral da Bahia*, n. 4, 2018. Disponível em: justicaeleitoral.jus.br/arquivos/tre-ba-revista-populus-edicao-4-1547058488605. Acesso em: 8 out. 2019.

414 COLOMBIA. Contraloría General de la República. ¿Qué es la Contraloría General de la República? Disponível em: https://www.contraloria.gov.co/contraloria/la-entidad. Acesso em: 28 out. 2019.

> Es uno de los órganos autónomos e independientes del Estado, ya que no se encuentra bajo la dependencia de ninguno de los poderes del Estado colombiano. Es importante remarcar, que tiene autonomía presupuestaria y financeira.[415]

Outro importante destaque fica por conta da Lei nº 1.474, de 2011[416] (Estatuto Anticorrupção), cujas disposições alinharam medidas administrativas, disciplinares e fiscais, passando a prever também infrações penais para o setor privado, no fito de fortalecer o combate à corrupção. Entre as principais mudanças, destacam-se a inserção de ajustes para evitar conflitos de interesse entre empresas contratadas e interventoras e o dever de denunciar atos de corrupção para os auditores fiscais.

## 3.1.4.9 Chile

Assim como a maioria dos países da América Latina, o Chile demorou a adotar uma cultura mais incisiva com relação à integridade e ao *Compliance*, tendo promulgado somente em 25 de novembro de 2009 a Lei nº 20.393,[417] cujas disposições estabelecem a responsabilidade penal das pessoas jurídicas, enumerando como condições o crime ter sido cometido com o objetivo de beneficiar uma empresa e praticado por pessoas ligadas à propriedade da empresa, seus administradores ou quem atue sob sua direção. Além disso, deve-se poder imputar a falta de direção e supervisão.

Outro ponto importante diz respeito à *Unidad Especializada en Anticorrupción* da *Fiscalía Nacional*.[418] Criada em maio de 2003 e cujas funções alcançam a assessoria de entidades públicas acerca da matéria, tem por desígnio a coordenação interinstitucional para a promoção de políticas públicas voltadas ao combate à corrupção, de ações internacionais e de capacitação de órgãos e funcionários públicos.

---

[415] BUTELER, Alfonso. Los sistemas para el control de la corrupción publica en el orden global. *Revista de Direito Econômico e Socioambiental*, Curitiba, v. 8, n. 3, p. 239-261, set./dez. 2017.

[416] COLOMBIA. Régimen Legal de Bogotá D.C. – Secretaría Jurídica Distrital. *Ley 1474 de 2011 – Nivel Nacional*. Disponível em: https://www.alcaldiabogota.gov.co/sisjur/normas/Norma1.jsp?i=43292. Acesso em: 28 out. 2019.

[417] CHILE. Biblioteca del Congresso Nacional de Chile / Ley Chile. *Ley 20.393/2009*. Disponível em: https://www.leychile.cl/Consulta/m/m/norma_plana?idNorma=1008668&org=bleyes_r%3Ft_n%3DXX1%26nro_ley%3D%26orga%3D%26f_pub%3D2009. Acesso em: 28 out. 2019.

[418] CHILE. Fiscalia. Unidad Especializada en Anticorrupción. Disponível em: http://www.fiscaliadechile.cl/Fiscalia/areas/cor-unidad.jsp. Acesso em: 28 out. 2019.

Além disso, deve-se citar a *Contraloría General de la República de* Chile,[419] que possui importante papel no organograma e fluxograma do Estado chileno no combate à corrupção, e a própria sociedade civil chilena, que – por meio da iniciativa *Chile Transparente* –[420] tem desempenhado importante papel na promoção de transparência e probidade no país, com o objetivo de combater uma visão de que a atuação calcada em práticas corruptivas possa ser, de alguma forma, benéfica.[421]

## 3.2 *Compliance* na Administração Pública

No âmbito do modelo de Estado subsidiário e cooperativo adotado pela Constituição Federal de 1988,[422] que privilegia a atuação econômica de entes privados, entende-se essencial para a Administração Pública celebrar acordos de vontade com vistas à colaboração de particulares na prestação de serviços públicos ou de utilidade pública e no desempenho das atividades de fomento.

Especialmente com a possibilidade jurídica de celebração de pactos bilaterais nos quais o Estado figura como uma das partes da relação obrigacional, é importante que se preze pela integridade da empresa contratada e do próprio ente público contratante, dada a necessidade da boa gestão do dinheiro público. Ressalta-se, aqui, a

---

419 CHILE. *Contraloría General de la República*: missão institucional. Disponível em: https://www.chileatiende.gob.cl/instituciones/ZC009. Acesso em: 28 out. 2019.

420 CHILE. *Contraloría General de la República*: propósito, funciones y estrutura. Disponível em: http://www.oas.org/juridico/PDFs/mesicic4_chl_sem.pdf. Acesso em: 28 out. 2019.

421 Conforme advertem Prudêncio e Andrade: [...] Ao fim do projeto, conclui-se que o material didático da Chile Transparente foi útil e pertinente para desenvolver e provocar mudanças significativas do ponto de vista cognitivo, na formação de valores e cidadania dos alunos da 6ª, 7ª e 8ª séries de escolas municipais, permitindo-se confluir para a evolução da cidadania e transparência. (PRUDÊNCIO, Anne Caroline Gonçalves Marques de Medeiros; LAMBOY, Christian Karl de; ANDRADE, Marcelo Henrique Lapolla Aguiar. Projeto capitães compliance. *In:* PAULA, Marco Aurélio Borges de; CASTRO, Rodrigo Pironti Aguirre de (Coord.). *Compliance, gestão de riscos e combate à corrupção*: integridade para o desenvolvimento. Belo Horizonte: Fórum, 2018, p. 309-315.

422 "O Estado brasileiro, conforme o modelo definido pela Constituição Federal, é democrático, de direito, cooperativo e social. [...] Dado o modelo estatal definido pelos princípios constitucionais, os responsáveis pela formulação das políticas públicas devem reconhecer o caráter complementar da atuação estatal e que os princípios da reserva da lei e da livre iniciativa – este último elevado pela Constituição Federal (art. 1º, IV) à categoria de fundamento do Estado Democrático de Direito – conferem primazia às atividades desenvolvidas pelos próprios indivíduos na busca pela realização das necessidades materiais da população" (FURTADO, Lucas Rocha. *Curso de direito administrativo*. 5. ed. rev. e atual. Belo Horizonte: Fórum, 2016, p. 36).

importância de as empresas que atuam no setor público aderirem ao *Compliance*, com a finalidade de prevenir ou minimizar os riscos de violação às leis decorrentes de atividade praticada pelo agente econômico ou por qualquer um de seus sócios e colaboradores.

Considerando que a má gestão dos recursos públicos traz prejuízo não só ao desenvolvimento econômico, mas também ao bem-estar dos cidadãos, faz-se essencial a implementação de políticas de integridade, demonstrando preocupação em evitar erros que possam vir a prejudicar as contas públicas e a qualidade dos serviços prestados aos cidadãos com vistas à concretização dos princípios constitucionais da legalidade, moralidade e eficiência, que regem a Administração Pública[423].

Por esse motivo, diversas empresas que contratam com a Administração Pública e já foram alvo de investigações aderiram ao *Compliance*. Citam-se, *v.g.*, Odebrecht, Braskem, Camargo Corrêa e Andrade Gutierrez. Ressalta-se que a Controladoria-Geral da União (CGU) exerce papel fundamental nesse âmbito, impondo a adoção de programas de integridade às empresas privadas que celebram acordos de leniência e fiscalizando sua aplicação e efetividade, tendo, inclusive, lançado diretrizes para adoção de programas de *Compliance* por empresas privadas.

Além disso, em 2016, foi editada a Lei nº 13.303[424] ou Lei das Estatais, que prevê a adoção obrigatória de regras de governança corporativa e práticas de *Compliance* pelas empresas públicas, sociedades de economia mista e subsidiárias, principalmente nas contratações e relações com o público externo.[425] Posteriormente, o Decreto nº 9.203, de

423 "Art. 37. A administração pública direta e indireta de qualquer dos Poderes da União, dos Estados, do Distrito Federal e dos Municípios obedecerá aos princípios de legalidade, impessoalidade, moralidade, publicidade e eficiência e, também, ao seguinte: [...]". BRASIL. (1988) *Constituição da República Federativa do Brasil*. Disponível em: http://www.planalto.gov.br/ccivil_03/constituicao/constituicao.htmAcesso em: 8 out. 2019.

424 BRASIL. Lei nº 13.303, de 30 de junho de 2016. Disponível em: http://www.planalto.gov.br/ccivil_03/_ato2015-2018/2016/lei/l13303.htm. Acesso em: 28 out. 2019.

425 "Art. 9º A empresa pública e a sociedade de economia mista adotarão regras de estruturas e práticas de gestão de riscos e controle interno que abranjam:
I – ação dos administradores e empregados, por meio da implementação cotidiana de práticas de controle interno;
II – área responsável pela verificação de cumprimento de obrigações e de gestão de riscos;
III – auditoria interna e Comitê de Auditoria Estatutário.
§1º Deverá ser elaborado e divulgado Código de Conduta e Integridade, que disponha sobre:
I – princípios, valores e missão da empresa pública e da sociedade de economia mista, bem como orientações sobre a prevenção de conflito de interesses e vedação de atos de corrupção e fraude;

2017,[426] estendeu a obrigação aos órgãos e às entidades integrantes da administração pública federal direta, autárquica e fundacional. A partir disso, a CGU publicou a Portaria nº 1.089/2018,[427] fixando procedimentos de estruturação, execução e monitoramento de programas de integridade em órgãos e entidades federais.

Nessa linha, diversas empresas estatais[428] já adotaram programas de integridade, como, *v.g.*, a Petrobras, Eletrobras, Banco do Brasil e Copel, bem como vários entes públicos já tiveram seus planos aprovados: Advocacia-Geral da União (AGU), Banco Central do Brasil,[429] Controladoria-Geral da União[430] e Agência Nacional de Águas.[431]

Isso demonstra o reconhecimento gradual da importância de se estabelecer um conjunto estruturado de medidas institucionais voltadas à prevenção, detecção, punição e remediação de fraudes e atos

---

II – instâncias internas responsáveis pela atualização e aplicação do Código de Conduta e Integridade;
III – canal de denúncias que possibilite o recebimento de denúncias internas e externas relativas ao descumprimento do Código de Conduta e Integridade e das demais normas internas de ética e obrigacionais;
IV – mecanismos de proteção que impeçam qualquer espécie de retaliação a pessoa que utilize o canal de denúncias;
V – sanções aplicáveis em caso de violação às regras do Código de Conduta e Integridade;
VI – previsão de treinamento periódico, no mínimo anual, sobre Código de Conduta e Integridade, a empregados e administradores, e sobre a política de gestão de riscos, a administradores". BRASIL. Lei nº 13.303, de 30 de junho de 2016. Disponível em: http://www.planalto.gov.br/ccivil_03/_ato2015-2018/2016/lei/l13303.htm. Acesso em: 28 out. 2019.

426 BRASIL. Decreto n. 9.203, de 22 de novembro de 2017. Dispõe sobre a política de governança da administração pública federal direta, autárquica e fundacional. Disponível em: http://www.planalto.gov.br/ccivil_03/_ato2015-2018/2017/decreto/D9203.htm. Acesso em: 28 out. 2019.

427 BRASIL. Controladoria Geral da União. Portaria CGU nº 1.089/2018. Disponível em: https://www.cgu.gov.br/assuntos/etica-e-integridade/programa-de-integridade/arquivos/portaria-1-089-2018-gestao-de-riscos-para-a-integridade.pdf/view. Acesso em: 2 out. 2019.

428 Segundo dados da CGU, até o momento foram aprovados 106 planos de integridade de órgãos obrigatórios. Disponível em: http://paineis.cgu.gov.br/integridadepublica/index.htm. Acesso em: 2 out. 2019.

429 BRASIL. Bacen. Resolução nº 4.595, de 28 de agosto de 2017. Dispõe sobre a política de conformidade (compliance) das instituições financeiras e demais instituições autorizadas a funcionar pelo Banco Central do Brasil. Disponível em: https://www.bcb.gov.br/pre/normativos/busca/downloadNormativo.asp?arquivo=/Lists/Normativos/Attachments/50427/Res_4595_v1_O.pdf. Acesso em: 28 out. 2019.

430 BRASIL. Controladoria Geral da União. *Manual para implementação de programas de integridade:* orientações para o setor público. Disponível em: https://www.cgu.gov.br/Publicacoes/etica-e-integridade/arquivos/manual_profip.pdf. Acesso em: 28 out. 2019.

431 BRASIL. Agência Nacional de Águas. *Plano de integridade da agência nacional de águas.* Disponível em: https://www.ana.gov.br/noticias/agencia-produz-plano-de-integridade-para-prevenir-condutas-lesivas-de-quem-trabalha-na-instituicao/plano-de-integridade-da-ana.pdf. Acesso em: 28 out. 2019.

de corrupção,[432] em apoio à boa governança das instituições públicas e privadas e no intuito de proporcionar maior segurança jurídica aos usuários de serviços e à economia brasileira como um todo e dar efetividade aos princípios que regem a Administração Pública.

## 3.3 *Compliance* eleitoral

Como visto, o *Compliance* tem por objetivo prevenir, proibir e sancionar práticas lesivas à reputação, em desconformidade com as normas jurídicas vigentes. Os programas de *Compliance*, portanto, são ferramentas muito relevantes de gestão no âmbito das corporações para fins de autocontrole, orientação e monitoramento das condutas, pressupondo a existência de mecanismos e procedimentos internos de integridade para fiscalização a fim de identificar e sanar práticas irregulares e atos ilícitos.[433]

Nesse sentido, discute-se a possibilidade de aplicação desse modelo nos partidos políticos, que, embora não constituam corporações, devem assegurar a integridade em sua atuação, guiando-se pelos ideais de ética e transparência que norteiam a atividade democrática. Isso porque os frequentes desvios de conduta e a falta de transparência na atuação das agremiações, conforme elucidado no capítulo anterior, prejudicam o exercício efetivo dos direitos políticos constitucionais, causando danos significativos ao processo democrático, que constitui sustentáculo do regime republicano.

Se, na esfera privada e comercial, o movimento de adoção de boas práticas de integridade se faz necessário e tem ganhado importância, é essencial que se transponha para o ambiente eleitoral, considerando a função eminentemente pública dos agentes que atuam nesse meio e o contexto de crise que permeia a realidade atual dos partidos políticos. Entende-se que o *Compliance* eleitoral pode servir à mitigação dos riscos partidários e à resolução adequada de boa parte dos problemas apresentados no capítulo anterior, constituindo ferramenta importante para o enfrentamento de práticas de fraude e corrupção eleitorais, bem

---

[432] BRASIL. Controladoria Geral da União. Portaria CGU nº 1.089/2018. Disponível em: https://www.cgu.gov.br/assuntos/etica-e-integridade/programa-de-integridade/arquivos/portaria-1-089-2018-gestao-de-riscos-para-a-integridade.pdf/view. Acesso em: 2 out. 2019.

[433] RACHID COUTINHO, Aldacy; MARRAFON, Marco Aurélio. Compliance eleitoral: breve análise dos Projetos de Lei nº 60/2017, n. 429/2017 e n. 663/2015 do Senado Federal e sua importância para a democracia brasileira. *Estudos Eleitorais*, Tribunal Superior Eleitoral, v. 13, n. 2, maio/ago. 2018, p. 11-31.

como para o estabelecimento de diretrizes éticas e de legalidade em torno do relacionamento partidário com doadores, eleitores, candidatos, fornecedores e prestadores de serviços.

Para tanto, é imprescindível que esse processo se paute (i) pela orientação à alta gestão estratégica da cúpula partidária e da campanha, dando suporte e apoio à atuação dentro dos padrões de integridade; (ii) pela contínua avaliação e gestão de riscos eleitorais, criminais e civis; (iii) pela promoção de políticas de controle e de práticas anticorrupção nos procedimentos partidários e de campanha; (iv) pelo monitoramento e correção de práticas dos agentes políticos e colaboradores da campanha; (v) pela captação legal, gestão e proteção de dados; (vi) pela regulamentação de condutas dos participantes do processo eleitoral; e (vii) pelo fomento à cultura eleitoral ética, gerando maior comprometimento com a integridade e conformação à lei.[434]

Em síntese, a solução que se busca por meio do *Compliance* deve abordar todos os aspectos relativos às organizações empresariais, bem como as especificidades político-partidárias, incluindo a clareza e a publicidade das regras, a elaboração de códigos de ética e conduta, o comprometimento coletivo, inclusive da alta direção partidária, e a criação de canais de denúncia geridos por terceiros.[435]

### 3.3.1 No Brasil

É notório que os problemas de gestão pública e privada do Brasil, evidenciados nos últimos anos a partir de uma sequência de investigações de corrupção, são afetos a uma cultura desvirtuosa predominante no âmbito da administração pública, que tem impactos diretos na gestão de pessoas jurídicas de direito privado, inclusive nos partidos políticos. Nesse sentido, a prática de atos ilícitos por companhias privadas, partidos e entes públicos se tornou extremamente comum ao longo da história brasileira, sendo presente inclusive em suas inter-relações.

Diante disso, o *Compliance* eleitoral surge como possível solução, principalmente considerando o incentivo atual à adoção de programas

---

[434] RACHID COUTINHO, Aldacy; MARRAFON, Marco Aurélio. Compliance eleitoral: breve análise dos Projetos de Lei nº 60/2017, n. 429/2017 e n. 663/2015 do Senado Federal e sua importância para a democracia brasileira. *Estudos Eleitorais*, Tribunal Superior Eleitoral, v. 13, n. 2, maio/ago. 2018, p. 11-31.

[435] RIBEIRO JÚNIOR, Antonio Joaquim. *Direito eleitoral e compliance*: a adoção do programa de conformidade como solução a crise dos partidos políticos no Brasil. *Revista de Estudos Eleitorais*, v. 2, n. 3, jul. 2018 Recife, p. 15-33.

de integridade e boas práticas de governança, tanto no âmbito público quanto no privado. A seguir, analisam-se a legislação anticorrupção vigente no Brasil, sua (in)aplicabilidade aos partidos políticos e os projetos de lei sobre o tema que atualmente tramitam no Congresso Nacional.

## 3.3.2 Lei Anticorrupção

Após o surgimento da iniciativa de extensão da responsabilidade por práticas corruptas a pessoas jurídicas, a Organização de Cooperação e de Desenvolvimento Econômico (OCDE), na avaliação do Brasil[436] de 2007, atestou a insuficiência da legislação brasileira e recomendou (i) a adoção de medidas para estabelecer a responsabilização direta de pessoas jurídicas pelo delito de suborno de funcionário público estrangeiro e (ii) a criação de sanções proporcionais e dissuasivas.

À época, era manifesta a inefetividade dos mecanismos de responsabilização de pessoas jurídicas por atos praticados contra a Administração no ordenamento jurídico brasileiro. Embora a Lei nº 8.429/1992[437] já trouxesse a possibilidade de responsabilização de pessoas jurídicas quando concorressem com agentes públicos para a prática de ato de improbidade administrativa, era latente a fragilidade da norma quanto a esse ponto, já que a imputação das empresas poderia ocorrer apenas de forma reflexa e as sanções previstas somente se aplicavam a pessoas físicas.

Conforme consta da exposição de motivos do PL nº 6.826/2010,[438] que deu origem à Lei Anticorrupção (Lei nº 12.846/2013),[439] a norma tinha "por objetivo suprir uma lacuna existente no sistema jurídico pátrio no que tange à responsabilização de pessoas jurídicas pela prática de

---

[436] A avaliação era parte do mecanismo de acompanhamento do cumprimento da Convenção da OCDE.

[437] Lei que dispõe sobre as sanções aplicáveis aos agentes públicos nos casos de enriquecimento ilícito no exercício de mandato, cargo, emprego ou função na administração pública direta, indireta ou fundacional e dá outras providências. Disponível em: https://www.camara.leg.br/proposicoesWeb/prop_mostrarintegra;jsessionid=2D434A6C73097403AF34BBD297333653.node1?codteor=422375&filename=LegislacaoCitada+-PL+7528/2006. Acesso em: 20 set. 2019.

[438] BRASIL. EMI N. 00011 2009 – CGU/MJ/AGU. Disponível em: http://www.planalto.gov.br/ccivil_03/Projetos/EXPMOTIV/EMI/2010/11%20-%20CGU%20MJ%20AGU.htm. Acesso em: 25 set. 2019.

[439] BRASIL. Lei nº 12.846, de 1º de agosto de 2013. Disponível em: http://www.planalto.gov.br/ccivil_03/_Ato2011-2014/2013/Lei/L12846.htm. Acesso em: 20 set. 2019.

atos ilícitos contra a Administração Pública, em especial, por atos de corrupção e fraude em licitações e contratos administrativos".[440]

Nessa perspectiva, buscou-se criar mais um instrumento de combate à corrupção, direcionado a sua prevenção e à sanção no âmbito empresarial, sem prejuízo aos demais já existentes no ordenamento jurídico brasileiro.

Da análise da mencionada norma, identificam-se, de plano, dois objetivos básicos de atuação: (i) a possibilidade de aplicação de sanções e (ii) o estímulo à criação de políticas internas de *Compliance*, que podem ser compreendidas como "esforços adotados pela iniciativa privada para garantir o cumprimento de exigências legais e regulamentares relacionadas às suas atividades e observar princípios de ética e integridade corporativa".[441]

No primeiro, evidencia-se a intenção de desencorajar a prática de atos lesivos à Administração Pública com a possibilidade de aplicação de sanções severas e proporcionais, utilizando-se da lógica do Direito Penal. No segundo, verifica-se o caráter preventivo da lei, a partir do incentivo às boas práticas empresariais.

Quanto à aplicação de sanções, a Lei nº 12.846/2013 instituiu que as pessoas jurídicas, ou mesmo entidades não personificadas,[442] respondem objetivamente, nos âmbitos administrativo e civil, pelos atos lesivos previstos na lei, praticados em seu interesse ou benefício, seja esse exclusivo ou não.[443] Esses atos lesivos são definidos de forma específica no art. 5º, abrangendo: (i) corrupção ativa de funcionário público nacional ou estrangeiro; (ii) fraudes à licitação (ainda que sem participação de funcionário público); e (iii) embaraço à investigação. Nesse sentido, entende-se que, relativamente a essas práticas, basta a comprovação de nexo causal entre o ato do funcionário e a empresa beneficiada para que essa responda pelo dano, não sendo válida alegação de desconhecimento da conduta. [444]

---

440 BRASIL. EMI N. 00011 2009 – CGU/MJ/AGU. Disponível em: http://www.planalto.gov.br/ccivil_03/Projetos/EXPMOTIV/EMI/2010/11%20-%20CGU%20MJ%20AGU.htm. Acesso em: 25 set. 2019.

441 DEBBIO, A. Del; MAEDA, B. C.; AYRES, C. H. S. (Coord.). *Temas de anticorrupção e compliance*. Rio de Janeiro: Elsevier, 2013, p. 167.

442 "Art. 1º. Parágrafo único. Aplica-se o disposto nesta Lei às sociedades empresárias e às sociedades simples, personificadas ou não, independentemente da forma de organização ou modelo societário adotado, bem como a quaisquer fundações, associações de entidades ou pessoas, ou sociedades estrangeiras, que tenham sede, filial ou representação no território brasileiro, constituídas de fato ou de direito, ainda que temporariamente". BRASIL. Lei nº 12.846, de 1º de agosto de 2013. Disponível em: http://www.planalto.gov.br/ccivil_03/_Ato2011-2014/2013/Lei/L12846.htm. Acesso em: 20 set. 2019.

443 Lei nº 12.846/2013, art. 2º.

444 Lei nº 12.846/2013, art. 5º.

Ainda, conforme dispõe o art. 4º, subsiste a responsabilidade da pessoa jurídica mesmo em caso de alteração contratual, transformação, incorporação, fusão ou cisão societária. Trata-se da ampla sucessão de responsabilidade nas reorganizações da pessoa jurídica: transferem-se para a pessoa jurídica resultante que sobrevier os direitos, responsabilidades e obrigações das pessoas sucedidas, constatando-se ampla transmissão da possibilidade de punição.[445]

Como sanções administrativas, o art. 6º[446] prevê multa e publicação extraordinária de decisão condenatória, ao passo que o art. 19[447] estabelece quatro penalidades possíveis em sede de responsabilização

---

[445] "Art. 4º Subsiste a responsabilidade da pessoa jurídica na hipótese de alteração contratual, transformação, incorporação, fusão ou cisão societária.
§1º Nas hipóteses de fusão e incorporação, a responsabilidade da sucessora será restrita à obrigação de pagamento de multa e reparação integral do dano causado, até o limite do patrimônio transferido, não lhe sendo aplicáveis as demais sanções previstas nesta Lei decorrentes de atos e fatos ocorridos antes da data da fusão ou incorporação, exceto no caso de simulação ou evidente intuito de fraude, devidamente comprovados.
§2º As sociedades controladoras, controladas, coligadas ou, no âmbito do respectivo contrato, as consorciadas serão solidariamente responsáveis pela prática dos atos previstos nesta Lei, restringindo-se tal responsabilidade à obrigação de pagamento de multa e reparação integral do dano causado." BRASIL. *Lei nº 12.846, de 1º de agosto de 2013*. Disponível em: http://www.planalto.gov.br/ccivil_03/_Ato2011-2014/2013/Lei/L12846.htm. Acesso em: 20 set. 2019.

[446] "Art. 6º Na esfera administrativa, serão aplicadas às pessoas jurídicas consideradas responsáveis pelos atos lesivos previstos nesta Lei as seguintes sanções:
I – multa, no valor de 0, 1% (um décimo por cento) a 20% (vinte por cento) do faturamento bruto do último exercício anterior ao da instauração do processo administrativo, excluídos os tributos, a qual nunca será inferior à vantagem auferida, quando for possível sua estimação; e
II – publicação extraordinária da decisão condenatória.
§1º As sanções serão aplicadas fundamentadamente, isolada ou cumulativamente, de acordo com as peculiaridades do caso concreto e com a gravidade e natureza das infrações.
§2º A aplicação das sanções previstas neste artigo será precedida da manifestação jurídica elaborada pela Advocacia Pública ou pelo órgão de assistência jurídica, ou equivalente, do ente público.
§3º A aplicação das sanções previstas neste artigo não exclui, em qualquer hipótese, a obrigação da reparação integral do dano causado.
§4º Na hipótese do inciso I do *caput*, caso não seja possível utilizar o critério do valor do faturamento bruto da pessoa jurídica, a multa será de R$ 6.000, 00 (seis mil reais) a R$ 60.000.000, 00 (sessenta milhões de reais).
§5º A publicação extraordinária da decisão condenatória ocorrerá na forma de extrato de sentença, a expensas da pessoa jurídica, em meios de comunicação de grande circulação na área da prática da infração e de atuação da pessoa jurídica ou, na sua falta, em publicação de circulação nacional, bem como por meio de afixação de edital, pelo prazo mínimo de 30 (trinta) dias, no próprio estabelecimento ou no local de exercício da atividade, de modo visível ao público, e no sítio eletrônico na rede mundial de computadores." BRASIL. Lei nº 12.846, de 1º de agosto de 2013. Disponível em: http://www.planalto.gov.br/ccivil_03/_Ato2011-2014/2013/Lei/L12846.htm. Acesso em: 20 set. 2019.

[447] "Art. 19. Em razão da prática de atos previstos no art. 5º desta Lei, a União, os Estados, o Distrito Federal e os Municípios, por meio das respectivas Advocacias Públicas ou órgãos

judicial: (i) perdimento dos bens, direitos ou valores que representem vantagem ou proveito direta ou indiretamente obtidos da infração; (ii) suspensão ou interdição parcial de suas atividades; (iii) dissolução compulsória da pessoa jurídica; e (iv) proibição de receber incentivos, subsídios, subvenções, doações ou empréstimos de órgãos ou entidades públicas e de instituições financeiras públicas ou controladas pelo poder público, por prazo determinado.

Além disso, a lei instituiu o Cadastro Nacional de Empresas Punidas (CNEP), a ser gerenciado pelo Poder Executivo da União Federal, que deve reunir e dar publicidade às sanções aplicadas com base na norma. Dessa forma, todos os órgãos ou entidades dos Três Poderes devem informar e manter atualizados os dados relativos às sanções por eles aplicadas com fulcro na Lei Anticorrupção.[448]

Outra possibilidade prevista pela Lei Anticorrupção remete à possibilidade de desconsideração da personalidade jurídica, questão já albergada por outros diplomas legais e pela jurisprudência pátria. Validamente, a despeito da limitação dos riscos do empreendedor ao patrimônio proporcionada pela figura da pessoa jurídica, compreende-se possível a desconsideração da personalidade jurídica "sempre que utilizada com abuso de direito para facilitar, encobrir ou dissimular a prática dos atos ilícitos previstos na norma ou para provocar confusão patrimonial".[449]

Em relação ao intuito preventivo e colaborativo da norma, a Lei Anticorrupção indica a necessidade de adoção de regras de *Compliance* pelas pessoas jurídicas, a fim de definirem procedimentos internos de controle e, por conseguinte, evitarem a prática de corrupção por seus

---

de representação judicial, ou equivalentes, e o Ministério Público, poderão ajuizar ação com vistas à aplicação das seguintes sanções às pessoas jurídicas infratoras:
I – perdimento dos bens, direitos ou valores que representem vantagem ou proveito direta ou indiretamente obtidos da infração, ressalvado o direito do lesado ou de terceiro de boa-fé;
II – suspensão ou interdição parcial de suas atividades;
III – dissolução compulsória da pessoa jurídica;
IV – proibição de receber incentivos, subsídios, subvenções, doações ou empréstimos de órgãos ou entidades públicas e de instituições financeiras públicas ou controladas pelo poder público, pelo prazo mínimo de 1 (um) e máximo de 5 (cinco) anos". BRASIL. Lei nº 12.846, de 1º de agosto de 2013. Disponível em: http://www.planalto.gov.br/ccivil_03/_Ato2011-2014/2013/Lei/L12846.htm. Acesso em: 20 set. 2019.

448 BRASIL. Lei nº 12.846, de 1º de agosto de 2013. Disponível em: http://www.planalto.gov.br/ccivil_03/_Ato2011-2014/2013/Lei/L12846.htm. Acesso em: 20 set. 2019.

449 Lei nº 12. 846/2013, art. 14º. BRASIL. Lei nº 12.846, de 1º de agosto de 2013. Disponível em: http://www.planalto.gov.br/ccivil_03/_Ato2011-2014/2013/Lei/L12846.htm. Acesso em: 20 set. 2019.

diretores e empregados. Comparativamente, contudo, a legislação brasileira é menos enfática quanto a esse ponto, já que se refere ao *Compliance* como apenas uma entre nove circunstâncias a serem consideradas na aplicação de sanções previstas no diploma.[450] [451]

Por fim, a norma prevê a celebração de acordos de leniência com as pessoas jurídicas responsáveis que colaborem efetivamente com as investigações e o processo administrativo.[452] Com isso, a pessoa jurídica obtém a redução das sanções que lhe são aplicáveis e a Administração Pública adquire informações aptas a permitir o aprofundamento das investigações.

Logicamente, a finalidade do instituto é estimular a colaboração de agentes envolvidos na prática de atos ilícitos para identificar e, possivelmente, responsabilizar outros infratores, bem como evitar a reiteração das condutas, dotando as autoridades de informações relevantes que não necessariamente seriam obtidas sem a celebração dos acordos ou que envolveriam grande dispêndio de recursos públicos para tanto.

Com efeito, no todo, tem-se que a Lei Anticorrupção, a despeito de eventuais limitações e problemas, representou significativo avanço para a legislação brasileira, principalmente em termos de responsabilização de pessoas jurídicas e de inovação quanto à previsão de procedimentos de *Compliance*, seguindo a tendência internacional.

### 3.3.3 (In)aplicabilidade aos partidos políticos e candidaturas

Apesar do significativo progresso legislativo em termos de "Direito Anticorrupção" após a edição da Lei nº 12.846/2013, por todo o

---

450 GALVÃO DE CARVALHO, Paulo Roberto. Legislação anticorrupção no mundo: análise comparativa entre a Lei Anticorrupção brasileira, o Foreign Corrupt Practices Act norte-americano e o Bribery Act do Reino Unido. *In:* QUEIROZ, Ronaldo Pinheiro; SOUZA, Jorge Munhos. *Lei Anticorrupção*. Salvador: JusPODIVM, 2015, p. 56.

451 A norma se difere do UKBA, dado o destaque conferido aos programas de compliance pela legislação britânica, que erigiu à categoria de ilícito penal autônomo a mera conduta de falhar na prevenção da corrupção, ampliando a responsabilidade da empresa no desenho, implementação, aplicação e avaliação de suas próprias regras de integridade. Nos Estados Unidos, embora o FCPA não faça menção expressa às exigências de compliance, a adoção de um programa de integridade tem consequências jurídicas relevantes para a aplicação das sanções nele previstas: esse fator é considerado tanto na decisão de ajuizar uma ação penal por violação ao FCPA quanto no momento da aplicação da penalidade à empresa ou na escolha das condições a serem cumpridas para suspensão da pena ou do processo.

452 Lei nº 12.846/2013, art. 16.

exposto, compreende-se que os partidos políticos não estão incluídos no seu âmbito de incidência. Isso se justifica por três fatores principais: (i) a lei se direciona à regulamentação de agentes privados, principalmente com fins lucrativos; (ii) embora formalmente constituam associações, os partidos são pessoas jurídicas *sui generis*; e (iii) parte das sanções não se aplica aos partidos políticos.

Em relação ao primeiro aspecto, evidencia-se, a partir do contexto de promulgação da regra e da leitura dos seus dispositivos, que o ato normativo se volta à regulação de entes privados, principalmente de sociedades com fins lucrativos. Isso se comprova, por exemplo, pela previsão de cálculo da multa com base no faturamento bruto, fator intrínseco a agentes econômicos e não aplicável à realidade dos partidos políticos.

O segundo aspecto se refere às particularidades dos partidos políticos, que, embora se constituam formalmente como associações, compõem meio necessário para o alcance do regime democrático. Nesse sentido, não apresentam, em tese, interesses econômicos, mas se prestam à consecução de um fim público, isto é, à representatividade de segmentos sociais em prol da formação da vontade pública e consequente exercício democrático dos direitos políticos previstos na CF/88. Por esse motivo, reclamam regulamentação própria, em conformidade com sua realidade inerente e com os princípios e postulados próprios do Direito Eleitoral, não se igualando às demais pessoas jurídicas de direito privado.

Por último, entende-se que, devido às mencionadas particularidades das agremiações, algumas das sanções previstas na Lei Anticorrupção não lhes são aplicáveis. Destacam-se: (i) suspensão ou interdição parcial de suas atividades; (ii) dissolução compulsória da pessoa jurídica; (iii) proibição de receber incentivos, subsídios, subvenções, doações ou empréstimos de órgãos ou entidades públicas e de instituições financeiras públicas ou controladas pelo poder público; e (iv) multa com base no faturamento anual, conforme já ponderado.

Quanto à suspensão das atividades e à dissolução compulsória da pessoa jurídica, ressalta-se que o problema central está no caráter representativo e democrático que ostentam os partidos políticos – se os partidos são legitimados pela própria lógica do sistema político-partidário brasileiro, sua existência e funcionamento não pode ser afetada de forma tão grave pura e simplesmente por desvios de conduta de seus membros, o que configuraria manifesta inconstitucionalidade e ameaça ao regime democrático. Além disso, a vedação ao recebimento de recursos públicos também contraria a lógica de subsídio e financiamento dos partidos, os quais necessitam de dinheiro para exercer suas atividades ordinárias e em período eleitoral.

### 3.3.4 Lei da Transparência

Na intenção de conferir maior higidez à movimentação de recursos financeiros na esfera pública, foi criada, em 2009, a Lei da Transparência (Lei Complementar nº 131),[453] que alterou a Lei Complementar nº 101[454] para instituir a obrigação de toda entidade pública divulgar, em tempo real, suas receitas e despesas em um *site* na internet, no prazo máximo de 24 horas, seguindo as exigências técnicas necessárias para validação pelo Ministério Público.

Conforme disposto no art. 48-A, devem ser divulgados: (i) todos os atos praticados pelas unidades gestoras no decorrer da execução da despesa, no momento de sua realização, com a disponibilização mínima dos dados referentes ao número do correspondente processo, ao bem fornecido ou ao serviço prestado, à pessoa física ou jurídica beneficiária do pagamento e, quando for o caso, ao procedimento licitatório realizado; e (ii) o lançamento e o recebimento de toda a receita das unidades gestoras, inclusive referente a recursos extraordinários.[455]

O objetivo é, por conseguinte, liberar ao pleno conhecimento e acompanhamento pela sociedade, em tempo real, das informações detalhadas sobre a execução orçamentária e financeira, em meios eletrônicos de acesso público. Embora não haja a exigência de que os dados sejam necessariamente disponibilizados em um Portal da Transparência, esse é o modelo recomendado e que vem sendo seguido pelas entidades públicas.

---

453 BRASIL. Lei complementar nº 131, de 27 de maio de 2009. Disponível em: http://www.planalto.gov.br/ccivil_03/leis/lcp/lcp131.htm. Acesso em: 25 set. 2019.

454 BRASIL. Lei complementar nº 101, de 4 de maio de 2000. Disponível em: http://www.planalto.gov.br/ccivil_03/leis/lcp/lcp101.htm. Acesso em: 25 set. 2019.

455 "Art. 48-A. Para os fins a que se refere o inciso II do parágrafo único do art. 48, os entes da Federação disponibilizarão a qualquer pessoa física ou jurídica o acesso a informações referentes a:
I – quanto à despesa: todos os atos praticados pelas unidades gestoras no decorrer da execução da despesa, no momento de sua realização, com a disponibilização mínima dos dados referentes ao número do correspondente processo, ao bem fornecido ou ao serviço prestado, à pessoa física ou jurídica beneficiária do pagamento e, quando for o caso, ao procedimento licitatório realizado;
II – quanto à receita: o lançamento e o recebimento de toda a receita das unidades gestoras, inclusive referente a recursos extraordinários". BRASIL. Lei complementar nº 101, de 4 de maio de 2000. Disponível em: http://www.planalto.gov.br/ccivil_03/leis/lcp/lcp101.htm. Acesso em: 25 set. 2019.

Ressalta-se que tal medida se alinha aos objetivos do *Compliance* na medida em que confere maior transparência às questões de orçamento público, permitindo não apenas o conhecimento da população sobre o modo de gestão financeira estatal, como também a possibilidade de denúncia sobre eventual descumprimento das prescrições legais ao respectivo Tribunal de Contas e ao órgão competente do Ministério Público.[456] No entanto, também escapa à sua abrangência a situação dos partidos políticos, visto que não constituem entes da Federação[457] nos termos da lei.

O mesmo ocorre com a Lei de Acesso à Informação[458] (Lei nº 12.527), promulgada em 2011, que complementa a Lei da Transparência ao permitir que qualquer interessado solicite documentos ao órgão público sem necessidade de justificativa. No entanto, conforme descrito em seu art. 1º,[459] a lei só se aplica a entes públicos, não abrangendo também, desse modo, a atividade político-partidária.

---

456 LC n. 101/2000, art. 73-A.

457 "Art. 1º (...) §2º As disposições desta Lei Complementar obrigam a União, os Estados, o Distrito Federal e os Municípios.
§3º Nas referências:
I – à União, aos Estados, ao Distrito Federal e aos Municípios, estão compreendidos:
a) o Poder Executivo, o Poder Legislativo, neste abrangidos os Tribunais de Contas, o Poder Judiciário e o Ministério Público;
b) as respectivas administrações diretas, fundos, autarquias, fundações e empresas estatais dependentes;
II – a Estados entende-se considerado o Distrito Federal;
III – a Tribunais de Contas estão incluídos: Tribunal de Contas da União, Tribunal de Contas do Estado e, quando houver, Tribunal de Contas dos Municípios e Tribunal de Contas do Município". BRASIL. Lei complementar nº 101, de 4 de maio de 2000. Estabelece normas de finanças públicas voltadas para a responsabilidade na gestão fiscal e dá outras providências. Disponível em: http://www.planalto.gov.br/ccivil_03/leis/lcp/lcp101.htm. Acesso em: 25 set. 2019.

458 BRASIL. Lei nº 12.527, de 18 de novembro de 2011. Regula o acesso a informações previsto no inciso XXXIII do art. 5º, no inciso II do §3º do art. 37 e no §2º do art. 216 da Constituição Federal; altera a Lei nº 8.112, de 11 de dezembro de 1990; revoga a Lei nº 11.111, de 5 de maio de 2005, e dispositivos da Lei nº 8.159, de 8 de janeiro de 1991; e dá outras providências. Disponível em: http://www.planalto.gov.br/ccivil_03/_ato2011-2014/2011/lei/l12527.htm. Acesso em: 25 ago. 2019.

459 "Art. 1º Esta Lei dispõe sobre os procedimentos a serem observados pela União, Estados, Distrito Federal e Municípios, com o fim de garantir o acesso a informações previsto no inciso XXXIII do art. 5º, no inciso II do §3º do art. 37 e no §2º do art. 216 da Constituição Federal.
Parágrafo único. Subordinam-se ao regime desta Lei:
I – os órgãos públicos integrantes da administração direta dos Poderes Executivo, Legislativo, incluindo as Cortes de Contas, e Judiciário e do Ministério Público;
II – as autarquias, as fundações públicas, as empresas públicas, as sociedades de economia mista e demais entidades controladas direta ou indiretamente pela União, Estados, Distrito Federal e Municípios. BRASIL. Lei nº 12.527, de 18 de novembro de 2011. Disponível em:

## 3.3.5 Outras legislações

Além das mencionadas leis, existem outras legislações no ordenamento jurídico brasileiro que se prestam ao combate da corrupção e de condutas semelhantes, principalmente no âmbito da Administração Pública e na esfera penal.

Entre essas, é possível citar:

1. Código Penal[460] (Decreto-Lei nº 2.848/1940): prevê os crimes de corrupção passiva, corrupção ativa, corrupção ativa em transação internacional, tráfico de influência e associação criminosa, abrangendo condutas tanto de particulares quanto de funcionários públicos;
2. Lei dos Crimes Econômicos[461] (Lei nº 8.137/1990): dispõe sobre crimes contra a ordem tributária e econômica e contra as relações de consumo. Assim, caso a conduta de corrupção envolva também alguma ofensa à ordem econômica, como a formação de um cartel, contando com a contribuição de servidor público, essa lei pode ser aplicada;
3. Lei de Improbidade Administrativa[462] (Lei nº 8.429/1992): reprime o enriquecimento ilícito de servidores públicos e de empresas que prestam serviços a entes públicos;
4. Lei de Licitações[463] (Lei nº 8.666/1993): reprime condutas de fraude e corrupção em contratos de prestação de serviços a entes públicos;

---

http://www.planalto.gov.br/ccivil_03/_ato2011-2014/2011/lei/l12527.htm. Acesso em: 25 ago. 2019.

460 BRASIL. Decreto-Lei nº 2.848, de 7 de dezembro de 1940. Código Penal. Disponível em: http://www.planalto.gov.br/ccivil_03/decreto-lei/del2848compilado.htm. Acesso em: 21 set. 2019.

461 BRASIL. Lei nº 8.137, de 27 de dezembro de 1990. Disponível em: http://www.planalto.gov.br/ccivil_03/LEIS/L8137.htm. Acesso em: 21 set. 2019.

462 BRASIL. Lei nº 8.429, de 2 de junho de 1992. Dispõe sobre as Sanções Aplicáveis aos Agentes Públicos nos Casos de Enriquecimento Ilícito no Exercício de Mandato, Cargo, Emprego ou Função na Administração Pública Direta, Indireta ou Fundacional e dá outras providências. Disponível em: https://www.camara.leg.br/proposicoesWeb/prop_mostrarintegra;jsessionid=2D434A6C73097403AF34BBD297333653.node1?codteor=422375&filename=LegislacaoCitada+-PL+7528/2006. Acesso em: 26 set. 2019.

463 BRASIL. Lei nº 8.666, de 21 de junho de 1993. Regulamenta o art. 37, inciso XXI, da Constituição Federal, institui normas para licitações e contratos da Administração Pública e dá outras providências. Disponível em: http://www.planalto.gov.br/ccivil_03/leis/l8666cons.htm. Acesso em: 26 set. 2019.

5. Lei de Lavagem de Dinheiro[464] (Lei nº 9.613/1998): condena o ato de conferir a aparência de legalidade a bens e valores que foram obtidos de forma ilegal;
6. Lei das Organizações Criminosas[465] (Lei nº 12.850/2013): criminaliza as organizações criminosas. Caso os agentes que cometeram a ilegalidade façam parte de um grupo articulado para cometer atos de corrupção de forma sistemática, podem ser condenados segundo essa lei.

Da leitura das normas supracitadas, verifica-se que, antes da edição da Lei nº 12.846/2013, o combate à corrupção se baseava principalmente na criminalização das condutas em relação a pessoas físicas, em uma perspectiva de repressão de responsabilidade subjetiva. Portanto, além de não existirem mecanismos eficientes para responsabilizar pessoas jurídicas, eram escassas as previsões preventivas, de incentivo a boas práticas corporativas pautadas em princípios de transparência, responsabilidade e gestão de riscos.

Percebe-se, além disso, a inexistência de dispositivos voltados ao combate à corrupção e demais condutas ilícitas no âmbito dos partidos políticos, havendo verdadeiro hiato legislativo quanto a esse ponto.

### 3.3.6 Projetos de Lei do Senado nº 60/2017 e nº 429/2017

Tendo em vista os contornos jurídicos adquiridos pelo *Compliance* no Brasil, com o advento da Lei Anticorrupção e de seu Decreto Regulamentador nº 8.420/2015,[466] bem como a assinatura de tratados internacionais de combate à corrupção,[467] entende-se a necessidade de

---

[464] BRASIL. Lei nº 9.613, de 3 de março de 1998. Disponível em: http://www.planalto.gov.br/ccivil_03/leis/l9613.htm. Acesso em: 26 set. 2019.

[465] BRASIL. Lei nº 12.850, de 2 de agosto de 2013. Define organização criminosa e dispõe sobre a investigação criminal, os meios de obtenção da prova, infrações penais correlatas e o procedimento criminal; altera o Decreto-Lei nº 2.848, de 7 de dezembro de 1940 (Código Penal); revoga a Lei nº 9.034, de 3 de maio de 1995; e dá outras providências. Disponível em: http://www.planalto.gov.br/ccivil_03/_Ato2011-2014/2013/Lei/L12850.htm. Acesso em: 26.set. 2019.

[466] BRASIL. Decreto n. 8.420, de 18 de março de 2015. Regulamenta a Lei nº 12.846, de 1º de agosto de 2013, que dispõe sobre a responsabilização administrativa de pessoas jurídicas pela prática de atos contra a administração pública, nacional ou estrangeira e dá outras providências. Disponível em:http://www.planalto.gov.br/ccivil_03/_ato2015-2018/2015/decreto/d8420.htm. Acesso em: 26 set. 2019.

[467] Conforme apontado ao longo do estudo, vários são os tratados internacionais de combate à corrupção subscritos pelo Brasil, v. g.: Convenção Interamericana contra a Corrupção, de 1996; Combate da Corrupção de Funcionários Públicos Estrangeiros em Transações

instituir procedimentos de controle de integridade voltados aos partidos políticos, enquanto pessoas jurídicas *sui generis*.

Por essa razão e diante do hiato normativo em que se encontram as agremiações partidárias, em 2017, foram propostos dois projetos de lei no Senado Federal acerca da implementação de programas de *Compliance* nos partidos políticos: PLS nº 60[468] e PLS nº 429.[469]

O primeiro propõe a alteração da Lei nº 9.096/1995 para estabelecer a responsabilidade objetiva pela prática de atos contra a Administração Pública e criar incentivos à implementação de programas de integridade por partidos políticos a partir de sua valoração positiva na aplicação das penalidades.

Vê-se:

> Art. 30-A. Os partidos políticos respondem objetivamente pela prática de atos contra a administração pública por seus dirigentes, nessa condição.
> §1º A responsabilização do partido político não exclui a responsabilidade individual de seus dirigentes ou administradores ou de qualquer pessoa natural, autora, coautora ou partícipe de ato ilícito.
> §2º O partido político será responsabilizado independentemente da responsabilização individual das pessoas referidas no §1º.
> §3º Os dirigentes ou administradores somente serão responsabilizados por atos ilícitos na medida de sua culpabilidade.
> §4º Constituem atos contra a Administração Pública aqueles que atentem contra o patrimônio público ou os princípios da Administração Pública, assim definidos:
> I – prometer, oferecer ou dar, direta ou indiretamente, vantagem indevida a agente público, ou a terceira pessoa a ele relacionada;
> II – financiar, custear, patrocinar ou de qualquer modo incentivar a prática de atos ilícitos previstos nesta Lei;
> III – utilizar-se de interposta pessoa, física ou jurídica, para ocultar ou dissimular seus reais interesses ou a identidade dos atos praticados;
> IV – dificultar atividade de investigação ou fiscalização de órgãos, entidades ou agentes públicos, ou intervir em sua atuação.
> [...]
> Art.37-B. Na aplicação das penas referidas neste Título, será levada em consideração a existência de mecanismos internos de integridade,

---

Comerciais Internacionais, de 1997; e Convenção das Nações Unidas contra a Corrupção, de 2003.

468 BRASIL. Senado Federal. Projeto de Lei nº 60, de 2017. Disponível em: https://www25.senado.leg.br/web/atividade/materias/-/materia/128349. Acesso em: 28 set. 2019.

469 BRASIL. Senado Federal. Projeto de Lei nº 429, de 2017. Disponível em: https://www25.senado.leg.br/web/atividade/materias/-/materia/131429. Acesso em: 28 set. 2019.

auditoria e incentivo à denúncia de irregularidades e a aplicação efetiva de códigos de ética e de conduta no âmbito do partido político.[470]

Nesse sentido, busca-se desenvolver hipótese de imputação objetiva para partidos políticos por atos ilícitos praticados contra a Administração Pública, estimulando a promoção de políticas de integridade no plano intrapartidário. Atualmente o projeto está tramitando na Câmara dos Deputados, em regime de prioridade, apensado ao PL nº 5.924/2016.[471]

O PLS nº 429/2017, por outro lado, tem previsão mais enfática, propondo a alteração da Lei nº 9.096/1995 para tornar obrigatória a adoção de mecanismos de *Compliance* e a elaboração de programa de integridade pelos partidos políticos. O projeto ainda enfatiza a necessidade de estabelecer, entre outras medidas, padrões de conduta, código de ética, políticas e procedimentos de integridade que sejam aplicáveis (i) a todos os filiados, colaboradores e administradores, e (ii) a terceiros, como fornecedores, prestadores de serviço e agentes intermediários.

Nessa linha, deve a agremiação fornecer, a cada dois anos, treinamentos sobre legislação eleitoral, controles internos, governança, padrões de conduta, código de ética, políticas e procedimentos de integridade, bem como sobre os demais temas relacionados às atividades partidárias.

Além disso, a proposta legislativa também prevê sanções proporcionais de suspensão do recebimento de recursos do Fundo Partidário em caso de inefetividade ou inexistência do programa de integridade, a serem aplicadas pela Justiça Eleitoral.

Entre as justificativas indicadas no PL, consta que a adoção de um programa de *Compliance*, além de imprescindível, tem o condão de transmitir aos filiados e à população brasileira uma imagem positiva e ética dos partidos políticos, em atenção aos fatores de transparência, *accountability* e constante diálogo.[472] Dessa forma, compreende-se que

---

[470] BRASIL. Senado Federal. Projeto de Lei nº 60, de 2017. Disponível em: https://www25.senado.leg.br/web/atividade/materias/-/materia/128349. Acesso em: 28 set. 2019.

[471] BRASIL. Câmara dos Deputados. Projeto de Lei nº 5924, de 2016. Disponível em: https://www.camara.leg.br/proposicoesWeb/fichadetramitacao?idProposicao=2093053. Acesso em: 28 set. 2019.

[472] BRASIL. Senado Federal. Relatório Legislativo – 15/03/2018, Comissão de Constituição, Justiça e Cidadania. Disponível em: https://legis.senado.leg.br/sdleg-getter/documento?dm=7647139&ts=1567534351351&disposition=inline. Acesso em: 30 set. 2019. Acesso em: 18 out. 2019.

a proposta do PLS nº 429 é mais enfática e completa em comparação à do PLS nº 60, não resumindo as políticas de *Compliance* à adoção de programa de integridade.

Contudo, apesar de ambos os projetos representarem inegável avanço à legislação brasileira em termos de previsão normativa do *Compliance* eleitoral, suprindo lacuna existente no ordenamento jurídico, é evidente a existência de algumas falhas em suas previsões, que, em alguns pontos, negligenciam aspectos relevantes do *Compliance*.

Assim, conforme identificado por Maria Cláudia Buchhianeri Pinheiro, para além de buscar a prevenção e a sanção de eventuais irregularidades financeiras, é necessário pensar uma política de integridade que estabeleça, de modo factível, (i) a identificação das matérias submetidas aos mecanismos de fiscalização e controle próprios dos sistemas de integridade; (ii) o controle à arrecadação de pessoas físicas; (iii) os critérios de realização de gastos partidários, como a escolha de empresas e terceiros contratados; (iv) medidas à redução da desigualdade de gênero no âmbito dos partidos políticos, etc.[473]

Isso porque a contabilidade dos partidos já é submetida a rigoroso controle externo, tendo a Justiça Eleitoral a função de analisar anualmente as contas prestadas nas três esferas partidárias: municipal, estadual e nacional. Assim, não é razoável conceber que o *Compliance* eleitoral se limite ou tenha como ponto central as questões contábeis dos partidos políticos, os quais enfrentam outras numerosas problemáticas a serem endereçadas.

Faz-se mister que o mecanismo desenvolvido envolva a criação de padrões éticos, de boa governança e de transparência, aptos a nortear a relação das agremiações também com seus filiados, colaboradores e com a própria Administração Pública, de modo a resgatar-lhes a credibilidade e a confiabilidade de que dependem.[474]

---

[473] BUCHHIANERI PINHEIRO, Maria Claudia. Tomemos a sério o debate em torno do compliance partidário: uma primeira reflexão crítica dos Projetos de Lei n.ºs 60/2017 e 429/2017, do Senado Federal. Em busca de um modelo efetivo. *In*: FUX, Luiz; PEREIRA, Luiz Fernando Casagrande; AGRA, Walber de Moura (Coord.); PECCINI, Luiz Eduardo (Org.). *Direito partidário*. Belo Horizonte: Fórum, 2018, p. 59-70. (Tratado de Direito Eleitoral, v. 2).

[474] BUCHHIANERI PINHEIRO, Maria Claudia. Tomemos a sério o debate em torno do compliance partidário: uma primeira reflexão crítica dos Projetos de Lei n.ºs 60/2017 e 429/2017, do Senado Federal. Em busca de um modelo efetivo. *In*: FUX, Luiz; PEREIRA, Luiz Fernando Casagrande; AGRA, Walber de Moura (Coord.); PECCINI, Luiz Eduardo (Org.). *Direito partidário*. Belo Horizonte: Fórum, 2018, p. 59-70. (Tratado de Direito Eleitoral, v. 2).

Especificamente, quanto ao PLS nº 60, identifica-se a baixa tipificação de ilícitos, a ausência de expressa fixação das penalidades cabíveis, a indeterminação do órgão competente e do rito procedimental respectivo e a restrição da ideia de *Compliance* às contas partidárias, o que, ao nosso juízo, esvazia a possibilidade de o projeto de lei gerar reais transformações nas estruturas partidárias, em uma perspectiva de transparência e combate à corrupção.[475]

Em relação ao PLS nº 429/2017, por outro lado, cogente reavaliar (i) a competência da Justiça Eleitoral para avaliar a efetividade do programa de *Compliance*, à luz de suas competências e dos objetivos pretendidos, devendo, se for o caso, prever reforma que possa proporcionar à Justiça Eleitoral estrutura compatível para a satisfatória concretização do novo dever; (ii) a obrigatoriedade de adoção de sistema de integridade em todos os níveis partidários (nacional, estadual e municipal), haja vista a múltipla realidade dos partidos políticos brasileiros – para alguns partidos e instâncias, a implementação de projeto desse porte é completamente inviável, dada a absoluta escassez de recursos financeiros e estrutura adequada; e (iii) a ausência de previsão de mecanismos de democracia interna como parâmetro de avaliação da política de integridade.

Pelos motivos expostos, apesar da significativa importância das iniciativas normativas, existem pontos a serem aperfeiçoados, sobretudo para conferir maior alinhamento em relação à realidade partidária no Brasil e para a concretização do desenvolvimento de uma política de *Compliance* eficaz na concepção de uma cultura efetivamente ética e de boa governança.

## 3.4 *Compliance* e autonomia partidária

A elaboração de uma política que promova a efetividade da democracia intrapartidária e a implementação da cultura de *Compliance* no ambiente eleitoral é desafio a ser compatibilizado com a autonomia constitucionalmente prevista dos partidos políticos.

---

475 BUCHHIANERI PINHEIRO, Maria Claudia. Tomemos a sério o debate em torno do compliance partidário: uma primeira reflexão crítica dos Projetos de Lei n.ºs 60/2017 e 429/2017, do Senado Federal. Em busca de um modelo efetivo. *In*: FUX, Luiz; PEREIRA, Luiz Fernando Casagrande; AGRA, Walber de Moura (Coord.); PECCINI, Luiz Eduardo (Org.). *Direito partidário*. Belo Horizonte: Fórum, 2018, p. 59-70. (Tratado de Direito Eleitoral, v. 2).

O texto constitucional de 1988 privilegiou a liberdade de auto-organização das agremiações, deixando a seu cargo a definição da estrutura interna e da gestão de pessoas e recursos, visando à construção de um ambiente democrático em que a participação de seus membros seria mais importante que uma delimitação formal engessada por parte do poder público, como ocorria na antiga Lei Orgânica dos Partidos Políticos.

Ocorre que, apesar disso, é indiscutível a prerrogativa estatal de fixar limites e estabelecer obrigações à atividade partidária de forma razoável, no intento de promover um ambiente mais justo, igualitário e alinhado às premissas constitucionais que devem nortear a atividade dos partidos políticos. A título de exemplo, citam-se a especificação dos gastos possíveis com uso de recursos públicos, incluindo o teto para determinadas categorias, e a implementação de cotas de gênero pela Lei das Eleições – ambas interferências legítimas do Estado em prol da sociedade e de um ambiente eleitoral mais íntegro.

Nesse sentido, é cabível a instituição da obrigatoriedade de implementação de programa de integridade, desde que respeitados alguns parâmetros: (i) o respeito à realidade plural dos partidos políticos no Brasil, (ii) a ilegitimidade de fixação de um modelo pré-determinado e de submissão do padrão escolhido à aprovação da Justiça Eleitoral; e (iii) a criação de incentivos à efetividade do programa, no lugar da sanção por ineficiência.

Em relação ao primeiro aspecto, destaca-se que a quantidade de partidos políticos existentes no Brasil inviabiliza a implementação de um sistema de *Compliance* excessivamente complexo, abrangente e regulamentado, principalmente porque a realidade de alguns diretórios municipais e estaduais é significativamente precária. Exigir de determinados órgãos locais o desenvolvimento de uma política sobre a qual, muitas vezes, nem se tem conhecimento seria demasiadamente rigoroso e prejudicial e inviabilizaria as próprias atividades partidárias, em detrimento de sua autonomia de atuação.

Sobre o segundo ponto, a imposição de um programa de integridade pré-determinado e excessivamente regulamentado fere a autonomia dos partidos políticos de definir sua organização e gestão internas, principalmente considerando que o *Compliance* deve partir da identificação dos problemas existentes numa organização específica, constituindo solução particular.

Além disso, estabelecer um processo de avaliação judicial da efetividade do programa de integridade implementado representaria subversão das competências que são próprias à Justiça Eleitoral e excessiva intromissão do Poder Judiciário na esfera de decisão partidária, o que envolveria ainda custos elevados por parte do poder público. Igualmente, propõe-se que a avaliação da política de integridade seja feita apenas em relação à sua existência, em procedimento administrativo simples de revisão de estatutos partidários.

O terceiro mote, em complemento ao exposto, implica estabelecer, simultaneamente à simples obrigatoriedade de existência de um programa de *Compliance*, incentivos para sua efetividade, como a avaliação desse ponto na fixação de penalidades por eventuais atos ilícitos. Dessa forma, agrega-se a política de incentivo à imposição, em um modelo obrigatório – quanto à existência – e promocional – quanto à efetividade –, valorizando a autonomia das agremiações para definir a forma de condução da integridade.

Anotam Barreda e Ruiz Rodriguez que "la confianza en los partidos que integran un sistema político es un factor que previene los cambios en los sistemas de partidos y, viceversa, la irrupción de nuevos partidos es más probable cuando la confianza en los partidos experimenta un descenso".[476]

Desse modo, a imposição de medidas obrigatórias de *Compliance*, em caso de previsão legal expressa, é perfeitamente compatível com a preservação da autonomia partidária, desde que observados certos critérios de razoabilidade e respeitada a liberdade de auto-organização dos partidos.

## 3.5 Medidas de prevenção por meio do *Compliance*

O *Compliance* se orienta precipuamente pela finalidade preventiva, a partir da programação de uma série de condutas que promovem a diminuição dos riscos da atividade realizada – *in casu*, a partidária. Destarte, a estrutura definida *é* pensada para combinar uma atuação mais justa da pessoa jurídica a estratégias de prevenção de problemas futuros.[477]

Historicamente, o risco está associado *à* realização de empreendimentos e atividades comerciais, como elemento intrínseco ao surgimento de oportunidades e inovação.

---

[476] BARREDA, Mikel; RUIZ RODRIGUEZ, Leticia María. Confianza partidista y estabilidad electoral en América Latina. *Revista Mexicana de Sociología*, México, v. 81, n. 2, p. 247-273, jun. 2019, p. 266. Disponível em: http://www.scielo.org.mx/scielo.php?script=sci_arttext&pid=S0188-25032019000200247&lng=es&nrm=iso. Acesso em: 15 out. 2019.

[477] SILVEIRA, Renato de Mello Jorge; SAAD-DINIZ, Eduardo. *Compliance, direito penal e Lei Anticorrupção*. 1. ed. São Paulo: Saraiva, 2015, p. 255.

Segundo Anthony Giddens:

> Oportunidade e inovação são o lado positivo do risco. Ninguém pode escapar ao risco, é claro, mas há uma diferença básica entre a experiência passiva do risco e a exploração ativa de ambientes de risco. Um compromisso positivo com o risco e a exploração ativa de ambientes de risco. Um compromisso positivo com risco é um componente necessário da mobilização social e econômica. Alguns riscos nós queremos minimizar tanto quanto possível; outros, como os envolvidos em nossas decisões de investimento, são uma parte positiva e inevitável de uma economia de mercado bem sucedida. Risco não é exatamente perigo. Risco se refere a perigos que buscamos ativamente confrontar e avaliar. Numa sociedade como a nossa, orientada para o futuro e saturada de informação, o tema do risco une muitas outras áreas da política em outros sentidos inteiramente dissimilares: reforma do "welfare state", compromisso com os mercados financeiros mundiais, reações a mudanças tecnológicas, problemas ecológicos e transformações geopolíticas. Todos precisam de proteção contra o risco, mas também da capacidade de enfrentar e assumir riscos de uma maneira produtiva.[478]

Originalmente, o risco advinha da incerteza e da imprevisibilidade quanto ao resultado, fatores que, com a evolução da matemática e da estatística, se tornaram menos relevantes, *à* medida que as previsões se tornaram cada vez mais apuradas. Hoje, com a evolução das formas societárias, a noção de risco permeia, de modo geral, qualquer forma de associação ou sociedade, não se restringindo *à* atividade empresarial e estando relacionada primordialmente *às* repercussões negativas que más condutas individuais possam causar *à* pessoa jurídica em termos de imagem, reputação e legalidade.

Nesse sentido, o *Compliance* se apresenta como forma de mitigação de riscos, a partir do desenvolvimento de políticas de controle interno e prevenção contra a ocorrência de externalidades negativas, bem como do estímulo ao dever de agir com transparência e conforme os princípios, valores e regulamentos na cultura organizacional.[479]

No intuito de cumprir esses objetivos, as ações de integridade devem ser organizadas por meio de um programa que permita o planejamento das atividades a serem implementadas, partindo da

---

478 GIDDENS, Anthony. *A terceira via*. Tradução de Maria Luiza Borges. 2. tir. Rio de Janeiro: Record, 1999, p. 73.

479 TOSATTI; Tatiana; CASADO, Guilherme. A mitigação de riscos por meio dos sistemas de Compliance, autorregulação e regulação estatal. *Revista de Direito Internacional e Globalização Econômica*, v. 3, n. 03, 2018, p. 91-107, p. 100.

identificação e gestão dos riscos, que envolve supervisão, monitoramento e disseminação de sua cultura para todos que se relacionem com a organização.

De tal modo, necessária a adoção de uma supervisão baseada em riscos, em que cada organização deve mapear e identificar os riscos a que se sujeita e elaborar procedimentos normativos e operacionais que previnam e mitiguem problemáticas existentes e futuras.[480] Em se tratando da realidade dos partidos políticos, destaca-se, por exemplo, a relevância de se instituírem medidas de parametrização dos gastos em campanha, considerando os riscos de escolhas irregulares ou antiéticas sobre o tema.

Tendo em vista as particularidades da atividade partidária, compreende-se que a mitigação de riscos deve considerar dois aspectos: (i) a existência de conflitos de interesse e (ii) a necessidade de combate *à* fraude e *à* corrupção.

O conflito de interesse remete *à* situação de confronto entre interesses pessoais de um membro ou dirigente com os interesses da agremiação, que possa, de forma concreta ou aparente, comprometer ou influenciar, de maneira imprópria, o desempenho das funções do filiado em questão, em detrimento dos interesses do partido. A título de exemplo, cita-se o caso da contratação de parentes da alta cúpula dos partidos ou dos candidatos para atuar em campanha eleitoral – nessa hipótese, o contratante candidato e/ou o dirigente partidário privilegia seus interesses privados, as vantagens patrimoniais direcionadas *à* sua família, em detrimento da efetiva avaliação de conveniência do negócio sob a perspectiva de utilidade para o partido e para o processo eleitoral.

Na perspectiva da cultura de integridade, *é* necessário que tais condutas sejam coibidas e que sua denúncia seja estimulada, no fito de evitar desvios de finalidade, manifestamente contrários aos princípios da moralidade, da eficiência e da isonomia, e de evitar a aparência de ilegalidade nas ações partidárias, muito prejudicial *à* imagem do partido e, principalmente, ao processo democrático.

Por outro lado, o risco de fraude e corrupção advém da própria relação dos partidos políticos com o poder público, em termos de atividade legislativa e executiva, e do histórico de ilegalidade institucionalizada no funcionamento das atividades partidárias no Brasil.

---

[480] TOSATTI; Tatiana; CASADO, Guilherme. A mitigação de riscos por meio dos sistemas de Compliance, autorregulação e regulação estatal. *Revista de Direito Internacional e Globalização Econômica*, v. 3, n. 03, 2018, p. 91-107, p. 101.

Dessa forma, e principalmente no momento político atual do país, de repulsa a práticas de corrupção, *é* preciso que se estabeleçam políticas efetivas de estímulo *à* integridade, *à* denúncia de condutas desviantes e *à* internalização de uma cultura de observância *às* normas, sendo o *Compliance* mecanismo adequado de realização desses fins. Acerca da importância desse mecanismo, pontua Jaime Muñoz:

> The best policy in the fight against corruption is its prevention. Acting efficiently before it happens, by tackling its causes and motivations, will hamper its occurrence. It is, therefore, an ex ante and ex post strategy. Given the experience of the past few years, when corruption has increased exponentially, it is necessary to work towards its prevention through compliance measures prior to the awarding of contracts. Fostering forceful self-cleaning measures is also applicable in those cases where companies liable for corruption offenses are willing to adopt credible and trustworthy prevention mechanisms. This is the operational framework of the strategy known as self-cleaning, or self-government which has been proliferating in recent times, mainly in the English-speaking world, and that the EU has just confirmed in its latest Directives from 2014.[481]

Para tanto, a transparência e a divulgação de dados e informações se essenciais, por possibilitarem a análise de dados e a fiscalização externa e interna das ações partidárias. De tal modo, nos subtópicos subsequentes, exploram-se alguns aspectos relevantes no *âmbito* das medidas de prevenção que podem ser adotadas por meio do *Compliance*.

## 3.5.1 Relacionamento com terceiros

Dada a extensa regulamentação legal a que os partidos políticos estão submetidos, incluindo, nesse contexto, deveres, obrigações e limites *às* suas atividades, *é* evidente que o *Compliance* eleitoral não pode se resumir *à* observância de normas externas como, *v.g.*, leis, princípios, postulados, resoluções do TSE, súmulas, etc., já que a fiscalização a que estão submetidos perante a Justiça Eleitoral *é* periódica e objetiva, principalmente em termos de contabilidade. Nessa perspectiva, a mudança de cultura deve compreender a criação de padrões *éticos*, de

---

[481] MUÑOZ, Jaime Rodriguez-Arana. Self-cleaning in public procurement: operational potentiality and regulation in the European Union. *A&C – Revista de Direito Administrativo & Constitucional*, Belo Horizonte, ano 17, n. 70, p. 25-44, out./dez. 2017, p. 26, p. 26.

boa governança e transparência também, e principalmente, em relação a terceiros (doadores, eleitores, filiados, etc.).

Especificamente em relação a doadores, fornecedores e prestadores de serviços, faz-se essencial a implementação da *due diligence* que, nas palavras de Rodrigo Castro e Francine Gonçalves:

> [...] é um processo que visa buscar informações sobre determinadas empresas e pessoas com as quais a empresa tem a intenção de se relacionar. Estes processos podem ser realizados em diversas situações, como a contratação de fornecedores, prestadores de serviços, terceiros, patrocinados, consorciados e empregados; a negociação para aquisição e fusão com outras empresas; a contratação de agentes intermediários (despachantes, por exemplo).[482]

Trata-se, portanto, de uma investigação informal de histórico de conduta e imagem de empresas ou pessoas, potencialmente contratadas ou doadoras, no escopo de evitar estabelecer relacionamentos que possam causar danos à reputação ou eventuais problemas de legalidade, em efetivo exercício do objetivo preventivo do programa de integridade.

Quanto aos eleitores, verdadeiro sentido da representatividade partidária, entende-se que o principal ponto da política de *Compliance* consiste no resgate de credibilidade e confiabilidade perante a população. Isso porque o sentimento de representatividade e, consequentemente, a crença no trabalho das agremiações são o centro do sistema eleitoral, sendo de fundamental importância para o regime democrático que se transmita uma ideia de confiança e integridade aos eleitores.

Por esse viés, compreende-se um trabalho mais amplo, de efetiva implementação da cultura de conformidade e *ética*, que conduza ao reconhecimento de um conceito positivo sobre os partidos políticos, de autêntico comprometimento com a Constituição Federal e seus ideais republicanos.

Da mesma forma, em relação *às* autoridades e ao Poder Judiciário, deve-se buscar uma postura de cooperação, demonstrando real comprometimento com a lei e com os princípios norteadores da atividade partidária, assim como comprovando a adoção de medidas preventivas possíveis para proteger a integridade da agremiação.

[482] CASTRO, Rodrigo Pironti Aguirre de; GONÇALVES, Francine Silva Pacheco. *Compliance e gestão de risco nas empresas estatais*. Belo Horizonte: Fórum, 2018, p. 29, *apud* BRASIL. Tribunal de Contas da União. *Levantamento de governança e gestão das aquisições*. Brasília: TCU, 2013.

## 3.5.2 Utilização das mídias sociais e combate a *fake news*

Conforme já ressaltado, as mídias sociais constituem importante instrumento da atualidade para a divulgação de ideias e para a melhora da comunicação entre partidos, candidatos e eleitores, proporcionando a redução dos custos da propaganda partidária e ampliando o acesso à informação.

No entanto, porquanto explicitado no tópico 2.6.1, a internet pode apresentar sérios riscos de integridade se utilizada de forma a propagar informações inverídicas, falsear a identidade de quem interage nas redes sociais e influenciar condutas de forma desleal.

Considerado o risco concreto de tais problemáticas virem a ocorrer, prejudicando o equilíbrio e a lisura do processo eleitoral, é imperioso que seja endereçado pelo programa de *Compliance* incentivo à honestidade e à transparência, a fim de prever mecanismos de monitoramento das atividades virtuais do partido e dos candidatos e a necessária divulgação interna e externa dos gastos com essas plataformas, a exemplo do impulsionamento de conteúdo.

Para as eleições de 2020, o Tribunal Superior Eleitoral lançou, em agosto de 2019, o Programa de Enfrentamento à Desinformação. Referido projeto foi dividido em seis eixos: o primeiro, "organização interna", tem por escopo a integrar os órgãos da Justiça Eleitoral; o segundo, "alfabetização midiática e informacional", objetiva a divulgação dos trâmites do processo eleitoral; o terceiro, "contenção à desinformação" tem por finalidade desestimular a propagação de informações falsas;[483] o quarto eixo, "identificação e checagem de desinformação" pretende "buscar o aperfeiçoamento e novos métodos de identificação de possíveis práticas de disseminação de conteúdos falaciosos".[484] Já os dois últimos, quinto e sexto, "aperfeiçoamento do ordenamento jurídico" e "aperfeiçoamento de recursos tecnológicos", respectivamente, visam ao aprimoramento dos procedimentos internos da Justiça Eleitoral.[485]

---

483 BRASIL. Tribunal Superior Eleitoral. Comunicação. TSE lança Programa de Enfrentamento à Desinformação com Foco nas Eleições 2020. Disponível em: http://www.tse.jus.br/imprensa/noticias-tse/2019/Agosto/tse-lanca-programa-de-enfrentamento-a-desinformacao-com-foco-nas-eleicoes-2020. Acesso em: 30 ago.2019.

484 BRASIL. Tribunal Superior Eleitoral. Comunicação. TSE lança Programa de Enfrentamento à Desinformação com Foco nas Eleições 2020. Disponível em: http://www.tse.jus.br/imprensa/noticias-tse/2019/Agosto/tse-lanca-programa-de-enfrentamento-a-desinformacao-com-foco-nas-eleicoes-2020. Acesso em: 30 ago.2019.

485 BRASIL. Tribunal Superior Eleitoral. Comunicação. TSE lança Programa de Enfrentamento à Desinformação com Foco nas Eleições 2020. Disponível em: http://www.tse.jus.br/imprensa/noticias-tse/2019/Agosto/tse-lanca-programa-de-enfrentamento-a-desinformacao-com-foco-nas-eleicoes-2020. Acesso em: 30 ago.2019.

Com efeito, a exemplo do programa instituído pelo TSE, é necessário orientar membros dos partidos políticos de acordo com as novas regras previstas na Lei das Eleições e na Lei dos Partidos Políticos sobre o tema, como, por exemplo, as recentes alterações da Lei nº 13.877/2019[486] e as resoluções, súmulas e julgados do Tribunal Superior Eleitoral.[487]

### 3.5.3 Fraude na cota de gênero

Considerando os problemas de fraude apontados quanto ao cumprimento da cota de gênero, é latente a inefetividade atual da política implementada, a despeito de uma aparência formal de cumprimento da lei pelos partidos.

O partido político deve promover internamente a conscientização sobre o problema de baixa representatividade feminina na política, muitas vezes ignorado, para que, dessa forma, se promova o debate acerca de possíveis soluções. É evidente que o incentivo concreto à participação feminina na esfera intrapartidária irá gradualmente se projetar para sua atuação externa, promovendo uma melhora real nesse quadro.

Ressalta-se, ainda, que a cota de gênero não deve constituir objetivo do partido, a ser alcançado forçosamente exclusivamente por imposição legal. A finalidade é que a cota implementada constitua meio de incentivo à promoção da participação feminina, para que, paulatinamente, se alcance uma realidade mais igualitária e se atinja o objetivo real, qual seja, a redução da desigualdade de gênero da esfera política com a consequente promoção de um espaço eleitoral e político mais diversificado e democrático.

### 3.5.4 Transparência na prestação de contas

Conforme previsões das Leis nº 9.096/1995 e 9.504/1997, e minudenciado no item 1.14 e seguintes deste estudo, a prestação de contas constitui obrigação partidária para com o Estado e a sociedade civil, a fim de que possa ser aferida não apenas a regularidade formal das

---

[486] BRASIL. Lei nº 13.877, de 27 de setembro de 2019. Disponível em: http://www.planalto.gov.br/ccivil_03/_Ato2019-2022/2019/Lei/L13877.htm#art1. Acesso em: 19 out. 2019.

[487] BRASIL. Tribunal Superior Eleitoral. Resoluções. Disponível em: http://www.tse.jus.br/legislacao/codigo-eleitoral/normas-editadas-pelo-tse. Acesso em: 02 out. 2019.

contas, mas também atestado o comprometimento do partido político com a democracia, devendo ser realizada periodicamente.

Entretanto, não raro os partidos políticos que possuem dificuldades em cumprir as exigências legais que lhes são impostas em termos de contabilidade. Frequentemente se verificam (i) inconsistências na data e na titularidade da prestação de serviços; (ii) ausência de indicação e descrição precisa de doações e despesas; (iii) incorreção nos valores indicados; e (iv) gastos efetuados em desacordo com os princípios que regem o Direito Eleitoral, entre outros.

Dessa forma, é importante que o programa de *Compliance* inclua entre suas diretrizes a importância de se manter rigoroso controle de despesas e receitas, sempre em conformidade com as previsões normativas, demonstrando efetivo comprometimento por parte das agremiações em relação ao uso de recursos públicos e ao dever legal de transparência. Para isso, entende-se cabível a previsão de sanções internas para as condutas de mau uso de verba ou falta de clareza em seu registro, no desígnio de aprimoramento da própria gestão financeira partidária.

## 3.6 Como implementar um programa de *Compliance* nos partidos políticos?

As políticas de *Compliance* devem ser organizadas por meio de um programa que contenha plano de implementação, revisão periódica de condutas e procedimentos específicos da instituição.

Iniciando pela identificação dos riscos inerentes à atividade partidária e pela organização de acordo com a probabilidade de acontecimentos e lesividade do dano, elabora-se um plano de trabalho, que tem por objetivo reduzir os riscos e estabelecer estratégias caso esses venham a ocorrer. Nesse momento de elaboração do programa, é importante que os partidos coletem sugestões de todos os seus membros, no intuito de criar um sentimento de participação e engajamento, em que a atuação democrática dos envolvidos auxilie na identificação de riscos ocultos e colabore para que todos conheçam, observem e apoiem uma conduta de conformidade.[488]

---

[488] TOSATTI; Tatiana; CASADO, Guilherme. A mitigação de riscos por meio dos sistemas de Compliance, autorregulação e regulação estatal. *Revista de Direito Internacional e Globalização Econômica*, v. 3, n. 03, 2018, p. 91-107, p. 102.

A primeira regra diz respeito à observação das normas vigentes no ordenamento jurídico brasileiro, isto é, ao desenvolvimento de uma cultura de conformidade com as regras. Aqui, se discute a melhor forma de garantir a efetividade da regulamentação e das políticas internas, de comunicá-las e de promover sua acessibilidade aos membros, utilizando matrizes de risco regulatório.

No entanto, conforme já ressalvado, o *Compliance* não se resume à política de conformidade, abrangendo diversos outros aspectos relevantes para a criação de uma cultura ética internamente à organização.

### 3.6.1 Transparência e eficiência

Verificados os baixos índices de transparência dos partidos políticos brasileiros, *vide* item 2.8, impõe-se que a política de *Compliance* a ser implementada dê destaque à ampliação da acessibilidade das informações com a necessária clareza. Considerando a centralidade dos partidos políticos no regime democrático e o dever de representatividade para com os cidadãos, é essencial a promoção do acesso público (i) aos dados de contabilidade e índices de eficiência das agremiações, (ii) à composição de dirigentes e filiados, (iii) à estrutura do partido político e (iv) aos seus procedimentos internos.

Nesse baleado, busca-se o exercício do dever de *accountability* em relação à sociedade civil, permitindo-lhe avaliar o volume das movimentações financeiras dos partidos, a destinação e as fontes dos recursos partidários, a índole dos condutores de suas atividades e a forma como se operam as atividades e se elaboram as decisões dos partidos. Em especial, a transparência financeira tem o condão de dar significado a eventuais contribuições de filiados ou apoiadores do partido, os quais se sentiriam motivados pela demonstração de racionalidade e idoneidade das despesas.

Por esse viés, a implementação da obrigatoriedade de divulgação, em meio eletrônico, das informações listadas serviria ainda de incentivo à comunicação político-partidária, estabelecendo-se uma relação de maior proximidade e, consequentemente, de maior confiança em relação ao cidadão.

### 3.6.2 Manual de integridade ou código de conduta

Outro fator da implementação da política de *Compliance* é a concepção de um Código de Conduta ou Manual de Integridade.

Segundo definição do Instituto Brasileiro de Governança Corporativa (IBGC):

> O código de conduta tem por finalidade principal promover princípios éticos e refletir a identidade e a cultura organizacionais, fundamentado em responsabilidade, respeito, ética e considerações de ordem social e ambiental. A criação e o cumprimento de um código de conduta elevam o nível de confiança interno e externo na organização e, como resultado, o valor de dois de seus ativos mais importantes: sua reputação e imagem.[489]

Fundamentalmente, o Código de Conduta tem por obrigação refletir os valores da organização de forma inequívoca, propondo imparcialidade, justiça e não discriminação e atuando como elemento norteador das decisões e definições ao longo do processo de implementação do programa de *Compliance*, bem como em sua manutenção.[490] Deve, pois, representar o comportamento esperado do agente frente a situações internas e externas, em consonância com o plano de integridade.

Além disso, mister que haja a devida publicidade do código, para que todos os *players*, internos e externos, tenham acesso e conheçam, na integralidade, as normas procedimentais e de integridade do partido político. Sugere-se, de tal modo, que o Código de Conduta seja disponibilizado no *site* do partido e encaminhado de forma oficial – até mesmo mediante protocolo e/ou carta registrada – para todos os colaboradores, filiados, dirigentes, prestadores de serviço, etc.

### 3.6.3 Capacitação e treinamento

Se o *Compliance* consiste em política de fomento à ética e à conformidade em todos os segmentos da organização, é evidente que seus membros – internos e externos – irão necessitar de treinamentos sobre o tema, que compreenda desde as políticas a serem implementadas, os objetivos delineados até os procedimentos internos a serem seguidos.

Trata-se, concomitantemente, de um processo de comunicação e de instrução, que precisa constituir a última etapa da implantação do programa de integridade. Registra-se, ainda, que também deve ser

---

489 INSTITUTO BRASILEIRO DE GOVERNANÇA CORPORATIVA. *Código das melhores práticas de governança corporativa*. 5. ed. São Paulo: IBGC, 2015

490 GIOVANINI, Wagner. Programas de compliance e anticorrupção: importância e elementos essenciais. *In:* PAULA, Marco Aurélio Borges de; CASTRO, Rodrigo Pironti Aguirre de (Coord.). *Compliance, gestão de riscos e combate à corrupção*: integridade para o desenvolvimento. Belo Horizonte: Fórum, 2018, p. 53-70.

uma atividade contínua, no intento de reforçar constantemente as ações executadas e aperfeiçoar as condutas futuras.

### 3.6.4 Auditorias independentes e *Compliance officer*

Para materializar dados sobre o partido político e avaliar a efetividade do programa implementado, é comum a contratação de auditorias independentes. Com efeito, por definição, a auditoria independente é o processo de análise e validação das informações financeiras, patrimoniais e procedimentais de uma organização, realizada por uma empresa isenta e externa, que deverá aplicar sua metodologia para avaliar e dar um parecer sobre a atual situação de partido e o cumprimento das regras estabelecidas.

Nesse contexto, a auditoria externa deve ser considerada ferramenta que permite (i) a verificação de se as demonstrações financeiras expressam corretamente a realidade; (ii) a recomendação à administração de procedimentos para correção de erros ou irregularidades contábeis; (iii) a avaliação da qualidade dos controles internos, especialmente quanto à sua confiabilidade e à sua capacidade preventiva em relação a fraudes; (iv) o reporte ao órgão responsável dos riscos relacionados a tratamentos contábeis, das discordâncias quanto a métodos e critérios adotados pela companhia, bem como das deficiências relevantes.[491]

Tal procedimento consiste em etapa posterior à implementação do programa de *Compliance*, cuja avaliação deverá ser conduzida por agente externo, imparcial e qualificado para tanto, com uma perspectiva de constante aperfeiçoamento.

Em caráter complementar, tem-se a figura do *Compliance officer*, que deverá ser um funcionário do próprio partido político e estará responsável por realizar a avaliação, a fiscalização e o aprimoramento da política de integridade sob a perspectiva interna do partido, devendo se pautar pelos ideais de impessoalidade e confidencialidade, como um autêntico auditor interno. Nesse espírito, deve, ainda, coordenar, com outras áreas de controle, a comunicação com reguladores e a busca por soluções criativas para questões regulatórias e internas.

[491] SOARES, Jairo; ROQUE, Pâmela. Auditoria independente. *In*: CARVALHO, André Castro; BERTOCCELLI, Rodrigo de Pinho Bertoccelli; ALVIM, Tiago Cripa; VENTURINI, Otavio. (Coord.). *Manual de compliance*. Rio de Janeiro: Forense, 2019, p. 201-228 *apud* ANDRADE, A; ROSETTI, J. P. *Governança corporativa*: fundamentos, desenvolvimento e tendências. 7. ed. rev. e amp. São Paulo: Atlas, 2014, p. 274.

Nesse contexto, ressaltam-se as contribuições de José Danilo Lobato e Jorge Washington Martins, que entendem como função do *Compliance officer*:

> [...] desenvolver e gerir o programa de integridade, criar regras e aprimorá-las permanentemente, apoiar a direção da empresa, inclusive, nos processos negociais, fornecer aconselhamento preventivo e treinamento aos integrantes da organização empresarial, introduzir e coordenar os meios de controle para manter o respeito às normas do programa, detectar antecipadamente os desvios, informar frequentemente aos conselhos de direção acerca da situação do programa, de novos riscos identificados e das medidas preventivas, além de executar e/ou coordenar investigações internar e tomar, junto com os diretores, medidas disciplinares punitivas e as destinadas a eliminar os âmbitos de vulnerabilidade da empresa.[492]

## 3.6.5 *Compliance* de dados

Segundo sopesado no Capítulo 2, tópico 2.7, a Lei Geral de Proteção de Dados implementou no Brasil regramento específico para a proteção de dados pessoais. Isso importa dizer que as empresas e pessoas físicas que recebem informações que podem identificar os titulares deverão adotar procedimentos de recebimento, tratamento e armazenamento de informações em consonância com a respectiva legislação.

Nesse sentido, surge como alternativa o chamado "*Compliance* de dados", que, em síntese, é o sistema por meio do qual objetiva-se estabelecer parâmetros de segurança e transparência em relação a dados de terceiros, mediante procedimentos previamente estabelecidos e harmonizados com a legislação e com as normas internacionais de integridade.

Por intermédio do apontado "*Compliance* de dados", é possível adotar práticas de recebimento de informações, como, *v.g.*, comunicação ao titular em caso de eventuais atualizações, retificações ou ratificações de seus dados; procedimento de armazenamento e cuidados dos dados; requerimento para destruição de dados; medidas a serem adotadas em caso de perda ou extravio das informações; entre outros.

---

[492] LOBATO, José Danilo Tavares; MARTINS, Jorge Washington Gonçalves. Considerações preliminares acerca da responsabilidade criminal do *compliance officer*. *Boletim IBCCRIM*, v. 24, n. 284. São Paulo, jul. 2016, p. 12-14.

Configura-se, portanto, meio apto a auxiliar para que tanto o portador das informações quanto a pessoa jurídica ou física titular de tais dados tenham confiança de que medidas previamente estabelecidas estão sendo tomadas para assegurar o cumprimento da nova LGPD.

*In casu*, com relação à possibilidade de instituição de "*Compliance* de dados" pelos partidos políticos, há que se assinalar que: (i) a Lei Geral de Proteção de Dados deverá ser aplicada pelos partidos, uma vez que estes têm dados identificados de candidatos e filiados, por conseguinte, a instituição de programa de integridade para este fim pode auxiliar na realiza*ção* do tratamento adequado das informações recebidas e na garantia de sua proteção; (ii) a instituição de programa de "*Compliance* de dados" poderá colaborar na retomada da confiança dos filiados, candidatos e cidadãos nos partidos políticos, proporcionando maior grau de credibilidade e segurança com relação aos procedimentos adotados *interna corporis*; (iii) não há obrigatoriedade, ante a ausência de previsão legal, de adoção de programa de "*Compliance* de dados" pelos partidos, sendo uma mera faculdade.

### 3.6.6 Cultura do *Compliance*: ouvidoria, comitês, monitoramento e aprimoramento

Dada a importância para o *Compliance* de se desenvolver, no âmbito da organização, um dever de agir conforme princípios, valores e regulamentos próprios, é evidente que o plano de integridade deve privilegiar o fortalecimento da cultura de controles internos, envolvendo (i) mecanismos de denúncia eficientes, (ii) comprometimento da alta administração e (iii) monitoramento e aprimoramento do programa de *Compliance*.

O canal de denúncias normalmente é regulamentado no Código de Conduta da organização, sendo instrumento relevante para acolher opiniões, críticas, reclamações e denúncias, em relevante contribuição ao combate a fraudes e corrupção e à efetividade e transparência na comunicação e no relacionamento da organização com as partes interessadas.[493]

Cabe ressaltar que os assuntos discutidos no canal de comunicação, bem como a identidade do interlocutor devem ser protegidos pela confidencialidade, no intuito de transmitir segurança aos membros

493 INSTITUTO BRASILEIRO DE GOVERNANÇA CORPORATIVA. *Código das melhores práticas de governança corporativa*. 5. ed. São Paulo: IBGC, 2015, p. 95.

e, por conseguinte, incentivar a utilização da ouvidoria. Além disso, é essencial que não haja restrições às denúncias, de modo que possam versar sobre atos praticados por membros da alta administração.

Por sua vez, o comprometimento da alta administração da organização, *in casu*, do partido político, em todas as suas esferas, está relacionado à necessidade de engajamento dos seus dirigentes, que deve partir da direção, em seu processo decisório, até a atuação cotidiana dos membros ordinários. A orientação geral, portanto, é de que a liderança possa disseminar e monitorar, com o apoio da diretoria, a incorporação dos valores éticos e do padrão de conduta esperado em todos os níveis do partido político,[494] em atenção à boa governança.

Para auxiliar a consecução desse objetivo, é relevante a implementação dos comitês, que são órgãos de assessoramento da direção organizacional responsáveis por estudar seus assuntos de competência e preparar propostas de decisão, embora, registra-se, não tenham nenhum poder de deliberação ou caráter vinculante. Trata-se essencialmente de órgão parecerista, que produz recomendações à alta governança com a intenção de aprimorar suas deliberações e fornecer elementos adicionais para consideração.

Por último, o monitoramento e o aprimoramento do programa de *Compliance* derivam de seu próprio conceito, visto que a busca pela cultura de integridade é um processo de construção gradual e constante. Estimula-se, por conseguinte, a identificação periódica de procedimentos e políticas que necessitem ser criados ou adequados em decorrência de alterações legais, de normas internas da organização ou em prol da gestão de riscos, especialmente quanto a práticas de fraude e corrupção,[495] de modo a se garantir um ambiente ético que acompanhe as mudanças regulatórias e de realidade interna ou externa.

### 3.6.7 Poder normativo para regulamentar o *Compliance*

Estabelecidos os elementos basilares necessários à constituição e à efetividade do *Compliance* eleitoral, muito se discute o papel normativo do Tribunal Superior Eleitoral em face das discutidas premissas de

---

[494] BRASIL. Tribunal de Contas da União. *Referencial básico de governança:* aplicável a órgãos e entidades da Administração Pública. Brasília: TCU, 2014, p. 43. Disponível em: https://portal.tcu.gov.br/governanca/home/. Acesso em: 24 abr. 2019.

[495] CASTRO, Rodrigo Pironti Aguirre de; GONÇALVES, Francine Silva Pacheco. *Compliance e gestão de risco nas empresas estatais*. Belo Horizonte: Fórum, 2018, p. 29, *apud* BRASIL. Tribunal de Contas da União. *Levantamento de governança e gestão das aquisições*. Brasília: TCU, 2013.

integridade e compromisso de conformidade com a lei, enquanto soluções aptas a mitigar as problemáticas existentes na esfera partidária.

Sabe-se que a competência normativa do Tribunal Superior Eleitoral se presta à garantia do próprio Estado de Direito, em proteção ao paradigma republicano e democrático de privilégio da formação de vontade popular e em atenção à incapacidade de regulamentação minuciosa das questões eleitorais pelo moroso processo legislativo.

Dessa maneira, embora não possa inovar em matéria restritiva de direito por força do princípio da legalidade, sendo incabível que institua a obrigatoriedade de adoção, pelos partidos políticos, de programa de integridade ou *Compliance*, é perfeitamente razoável e legal a fixação, por meio de Resolução, de mecanismos que permeiem a probidade, como, por exemplo, a impossibilidade de contratação de parentes de dirigentes partidários e candidatos com recursos de origem pública (FP e FEFC),[496] entre outras determinações que estejam em harmonia com entendimentos já exarados pelo próprio Tribunal Superior Eleitoral e pelo Supremo Tribunal Federal.

Ademais, além das medidas céleres que podem ser adotadas pelo TSE para minimizar as fraudes e dar maior transparência às contas e à gestão dos partidos políticos, pode e deve o Tribunal, no gozo de sua atribuição para com a democracia brasileira, fomentar o debate acerca da real necessidade de instituição de programas de integridade nos partidos políticos.

Destarte, é indubitável que a instituição de adoção obrigatória de *Compliance* somente pode ser realizada mediante edição de lei federal, a exemplo dos já avançados PLS nºs 60/2017 e 429/2017, devendo a norma instituidora delinear as formas de implementação, fiscalização e penalização em caso de descumprimento total ou parcial.

---

[496] Isso porque, conforme pensamento desenvolvido no Capítulo 2, a vedação a determinadas condutas pode derivar imediatamente dos princípios constitucionais que regem o Direito Eleitoral, enquanto autênticas normas de aplicação imperativa e de interpretação sistemática da CF/88, em cotejo com julgados e súmulas do STF e do TSE.

# CONCLUSÃO

Abordaram-se no presente estudo as razões pelas quais a implementação do *Compliance* eleitoral pode servir como forma de mitigação de diversas problemáticas existentes na esfera partidária, no escopo de conferir maior probidade à realidade dos partidos, desde que consideradas as particularidades da realidade política brasileira e respeitada a autonomia partidária enquanto garantia constitucional.

De todo o exposto no primeiro capítulo, notou-se a posição de protagonismo dos partidos políticos no sistema eleitoral brasileiro e o exercício de função eminentemente pública, consubstanciada na representatividade de segmentos sociais e na conformação da vontade popular em torno de ideologias determinadas, no desígnio de promover a efetivação dos direitos políticos e democráticos por meio do voto.

Referida posição de destaque enseja a conformação da atuação dos partidos em simetria não apenas com os princípios e postulados constitucionais que regem o Direito Eleitoral, mas, igualmente, com os que norteiam a Administração Pública. Ademais, essa obrigação também se deve tendo em vista que lhes são conferidos vários direitos, como, por exemplo, o recebimento de recursos públicos (Fundo Partidário e Fundo Especial de Financiamento de Campanha).

Nesse contexto, o exame da natureza jurídica dos partidos e a identificação dos seus deveres são imprescindíveis para que haja a devida harmonização com deferência à moralidade e à publicidade de seus atos e à transparência da gestão, indispensáveis para a interpretação das normas de regência atinentes aos processos de criação e de manutenção das agremiações.

Ao mesmo tempo, embora existam normas que regulamentam o comportamento dos partidos políticos, considerando a realidade das problemáticas contemporâneas, conclui-se no capítulo segundo, de maneira indubitável, pela exigência de um padrão de conduta mais elevado por parte das agremiações, que devem atender aos preceitos de integridade, consenso ao interesse público, *accountability* e transparência, com o objetivo de conferir maior higidez e confiabilidade ao processo eleitoral e de demonstrá-la à sociedade civil.

Especialmente na atual conjuntura política, em que recentemente foram corroborados diversos escândalos de fraude e corrupção, é extremamente relevante que se estabeleçam procedimentos sérios de mudança na política partidária e nas candidaturas, a fim de se promover um juízo de comprometimento com a conformidade normativa e de se resgatar a credibilidade das instituições.

Chamam atenção escândalos e descumprimentos da ordem legal realizados no âmbito de atuação dos partidos políticos e candidaturas, especificadamente os relativos a desvios de conduta, ao abuso de poder econômico, à falta de transparência, à manipulação de informações (*fake news*) e à ausência de comprometimento com políticas de inclusão de minorias (sobretudo referentes à participação feminina).

Ademais, o absoluto descaso de boa parcela dos partidos políticos brasileiros com o acesso, por parte da população e dos próprios filiados, às informações relevantes de sua atuação, como contabilidade, estrutura, composição e procedimento, é circunstância que reforça o pensamento de que a adoção de uma cultura de probidade é cogente e urgente para a consecução das disposições constitucionais acerca dos partidos políticos e para a efetivação da democracia brasileira.

Nesse contexto de crise política-institucional sem precedentes, e por meio de análise realizada no presente estudo, desenvolveu-se a proposta de instituição do *Compliance* no sistema político-eleitoral brasileiro, enquanto mecanismo eficiente de combate à corrupção e a condutas ilícitas, com o consequente incremento de um pensamento organizacional abalizado na ética, mediante o incentivo à conformidade, ao respeito às leis e à Constituição Federal de 1988, a partir da implementação de mecanismos de controle interno e em constante aperfeiçoamento. Tudo isso levando-se em consideração as particularidades dos partidos políticos e a necessidade de manutenção de seu papel central no conjunto político-democrático.

Assim sendo, por todo o exposto, identificadas as problemáticas político-partidárias contemporâneas, sopesados os benefícios que o *Compliance* pode apresentar ao sistema eleitoral brasileiro, conclui-se que:

(i) É imprescindível um debate técnico e acessível aos partidos e à sociedade para a consecução da forma de regulamentar, por meio de legislação específica, a implementação do

*Compliance* partidário. Ao mesmo tempo, modelos congêneres de transparência e integridade adotados por outros países devem ser avaliados e tratados para adaptação à realidade brasileira;

(ii) Os já avançados Projetos de Lei nºs 60/2017 e 429 são irreais e inexequíveis. Não se pode sobrecarregar de burocracia os partidos nos moldes delineados nos textos que tramitam na Câmara dos Deputados. Há um abismo gigantesco entre a realidade dos diretórios nacionais, com estrutura e abundante recurso financeiro, e de diretórios municipais de cidades do interior do Brasil, que muitas vezes não possuem recursos nem mesmo para a contratação de funcionários ou de contador e advogado para fazer suas prestações de contas. Logo, o excesso de regulamentações prejudica e não auxilia os partidos, a sociedade ou o processo eleitoral. Há que se construir um modelo factível, com implementação viável para todos os partidos, em todas as suas estruturas e consideradas as mais distintas realidades;

(iii) Os órgãos de controle das eleições brasileiras, especificadamente os Tribunais Regionais Eleitorais e o Tribunal Superior Eleitoral, estão com excesso de trabalho. Portanto, a imposição legal para implementação do *Compliance* deve ser avaliada concomitantemente com a adequação da estrutura administrativa e jurisdicional desses tribunais, a fim de que possam cumprir, adequadamente, o controle que lhes foi conferido pela CF/88;

(iv) Tão importante quanto a introdução de normas para regulamentar a implantação do *Compliance* é o debate e a urgente instituição de uma reforma na democracia intrapartidária brasileiro, cujo modelo falido é o principal responsável pela crise política contemporânea. Nesse contexto, a nova democracia intrapartidária deve ter como alicerce basilar a transparência e a *accountability*. Esse é o primeiro passo para alterações mais profundas na legislação brasileira, como o voto distrital misto e o próprio *Compliance*;

(v) Não obstante a desobrigatoriedade quanto à introdução de mecanismos de integridade e *Compliance* nos partidos políticos brasileiros, diante da ausência de legislação específica, nada impede que esses programas sejam paulatinamente utilizados e adaptados pelas agremiações, visto que podem colaborar, desde agora, no sistema de governança e no fiel cumprimento às mais caras regras eleitorais que sustentam a democracia brasileira, *v.g.*: registros de candidaturas com respeito às candidaturas de gêneros e ausência de "laranjas"; adequada distribuição e utilização dos recursos públicos recebidos (Fundo Partidário e Fundo Especial de Financiamento de Campanha), com respeito aos percentuais mínimos que devem ser aplicados para as mulheres; cumprimento da nova Lei Geral de Proteção de Dados; e adequada e transparente prestação de contas.

# REFERÊNCIAS


AEC – AUSTRALIAN ELECTORAL COMMISSIONER. Compliance program – financial disclosure. Disponível em: https://www.aec.gov.au/Parties_and_Representatives/compliance/index.htm. Acesso em: 8 nov. 2019

AEC – AUSTRALIAN ELECTORAL COMMISSIONER. Financial disclosure compliance framework. 2017. Disponível em: Parties_and_Representatives/compliance/files/financial-disclosure-compliance-framework.docx. Acesso em: 8. nov. 2019.

AEC – AUSTRALIAN ELECTORAL COMMISSIONER. Transparency register. Disponível em: aec.gov.au/Parties_and_Representatives/financial_disclosure/transparency-register/. Acesso em: 8. nov. 2019

AGRA, Walber de Moura. Financiamento eleitoral no Brasil. *In*: CAMPILONGO, Celso Fernandes; GONZAGA, Alvaro de Azevedo; FREIRE, André Luiz (Coord.). *Enciclopédia jurídica da PUC-SP*. Tomo Direito Administrativo e Constitucional. 1. ed. São Paulo: Pontifícia Universidade Católica de São Paulo, 2017.

ALEXY, Robert. *Teoria dos direitos fundamentais*. Tradução de Virgílio Afonso da Silva São Paulo: Malheiros, 2011.

ANDRADE, A; ROSETTI, J. P. *Governança corporativa*: fundamentos, desenvolvimento e tendências. 7. ed. rev. e amp. São Paulo: Atlas, 2014.

ARAS, Augusto. *Fidelidade partidária*: efetividade e aplicabilidade. 1. ed. Rio de Janeiro: LMJ Mundo Jurídico, 2016.

BANDEIRA DE MELLO, Celso Antônio. *Curso de direito administrativo*. 10. ed. São Paulo: Malheiros, 1998.

BANDEIRA DE MELLO, Celso Antônio. *Curso de direito administrativo*. 4. ed. São Paulo: Malheiros, 1993.

BANHOS, Sérgio Silveira. *Seminário Específico do Programa de Pós-Doutoramento em Democracia e Direitos Humanos*. Ius Gentium Conimbrigae – Centro de Direitos Humanos. Coimbra, julho de 2019.

BAQUERO, Marcello. A tese da mobilização cognitiva e o declínio dos partidos. Trabalho apresentado no XX Encontro Anual da ANPOCS, Caxambu, MG, 22-26 de outubro, 1996.

BARREDA, Mikel; RUIZ RODRIGUEZ, Leticia María. Confianza partidista y estabilidad electoral en América Latina. *Revista Mexicana de Sociología*, México, v. 81, n. 2, p. 247-273, jun. 2019, p. 266. Disponível em: http://www.scielo.org.mx/scielo.php?script=sci_arttext&pid=S0188-25032019000200247&lng=es&nrm=iso. Acesso em: 15 out. 2019.

BARRILARI, Claudia Cristina. *Crime empresarial, autorregulação e compliance*. São Paulo: Thomson Reuters Brasil, 2018.

BERNARDINO, Laerty. O declínio do pluripartidarismo a partir da reforma política. *In:* FUX, Luiz; PEREIRA, Luiz Fernando Casagrande; AGRA, Walber de Moura (Coord.); PECCINI, Luiz Eduardo (Org.). *Direito partidário*. Belo Horizonte: Fórum, 2018, p. 59-70. (Tratado de Direito Eleitoral, v. 2)

BERTOCCELLI, Rodrigo de Pinho. *Compliance*. *In:* CARVALHO, André Castro; BERTOCCELLI, Rodrigo de Pinho; ALVIM, Tiago Cripa; VENTURINI, Otavio. (Coord.). *Manual de compliance*. Rio de Janeiro: Forense, 2019, p. 47.

BOBBIO, Norberto. *As ideologias e o poder em crise*. 4. ed. Tradução de João Ferreira. Brasília: UnB, 1999.

BOBBIO, Norberto; MATTEUCCI, Nicola; PASQUINO, Gianfranco. Tradução de Carmen C., Varriale et. al. *Dicionário de política*. v.1. 11.ed. Brasília: Editora Universidade de Brasília,1998.

BONAVIDES, Paulo. *Ciência política*. 10. ed. São Paulo: Malheiros, 2001.

BONAVIDES, Paulo. *Curso de direito constitucional*. 11. ed. São Paulo: Malheiros, 2001.

BRASIL. (1988) *Constituição da República Federativa do Brasil*. Disponível em: http://www.planalto.gov.br/ccivil_03/constituicao/constituicao.htm. Acesso em: 8 out. 2019.

BRASIL. Agência Nacional de Águas. *Plano de integridade da agência nacional de* águas. Disponível em: https://www.ana.gov.br/noticias/agencia-produz-plano-de-integridade-para-prevenir-condutas-lesivas-de-quem-trabalha-na-instituicao/plano-de-integridade-da-ana.pdf. Acesso em: 28 out. 2019.

BRASIL. Bacen. Resolução n. 4.595, de 28 de agosto de 2017. Dispõe sobre a política de conformidade (compliance) das instituições financeiras e demais instituições autorizadas a funcionar pelo Banco Central do Brasil. Disponível em: https://www.bcb.gov.br/pre/normativos/busca/downloadNormativo.asp?arquivo=/Lists/Normativos/Attachments/50427/Res_4595_v1_O.pdf. Acesso em: 28 out. 2019.

BRASIL. Câmara dos Deputados. *56ª Legislatura – 1ª Sessão Legislativa Ordinária*. Disponível em https://www.camara.leg.br/deputados/bancada-atual. Acesso em: 7 set. 2019.

BRASIL. Câmara dos Deputados. Lei n. 4.109, de 27 de julho de 1962. Institui a cédula oficial de votação nas eleições pelo sistema proporcional e dá outras providências. Disponível em: https://www2.camara.leg.br/legin/fed/lei/1960-1969/lei-4109-27-julho-1962-353820-publicacaooriginal-1-pl.html. Acesso em: 15 set. 2019.

BRASIL. Câmara dos Deputados. Notícias – Adoção do voto distrital misto para o Legislativo ainda não é consenso. Disponível em: https://www.camara.leg.br/noticias/573490-adocao-do-voto-distrital-misto-para-o-legislativo-ainda-nao-e-consenso/. Acesso em: 4. nov. 2019.

BRASIL. Câmara dos Deputados. *Projeto de Lei n. 9212, de 2017*. Disponível em: https://www.camara.leg.br/proposicoesWeb/fichadetramitacao?idProposicao=2163674. Acesso em: 4 nov. 2019.

BRASIL. Câmara dos Deputados. Projeto de Lei n. 3190, de 2019. Disponível em: https://www.camara.leg.br/proposicoesWeb/fichadetramitacao?idProposicao=2205294. Acesso em: 4 nov. 2019.

BRASIL. Câmara dos Deputados. Projeto de Lei n. 3855, de 2019 (n. anterior: PL 4850/2016). Disponível em: https://www.camara.leg.br/propostas-legislativas/2080604. Acesso em: 20 out. 2019.

BRASIL. Câmara dos Deputados. Projeto de Lei n. 5924, de 2016. Disponível em: https://www.camara.leg.br/proposicoesWeb/fichadetramitacao?idProposicao=2093053. Acesso em: 26 set. 2019.

BRASIL. Controladoria Geral da União. *Manual para implementação de programas de integridade:* orientações para o setor público. Disponível em: https://www.cgu.gov.br/Publicacoes/etica-e-integridade/arquivos/manual_profip.pdf. Acesso em: 28 out. 2019.

BRASIL. Controladoria Geral da União. Portaria CGU n. 1.089/2018. Disponível em: https://www.cgu.gov.br/assuntos/etica-e-integridade/programa-de-integridade/arquivos/portaria-1-089-2018-gestao-de-riscos-para-a-integridade.pdf/view. Acesso em: 2 out. 2019.

BRASIL. Decreto n. 3.678, de 30 de novembro de 2000. Promulga a Convenção sobre o Combate da Corrupção de Funcionários Públicos Estrangeiros em Transações Comerciais Internacionais, concluída em Paris, em 17 de dezembro de 1997. Disponível em: http://www.planalto.gov.br/ccivil_03/decreto/D3678.htm. Acesso em: 29 set. 2019.

BRASIL. Decreto n. 4.410, de 7 de outubro de 2002. Promulga a Convenção Interamericana contra a Corrupção, de 29 de março de 1996, com reserva para o art. XI, parágrafo 1º, inciso "c". Disponível em: http://www.planalto.gov.br/ccivil_03/decreto/2002/D4410.htm. Acesso em: 28 set. 2019.

BRASIL. Decreto n. 5.687, de 31 de janeiro de 2006. Promulga a Convenção das Nações Unidas contra a Corrupção, adotada pela Assembleia-Geral das Nações Unidas em 31 de outubro de 2003 e assinada pelo Brasil em 9 de dezembro de 2003. Disponível em: http://www.planalto.gov.br/ccivil_03/_Ato2004-2006/2006/Decreto/D5687.htm. Acesso em: 29 set. 2019.

BRASIL. Decreto n. 8.420, de 18 de março de 2015. Regulamenta a Lei n. 12.846, de 1º de agosto de 2013, que dispõe sobre a responsabilização administrativa de pessoas jurídicas pela prática de atos contra a administração pública, nacional ou estrangeira e dá outras providências. Disponível em:http://www.planalto.gov.br/ccivil_03/_ato2015-2018/2015/decreto/d8420.htm. Acesso em: 26 set. 2019.

BRASIL. Decreto n. 9.203, de 22 de novembro de 2017. Dispõe sobre a política de governança da administração pública federal direta, autárquica e fundacional. Acesso em: 28 out. 2019.

BRASIL. Decreto-Lei n. 2.848, de 7 de dezembro de 1940. Código Penal. Disponível em: http://www.planalto.gov.br/ccivil_03/decreto-lei/del2848compilado.htm. Acesso em: 21 set. 2019.

BRASIL. Decreto-Lei n. 7.586, de 28 de maio de 1945. Regula, em todo o país, o alistamento eleitoral e as eleições a que se refere o art. 4º da Lei Constitucional nº 9, de 28 de fevereiro de 1945. Disponível em: http://www.planalto.gov.br/ccivil_03/Decreto-Lei/1937-1946/Del7586.htm. Acesso em: 22 jul. 2019.

BRASIL. Decreto-Lei n. 9.295, de 27 de maio de 1946. Cria o Conselho Federal de Contabilidade, define as atribuições do Contador e do Guarda-livros, e dá outras providências. Disponível em: http://www.planalto.gov.br/ccivil_03/Decreto-Lei/Del9295.htm. Acesso em: 15 set. 2019.

BRASIL. Emenda Constitucional n. 97, de 4 de outubro de 2017. Disponível em: http://www.planalto.gov.br/ccivil_03/Constituicao/Emendas/Emc/emc97.htm. Altera a Constituição Federal para vedar as coligações partidárias nas eleições proporcionais, estabelecer normas sobre acesso dos partidos políticos aos recursos do fundo partidário e ao tempo de propaganda gratuito no rádio e na televisão e dispor sobre regras de transição. Acesso em: 19 set. 2019.

BRASIL. EMI N. 00011 2009 – CGU/MJ/AGU. Disponível em: http://www.planalto.gov.br/ccivil_03/Projetos/EXPMOTIV/EMI/2010/11%20-%20CGU%20MJ%20AGU.htm. Acesso em: 25 set. 2019.

BRASIL. Lei complementar n. 101, de 4 de maio de 2000. Estabelece normas de finanças públicas voltadas para a responsabilidade na gestão fiscal e dá outras providências. Disponível em: http://www.planalto.gov.br/ccivil_03/leis/lcp/lcp101.htm. Acesso em: 25 set. 2019.

BRASIL. Lei complementar n. 131, de 27 de maio de 2009. Acrescenta dispositivos à Lei Complementar n. 101, de 4 de maio de 2000, que estabelece normas de finanças públicas voltadas para a responsabilidade na gestão fiscal e dá outras providências, a fim de determinar a disponibilização, em tempo real, de informações pormenorizadas sobre a execução orçamentária e financeira da União, dos Estados, do Distrito Federal e dos Municípios. Disponível em: http://www.planalto.gov.br/ccivil_03/leis/lcp/lcp131.htm. Acesso em: 25 set. 2019.

BRASIL. Lei n. 10.406, de 10 de janeiro de 2002. Institui o Código Civil. Disponível em: http://www.planalto.gov.br/ccivil_03/leis/2002/l10406.htm. Acesso em: 17 jul. 2019.

BRASIL. Lei n. 12.034, de 29 de setembro de 2009. Altera as Leis 9.096, de 19 de setembro de 1995 – Lei dos Partidos Políticos, 9.504, de 30 de setembro de 1997, que estabelece normas para as eleições, e 4.737, de 15 de julho de 1965 – Código Eleitoral. Disponível em: http://www.planalto.gov.br/ccivil_03/_Ato2007-2010/2009/Lei/L12034.htm. Acesso em: 5 out. 2019.

BRASIL. Lei n. 12.527, de 18 de novembro de 2011. Regula o acesso a informações previsto no inciso XXXIII do art. 5º, no inciso II do §3º do art. 37 e no §2º do art. 216 da Constituição Federal; altera a Lei n. 8.112, de 11 de dezembro de 1990; revoga a Lei n. 11.111, de 5 de maio de 2005, e dispositivos da Lei n. 8.159, de 8 de janeiro de 1991; e dá outras providências. Disponível em: http://www.planalto.gov.br/ccivil_03/_ato2011-2014/2011/lei/l12527.htm. Acesso em: 25 ago. 2019.

BRASIL. Lei n. 12.846, de 1º de agosto de 2013. Dispõe sobre a responsabilização administrativa e civil de pessoas jurídicas pela prática de atos contra a administração pública, nacional ou estrangeira, e dá outras providências. Disponível em: http://www.planalto.gov.br/ccivil_03/_Ato2011-2014/2013/Lei/L12846.htm. Acesso em: 20 set. 2019.

BRASIL. Lei n. 12.850, de 2 de agosto de 2013. Define organização criminosa e dispõe sobre a investigação criminal, os meios de obtenção da prova, infrações penais correlatas e o procedimento criminal; altera o Decreto-Lei n. 2.848, de 7 de dezembro de 1940 (Código Penal); revoga a Lei n. 9.034, de 3 de maio de 1995; e dá outras providências. Disponível em: http://www.planalto.gov.br/ccivil_03/_Ato2011-2014/2013/Lei/L12850.htm. Acesso em: 26 set. 2019.

BRASIL. Lei n. 13.165, de 29 de setembro de 2015. Disponível em: http://www.planalto.gov.br/ccivil_03/_ato2015-2018/2015/lei/l13165.htm. Acesso em: 15 set. 2019. Altera as Leis 9.504, de 30 de setembro de 1997, 9.096, de 19 de setembro de 1995, e 4.737, de 15 de julho de 1965 – Código Eleitoral, para reduzir os custos das campanhas eleitorais, simplificar a administração dos Partidos Políticos e incentivar a participação feminina.

BRASIL. Lei n. 13.303, de 30 de junho de 2016. Dispõe sobre o estatuto jurídico da empresa pública, da sociedade de economia mista e de suas subsidiárias, no âmbito da União, dos Estados, do Distrito Federal e dos Municípios. Disponível em: http://www.planalto.gov.br/ccivil_03/_ato2015-2018/2016/lei/l13303.htm. Acesso em: 28 out. 2019.

BRASIL. Lei n. 13.487, de 6 de outubro de 2017. Altera as Leis 9.504, de 30 de setembro de 1997, e 9.096, de 19 de setembro de 1995, para instituir o Fundo Especial de Financiamento de Campanha (FEFC) e extinguir a propaganda partidária no rádio e na televisão. Disponível em: http://www.planalto.gov.br/ccivil_03/_ato2015-2018/2017/lei/l13487.htm. Acesso em 4 out. 2019.

BRASIL. Lei n. 13.488, de 6 de outubro de 2017. Disponível em: http://www.planalto.gov.br/ccivil_03/_Ato2015-2018/2017/Lei/L13488.htm. Acesso em: 4 out. 2019. Altera as Leis 9.504, de 30 de setembro de 1997 (Lei das Eleições), 9.096, de 19 de setembro de 1995, e 4.737, de 15 de julho de 1965 (Código Eleitoral), e revoga dispositivos da Lei nº 13.165, de 29 de setembro de 2015 (Minirreforma Eleitoral de 2015), com o fim de promover reforma no ordenamento político-eleitoral.

BRASIL. Lei n. 13.709, de 14 de agosto de 2018. Lei Geral de Proteção de Dados Pessoais (LGPD). Disponível em: http://www.planalto.gov.br/ccivil_03/_ato2015-2018/2018/lei/L13709.htm. Acesso em: 5 nov. 2019.

BRASIL. Lei n. 13.831, de 17 de maio de 2019. Altera a Lei n. 9.096, de 19 de setembro de 1995 (Lei dos Partidos Políticos), a fim de assegurar autonomia aos partidos políticos para definir o prazo de duração dos mandatos dos membros dos seus órgãos partidários permanentes ou provisórios; e dá outras providências. Disponível em: http://www.planalto.gov.br/ccivil_03/_ato2019-2022/2019/lei/L13831.htm. Acesso em: 14 set. 2019.

BRASIL. Lei n. 13.877, de 27 de setembro de 2019. Altera as Leis 9.096, de 19 de setembro de 1995, 9.504, de 30 setembro de 1997, 4.737, de 15 de julho de 1965 (Código Eleitoral), 13.831, de 17 de maio de 2019, e a Consolidação das Leis do Trabalho, aprovada pelo Decreto-Lei 5.452, de 1º de maio de 1943, para dispor sobre regras aplicadas às eleições; revoga dispositivo da Lei 13.488, de 6 de outubro de 2017; e dá outras providências. Disponível em: http://www.planalto.gov.br/ccivil_03/_Ato2019-2022/2019/Lei/L13877.htm#art1. Acesso em: 19 out. 2019.

BRASIL. Lei n. 13.878, de 3 de outubro de 2019. Altera a Lei n. 9.504, de 30 de setembro de 1997, a fim de estabelecer os limites de gastos de campanha para as eleições municipais. Disponível em: http://www.planalto.gov.br/ccivil_03/_Ato2019-2022/2019/Lei/L13878.htm. Acesso em: 20 out. 2019.

BRASIL. Lei n. 4.737, de 15 de julho de 1965. Institui o Código Eleitoral. Disponível em: http://www.planalto.gov.br/ccivil_03/leis/l4737.htm. Acesso em: 20 out. 2019.

BRASIL. Lei n. 4.740, de 15 de julho de 1965. Disponível em: http://www.planalto.gov.br/ccivil_03/LEIS/1950-1969/L4740.htm. Acesso em: 25 ago. 2019.

BRASIL. Lei n. 5.682, de 21 de julho de 1971. Lei Orgânica dos Partidos Políticos. Disponível em: http://www.planalto.gov.br/ccivil_03/leis/1970-1979/L5682.htm. Acesso em: 3 out. 2019.

BRASIL. Lei n. 6.767, de 20 de dezembro de 1979. Modifica dispositivos da Lei n. 5.682, de 21 de julho de 1971 (Lei Orgânica dos Partidos Políticos), nos termos do artigo 152 da

Constituição, alterado pela Emenda Constitucional n. 11, de 1978; dispõe sobre preceitos do Decreto-Lei n. 1.541, de 14 de abril de 1977, e dá outras providências. Disponível em: http://www.planalto.gov.br/ccivil_03/leis/1970-1979/L6767.htm. Acesso em: 23 out. 2019.

BRASIL. Lei n. 7.492, de 16 de junho de 1986. Define os crimes contra o sistema financeiro nacional, e dá outras providências. Disponível em: http://www.planalto.gov.br/ccivil_03/LEIS/L7492.htm. Acesso em: 20 out. 2019.

BRASIL. Lei n. 8.137, de 27 de dezembro de 1990. Define crimes contra a ordem tributária, econômica e contra as relações de consumo, e dá outras providências. Disponível em: http://www.planalto.gov.br/ccivil_03/LEIS/L8137.htm. Acesso em: 21 set. 2019.

BRASIL. Lei n. 8.429, de 2 de junho de 1992. Dispõe sobre as Sanções Aplicáveis aos Agentes Públicos nos Casos de Enriquecimento Ilícito no Exercício de Mandato, Cargo, Emprego ou Função na Administração Pública Direta, Indireta ou Fundacional e dá outras providências. Disponível em: https://www.camara.leg.br/proposicoesWeb/prop_mostrarintegra;jsessionid=2D434A6C73097403AF34BBD297333653.node1?codteor=422375&filename=LegislacaoCitada+-PL+7528/2006. Acesso em: 26 set. 2019.

BRASIL. Lei n. 8.666, de 21 de junho de 1993. Regulamenta o art. 37, inciso XXI, da Constituição Federal, institui normas para licitações e contratos da Administração Pública e dá outras providências. Disponível em: http://www.planalto.gov.br/ccivil_03/leis/l8666cons.htm. Acesso em: 26 set. 2019.

BRASIL. Lei n. 9.096, de 19 de setembro de 1995. (Lei dos Partidos Políticos). Dispõe sobre partidos políticos, regulamenta os arts. 17 e 14, §3º, inciso V, da Constituição Federal. Disponível em: http://www.planalto.gov.br/ccivil_03/leis/l9096.htm. Acesso em: 19. jun. 2019.

BRASIL. Lei n. 9.504, de 30 de setembro de 1997. Estabelece normas para as eleições. Disponível em: http://www.planalto.gov.br/ccivil_03/leis/l9504.htm. Acesso em: 16 jun. 2019.

BRASIL. Lei n. 9.613, de 3 de março de 1998. Dispõe sobre os crimes de "lavagem" ou ocultação de bens, direitos e valores; a prevenção da utilização do sistema financeiro para os ilícitos previstos nesta Lei; cria o Conselho de Controle de Atividades Financeiras – COAF, e dá outras providências. Disponível em: http://www.planalto.gov.br/ccivil_03/leis/l9613.htm. Acesso em: 26 set. 2019.

BRASIL. Senado Federal. Cláusula de barreira. Disponível em: https://www12.senado.leg.br/noticias/glossario-legislativo/clausula-de-barreira. Acesso em: 8 set. 2019.

BRASIL. Senado Federal. Projeto de Lei n. 429, de 2017. Disponível em: https://www25.senado.leg.br/web/atividade/materias/-/materia/131429. Acesso em: 28 set. 2019. Acesso em: 18 out. 2019.

BRASIL. Senado Federal. Relatório Legislativo – 15/03/2018, Comissão de Constituição, Justiça e Cidadania. Disponível em: https://legis.senado.leg.br/sdleg-getter/documento?dm=7647139&ts=1567534351351&disposition=inline. Acesso em: 30 set. 2019. Acesso em: 18 out. 2019.

BRASIL. Senado Federal. Senadores em exercício. Disponível em: https://www25.senado.leg.br/web/senadores/em-exercicio/-/e/por-partido. Acesso em: 7 set. 2019.

BRASIL. Supremo Tribunal Federal. Ação Penal 470. Voto Ministro Luiz Fux, Item VI – Primeira Parte. Disponível em:http://www.stf.jus.br/arquivo/cms/noticiaNoticiaStf/anexo/AP470mLFitem6.pdf. Acesso em: 25 out. 2019.

BRASIL. Supremo Tribunal Federal. ADI 1351. Relator: Min. Marco Aurélio, Tribunal Pleno, julgado em 07/12/2006, DJ 30-03-2007 PP-00068 EMENT VOL-02270-01 PP-00019 REPUBLICAÇÃO: DJ 29-06-2007 PP-00031 RTJ VOL-00207-01 PP-00116. Disponível em: http://stf.jus.br/portal/jurisprudencia/listarJurisprudencia.asp?s1=%28ADI%24%2ESCLA%2E+E+1351%2ENUME%2E%29+OU+%28ADI%2EACMS%2E+ADJ2+1351%2EACMS%2E%29&base=baseAcordaos&url=http://tinyurl.com/bct739w. Acesso em: 20 set. 2019.

BRASIL. Supremo Tribunal Federal. ADI 3167, Relator(a): Min. Eros Grau, Tribunal Pleno, julgado em 18/06/2007, DJe-096 DIVULG 05-09-2007 PUBLIC 06-09-2007 DJ 06-09-2007 PP-00036 EMENT VOL-02288-02 PP-00237). Disponível em: http://stf.jus.br/portal/jurisprudencia/listarJurisprudencia.asp?s1=%28ADI%24%2ESCLA%2E+E+3167%2ENUME%2E%29+OU+%28ADI%2EACMS%2E+ADJ2+3167%2EACMS%2E%29&base=baseAcordaos&url=http://tinyurl.com/nvfulgm. Acesso em: 24 out. 2019.

BRASIL. Supremo Tribunal Federal. ADI 4650, Relator(a): Min. Luiz Fux, Tribunal Pleno, julgado em 17/09/2015, Processo Eletrônico DJe-034 DIVULG 23-02-2016 PUBLIC 24-02-2016). Disponível em: http://stf.jus.br/portal/jurisprudencia/listarJurisprudencia.asp?s1=%28ADI%24%2ESCLA%2E+E+4650%2ENUME%2E%29+OU+%28ADI%2EACMS%2E+ADJ2+4650%2EACMS%2E%29&base=baseAcordaos&url=http://tinyurl.com/pyskmyv. Acesso em: 20 set. 2019.

BRASIL. Supremo Tribunal Federal. ADI 5081, Relator(a): Min. Roberto Barroso, Tribunal Pleno, julgado em 27/05/2015, Processo Eletrônico DJe-162 DIVULG 18-08-2015 PUBLIC 19-08-2015). Disponível em: http://stf.jus.br/portal/jurisprudencia/listarJurisprudencia.asp?s1=%28ADI%24%2ESCLA%2E+E+5081%2ENUME%2E%29+OU+%28ADI%2EACMS%2E+ADJ2+5081%2EACMS%2E%29&base=baseAcordaos&url=http://tinyurl.com/nolskrt. Acesso em: 23 out. 2019.

BRASIL. Supremo Tribunal Federal. ADI 5081, Relator(a): Min. Roberto Barroso, Tribunal Pleno, julgado em 27/05/2015, Processo Eletrônico DJe-162 DIVULG 18-08-2015 PUBLIC 19-08-2015. Disponível em: http://stf.jus.br/portal/jurisprudencia/listarJurisprudencia.asp?s1=%28ADI%24%2ESCLA%2E+E+5081%2ENUME%2E%29+OU+%28ADI%2EACMS%2E+ADJ2+5081%2EACMS%2E%29&base=baseAcordaos&url=http://tinyurl.com/nolskrt. Acesso em: 26.06.2019.

BRASIL. Supremo Tribunal Federal. ADI 5617, Relator(a): Min. Edson Fachin, Tribunal Pleno, julgado em 15/03/2018, PROCESSO ELETRÔNICO DJe-211 DIVULG 02-10-2018 PUBLIC 03-10-2018. Disponível em: http://stf.jus.br/portal/jurisprudencia/listarJurisprudencia.asp?s1=%28ADI%24%2ESCLA%2E+E+5617%2ENUME%2E%29+OU+%28ADI%2EACMS%2E+ADJ2+5617%2EACMS%2E%29&base=baseAcordaos&url=http://tinyurl.com/hj3ale7. Acesso em: 15 out. 2019.

BRASIL. Supremo Tribunal Federal. ADI 6032 MC, Relator: Min. Gilmar Mendes, julgado em 16/05/2019, publicado em PROCESSO ELETRÔNICO DJe-104 DIVULG 17/05/2019 PUBLIC 20/05/2019. Disponível em: http://stf.jus.br/portal/jurisprudencia/listarJurisprudencia.asp?s1=%28ADI%24%2ESCLA%2E+E+6032%2ENUME%2E%29+NAO+S%2EPRES%2E&base=baseMonocraticas&url=http://tinyurl.com/ydzbuwvk. Acesso em: 26 out. 2019.

BRASIL. Supremo Tribunal Federal. ARE 1054490 QO, Relator: Min. Roberto Barroso, Tribunal Pleno, julgado em 05/10/2017, Processo Eletrônico DJe-045 DIVULG 08-03-2018 PUBLIC 09-03-2018. Disponível em: http://stf.jus.br/portal/jurisprudencia/listarJurisprudencia.asp?s1=%28ARE%24%2ESCLA%2E+E+1054490%2ENUME%2E%29+OU+%28ARE%2EACMS%2E+ADJ2+1054490%2EACMS%2E%29&base=baseAcordaos&url=http://tinyurl.com/y5s4sfpx. Acesso em: 15 out. 2019.

BRASIL. Supremo Tribunal Federal. MS 26602, Relator(a): Min. Eros Grau, Tribunal Pleno, julgado em 04/10/2007, DJe-197 DIVULG 16-10-2008 PUBLIC 17-10-2008 EMENT VOL-02337-02 PP-00190 RTJ VOL-00208-01 PP-00072)". Disponível em: http://stf.jus.br/portal/jurisprudencia/listarJurisprudencia.asp?s1=%28MS%24%2ESCLA%2E+E+26602%2ENUME%2E%29+OU+%28MS%2EACMS%2E+ADJ2+26602%2EACMS%2E%29&base=baseAcordaos&url=http://tinyurl.com/blyxesx. Acesso em: 23 out. 2019.

BRASIL. Supremo Tribunal Federal. MS 26603, Relator(a): Min. Celso de Mello, Tribunal Pleno, julgado em 04/10/2007, DJe-241 DIVULG 18-12-2008 PUBLIC 19-12-2008 EMENT VOL-02346-02 PP-00318)". Disponível em: http://stf.jus.br/portal/jurisprudencia/listarJurisprudencia.asp?s1=%28MS%24%2ESCLA%2E+E+26603%2ENUME%2E%29+OU+%28MS%2EACMS%2E+ADJ2+26603%2EACMS%2E%29&base=baseAcordaos&url=http://tinyurl.com/ph4ugft. Acesso em: 23 out. 2019.

BRASIL. Supremo Tribunal Federal. MS 26604, Relator(a): Min. Cármen Lúcia, Tribunal Pleno, julgado em 04/10/2007, DJe-187 DIVULG 02-10-2008 PUBLIC 03-10-2008 EMENT VOL-02335-02 PP-00135 RTJ VOL-00206-02 PP-00626)". Disponível em: http://stf.jus.br/portal/jurisprudencia/listarJurisprudencia.asp?s1=%28MS%24%2ESCLA%2E+E+26604%2ENUME%2E%29+OU+%28MS%2EACMS%2E+ADJ2+26604%2EACMS%2E%29&base=baseAcordaos&url=http://tinyurl.com/l2oedl9. Acesso em: 23 out. 2019.

BRASIL. Supremo Tribunal Federal. RE 591470 RG, Relatora: Min. Cármen Lúcia, julgado em 16/10/2008, DJe-206 DIVULG 30-10-2008 PUBLIC 31-10-2008 EMENT VOL-02339-10 PP-02004). Disponível em: http://stf.jus.br/portal/jurisprudencia/listarJurisprudencia.asp?s1=%28RE%24%2ESCLA%2E+E+591470%2ENUME%2E%29+OU+%28RE%2EPRCR%2E+ADJ2+591470%2EPRCR%2E%29&base=baseRepercussao&url=http://tinyurl.com/md3882u. Acesso em: 25 out. 2019.

BRASIL. Supremo Tribunal Federal. RE n. 825.274/SP, que substituiu o RE n. 591.470, interposto por Aécio Neves, como paradigma de repercussão geral (Tema 124).

BRASIL. Supremo Tribunal Federal. Súmula 13. Disponível em: http://www.stf.jus.br/portal/jurisprudencia/menusumario.asp?sumula=1227. Acesso em: 25 set. 2019.

BRASIL. Tribunal de Contas da União. *Levantamento de governança e gestão das aquisições*. Brasília: TCU, 2013.

BRASIL. Tribunal de Contas da União. *Referencial básico de governança*: aplicável a órgãos e entidades da Administração Pública. Brasília: TCU, 2014, p. 43. Disponível em: https://portal.tcu.gov.br/governanca/home/. Acesso em: 24 abr. 2019.

BRASIL. Tribunal Regional Eleitoral do Mato Grosso do Sul. Prestação de Contas n. 060118203. Acórdão n 060118203 de 23/07/2019, Relator: Daniel Castro Gomes da Costa, Publicação: DJE – Diário da Justiça Eleitoral, Tomo 2237, Data 26/07/2019, Página 15/28). Disponível em: http://inter03.tse.jus.br/sjur-pesquisa/pesquisa/actionBRSSearch.do?toc=true&docIndex=0&httpSessionName=brsstateSJUT1970230528&sectionServer=MS&grupoTotalizacao=0. Acesso em: 24 out. 2019.

BRASIL. Tribunal Superior Eleitoral. Agravo de Instrumento n. 179203809, Acórdão, Relator(a) Min. Og Fernandes, Publicação: DJE – Diário de justiça eletrônico, Tomo 173, Data 06/09/2019, Página 73. Disponível em: http://www.tse.jus.br/jurisprudencia/decisoes/jurisprudencia. Acesso em: 19 set. 2019.

BRASIL. Tribunal Superior Eleitoral. Agravo de Instrumento n. 20556, Acórdão, Relator(a) Min. Arnaldo Versiani, Publicação: DJE – Diário de justiça eletrônico, Tomo 205, Data 23/10/2012, p. 3. Disponível em: http://www.tse.jus.br/jurisprudencia/decisoes/jurisprudencia. Acesso em: 1 out. 2019.

BRASIL. Tribunal Superior Eleitoral. Agravo de Instrumento n. 33986, Acórdão, Relator(a) Min. Luís Roberto Barroso, Publicação: DJE – Diário de justiça eletrônico, Data 20/09/2019. Disponível em: http://www.tse.jus.br/jurisprudencia/decisoes/jurisprudencia. Acesso em: 29 set. 2019.

BRASIL. Tribunal Superior Eleitoral. Comunicação. TSE lança Programa de Enfrentamento à Desinformação com Foco nas Eleições 2020. Disponível em: http://www.tse.jus.br/imprensa/noticias-tse/2019/Agosto/tse-lanca-programa-de-enfrentamento-a-desinformacao-com-foco-nas-eleicoes-2020. Acesso em: 30 ago.2019.

BRASIL. Tribunal Superior Eleitoral. Consulta n. 060025218, Acórdão, Relator(a) Min. Rosa Weber, Publicação: DJE – Diário de justiça eletrônico, Tomo 163, Data 15/08/2018. Disponível em: http://www.tse.jus.br/jurisprudencia/decisoes/jurisprudencia. Acesso em: 27 set. 2019.

BRASIL. Tribunal Superior Eleitoral. Consulta n. 38580, Acórdão, Relator(a) Min. Henrique Neves Da Silva, Publicação: DJE – Diário de justiça eletrônico, Data 02/08/2017). Disponível em: http://www.tse.jus.br/jurisprudencia/decisoes/jurisprudencia. Acesso em: 19 set. 2019.

BRASIL. Tribunal Superior Eleitoral. Controle judicial e democracia intrapartidária é tema do próximo projeto Debates, 2017. Disponível em: http://www.tse.jus.br/imprensa/noticias-tse/2017/Outubro/controle-judicial-e-democracia-intrapartidaria-e-tema-do-proximo-projeto-debates. Acesso em: 4. nov. 2019.

BRASIL. Tribunal Superior Eleitoral. Corte confirma cassação de diplomas de dois vereadores de Rosário do Sul (RS). Disponível em http://www.tse.jus.br/imprensa/noticias-tse/2019/Agosto/tse-confirma-cassacao-de-diplomas-de-dois-vereadores-de-rosario-do-sul-rs. Acesso em: 29 set. 2019.

BRASIL. Tribunal Superior Eleitoral. Corte confirma cassação de diplomas de dois vereadores de Rosário do Sul (RS). Disponível em http://www.tse.jus.br/imprensa/noticias-tse/2019/Agosto/tse-confirma-cassacao-de-diplomas-de-dois-vereadores-de-rosario-do-sul-rs. Acesso em: 29 set. 2019.

BRASIL. Tribunal Superior Eleitoral. Cota de 30% para mulheres nas eleições proporcionais deverá ser cumprida por cada partido em 2020. Comunicação Tribunal Superior Eleitoral, 8 de março de 2019. Disponível em http://www.tse.jus.br/imprensa/noticias-tse/2019/Marco/cota-de-30-para-mulheres-nas-eleicoes-proporcionais-devera-ser-cumprida-por-cada-partido-em-2020. Acesso em: 25 set. 2019.

BRASIL. Tribunal Superior Eleitoral. Cota de 30% para mulheres nas eleições proporcionais deverá ser cumprida por cada partido em 2020. Disponível em http://www.tse.jus.br/imprensa/noticias-tse/2019/Marco/cota-de-30-para-mulheres-nas-eleicoes-proporcionais-devera-ser-cumprida-por-cada-partido-em-2020. Acesso em: 25 set. 2019.

BRASIL. Tribunal Superior Eleitoral. Especialistas debatem saídas para o fenômeno das fake news durante seminário no TSE. Disponível em: http://www.tse.jus.br/imprensa/noticias-tse/2019/Maio/especialistas-debatem-saidas-para-o-fenomeno-das-fake-news-durante-seminario-no-tse. Acesso em: 03 out. 2019.

BRASIL. Tribunal Superior Eleitoral. Especialistas debatem saídas para o fenômeno das fake news durante seminário no TSE. Disponível em: http://www.tse.jus.br/imprensa/noticias-tse/2019/Maio/especialistas-debatem-saidas-para-o-fenomeno-das-fake-news--durante-seminario-no-tse. Acesso em: 3 out. 2019.

BRASIL. Tribunal Superior Eleitoral. Fundo partidário. Disponível em: http://www.tse.jus.br/partidos/fundo-partidario-1/fundo-partidario. Acesso em: 26 jun. 2019.

BRASIL. Tribunal Superior Eleitoral. Incorporação e fusão de partidos políticos – você conhece a diferença?. Disponível em http://www.tse.jus.br/imprensa/noticias-tse/2019/Abril/incorporacao-e-fusao-de-partidos-politicos-voce-conhece-a-diferenca. Acesso em: 7 set. 2019.

BRASIL. Tribunal Superior Eleitoral. Instrução n. 3. Acórdão, Relator(a) Min. Henrique Neves Da Silva, Publicação: DJE – Diário de justiça eletrônico, Data 30/06/2016, Página 34-36. Disponível em: http://www.tse.jus.br/jurisprudencia/decisoes/jurisprudencia. Acesso em: 19 set. 2019.

BRASIL. Tribunal Superior Eleitoral. Partidos políticos registrados no TSE. Disponível em http://www.tse.jus.br/partidos/partidos-politicos/registrados-no-tse. Acesso em: 7 set. 2019.

BRASIL. Tribunal Superior Eleitoral. Petição n. 0601892-56.2018.6.00.0000. Acórdão, Relator Min. Tarcisio Vieira de Carvalho Neto, Acórdão de 19/12/2018, Publicação: DJE – Diário de Justiça Eletrônico, Tomo 24, Data 04/02/2019. Disponível em: http://www.tse.jus.br/jurisprudencia/decisoes/jurisprudencia. Acesso em: 23 out. 2019.

BRASIL. Tribunal Superior Eleitoral. Petição n. 060195314, Acórdão, Relator Min. Jorge Mussi, Publicação: DJE – Diário de Justiça Eletrônico, Tomo 87, Data 10/05/2019). Disponível em: http://www.tse.jus.br/jurisprudencia/decisoes/jurisprudencia. Acesso em: 19 set. 2019.

BRASIL. Tribunal Superior Eleitoral. Petição n. 128, Acórdão, Relator Min. Admar Gonzaga, Publicação: DJE – Diário de justiça eletrônico, Tomo 097, Data 17/05/2018, Página 2-3). Disponível em: http://www.tse.jus.br/jurisprudencia/decisoes/jurisprudencia. Acesso em: 19 set. 2019.

BRASIL. Tribunal Superior Eleitoral. Petição n. 177391, Acórdão, Relatora Min. Laurita Vaz, Publicação: DJE – Diário de justiça eletrônico, Data 26/08/2013, Página 135/136)". Disponível em: http://www.tse.jus.br/jurisprudencia/decisoes/jurisprudencia. Acesso em: 23 out. 2019.

BRASIL. Tribunal Superior Eleitoral. Petição n. 4459, Acórdão, Relator Min. Castro Meira, Publicação: DJE – Diário de justiça eletrônico, Data 20/08/2013, Página 65. Disponível em: http://www.tse.jus.br/jurisprudencia/decisoes/jurisprudencia. Acesso em: 19 set. 2019.

BRASIL. Tribunal Superior Eleitoral. Petição n. 57225, Acórdão, Relator Min. Napoleão Nunes Maia Filho, Publicação: DJE – Diário de justiça eletrônico, Data 10/08/2018, Página 78-80). Disponível em: http://www.tse.jus.br/jurisprudencia/decisoes/jurisprudencia. Acesso em: 28 set. 2019.

BRASIL. Tribunal Superior Eleitoral. Prestação de Contas n. 22997. Acórdão, Relator(a) Min. Tarcisio Vieira de Carvalho Neto, Publicação: DJE – Diário de justiça eletrônico, Data 19/04/2018. Disponível em: http://www.tse.jus.br/jurisprudencia/decisoes/jurisprudencia. Acesso em: 19 set. 2019.

BRASIL. Tribunal Superior Eleitoral. Prestação de Contas n. 28329, Acórdão, Relator(a) Min. Tarcisio Vieira de Carvalho Neto, Publicação: DJE – Diário de justiça eletrônico, Data 18/02/2019). Disponível em: http://www.tse.jus.br/jurisprudencia/decisoes/jurisprudencia. Acesso em: 02 out. 2019.

BRASIL. Tribunal Superior Eleitoral. Prestação de Contas n. 29021, Acórdão, Relator(a) Min. Luís Roberto Barroso, Publicação: DJE – Diário de justiça eletrônico, Tomo 117, Data 21/06/2019, Página 83-85). Disponível em: http://www.tse.jus.br/jurisprudencia/decisoes/jurisprudencia. Acesso em: 25 out. 2019.

BRASIL. Tribunal Superior Eleitoral. Prestação de Contas n. 29106, Acórdão, Relator(a) Min. Edson Fachin, Publicação: DJE – Diário de justiça eletrônico, Tomo 116, Data 19/06/2019, Página 14/16). Disponível em: http://www.tse.jus.br/jurisprudencia/decisoes/jurisprudencia. Acesso em: 25 out. 2019.

BRASIL. Tribunal Superior Eleitoral. Recurso em Mandado de Segurança n. 551, Acórdão, Relator(a) Min. Caputo Bastos, Publicação: DJ – Diário de justiça, Data 24/06/2008, Página 8. Disponível em: http://www.tse.jus.br/jurisprudencia/decisoes/jurisprudencia. Acesso em: 19 out. 2019.

BRASIL. Tribunal Superior Eleitoral. Recurso Especial Eleitoral n. 10576, Acórdão de Relator(a) Min. Torquato Jardim, Publicação: PSESS – Publicado em Sessão, Data 21/09/1992, Página 1. Disponível em: http://www.tse.jus.br/jurisprudencia/decisoes/jurisprudencia. Acesso em: 20 set. 2019.

BRASIL. Tribunal Superior Eleitoral. Recurso Especial Eleitoral n. 19392, Acórdão, Relator(a) Min. Jorge Mussi, Publicação: DJE – Diário de justiça eletrônico, Tomo 193, Data 04/10/2019, Página 105/107. Disponível em: http://www.tse.jus.br/jurisprudencia/decisoes/jurisprudencia. Acesso em: 19 set. 2019.

BRASIL. Tribunal Superior Eleitoral. Recurso Especial Eleitoral n. 19505, Acórdão, Relator(a) Min. Jorge Mussi, Publicação: DJE – Diário de justiça eletrônico, Data 27/03/2019, Página 58-59) Disponível em: http://www.tse.jus.br/jurisprudencia/decisoes/jurisprudencia. Acesso em: 02 out. 2019.

BRASIL. Tribunal Superior Eleitoral. Recurso Especial Eleitoral n. 21498, Acórdão, Relator(a) Min. Henrique Neves Da Silva, Publicação: DJE – Diário de justiça eletrônico, Tomo 117, Data 24/06/2013, Página 56). Disponível em: http://www.tse.jus.br/jurisprudencia/decisoes/jurisprudencia. Acesso em: 27 set. 2019.

BRASIL. Tribunal Superior Eleitoral. Recurso Especial Eleitoral n. 282046, Acórdão, Relator(a) Min. Jorge Mussi, Publicação: DJE – Diário de justiça eletrônico, Data 27/03/2019, Página 56-57). Disponível em: http://www.tse.jus.br/jurisprudencia/decisoes/jurisprudencia. Acesso em: 02 out. 2019.

BRASIL. Tribunal Superior Eleitoral. Recurso Especial Eleitoral n. 5635, Acórdão, Relator(a) Min. Napoleão Nunes Maia Filho, Publicação: PSESS – Publicado em Sessão, Data 13/12/2016). Disponível em: http://www.tse.jus.br/jurisprudencia/decisoes/jurisprudencia. Acesso em: 20 set. 2019.

BRASIL. Tribunal Superior Eleitoral. Registro de Partido Político n. 141796, Acórdão, Relator(a) Min. Herman Benjamin, Publicação: DJE – Diário de justiça eletrônico, Data 15/03/2018, Página 20-22. Disponível em: http://www.tse.jus.br/jurisprudencia/decisoes/jurisprudencia. Acesso em: 19 set. 2019.

BRASIL. Tribunal Superior Eleitoral. Registro de Partido Político n. 153572, Acórdão, Relator(a) Min. Jorge Mussi, Publicação: DJE – Diário de justiça eletrônico, Tomo 97, Data 17/05/2018, Página 25-26). Disponível em: http://www.tse.jus.br/jurisprudencia/decisoes/jurisprudencia. Acesso em: 19 set. 2019.

BRASIL. Tribunal Superior Eleitoral. Registro de Partido Político n. 155473, Acórdão, Relator(a) Min. Luís Roberto Barroso, Publicação: DJE – Diário de justiça eletrônico, Data 09/05/2019. Disponível em: http://www.tse.jus.br/jurisprudencia/decisoes/jurisprudencia. Acesso em: 19 set. 2019.

BRASIL. Tribunal Superior Eleitoral. Registro de Partido Político n. 40309, Acórdão, Relator(a) Min. Rosa Weber, Publicação: DJE – Diário de justiça eletrônico, Data 13/08/2018). Disponível em: http://www.tse.jus.br/jurisprudencia/decisoes/jurisprudencia. Acesso em: 19 set. 2019.

BRASIL. Tribunal Superior Eleitoral. Registro de Partido Político n. 58354, Acórdão, Relator(a) Min. Tarcisio Vieira de Carvalho Neto, Publicação: DJE – Diário de justiça eletrônico, Data 27/03/2018 Disponível em: http://www.tse.jus.br/jurisprudencia/decisoes/jurisprudencia. Acesso em: 19 set. 2019.

BRASIL. Tribunal Superior Eleitoral. Resolução n. 22.610, de 25 de outubro de 2007. Disponível em: http://www.tse.jus.br/legislacao-tse/res/2007/RES226102007.htm. Acesso em: 14 set. 2019.

BRASIL. Tribunal Superior Eleitoral. Resolução n. 23.432, de 16 de dezembro de 2014. Disponível em: http://www.tse.jus.br/legislacao/codigo-eleitoral/normas-editadas-pelo-tse/resolucao-no-23-432-de-16-de-dezembro-de-2014-2013-brasilia-2013-df. Acesso em: 26 out. 2019.

BRASIL. Tribunal Superior Eleitoral. Resolução n. 23.546, de 18 de dezembro de 2017. Disponível em: http://www.tse.jus.br/legislacao-tse/res/2017/RES235462017.html. Acesso em: 26 out. 2019.

BRASIL. Tribunal Superior Eleitoral. Resolução n. 23.571, de 29 de maio de 2018. Disponível em: http://www.tse.jus.br/legislacao-tse/res/2018/RES235712018.html. Acesso em: 18 out. 2019.

BRASIL. Tribunal Superior Eleitoral. Resolução n. 23.571, de 29 de maio de 2018. Disponível em: http://www.tse.jus.br/legislacao-tse/res/2018/RES235712018.html. Acesso em: 18 out. 2019.

BRASIL. Tribunal Superior Eleitoral. Resoluções. Disponível em: http://www.tse.jus.br/legislacao/codigo-eleitoral/normas-editadas-pelo-tse. Acesso em: 02 out. 2019.

BRASIL. Tribunal Superior Eleitoral. Seminário Internacional Fake News e Eleições contará com a participação de especialistas internacionais. Disponível em: http://www.tse.jus.br/imprensa/noticias-tse/2019/Abril/seminario-internacional-fake-news-e-eleicoes-contara-com-a-participacao-de-especialistas-internacionais. Acesso em: 3 out. 2019.

BRASIL. Tribunal Superior Eleitoral. Súmula n. 2. Disponível em: http://www.tse.jus.br/legislacao/codigo-eleitoral/sumulas/sumulas-do-tse/sumula-nb0-2. Acesso em: 24 out. 2019.

BRASIL. Tribunal Superior Eleitoral. Súmula n. 20. Disponível em: http://www.tse.jus.br/legislacao/codigo-eleitoral/sumulas/sumulas-do-tse/sumula-nb0-20. Acesso em: 24 out. 2019.

BRASIL. Tribunal Superior Eleitoral. Súmula n. 38. Disponível em: http://www.tse.jus.br/legislacao/codigo-eleitoral/sumulas/sumulas-do-tse/sumula-nb0-38. Acesso em: 24 out. 2019.

BRASIL. Tribunal Superior Eleitoral. Súmula n. 45. Disponível em: http://www.tse.jus.br/legislacao/codigo-eleitoral/sumulas/sumulas-do-tse/sumula-nb0-45. Acesso em: 24 out. 2019.

BRASIL. Tribunal Superior Eleitoral. Súmula n. 67. Disponível em: http://www.tse.jus.br/legislacao/codigo-eleitoral/sumulas/sumulas-do-tse/sumula-nb0-67. Acesso em: 24 out. 2019.

*BRASIL. Tribunal Superior Eleitoral. Enfrentamento à desinformação. Disponível em:* http://www.tse.jus.br/videos/enfrentamento-a-desinformacao. Acesso em: 11 nov.2019.

BUCHHIANERI PINHEIRO, Maria Claudia. Tomemos a sério o debate em torno do *compliance* partidário: uma primeira reflexão crítica dos Projetos de Lei n.os 60/2017 e 429/2017, do Senado Federal. Em busca de um modelo efetivo. *In*: FUX, Luiz; PEREIRA, Luiz Fernando Casagrande; AGRA, Walber de Moura (Coord.); PECCINI, Luiz Eduardo (Org.). *Direito partidário*. Belo Horizonte: Fórum, 2018, p. 59-70. (Tratado de Direito Eleitoral, v.2).

BUTELER, Alfonso. El control de la corrupción en el derecho comparado: los casos de Argentina, Brasil y España. *A&C – Revista de Direito Administrativo & Constitucional*, Belo Horizonte, ano 13, n. 53, p. 23-43, jul./set. 2013.

BUTELER, Alfonso. Los sistemas para el control de la corrupción pública en el orden global. *Revista de Direito Econômico e Socioambiental*, Curitiba, v. 8, n. 3, p. 239-261, set./dez. 2017.

CAMPOS NETO, Raymundo. *A democracia interna nos partidos políticos brasileiros*. Belo Horizonte: D'Plácido, 2017.

CANADA. CA: Cambridge City Council. *Code of conduct for members of council*. Disponível em: https://www.cambridge.ca/en/your-city/Code-of-Conduct.aspx. Acesso em: 25 set. 2019.

CANADA. Elections Canada. *Administrative compliance policy for political financing*. Disponível em:https://www.elections.ca/content.aspx?section=pol&dir=acp&document=index&lang=e. Acesso em: 25 set. 2019.

CANADA. Justice Laws Website. *Auditor General Act*. Disponível em: https://laws-lois.justice.gc.ca/eng/acts/a-17/. Acesso em: 29 set. 2019.

CARVALHO FILHO, José dos Santos. *Manual de direito administrativo*. 30. ed. rev. atual. e ampl. São Paulo: Atlas, 2016.

CARVALHO, Karine Cito Carneiro de. *"Compliance" no combate à fraude organizacional e à corrupção*. 2018. Dissertação (Mestrado) – Faculdade de Direito da Universidade de Coimbra, Coimbra, 2018. Disponível em: https://estudogeral.uc.pt/bitstream/10316/85846/1/Tese%20Karine%20Vers%C3%A3o%20Entrega%2005.07.pdf. Acesso em: 7 nov. 2019.

CASAS-ZAMORA, Kevin. *Political Finance and state funding systems*: an overview. Brookings institutions/University of Costa Rica, May 2008. Disponível em: https://ifes.org/sites/default/files/politicalfinanceandstatefundingsystems_english_0.pdf. Acesso em: 27 set. 2019.

CASTELO BRANCO, Tatiana Coutinho; DE MORAES, Marcos Carvalhedo; KALKMANN, Tiago. *Súmulas do TSE comentadas*. 1. ed. São Paulo: Lura, 2017.

CASTRO, Patricia Reis; AMARAL, Juliana Ventura; GUERREIRO, Reinaldo. Adherence to the compliance program of Brazil's anti-corruption law and internal controls implementation. *Revista Contabilidade & Finanças*, São Paulo, v. 30, n. 80, p. 186-201, ago. 2019, p. 190. Disponível em: http://www.scielo.br/scielo.php?script=sci_arttext&pid=S1519-70772019000200186&lng=en&nrm=iso>. Acesso em 15 out. 2019.

CHILE. Biblioteca del Congresso Nacional de Chile / Ley Chile. Ley 20.393, 2-12-2009. Establece la responsabilidad penal de las personas jurídicas en los delitos que indica. Disponível em: https://www.leychile.cl/Consulta/m/m/norma_plana?idNorma=1008668&org=bleyes_r%3Ft_n%3DXX1%26nro_ley%3D%26orga%3D%26f_pub%3D2009. Acesso em: 28 out. 2019.

CHILE. Contraloría General de la República: missão institucional. Disponível em: https://www.chileatiende.gob.cl/instituciones/ZC009. Acesso em: 28 out. 2019

CHILE. Contraloría General de la República: propósito, funciones y estrutura.Disponível em: http://www.oas.org/juridico/PDFs/mesicic4_chl_sem.pdf. Acesso em: 28 out. 2019.

CHILE. Fiscalia. Unidad Especializada en Anticorrupción. Disponível em: http://www.fiscaliadechile.cl/Fiscalia/areas/cor-unidad.jsp. Acesso em: 28 out. 2019.

COE. *About GRECO*. Disponível em: https://www.coe.int/en/web/greco/about-greco/what-is-greco. Acesso em: 05 nov. 2019.

COE. *Members and observers/ etats membres et observateurs*. Disponível em: https://www.coe.int/en/web/greco/structure/member-and-observers#{%2222358830%22:[]}. Acesso em: 05 nov. 2019.

COLOMBIA. Contraloría General de la República. ¿Qué es la Contraloría General de la República? Disponível em: https://www.contraloria.gov.co/contraloria/la-entidad. Acesso em: 28 out. 2019.

COLOMBIA. Régimen Legal de Bogotá D.C. – Secretaría Jurídica Distrital. Ley 1474 de 2011 – Nivel Nacional. Disponível em: https://www.alcaldiabogota.gov.co/sisjur/normas/Norma1.jsp?i=43292. Acesso em: 28 out. 2019.

COSTA, Daniel Castro Gomes da. *Segurança jurídica e as alterações na jurisprudência tributária*. São Paulo: Pillares, 2016.

CUNHAL, Álvaro. *O partido com paredes de vidro*. 6. ed. Lisboa: Avante, 2002. [Edição eletrônica, 2010]. Disponível em: https://www.marxists.org/portugues/cunhal/1985/08/partido.pdf. Acesso em: 5. nov. 2019.

DEBBIO, A. Del; MAEDA, B. C.; AYRES, C. H. S. (Coord.). *Temas de anticorrupção e compliance*. Rio de Janeiro: Elsevier, 2013.

DEM. *Estatuto 2018*. Disponível em: http://www.tse.jus.br/partidos/partidos-politicos/arquivos/tse-estatuto-dem-de-8-3-2018-deferido-em-29-4-2019. Acesso em: 14 set. 2019.

DUVERGER, Maurice. *Los partidos políticos*. 18. ed. México: Fondo de Cultura Económica, 2002.

ESPAÑA. Fiscalia General del Estado. Instrucción 1/1996, de 15 de enero, sobre competencias y organización de la Fiscalía especial para la represión de los delitos económicos relacionados con la corrupción. Disponível em: https://www.fiscal.es/memorias/estudio2016/INS/INS_01_1996.html. Acesso em: 28 out. 2019.

ESPANÃ. Ministerio de Hacienda. Intervención general de la administración del estado. Disponível em: https://www.igae.pap.hacienda.gob.es/sitios/igae/es-ES/Paginas/inicio.aspx. Acesso em: 28 out. 2019.

FALGUERA, Elin; JONES, Samuel; OHMAN, Magnus. *Financiamento de partidos políticos e campanhas eleitorais*: um manual sobre financiamento político. Rio de Janeiro: FGV, 2015.

FERREIRA, Manoel Rodrigues. *A evolução do sistema eleitoral brasileiro*. Brasília: Conselho Editorial do Senado Federal, 2001.

FERREIRA, Pinto. *Código eleitoral comentado*. 2. ed. atual. e ampl. São Paulo: Saraiva, 1990.

FGV. Entenda a história por detrás da lei da janela partidária. Disponível em https://direitorio.fgv.br/noticia/entenda-a-historia-por-detras-da-lei-da-janela-partidaria. Acesso em: 15 set. 2019.

FONTES, José. Da função eleitoral dos partidos políticos no direito português e sua natureza político-jurídica. *Eleições: Revista de Assuntos Eleitorais*, n. 13, 2010. Disponível em: https://repositorioaberto.uab.pt/bitstream/10400.2/1746/1/FUN%C3%87%C3%83O%20ELEITORAL.pdf. Acesso em: 8 out. 2019.

FRANCE. Loi n. 2016-1691 du 9 décembre 2016 relative à la transparence, à la lutte contre la corruption et à la modernisation de la vie économique. *Journal Officiel de La République Française*. Disponível em: https://www.cjoint.com/doc/16_12/FLknuHuFltM_loisapin2.pdf. Acesso em: 28 out. 2019.

FREIDENBERG, Flavia. Democracia interna: reto ineludible de los partidos políticos. *Revista de Derecho Electoral*, n. 1, Primer Semestre, 2006. Disponível em: https://dialnet.unirioja.es/descarga/articulo/3987968.pdf. Acesso em: 5 nov. 2019.

FURTADO, Lucas Rocha. *Curso de direito administrativo*. 5. ed. rev. e atual. Belo Horizonte: Fórum, 2016.

GALVÃO DE CARVALHO, Paulo Roberto. Legislação anticorrupção no mundo: análise comparativa entre a Lei Anticorrupção brasileira, o Foreign Corrupt Practices Act norte-americano e o Bribery Act do Reino Unido. *In:* QUEIROZ, Ronaldo Pinheiro; SOUZA, Jorge Munhos. *Lei Anticorrupção*. Salvador: Juspodivm, 2015.

GAVARA DE CARA, Juan Carlos. *Derechos fundamentales y desarollo legislativo*. Madrid: Centro de Estudios Políticos y Constitucionales, 1994.

GIDDENS, Anthony. A terceira via. Tradução de Maria Luiza Borges. 2. tir. Rio de Janeiro: Record, 1999.

GIOVANINI, Wagner. Programas de compliance e anticorrupção: importância e elementos essenciais. *In:* PAULA, Marco Aurélio Borges de; CASTRO, Rodrigo Pironti Aguirre de (Coord.). *Compliance, gestão de riscos e combate à corrupção*: integridade para o desenvolvimento. Belo Horizonte: Fórum, 2018, p. 53-70.

GOMES, José Jairo. *Direito eleitoral*. 12. ed. São Paulo: Atlas, 2016.

GOMES, José Jairo. *Direito eleitoral. 14. ed. rev.*, atual. e ampl. São Paulo: Atlas, 2018.

GOMES, José Jairo. *Direito eleitoral. 15. ed. São* Paulo: Atlas, 2019.

GONZÁLEZ, Jorge Alexandre. Función de compliance y partidos políticos en España. *Debate 21*, 8 de maio de 2015. Disponível em: https://debate21.es/2015/05/08/funcion-de-compliance-y-partidos-politicos-en-espana/. Acesso em 28 jan. 2018.

GRECO. 19th General Activity Report (2018). p. 29. Disponível em: https://rm.coe.int/19th-general-activity-report-2018-group-of-states-against-corruption-g/1680951d14. Acesso em: 7 nov. 2019.

GRIMM, Dieter. Politische Parteien. *In:* BENDA, Ernst; MAIHOFER, Werner; VOGEL, Hans-Jochen (Hrsg.). *Handbuch des Verfassungsrechts*. Berlin/New York: [s.n.], 1995. Band 1, p. 599-606.

GUARNIERI, Fernando. Democracia intrapartidária e reforma política. *Revista Parlamento e Sociedade*, São Paulo, v. 3, n. 5, p. 83-106, jul./dez. 2015. Disponível em: https://www.al.sp.gov.br/repositorio/bibliotecaDigital/22715_arquivo.pdf. Acesso em: 5. nov. 2019.

HABERMAS, Jügen. *Mudança estrutural da esfera pública*. Tradução de Flávio R. Kothe. Rio de Janeiro: Tempo Brasileiro. 1984 [1961].

HASEN, Richard L. A constitutional right to lie in campaigns and elections. *Montana Law Review*, v. 74, n. 1, 2013, p. 53-77.

INSTITUTO BRASILEIRO DE GOVERNANÇA CORPORATIVA. *Código das melhores práticas de governança corporativa*. 5. ed. São Paulo: IBGC, 2015.

INSTITUTO BRASILEIRO DE GOVERNANÇA CORPORATIVA. *Construindo um sistema de conformidade alinhado às melhores práticas de governança corporativa* (título provisório). Versão em audiência, novembro/2017.

JORGE, Flávio Cheim; LIBERATO, Ludgero; RODRIGUES, Marcelo Abelha. *Curso de direito eleitoral*. 2. ed. Salvador: Juspodivm, 2017.

KIM, Shin Jae; MUZZI, Renata; FALCETTA, Giovanni; LONGO, Thaísa Toledo. Compliance em empresas estatais. Padrões internacionais e legislação brasileira. *In:* PAULA, Marco Aurélio Borges de; CASTRO, Rodrigo Pironti Aguirre de (Coord.). *Compliance, gestão de riscos e combate* à *corrupção*: integridade para o desenvolvimento. Belo Horizonte: Fórum, 2018.

KNOERR, Fernando Gustavo. Mandato, autonomia partidária e representatividade política. *In*: FUX, Luiz; PEREIRA, Luiz Fernando Casagrande; AGRA, Walber de Moura (Coord.). PECCININ, Luiz Eduardo (Org.). *Direito constitucional eleitoral*. Belo Horizonte: Fórum, 2018, p. 415-430. (Tratado de Direito Eleitoral, v. 1.)

LISBOA. Conselho de prevenção da corrupção. *Natureza e objetivos*. Disponível em: http://www.cpc.tcontas.pt/instituicao/competencias.html. Acesso em: 7 nov. 2019.

LISBOA. Procuradoria-Geral Distrital de Lisboa. Medidas de combate à criminalidade organizada. Disponível em: http://www.pgdlisboa.pt/leis/lei_mostra_articulado.php?nid=147&tabela=leis&so_miolo=. Acesso em: 7 nov. 2019.

LOBATO, José Danilo Tavares; MARTINS, Jorge Washington Gonçalves. Considerações preliminares acerca da responsabilidade criminal do *compliance officer*. *Boletim IBCCRIM*, v. 24, n. 284. São Paulo, jul. 2016, p. 12-14.

MDB. *Estatuto 2018*. Disponível em http://www.justicaeleitoral.jus.br/arquivos/tse-estatuto-partido-movimento-democratico-brasileiro. Acesso em: 14 set. 2019.

MELLO, Marco Aurélio. A democracia participativa e a inconstitucionalidade do financiamento privado das campanhas eleitorais por pessoas jurídicas. *In*: NETO, Tarcisio Vieira de Carvalho; FERREIRA, Telson Luís Cavalcante (Coord.). *Aspectos materiais e processuais*. São Paulo: Migalhas, 2016, p. 15-27.

MELO, Valdir. Programas de conformidade e a busca de integridade em organizações. *In:* IPEA (INSTITUTO DE PESQUISA ECONÔMICA APLICADA). *Texto para discussão 2475*. Brasília, 29 de maio de 2019.

MENDES, Francisco Schertel; Carvalho, Vinicius Marques de. *Compliance*: concorrência e combate à corrupção. São Paulo: Trevisan, 2017. [livro eletrônico]

MENDES, Gilmar Ferreira; BRANCO, Paulo Gustavo Gonet. *Curso de direito constitucional*. 13. ed. São Paulo: Saraiva, 2018.

MEZZAROBA, Orides. A democracia, os partidos políticos e o estado. Disponível em https://dialnet.unirioja.es/descarga/articulo/4818590.pdf. Acesso em: 14 set. 2019.

MEZZAROBA, Orides. *Da representação política liberal ao desafio de uma democracia partidária*: o impasse constitucional da democracia representativa brasileira. 2000. Tese (Doutorado em Direito) – CPGD, Universidade Federal de Santa Catarina, Florianópolis, 2000.

MEZZAROBA, Orides. *O partido político no Brasil*: princípios constitucionais balizadores para criação e funcionamento. *In*: GONÇALVES, Guilherme de Salles; PEREIRA, Luiz Fernando Casagrande; STRAPAZZON, Carlos Luiz (Coord.). *Direito eleitoral contemporâneo*. Belo Horizonte: Fórum, 2008.

MEZZAROBA, Orides. O regime jurídico dos partidos políticos no Brasil. *In:* SALGADO, Eneida Desiree; DANTAS, Ivo (Coord.). *Partidos políticos e seu regime jurídico*. Curitiba: Juruá, 2013, p. 167-189.

MINAS GERAIS. Assembleia Legislativa. Escola do Legislativo. *Glossário de termos parlamentares*: português, inglês. Belo Horizonte: Assembleia Legislativa do Estado de Minas Gerais, 1997.

MIRANDA, Jorge. *Direito eleitoral*. Coimbra: Almedina, 2018.

MORAIS, Carlos Blanco de. *O sistema político*: no contexto da erosão da democracia representativa. 1 ed. Coimbra: Almedina, 2017.

MORAIS, Carlos Blanco. *O sistema político*: no contexto da erosão da democracia representativa. Coimbra: Almedina, 2018.

MOVIMENTO TRANSPARÊNCIA PARTIDÁRIA. Ranking da transparência partidária – Relatório sintético. Primeira Edição. Ano 1 – março de 2018. Disponível em: http://www.transparenciapartidaria.org/blog/ranking-da-transparencia-partidaria. Acesso em: 25 out. 2019.

MUÑOZ, Jaime Rodriguez-Arana. Self-cleaning in public procurement: operational potentiality and regulation in the European Union. *A&C – Revista de Direito Administrativo & Constitucional*, Belo Horizonte, ano 17, n. 70, p. 25-44, out./dez. 2017, p. 26.

NEISSER, Fernando; BERNARDELLI, Paula; MACHADO, Raquel. A mentira no ambiente digital: impactos eleitorais e possibilidades de controle. *In*: FUX, Luiz; PEREIRA, Luiz Fernando Casagrande; AGRA, Walber de Moura (Coord.); PECCINI, Luiz Eduardo (Org.). *Direito constitucional eleitoral*. Belo Horizonte: Fórum, 2018, p. 51-70. (Tratado de Direito Eleitoral, v. 4)

NETO, Admar Gonzaga. A criação de partidos políticos no Brasil. *In:* WAGNER, L. G. Costa; CALMON, Petrônio (Coord.). *Direito eleitoral*. Brasília: Gazeta Jurídica, 2014, p. 31.

NEW JERSEY ELECTION LAW ENFORCEMENT COMMISSION. 2018. *Compliance manual for candidates*. **Disponível em:** https://www. https://www.elec.state.nj.us/pdffiles/forms/compliance/man_cf.pdf Acesso em: 27 set. 2019.

NOGALES, Inés Olaizola. Medidas de regeneración democrática: la nueva regulación de la financiación de los partidos políticos en España. *Populus – Revista Jurídica da Escola Judiciária Eleitoral da Bahia*, n. 4, 2018. Disponível em: justicaeleitoral.jus.br/arquivos/tre-ba-revista-populus-edicao-4-1547058488605. Acesso em: 8 out. 2019.

NUNES, Geórgia Ferreira Martins; SOARES, Lorena de Araújo Costa. Candidatas de fachada: a violência política decorrente da fraude eleitoral e do abuso de poder e as respostas jurídicas para efetivação dos grupos minoritariamente representados. *In:* FUX, Luiz; PEREIRA, Luiz Fernando Casagrande; AGRA, Walber de Moura (Coord.); PECCINI, Luiz Eduardo (Org.). *Direito Constitucional Eleitoral*. Belo Horizonte: Fórum, 2018, p. 543-570. (Tratado de Direito Eleitoral, v.1)

OAS, *CONTRALORÍA GENERAL DE LA REPÚBLICA. Propósito, funciones y estrutura.* Disponível em: http://www.oas.org/juridico/PDFs/mesicic4_chl_sem.pdf. Acesso em: 28 out. 2019.

OEA. Comissão Interamericana de Direitos Humanos. *Convenção Americana sobre Direitos Humanos*, 1969. (Pacto de San José da Costa Rica). Disponível em: https://www.cidh.oas.org/basicos/portugues/c.convencao_americana.htm. Acesso em: 24 out. 2019.

OEA. Comissão Interamericana de Direitos Humanos. *Caso Yatama Vs. Nicaragua*. Sentencia de 23 de Junio de 2005, párrafo 215. Disponível em http://www.corteidh.or.cr/docs/casos/articulos/seriec_127_esp.pdf. Acesso em 27 de set. 2019.

OYES. *Morrison v. Olson*. Disponível em: www.oyez.org/cases/1987/87-1279. Acesso em: 28 out. 2019.

PETERSON, Michael. Amending the Foreign Corrupt Practices Act: should the Bribery Act 2010 be a guideline. *Richmond Journal of Global Law and Business*, v. 12, n. 3, Summer 2013, p. 417 a 432. Disponível em:https://heinonline.org/HOL/P?h=hein.journals/rjnglbs12&i=443. Acesso em: 25 set. 2019.

PINTO, Djalma. *Direito eleitoral*: improbidade administrativa e responsabilidade fiscal: noções gerais. 3. ed. São Paulo: Atlas, 2006.

PRUDÊNCIO, Anne Caroline Gonçalves Marques de Medeiros; LAMBOY, Christian Karl de; ANDRADE, Marcelo Henrique Lapolla Aguiar. Projeto capitães compliance. *In:* PAULA, Marco Aurélio Borges de; CASTRO, Rodrigo Pironti Aguirre de (Coord.). *Compliance, gestão de riscos e combate à corrupção*: integridade para o desenvolvimento. Belo Horizonte: Fórum, 2018, p. 309-315.

PRUDÊNCIO, Anne Caroline Gonçalves Marques de Medeiros; LAMBOY, Christian Karl de; ANDRADE, Marcelo Henrique Lapolla Aguiar. Projeto Capitães *Compliance*. *In:* PAULA, Marco Aurélio Borges de; CASTRO, Rodrigo Pironti Aguirre de (Coord.). *Compliance, gestão de riscos e combate à corrupção*: integridade para o desenvolvimento. Belo Horizonte: Fórum, 2018, p. 309-315.

RACHID COUTINHO, Aldacy; MARRAFON, Marco Aurélio. *Compliance* eleitoral: breve análise dos Projetos de Lei n. 60/2017, n. 429/2017 e n. 663/2015 do Senado Federal e sua importância para a democracia brasileira. *Estudos Eleitorais*, Tribunal Superior Eleitoral, v. 13, n. 2, maio/ago. 2018, p. 11-31.

RAMAYANA, Marcos. *Direito eleitoral*. 16. ed. Rio de Janeiro: Impetus, 2018.

RAZZUOLI, Isabella. *Os partidos políticos na Constituição da República italiana e portuguesa*: uma análise dos artigos constitucionais. Faculdade de Direito da Universidade de Lisboa, Instituto de Ciências Jurídico-Políticas. 2010. Disponível em: https://www.icjp.pt/sites/default/files/media/652-970.pdf. Acesso em: 8 out. 2019.

RIBEIRO JÚNIOR, Antonio Joaquim. Direito eleitoral e compliance: a adoção do programa de conformidade como solução a crise dos partidos políticos no Brasil. *Revista de Estudos Eleitorais*, v. 2, n. 3, jul. 2018 Recife, p. 15-33.

RIBEIRO, Flávia. *Direito eleitoral*. 4. ed. rev. e ampl. Rio de Janeiro: Forense, 1996.

RIBEIRO, Pedro Floriano. Organização e poder nos partidos brasileiros: uma análise dos estatutos. *Revista Brasileira de Ciência Política*, n. 10, abr. 2013, Brasília, p. 225-265.

SALGADO, Eneida Desiree. Os partidos políticos e o estado democrático: a tensão entre a autonomia partidária e a exigência da democracia interna. *In:* SALGADO, Eneida Desiree; DANTAS, Ivo (Coord.). *Partidos políticos e seu regime jurídico*. Curitiba: Juruá, 2013.

SALGADO, Eneida Desiree. *Princípios constitucionais eleitorais*. Belo Horizonte: Fórum, 2010.

SANTOS, Josaphá Francisco dos. A prestação de contas de campanha perante a Justiça Eleitoral. *In*: NETO, Tarcisio Vieira de Carvalho; FERREIRA, Telson Luís Cavalcante (Coord.). *Aspectos materiais e processuais*. São Paulo: Migalhas, 2016, p. 179-189.

SEILER, Daniel-Louis. *Os partidos políticos*. Brasília: Editora Universidade de Brasília, 2000.

SILVA, José Afonso da. *Curso de direito constitucional positivo*. 22. ed. rev. e atual. São Paulo: Malheiros, 2003.

SILVA, José Afonso da. Partidos políticos e sistemas eleitorais: o caso brasileiro. *Revista da Procuradoria-Geral do Estado de São Paulo*, n. 17, p. 287-298.

SILVA, José Afonso. *Curso de direito constitucional positivo*. 10. ed. São Paulo: Malheiros Editores, 1995.

SILVEIRA, Renato de Mello Jorge; SAAD-DINIZ, Eduardo. *Compliance, direito penal e Lei Anticorrupção*. 1. ed. São Paulo: Saraiva, 2015.

SOLA-MORALES, Salomé; ZURBANO-BERENGUER, Belén. Discurso mediático y encuadres noticiosos sobre la corrupción política en España. *Convergencia*, Toluca, v. 26, n. 79, 005, abr. 2019. Disponível em: http://www.scielo.org.mx/scielo.php?script=sci_arttext&pid=S1405-14352019000100005&lng=es&nrm=iso. Acesso em: 15 out. 2019.

SOUZA, Maria do Carmo Campello de. *Estado e partidos políticos no Brasil (1930-1964)*. 3. ed. São Paulo: Alfa-Ômega, 1990.

SUNSTEIN, Cass. *Republic.com 2.0*. Princeton: Princeton University Press, 2007.

THE UNITED STATES. Department of Justice. Foreign Corrupt Practices Act of 1977. Disponível em: https://www.justice.gov/sites/default/files/criminal-fraud/legacy/2012/11/14/fcpa-english.pdf. Acesso em: 27 set. 2019.

THE UNITED STATES. House Office of the Legislative. Ethics In Government Act Of 1978. Disponível em: https://legcounsel.house.gov/Comps/Ethics%20In%20Government%20Act%20Of%201978.pdf. Acesso em 27 set. 2019.

TOSATTI; Tatiana; CASADO, Guilherme. A mitigação de riscos por meio dos sistemas de Compliance, autorregulação e regulação estatal. *Revista de Direito Internacional e Globalização Econômica*, v. 3, n. 03, 2018, p. 91-107.

TUESTA SOLDEVILLA, Fernando. Campaña electoral. *In: Diccionario electoral*. San José: Instituto Interamericano de Derechos Humanos, 2000.

UNITED KINGDOM. *Bribery Act 2010*. Disponível em: http://www.le http://www.legislation.gov.uk/ukpga/2010/23/contents gislation.gov.uk/ukpga/2010/23/contents. Acesso em: 28 out. 2019.

UNITED KINGDOM. *Prevention of Corruption Act 1906*. Disponível em: http://www.legislation.gov.uk/ukpga/Edw7/6/34/enacted. Acesso em: 28 out. 2019.

UNITED KINGDOM. *Prevention of Corruption Act 1916*. Disponível em: http://www.legislation.gov.uk/ukpga/Geo5/6-7/64/enacted. Acesso em: 28 out. 2019.

UNITED KINGDOM. *Public Bodies Corrupt Practices Act 1889*. Disponível em: http://www.legislation.gov.uk/ukpga/Vict/52-53/69/contents/enacted. Acesso em: 28 out. 2019.

URIZZI CERVI, Emerson; BORBA, Felipe. Os diretórios partidários municipais e o perfil sociodemográficos dos seus membros. *Revista Brasileira de Ciência Política*, n. 26, p. 7-62, Brasília, maio/ago. 2018.

VARGAS, Alexis Galiás de Souza. *Princípios constitucionais de direito eleitoral*. 2009. Tese (Doutorado em Direito) – Pontifícia Universidade Católica de São Paulo, São Paulo, 2009.

VENICE COMMISSION. *European Commission for Democracy through Law*, 2009. Disponível em: https://www.venice.coe.int/webforms/documents/default.aspx?pdffile=CDL-AD%282009%29002-e. Acesso em: 5. nov. 2019.

VIEIRA, Hector Luís C. O dilema dos partidos políticos brasileiros: a crise de representatividade e o reposicionamento dos atores democráticos. *In:* XXII Encontro Nacional do CONPEDI/UNINOVE Tema: Sociedade global e seus impactos sobre o estudo e a efetividade do Direito na contemporaneidade, organização CONPEDI/UNINOVE. Coordenadores: José Filomeno de Moraes Filho, Regina Célia Martinez, Ilton Norberto Rob Filho. Florianópolis: FUNJAB, 2013, p. 14.

VIEIRA, Reginaldo de Souza. *Partidos políticos brasileiros*: das origens ao princípio da autonomia político-partidária. 2002. Dissertação (Mestrado em Direito) – Universidade Federal de Santa Catarina, Centro de Ciências Jurídicas, Florianópolis, 2002.

WEBER, M. *Economia e società*. Milão: Edizioni di Comunità. 1961. 2v.

ZILIO, Rodrigo López. *Direito eleitoral*. 5. ed. Porto Alegre: Verbo Jurídico, 2016.

ZOVATTO, Daniel. Financiamento de partidos e campanhas eleitorais na América Latina: uma análise comparada. *Opinião pública*, v. XI, n. 2, p. 287-336. Campinas: CESOP, 2005.

# ANEXOS

# SÚMULAS DO TRIBUNAL SUPERIOR ELEITORAL SOBRE PARTIDOS POLÍTICOS

| **Súmula nº 2** |
|---|
| Assinada e recebida a ficha de filiação partidária até o termo final do prazo fixado em lei, considera-se satisfeita a correspondente condição de elegibilidade, ainda que não tenha fluído, até a mesma data, o tríduo legal de impugnação. |

| **Súmula nº 11** |
|---|
| No processo de registro de candidatos, o partido que não o impugnou não tem legitimidade para recorrer da sentença que o deferiu, salvo se se cuidar de matéria constitucional. |

| **Súmula nº 20** |
|---|
| A prova de filiação partidária daquele cujo nome não constou da lista de filiados de que trata o art. 19 da Lei nº 9.096/95, pode ser realizada por outros elementos de convicção, salvo quando se tratar de documentos produzidos unilateralmente, destituídos de fé pública. |

| **Súmula nº 32** |
|---|
| É inadmissível recurso especial eleitoral por violação à legislação municipal ou estadual, ao Regimento Interno dos Tribunais Eleitorais ou às normas partidárias. |

| **Súmula nº 40** |
|---|
| O partido político não é litisconsorte passivo necessário em ações que visem à cassação de diploma. |

| **Súmula nº 51** |
|---|
| O processo de registro de candidatura não é o meio adequado para se afastarem os eventuais vícios apurados no processo de prestação de contas de campanha ou partidárias. |

| **Súmula nº 52** |
|---|
| Em registro de candidatura, não cabe examinar o acerto ou desacerto da decisão que examinou, em processo específico, a filiação partidária do eleitor. |

| **Súmula nº 53** |
|---|
| O filiado a partido político, ainda que não seja candidato, possui legitimidade e interesse para impugnar pedido de registro de coligação partidária da qual é integrante, em razão de eventuais irregularidades havidas em convenção. |

| **Súmula nº 67** |
|---|
| A perda do mandato em razão da desfiliação partidária não se aplica aos candidatos eleitos pelo sistema majoritário. |

ANEXO II

# REPERTÓRIO TEMÁTICO DE JURISPRUDÊNCIA

## TEMA: AUTONOMIA PARTIDÁRIA

"Eleições 2016. Registro de candidatura. DRAP. Majoritária e proporcional. RRC. Vereador. Recursos especiais. Coligação partidária e terceiro prejudicado. Reforma da sentença e alteração da situação dos DRAPS após a eleição. Consequência direta na eleição de vereador. Retotalização. Reenquadramento jurídico. Realização de duas convenções partidárias conflitantes pelo mesmo partido. Comissão provisória municipal sumariamente desconstituída. Inobservância às normas estatutárias. Impactos inequívocos e imediatos no prélio eleitoral. Necessidade de revisitar a jurisprudência da corte. Divergências internas partidárias, se ocorridas no período eleitoral, compreendido em sentido amplo (i.e., um ano antes do pleito), escapam à competência da justiça comum, ante o atingimento na esfera jurídica dos players da competição eleitoral. Ato de dissolução praticado sem a observância dos cânones jusfundamentais do processo. Eficácia horizontal dos direitos fundamentais (drittwirkung). Incidência direta e imediata das garantias fundamentais do devido processo legal, ampla defesa e do contraditório (crfb/88, art. 5º, LIV e LV). Centralidade e proeminência dos partidos políticos em nosso regime democrático. Estatuto constitucional dos partidos políticos distinto das associações civis. Greis partidárias como integrantes do espaço público, ainda que não estatal, à semelhança da ubc. Sistema de gerenciamento de informações partidárias. Possibilidade de registros de alterações dos órgãos partidários com datas retroativas. Indeferimento de mandado de segurança, no âmbito da justiça comum, por ausência de prova pré-constituída do direito líquido e certo. Inexistência de coisa julgada material. Provimento dos recursos especiais. Ação cautelar prejudicada. 1. A Justiça Eleitoral possui competência para apreciar as controvérsias internas de partido político, sempre que delas advierem reflexos no processo eleitoral, circunstância que mitiga o postulado fundamental da autonomia partidária, ex vi do art. 17, §1º, da Constituição da República – cânone normativo invocado para censurar intervenções externas nas deliberações da entidade –, o qual cede terreno para maior controle jurisdicional.

2. Ante os potenciais riscos ao processo democrático e os interesses subjetivos envolvidos (suposto ultraje a princípios fundamentais do processo), qualificar juridicamente referido debate dessa natureza como matéria interna corporis, considerando-o imune ao controle da Justiça Eleitoral, se revela concepção atávica, inadequada e ultrapassada: em um Estado Democrático de Direito, como o é a República Federativa do Brasil (CRFB/88, art. 1º, caput), é paradoxal conceber a existência de campos que estejam blindados contra a revisão jurisdicional, adstritos tão somente à alçada exclusiva da respectiva grei partidária. Insulamento de tal monta é capaz de comprometer a própria higidez do processo político-eleitoral, e, no limite, o adequado funcionamento das instituições democráticas. 3. O processo eleitoral, punctum saliens do art. 16 da Lei Fundamental de 1988, em sua exegese constitucionalmente adequada, deve ser compreendido em seu sentido mais elástico, iniciando-se um ano antes da data do pleito, razão pela qual qualquer divergência partidária interna tem, presumidamente, o condão de impactar na competição eleitoral. 4. A mens legis do art. 16 da Constituição de 1988 proscreve a edição de normas eleitorais ad hoc ou de exceção, sejam elas de cariz material ou procedimental, com o propósito de obstar a deturpação casuística do cognominado devido processo legal eleitoral, capaz de vilipendiar a igualdade de participação e de chances dos partidos políticos e seus candidatos. 5. À proeminência dispensada, em nosso arquétipo constitucional, não se seguira uma imunidade aos partidos políticos para, a seu talante, praticarem barbáries e arbítrios entre seus Diretórios, máxime porque referidas entidades gozam de elevada proeminência e envergadura institucional, essenciais que são para a tomada de decisões e na própria conformação do regime democrático. 6. O postulado fundamental da autonomia partidária, insculpido no art. 17, §1º, da Lei Fundamental de 1988, manto normativo protetor contra ingerências estatais canhestras em domínios específicos dessas entidades (e.g., estrutura, organização e funcionamento interno), não imuniza os partidos políticos do controle jurisdicional, criando uma barreira intransponível à prerrogativa do Poder Judiciário de imiscuir-se no equacionamento das divergências internas partidárias, uma vez que as disposições regimentais (ou estatutárias) consubstanciam, em tese, autênticas normas jurídicas e, como tais, são dotadas de imperatividade e de caráter vinculante. 7. A fixação de tal regramento denota autolimitação voluntária por parte do próprio partido, enquanto produção normativa endógena, que traduz um pré-compromisso com a disciplina interna de suas atividades, de modo que sua violação habilita a pronta e imediata resposta do ordenamento jurídico. 8. A postura judicial mais incisiva se justifica nas hipóteses em que a disposição estatutária, supostamente transgredida, densificar/concretizar diretamente um comando constitucional. Do contrário, quanto menos a regra estatutária materializar uma norma constitucional, menor deve ser a intensidade da intervenção judicial. 9. Os direitos fundamentais exteriorizam os valores nucleares de uma ordem jurídica democrática, aos quais se reconhece, para além da dimensão subjetiva, da qual se podem extrair pretensões deduzíveis em juízo, uma faceta objetiva, em que tais comandos se irradiam por todo o ordenamento jurídico e agregam uma espécie de "mais-valia" (ANDRADE, José Carlos Vieira. Os Direitos Fundamentais na Constituição Portuguesa de 1976. Coimbra: Almedina, 1987, p. 165), mediante a adoção de deveres de proteção, que impõe a implementação de medidas comissivas para sua concretização. 10. A vinculação direta e imediata dos particulares aos direitos fundamentais consubstancia a teoria que atende de forma mais satisfatória, segundo penso, a problemática concernente à eficácia horizontal (Drittwirkung), conclusão lastreada (i) na aplicação imediata prevista no art. 5º, §1º, da CRFB/88 (argumento de direito positivo), (ii) no reconhecimento da acentuada assimetria fática na sociedade brasileira (argumento sociológico) e (iii) no fato de que a Lei Fundamental é pródiga em normas de conteúdo substantivo, o que se comprova com a positivação da Dignidade da Pessoa Humana como um dos fundamentos de nossa República (argumento axiológico).

11. Sob o ângulo do direito positivo, os direitos fundamentais possuem aplicação imediata, ex vi do art. 5º, §1º, que não excepciona as relações entre particulares de seu âmbito de incidência, motivo por que não se infere que os direitos fundamentais vinculem apenas e tão somente os poderes públicos. Pensamento oposto implicaria injustificável retrocesso dogmático na pacificada compreensão acerca da normatividade inerente das disposições constitucionais, em geral, e daquelas consagradoras de direitos fundamentais, em especial, a qual dispensa a colmatação por parte do legislador para a produção de efeitos jurídicos, ainda que apenas negativos ou interpretativos. 12. Sob o prisma sociológico, ninguém ousaria discordar que a sociedade brasileira é profundamente injusta e desigual, com milhões de pessoas vivendo abaixo da linha da pobreza e da miséria. E é exatamente no campo das relações sociais que se verificam, com maior intensidade, os abusos e violações a direitos humanos, os quais podem – e devem – ser remediados mediante o reconhecimento da incidência direta e imediata dos direitos fundamentais. Sem essa possibilidade, reduz-se em muito as chances de alteração dos status quo, de promoção de justiça social e distributiva e da redução das desigualdades sociais e regionais, diretrizes fundamentais de nossa República (CRFB/88, art. 3º, III e IV). 13. Sob a vertente valorativa, do reconhecimento da Dignidade da Pessoa Humana como epicentro axiológico do ordenamento jurídico pátrio exsurgem relevantes consequências práticas: em primeiro lugar, tem-se a legitimação moral de todas as emanações estatais, as quais não podem distanciar-se do conteúdo da Dignidade Humana, e, em segundo lugar, ela atua como vetor interpretativo, por meio do qual o intérprete/aplicador do direito deve se guiar quando do equacionamento dos conflitos contra os quais se defronta. Em terceiro lugar, referida cláusula fundamenta materialmente a existência de todos os direitos e garantias, atuando como uma espécie de manancial inesgotável de valores de uma ordem jurídica. 14. Ainda que sob a ótica da state action, sobressai a vinculação das entidades partidárias aos direitos jusfundamentais, mediante o reconhecimento da cognominada public function theory, desenvolvida pioneiramente nas Whites Primaries, um conjunto de casos julgados pela Suprema Corte americana, em que se discutia a compatibilidade de discriminações motivadas em critérios raciais, levadas a efeito em diversas eleições primárias realizadas no Estado do Texas, com os direitos insculpidos na Décima Quarta e Décima Quinta Emendas [Precedentes da Suprema Corte americana: Nixon v. Herndon (273 U.S. 536 (1927)), Nixon v. Concon (286 U.S. 73 (1932)), Smith v. Allwright (321 U.S. 649 (1944)) e Terry v. Adams (345 U.S. 461 (1953) 15. As greis partidárias, à semelhança da União Brasileira de Compositores (UBC), podem ser qualificadas juridicamente como entidades integrantes do denominado espaço público, ainda que não estatal, o que se extrai da centralidade dispensada em nosso regime democrático aos partidos, essenciais que são ao processo decisório e à legitimidade na conformação do poder político. 16. O estatuto jurídico-constitucional dos partidos políticos ostenta peculiaridades e especificidades conferidas pela Carta de 1988 (e.g., filiação partidária como condição de elegibilidade, acesso ao fundo partidário e ao direito de antena, exigência de registro no TSE para perfectibilizar o ato constitutivo etc.) que o aparta do regime jurídico das associações civis (CRFB/88, art. 5º, XVII ao XXI), aplicado em caso de lacuna e subsidiariamente. Doutrina nacional e do direito comparado. 17. A destituição de Convenção Partidária de nível inferior (i.e., estaduais e municipais) somente se afigura possível nas estritas hipóteses de inobservância das diretrizes legitimamente estabelecidas pelo órgão de direção nacional, que é o único órgão revestido de competência legal para proceder à anulação da deliberação e dos atos dela decorrentes, ex vi do art. 7º, §2º, da Lei das Eleições [...]". (Ac de 29.8.2017 no RESPE nº 10380, rel. Min. Luiz Fux.)

"Eleições 2016. Demonstrativo de Regularidade de Atos Partidários (DRAP). Coligação formada pela primeira convenção partidária municipal. Constituição de nova comissão provisória que realizou nova convenção partidária em data posterior. Anulação da primeira convenção por essa novel comissão provisória. Impossibilidade. Art. 7º, §2º, da Lei das Eleições. [...] 2. A autonomia partidária, postulado fundamental insculpido no art. 17, §1º, da Lei Fundamental de 1988, manto normativo protetor contra ingerências estatais canhestras em domínios específicos dessas entidades (e.g., estrutura, organização e funcionamento interno), não imuniza os partidos políticos do controle jurisdicional, a ponto de erigir uma barreira intransponível à prerrogativa do Poder Judiciário de imiscuir-se no equacionamento das divergências internas partidárias, uma vez que as disposições regimentais (ou estatutárias) consubstanciam, em tese, autênticas normas jurídicas e, como tais, são dotadas de imperatividade e de caráter vinculante. [...]. 4. Os atos interna corporis dos partidos políticos, quando potencialmente apresentarem riscos ao processo democrático e lesão aos interesses subjetivos envolvidos (suposto ultraje a princípios fundamentais do processo) não são imunes ao controle da Justiça Eleitoral, sob pena de se revelar concepção atávica, inadequada e ultrapassada, em um Estado Democrático de Direito, como o é a República Federativa do Brasil (CRFB/88, art. 1º, caput). [...] 7. As discussões partidárias não podem situar-se em campo que esteja blindado contra a revisão jurisdicional, adstritas tão somente à alçada exclusiva da respectiva grei partidária, porquanto insulamento extremo é capaz de comprometer a própria higidez do processo político-eleitoral, e, no limite, o adequado funcionamento das instituições democráticas. 8. A Justiça Eleitoral possui competência para apreciar as controvérsias internas de partido político, sempre que delas advierem reflexos no processo eleitoral, circunstância que mitiga o postulado fundamental da autonomia partidária, ex vi do art. 17, §1º, da Constituição da República – cânone normativo invocado para censurar intervenções externas nas deliberações da entidade –, o qual cede terreno para maior controle jurisdicional. [...]"
(Ac. de 4.10.2016 no REspe nº 11228, rel. Min. Luiz Fux.)

**TEMA: CONTRIBUIÇÃO DE FILIADO**

"Direito eleitoral. Registro de partido político. Partido da mulher brasileira – PMB. Anotação de alteração estatutária. Deferimento parcial. Hipótese [...] IV. Contribuições partidárias obrigatórias 10. As contribuições partidárias constituem ato de mera liberalidade, de modo que sua cobrança não pode ser imposta ao filiado, especialmente em virtude do exercício de cargo político. Precedentes. [...]"
(Ac. de 4.4.2019 no RPP nº 155473, rel. Min. Luís Roberto Barroso.)

"Prestação de contas. Partido popular socialista diretório nacional. Exercício financeiro de 2013. Irregularidades. Desaprovação. Suspensão de duas cotas do fundo partidário. Determinação de ressarcimento ao erário. Recursos próprios. [...] 12. É cediço que todos os recursos do partido estão condicionados à sua regular identificação a fim de impedir doações de fontes vedadas, nos termos do art. 31 da Lei nº 9.096/95. [...]"
(Ac. de 2.4.2019 na PC nº 30672, rel. Min. Tarcisio Vieira de Carvalho Neto.)

"Recurso especial. Prestação de contas de partido político. Exercício financeiro de 2016. Recebimento de recursos por parte de detentor de mandato eletivo. Vereador. Alcance da vedação constante do inciso ii do art. 31 da lei nº 9.096/1995, na redação anterior à lei nº 13.488/2017. Ampliação de norma restritiva de direito. Impossibilidade. Recurso especial do MPE ao qual se nega provimento.1. A Corte regional reformou sentença e julgou regulares as doações realizadas por parte de vereador a partido político, por entender que tais doações não podem ser consideradas como provenientes de fonte vedada. 2. Os detentores de mandato eletivo não se enquadram na proibição descrita no art. 12, IV, §1º, da Res.-TSE nº 23.464/2015, a qual regulamenta as prestações de contas do exercício de 2016. Isso porque tal vedação somente se refere ao recebimento, por parte dos partidos políticos, de doações e auxílios provenientes de autoridades públicas que exercem cargos de chefia ou direção na administração pública, direta ou indireta.3. Não se faz possível a ampliação do termo 'autoridade pública' para os fins da incidência da vedação constante do inciso II do art. 31 da Lei 9.096/1995, por se tratar de norma restritiva de direito [...]"
(Ac de 21.2.2019 no REspe 1211, rel. Min. Og Fernandes)

"Consulta. Financiamento coletivo. Intermediação. Associação ou sociedade de fato. Resposta negativa à primeira indagação. Prejudicialidade dos demais questionamentos. 1ª Pergunta: 'Considerando o disposto no art. 31 da Lei nº 9096/95, com a redação dada pelo art. 2º da Lei nº 13.488/2017, é legítimo e legalmente possível que pessoas naturais se associem, ou mantenham articulação de interesses comuns, como se constituíssem em sociedade ou associação de fato, para arregimentar recursos financeiros, como se fosse um fundo, destinados a selecionar cidadãos e cidadãs interessados em se candidatar a cargos eletivos?' Resposta: 1. Compete com exclusividade aos partidos políticos escolher candidatos a cargos eletivos, observadas as disposições da legislação eleitoral e partidária, assim como as normas estabelecidas no estatuto da respectiva agremiação. 2. No quadro normativo em vigor, as pessoas jurídicas de qualquer natureza não podem realizar doações para o financiamento de partidos políticos e de candidatos, sendo tal liberalidade permitida apenas se realizada por pessoas naturais. 3. O art. 23 da Lei 9.504/97 elenca os meios admitidos para a captação de recursos para campanhas eleitorais, entre eles as doações efetuadas por intermédio de instituições que promovam técnicas e serviços de financiamento coletivo (crowdfunding), devendo tais entidades ser cadastradas previamente na Justiça Eleitoral e atender, nos termos da lei e da regulamentação expedida pelo Banco Central do Brasil, aos critérios para operar arranjos de pagamento (art. 23, §§4º, IV, a, e 8º, da Lei 9.504/97, com a redação dada pela Lei 13.488/2017). 4. Na regulamentação da matéria para as Eleições de 2018, este Tribunal estabeleceu que o cadastramento prévio das instituições arrecadadoras ocorrerá mediante, entre outros requisitos, o encaminhamento eletrônico de 'cópia dos atos constitutivos em sua versão vigente e atualizada, revestidos das formalidades legais, que devem conter previsão para o exercício da atividade e certidão de pessoa jurídica emitida pela Receita Federal do Brasil' (art. 23, §1º, II, b, da Res.-TSE 23.553). 5. Como se depreende das normas citadas, as instituições que pretendam intermediar a arrecadação de doações eleitorais mediante técnicas e serviços de financiamento coletivo devem ser formalmente constituídas como pessoas jurídicas, o que não ocorre na situação hipotética descrita na presente consulta, em que se cogita de sociedade de fato ou associação de fato, cuja constituição se daria, portanto, de maneira informal.

6. As associações de fato ou as sociedades de fato não podem intermediar a captação de doações eleitorais na modalidade de financiamento coletivo, tendo em vista não terem atos constitutivos revestidos das formalidades legais, sobretudo por não os ter inscrito no registro público competente, não preenchendo, assim, os requisitos para a realização do cadastramento prévio perante a Justiça Eleitoral. 2ª Pergunta: 'A associação ou sociedade de fato a que se refere a primeira consulta poderá, mediante compromisso de defesa de determinadas causas e temas, custear as atividades de pré-campanhas de cidadãs e de cidadãos interessados em se candidatar a cargos eletivos?' Resposta: Prejudicada. 3ª Pergunta: 'E após o pedido de registro de suas candidaturas, as cidadãs e de cidadãos interessados em se candidatar a cargos eletivos, poderão, independe dos Partidos Políticos aos quais estejam filiados, terem suas campanhas eleitorais a cargos eletivos, custeadas pelas doações de articulação, grupo, associação de fato, ou sociedade de fato, formada por pessoas naturais?" Resposta: Prejudicada. Consulta conhecida e respondida quanto ao primeiro questionamento, ficando prejudicadas as demais indagações."
(Ac. de 17.4.2018 na CTA nº 60413774, rel. Min. Admar Gonzaga.)

## TEMA: CRIAÇÃO DE PARTIDO POLÍTICO

### APOIAMENTO MÍNIMO DE ELEITORES

"Consulta. Criação. Partido político. Prazo. Apoiamento de eleitores [...] 2. O prazo de dois anos para comprovação do apoiamento de eleitores não se aplica aos pedidos de criação de partidos protocolados até a data de publicação da Lei nº 13.165/2015 [...] 4. O prazo de dois anos para a comprovação do apoiamento mínimo, requisito indispensável no procedimento de criação de partido político, é contado a partir do registro da agremiação partidária no cartório competente do registro civil das pessoas jurídicas".
(Ac de 11.5.2017, rel. Min. Admar Gonzaga, rel. designado Min. Gilmar Mendes.)

"Registro de partido político (RPP). Não preenchimento dos requisitos legais. Não comprovação de apoiamento mínimo de eleitores (art. 7º, §1º, da Lei nº 9.096/95). Ausência de provas da constituição definitiva de órgão de direção nacional. (art. 19, IV, da Resolução-TSE nº 23.282/2010). Pedido de registro indeferido. 1. Os requisitos constantes da Lei dos Partidos Políticos, e da Resolução-TSE nº 23.282/2010, quando não atendidos, obstam o deferimento de pedido de registro de partido político. 2. As exigências legais para a criação e registro de agremiação partidária devem ser observadas no momento da formalização do pedido, franqueando-se a realização de diligências ao requerente apenas para saneamento de erros meramente formais (Precedente: QR-RPP nº 153-05/DF). 3. In casu, a agremiação postulante não comprovou o apoiamento mínimo de eleitores, previsto no art. 7º, §1º, da Lei nº 9.096/95, nem fez prova da constituição definitiva do órgão de direção nacional, nos termos do art. 19, IV, da Resolução-TSE nº 23.282/2010. 4. Pedido de registro indeferido".
(Ac. de 6.10.2016 no RPP nº 17211, rel. Min. Luiz Fux.)

## LEGITIMIDADE

"O requerente [...] não ofereceu, tempestivamente, impugnação ao pedido de registro do partido, e somente após a inclusão do presente feito na pauta de julgamento é que sobreveio a petição [...], na qual se indica a existência de suspeitas e provas de que teria ocorrido fraude no momento da obtenção e certificação, pelos Cartórios Eleitorais, do apoio dos eleitores à criação do novo partido político. Em suma, o que o requerente indica é a sua disposição de agir como amigo da Corte, para trazer fatos que entende relevantes ao deslinde do pedido de registro de partido político. Entretanto, indefiro o pedido de ingresso na lide, pois: a) houve resistência por parte do requerente sobre o pedido de ingresso; b) a manifestação somente veio aos autos após a inclusão do feito na pauta de julgamento; c) a matéria versada pelo requerente diz respeito às práticas que, segundo ele indica, já estariam sendo investigadas pela Polícia Federal; d) não há prejuízo em relação à análise dos fatos indicados pelo requerente, pois há manifestação expressa da Procuradoria Geral Eleitoral a esse respeito.[...] O impugnante tem legitimidade para se opor ao registro do partido político e apontar eventual ausência de preenchimento dos requisitos constitucionais e legais. Falta-lhe, porém, legitimidade para atacar atos e deliberações interna corporis. [...] Na situação específica de eleitor, penso que não cabe estabelecer óbice à sua impugnação, diante da ausência de regra específica e expressa quanto à limitação à referida legitimidade. O interesse público em discussão, como exposto no início deste voto, tem natureza constitucional e tem reflexo no patrimônio público, cuja defesa não deve ser limitada. [...]" (Ementa não transcrita por não reproduzir a decisão quanto ao tema)
(Ac. de 24.9.2013 no RPP nº 40309, rel. Min. Henrique Neves; red. design. Dias Toffoli.)

## REGISTRO PROVISÓRIO

"Registro de partido político. Partido Democrata Progressista (DEMPRO). [...] Registro provisório. Ausência de fundamento legal. [...] 2. A figura do registro provisório de partido político não encontra fundamento na atual Lei dos Partidos Políticos. [...]"
(Ac. de 20.5.2014 no RPP nº 69591, rel. Min. Laurita Vaz.)

## ESTATUTO PARTIDÁRIO

"Direito eleitoral. Registro de partido político. Partido da mulher brasileira – PMB. Anotação de alteração estatutária. Deferimento parcial. Hipótese [...] III. Duração dos mandatos dos integrantes do conselho gestor nacional 9. O estatuto partidário prevê mandato de 10 anos para os dirigentes do Conselho Gestor Nacional, com possibilidade de reeleição, prazo muito superior aos mandatos estabelecidos pela Constituição Federal para os cargos eletivos. Tal previsão afronta os princípios democrático e republicano, uma vez que restringe o exercício do direito de voto e limita, de forma desproporcional, a alternância de poder. [...]"
(Ac. de 4.4.2019 no RPP nº 155473, rel. Min. Luís Roberto Barroso.)

"Registro de partido político. Estatuto. Alteração. Anotação. Requerimento. Art. 10 da Lei nº 9.096/95. Parte um: Comissões Provisórias. Vigência. Prazo elastecido. Emenda constitucional nº 97/2017. Parágrafo 1º do art. 17 da CF. Nova redação. Autonomia partidária. Caput. Resguardo do regime democrático. Previsão expressa. Interpretação sistemática. Condição subordinante sobre parágrafos. Leitura fragmentada do texto. Impossibilidade. Seara administrativa. Ausência de óbice ao emprego das técnicas de hermenêutica que não resultam em invalidação da norma. Autonomia partidária absoluta. Inexistência. Organização interna. Regime democrático. Dever de sujeição. Doutrina e jurisprudência consagradas. Resolução-tse nº 23.465/2015. Higidez reconhecida. Órgãos provisórios. Validade. 120 (cento e vinte) dias ou prazo razoável diverso. Descumprimento. Reiteração. Parte dois: órgãos partidários provisórios. Substituição, alteração e extinção. Interesse partidário. Peculiaridades políticas e partidárias de cada localidade. Balizas que não eximem o partido de observar, no que aplicável, os direitos fundamentais dos filiados. Horizontalidade. Reconhecimento. Devido processo legal. Incidência no trato com os órgãos de hierarquia inferior (sobretudo provisórios). Precedentes do TSE. Ausência de garantias mínimas no texto ora submetido à anotação. Adequação. Imprescindibilidade. Parte três: ajustes pontuais do texto. Possibilidade. Conclusão: indeferimento. Anotação. Arts. 41 e 42. Deferimento. Anotação. Arts. 14, 38, 39, 40, 43, 59 e 72. Providências.O caso 1. Na espécie, com base na ec nº 97/2017, que deu nova redação ao §1º do art. 17 da CF, o PSD apresentou, para anotação neste tribunal, alteração estatutária aprovada na sua convenção nacional. 2. Na sessão de 19.10.2017, o então relator, Ministro Herman Benjamin, votou pelo deferimento do pedido, tal como formulado, por entender que 'a análise das alterações estatutárias da agremiação revelou que a única irregularidade consistia no prazo indeterminado de vigência das comissões provisórias', óbice que teria sido afastado pela superveniência da ec nº 97, de 4.10.2017, com vigência em 5.10.2017, que deu nova redação ao §1º do artigo 17 da CF, assegurando "aos partidos políticos autonomia para definir sua estrutura interna e estabelecer regras sobre escolha, formação e duração de seus órgãos permanentes e provisórios". Natureza do feito 3. O pedido de anotação de alteração estatutária deflagra a competência administrativa desta corte e, por conseguinte, dá azo a processo no âmbito do qual não se mostra crível a resolução de incidentes de inconstitucionalidade (precedente do tse: RPP nº 153-05/DF, de minha relatoria, DJE de 16.5.2016). 4. Constitui impropriedade a leitura fragmentada e desconectada do texto constitucional, sobretudo de preceito secundário (parágrafo) em relação à sua norma primária (caput), dada a sua condição de subordinação. Nas palavras do eminente Ministro Eros Grau, em judicioso voto, 'não se interpreta a constituição em tiras, aos pedaços. A interpretação do direito é interpretação do direito, não de textos isolados, desprendidos do direito. Não se interpreta textos de direito, isoladamente, mas sim o direito a constituição no seu todo' (STF, ADI nº 3685/DF, DJ de 22.3.2006).5. A natureza administrativa do feito não afasta, portanto, o emprego das técnicas de hermenêutica. Órgão provisório: vigência 6. Não obstante a redação conferida pela EC nº 97/2017 ao §1º do art. 17 da CF, naquilo que assegura a autonomia dos partidos políticos para estabelecer a duração de seus órgãos provisórios, tem-se que a liberdade conferida não é absoluta, dada a previsão expressa do caput no sentido de que as agremiações partidárias devem resguardar o regime democrático. 7. O TSE, alicerçado na sua competência regulamentar, editou a resolução nº 23.465/2015, a qual prevê, em seu artigo 39, que 'as anotações relativas aos órgãos provisórios têm validade de 120 (cento e vinte) dias, salvo se o estatuto partidário estabelecer prazo razoável diverso'.

| |
|---|
| 8. Ao analisar o PA n. 750-72/DF, no qual aprovada essa resolução, esta Corte Superior destacou que 'não há como se conceber que em uma democracia os principais atores da representação popular não sejam, igualmente, democráticos. Este, inclusive, é o comando expresso no art. 17 da Constituição da República que, ao assegurar a autonomia partidária, determina expressamente que sejam 'resguardados a soberania nacional, o regime democrático, o pluripartidarismo e os direitos fundamentais da pessoa humana'" (relator o Min. Henrique Neves).9. Por repousar precisamente no caput do art. 17 da Constituição Federal, a REs.-TSE nº 23.465/2015 mantém sua higidez, não comportando leitura distinta daquela já adotada neste Tribunal Superior. 10. A alteração estatutária proposta, além de não satisfazer anterior determinação desta corte, ofende a regulamentação contida na citada resolução, pois prevê que a vigência do órgão provisório apenas não poderá ultrapassar a data final de validade do diretório definitivo correspondente, sendo, ademais, passível de prorrogação. É o que se extrai dos §§3º e 4º do art. 42 do estatuto, na redação submetida. Órgão provisório: substituição, alteração e extinção requisitos constitucionais 11. No julgamento do ms nº 0601453-16, de relatoria do eminente Ministro Luiz Fux, sessão de 29.9.2016, o Tribunal Superior Eleitoral, ao analisar a legalidade de ato de destituição de comissão provisória pelo órgão central do partido, estabeleceu importante baliza, em tudo aplicável aos estatutos partidários em geral, consubstanciada na vinculação das legendas partidárias aos direitos fundamentais, inclusive em razão da eficácia horizontal desses postulados, com aplicação plena e imediata, havendo que se estabelecer, no trato com os órgãos de hierarquia inferior, roteiros seguros para o exercício do contraditório e da ampla defesa, em homenagem ao princípio do devido processo legal. 12. A redação proposta nos §§1º e 2º do art. 42 do estatuto do partido requerente exprime lacunoso campo interpretativo, ao estabelecer, genericamente, que a substituição, alteração e extinção dos órgãos provisórios atenderá unicamente o interesse partidário, consideradas as peculiaridades políticas e partidárias de cada localidade, sem, contudo, salvaguardar instrumentos democráticos mínimos que materializem a garantia do exercício do contraditório e da ampla defesa (art. 5º, LV, da CF), especialmente quando em curso conflitos internos. 13. De igual forma, a alteração proposta no art. 41 do estatuto, especialmente no inc. III, por fazer remissão à constituição de novas comissões provisórias em decorrência da adoção de decisão sumária de intervenção no órgão provisório anterior. Conclusão 14. Pedido de anotação indeferido no que toca aos arts. 41 e 42 do estatuto, e deferido quanto aos demais, com adoção de providências, nos termos do voto e com encaminhamento de sugestão ao MPE Estatuto partidário e criação de comissão prévia para seleção de candidatos."<br>(Ac de 20.2.2018 no RPP nº 141796, rel. Herman Benjamin, rel. designado Min. Tarcísio Vieira de Carvalho Neto.) |
| "Registro de partido político. Requisitos legais. Apoiamento mínimo do eleitorado brasileiro. Atendimento no ato de formalização do pedido no tse. Imprescindibilidade. Precedentes do tribunal superior eleitoral. *Leading case*: qo-rpp nº 153-05/df (dje de 16.9.2015). Alteração da lei dos partidos políticos (art. 7º, §1º). Inovação da lei nº 13.165/2015. Caráter nacional do partido. Comprovação. Período de dois anos. Res.-tse nº 23.465/2015. Exegese sistemática. Protocolo do pedido nesta corte após a alteração normativa. Reafirmação da jurisprudência deste tribunal superior. Pedido do requerente não conhecido. 1. O Tribunal Superior Eleitoral, ao apreciar a QO-RPP nº 153-05/DF, de minha relatoria, DJe de 16.9.2015, assentou, em votação unânime, que 'os requisitos legais para conhecimento e regular processamento do pedido de registro partidário devem estar preenchidos no momento da formalização da peça, reservando-se eventuais diligências (art. 9º, §3º, da Lei nº 9.096/95) para correção de erros meramente formais, ou seja, de natureza não essencial'. |

Esse posicionamento foi reafirmado pelo TSE nos RPP nos 345-35 e 428-51, ambos da relatoria do Ministro Henrique Neves, julgados nas sessões de 22.9.2015 e 24.9.2015. 2. A inovação trazida pela Lei nº 13.165/2015, naquilo que alterou o art. 7º, §1º, da Lei nº 9.096/95, não afastou o entendimento quanto à imprescindibilidade de que todos os requisitos legais estejam atendidos na data do protocolo nesta Corte. A interpretação desses dispositivos legais há de ser sistemática. 3. A alteração normativa em destaque apenas estabeleceu para o partido uma nova condicionante, qual seja, a de que o apoiamento mínimo do eleitorado brasileiro deverá ser comprovado (e não meramente demonstrado) no prazo máximo de dois anos, estes contados da aquisição da sua personalidade jurídica. Esse prazo veio somente para limitar a validade dessa listagem, sem criar, para a agremiação postulante, qualquer direito subjetivo de complementação da documentação em data posterior à da formalização do pedido na Justiça Eleitoral. 4. In casu, por ser incontroverso que, na data do protocolo do seu pedido, o requerente não preenchia o referido requisito legal, forçoso aplicar – e reafirmar – a jurisprudência do Tribunal Superior Eleitoral. 5. Registro de partido político não conhecido".
(Ac de 5.10.2017 na RPP nº 58354, Rel. Min. Napoleão Nunes Maia Filho.)

**REGISTRO**

"Registro de partido político. Requisitos legais. Apoiamento mínimo do eleitorado brasileiro. Atendimento no ato de formalização do pedido no tse. Imprescindibilidade. Precedentes do tribunal superior eleitoral. Leading case: qo-rpp nº 153-05/df (dje de 16.9.2015). Alteração da lei dos partidos políticos (art. 7º, §1º). Inovação da lei nº 13.165/2015. Caráter nacional do partido. Comprovação. Período de dois anos. Res.-tse nº 23.465/2015. Exegese sistemática. Protocolo do pedido nesta corte após a alteração normativa. Reafirmação da jurisprudência deste tribunal superior. Pedido do requerente não conhecido. 1. O Tribunal Superior Eleitoral, ao apreciar a QO-RPP nº 153-05/DF, de minha relatoria, DJe de 16.9.2015, assentou, em votação unânime, que 'os requisitos legais para conhecimento e regular processamento do pedido de registro partidário devem estar preenchidos no momento da formalização da peça, reservando-se eventuais diligências (art. 9º, §3º, da Lei nº 9.096/95) para correção de erros meramente formais, ou seja, de natureza não essencial'. Esse posicionamento foi reafirmado pelo TSE nos RPP nos 345-35 e 428-51, ambos da relatoria do Ministro Henrique Neves, julgados nas sessões de 22.9.2015 e 24.9.2015. 2. A inovação trazida pela Lei nº 13.165/2015, naquilo que alterou o art. 7º, §1º, da Lei nº 9.096/95, não afastou o entendimento quanto à imprescindibilidade de que todos os requisitos legais estejam atendidos na data do protocolo nesta Corte. A interpretação desses dispositivos legais há de ser sistemática. 3. A alteração normativa em destaque apenas estabeleceu para o partido uma nova condicionante, qual seja, a de que o apoiamento mínimo do eleitorado brasileiro deverá ser comprovado (e não meramente demonstrado) no prazo máximo de dois anos, estes contados da aquisição da sua personalidade jurídica. Esse prazo veio somente para limitar a validade dessa listagem, sem criar, para a agremiação postulante, qualquer direito subjetivo de complementação da documentação em data posterior à da formalização do pedido na Justiça Eleitoral. 4. In casu, por ser incontroverso que, na data do protocolo do seu pedido, o requerente não preenchia o referido requisito legal, forçoso aplicar – e reafirmar – a jurisprudência do Tribunal Superior Eleitoral. 5. Registro de partido político não conhecido".
(Ac de 5.10.2017 na RPP nº 58354, Rel. Min. Napoleão Nunes Maia Filho.)

"Registro de partido político. Partido Social Democrático (PSD). Número 55. Requisitos. Atendimento. [...]" NE.: Trecho do voto do relator: "A Res.-TSE 23.282/2010, ao regulamentar o processo de criação de partido político [...] não inovou no ordenamento jurídico ao estabelecer que a comprovação do aludido apoiamento é instrumentalizada pelas certidões expedidas pelos tribunais regionais eleitorais (art. 19, III), porquanto essas nada mais do que consolidam as certidões individuais dos respectivos cartórios eleitorais. Desta feita, as certidões dos cartórios eleitorais firmadas após a consolidação dos TRE's ou expedidas depois do julgamento do registro regional também devem ser computadas e fazer parte do processo de registro no Tribunal Superior Eleitoral, pois detêm a mesma validade das certidões dos Regionais, sendo que a única diferença reside no fato de não terem integrado a consolidação."
(Ac. de 27.9.2011 no RPP nº 141796, rel. Min. Nancy Andrighi.)

## REGISTRO DE ALTERAÇÃO ESTATUTÁRIA

"Direito eleitoral. Registro de partido político. Partido da mulher brasileira – pmb. Anotação de alteração estatutária. Deferimento parcial. [...] I. Órgãos partidários provisórios: vigência. 6. No caso, as alterações estatutárias que estabelecem vigência de 365 dias ou indeterminada para comissões provisórias não se ajustam ao art. 39 da Res.-TSE no 23.465/2015 nem ao art. 39 da Res.-TSE nº 23.571/2018, atualmente em vigor. Tais dispositivos concretizam o comando do art. 17, caput, da Constituição, impedindo a perpetuação de órgãos partidários provisórios, em afronta ao princípio democrático. II. Órgãos partidários provisórios: extinção. 7. O entendimento deste Tribunal é no sentido de que os partidos políticos estão vinculados, de forma direta e imediata, aos direitos fundamentais, os quais ostentam eficácia horizontal. Por isso, nas hipóteses de alteração, substituição, destituição e/ou extinção de órgãos partidários provisórios, os partidos devem prever instrumentos ou mecanismos que assegurem o exercício do contraditório e da ampla defesa. 8. No caso, as alterações estatutárias do PMB permitem a destituição das comissões provisórias a qualquer tempo pelo órgão executivo superior e a substituição, em qualquer número, dos membros das comissões provisórias. Tais previsões estatutárias violam as garantias do contraditório e da ampla defesa, o que inviabiliza o deferimento da anotação requerida. III. Duração dos mandatos dos integrantes do conselho gestor nacional 9. O estatuto partidário prevê mandato de 10 anos para os dirigentes do Conselho Gestor Nacional, com possibilidade de reeleição, prazo muito superior aos mandatos estabelecidos pela Constituição Federal para os cargos eletivos. Tal previsão afronta os princípios democrático e republicano, uma vez que restringe o exercício do direito de voto e limita, de forma desproporcional, a alternância de poder. IV. Contribuições partidárias obrigatórias 10.As contribuições partidárias constituem ato de mera liberalidade, de modo que sua cobrança não pode ser imposta ao filiado, especialmente em virtude do exercício de cargo político. V. Multa em caso de desfiliação partidária. 11. A exigência de fidelidade partidária não se compatibiliza com a cobrança de multa. A imposição de multa no caso de desfiliação permite ao partido apropriar-se de instituto que tem como objetivo a proteção da democracia para o fim de atender a interesses patrimoniais próprios. VI. Recursos do fundo partidário destinado a programas de participação feminina [...] 13. Apesar de a alteração estatutária estar de acordo com a redação do art. 44, V, da Lei nº 9.096/1995, dada pela Lei nº 13.165/2015, deve ser adequada ao entendimento firmado pelo STF, de modo a prever a reserva, em contas bancárias específicas para este fim, de percentual mínimo de 30% do montante do Fundo Partidário para aplicação nas campanhas de suas candidatas, incluídos nesse valor os recursos a que se refere o inciso V do art. 44 da Lei nº 9.096/1995. VII. Sujeição de pré-candidaturas à deliberação do conselho gestor nacional 14. O estatuto partidário prevê a submissão dos nomes dos filiados que pretendam se candidatar a cargos eletivos à deliberação do Conselho Gestor Nacional.

| O dispositivo permite que um órgão partidário composto por apenas 5 (cinco) membros faça uma seleção prévia dos filiados aptos a serem escolhidos em convenção, sem estabelecer, de forma clara, como se dará essa análise por parte do Conselho Gestor Nacional. Desse modo, o dispositivo viola os princípios democrático e da isonomia, que devem garantir a todos os filiados do partido a possibilidade de acesso à disputa eleitoral. VIII. Infidelidade partidária e perda do mandato de senador. 15. Na ADI nº 5.081, sob a minha relatoria, o STF entendeu que as regras sobre fidelidade partidária e perda do mandato eletivo não se aplicam aos candidatos eleitos pelo sistema majoritário, adotado para a eleição de Presidente, Governador, Prefeito e Senador, em razão de esse sistema possuir lógica e dinâmica diversas do sistema proporcional. Assim, a alteração estatutária que prevê a assinatura de "termo de compromisso de renúncia de mandato", pelo qual reconhece que, no caso de infidelidade partidária, o PMB está autorizado a ingressar junto à Casa Legislativa ou à Justiça para reaver o cargo do mandatário, deve ser adequada para excluir de sua aplicação os filiados eleitos ao cargo de Senador. [...]"<br>(Ac de 4.4.2019, no RPP 155473, rel. Min. Luís Roberto Barroso) |
|---|
| "Requerimento. Partido. Registro de alterações estatutárias. Parecer. Ministério Público Eleitoral. Adequação. Dispositivos. 1. O Partido Social Democrata Cristão (PSDC) requer o registro de alterações promovidas em seu estatuto, aprovadas em reunião do Diretório Nacional ocorrida em 27.6.2017. 2. Parecer da d. Procuradoria-Geral Eleitoral pelo deferimento parcial, excluindo-se, porém, dispositivos que fazem alusão a 'contribuições partidárias obrigatórias, inclusive de parlamentares'. Competência. Justiça eleitoral. Exame. Atos interna corporis. Partidos políticos. Afronta. Constituição federal. Lei 9.096/95. Caso dos autos. Doação obrigatória à grei decorrente do exercício de cargo. Inadmissibilidade. 3. Em que pese a autonomia concedida no art. 17 da CF/88, o partido político, ao elaborar seu estatuto, deve observar as disposições constitucionais e infraconstitucionais que regem a matéria. Precedentes. 4. A Lei 13.488, de 6.10.2017, alterou a redação do art. 31 da Lei 9.096/95 e passou a permitir às legendas o recebimento de contribuições de pessoas físicas exercentes de cargos ou funções demissíveis ad nutum bem como de cargos ou empregos temporários desde que filiadas ao partido beneficiário. 5. Contudo, as doações em apreço, por constituírem ato espontâneo, não podem ser impostas obrigatoriamente aos filiados, sobretudo em razão do exercício de cargo público. Precedentes. 6. No caso, o inciso III dos arts. 71, 73, 74 e 75 do estatuto, ao prever regra de "contribuições partidárias obrigatórias, inclusive de parlamentares", incorreu em afronta ao referido dispositivo da Lei de Partidos Políticos. 7. Por conseguinte, também se impõe a exclusão dos §§1º e 2º do art. 71 do estatuto, que fixam 'Constribuição Partidária Mensal Obrigatória de Filiado Militante'. 8. De outra parte, defere-se a mudança de nome e sigla do Partido Social Democrata Cristão (PSDC) para Democracia Cristã (DC), em observância aos termos preconizados pelo art. 7º, §3º, da Lei 9.096/95, não havendo agremiação registrada nesta Corte com semelhante nomenclatura. Conclusão. Deferimento parcial. 9. Deferimento parcial do pedido da grei, doravante denominada Democracia Cristã (DC), excluindo-se, porém, o inciso III dos arts. 71, 73, 74 e 75 e os §§1º e 2º do art. 71 do estatuto partidário, a fim de que os referidos dispositivos se adequem aos ditames infraconstitucionais, conforme a fundamentação acima".<br>(Ac de 17.5.2018 na PET nº 96, rel. Min. Jorge Mussi.) |

"Registro de partido político. Estatuto. Alteração. Anotação. Requerimento. Art. 10 da lei nº 9.096/95. Parte um: comissões provisórias. Vigência. Prazo elastecido. Emenda constitucional nº 97/2017. Parágrafo 1º do art. 17 da cf. Nova redação. Autonomia partidária. Caput. Resguardo do regime democrático. Previsão expressa. Interpretação sistemática. Condição subordinante sobre parágrafos. Leitura fragmentada do texto. Impossibilidade. Seara administrativa. Ausência de óbice ao emprego das técnicas de hermenêutica que não resultam em invalidação da norma. Autonomia partidária absoluta. Inexistência. Organização interna. Regime democrático. Dever de sujeição. Doutrina e jurisprudência consagradas. Resolução-tse nº 23.465/2015. Higidez reconhecida. Órgãos provisórios. Validade. 120 (cento e vinte) dias ou prazo razoável diverso. Descumprimento. Reiteração. Parte dois: órgãos partidários provisórios. Substituição, alteração e extinção. Interesse partidário. Peculiaridades políticas e partidárias de cada localidade. Balizas que não eximem o partido de observar, no que aplicável, os direitos fundamentais dos filiados. Horizontalidade. Reconhecimento. Devido processo legal. Incidência no trato com os órgãos de hierarquia inferior (sobretudo provisórios). Precedentes do tse. Ausência de garantias mínimas no texto ora submetido à anotação. Adequação. Imprescindibilidade. Parte três: ajustes pontuais do texto. Possibilidade. Conclusão: indeferimento. Anotação. Arts. 41 e 42. Deferimento. Anotação. Arts. 14, 38, 39, 40, 43, 59 e 72. Providências".
(Ac de 20.2.2018 na RPP nº 141796, rel. Min. Herman Benjamin.)

"Petição. Partido Políticos. Art. 42, caput, da Res.-TSE nº 23.465. Pedidos. Revogação ou sustação do dispositivo. Indeferimento. [...] 2. Consoante dispõe o art. 17, III, da Constituição da República, os Partidos Políticos são obrigados a prestar contas à Justiça Eleitoral. 3. A disposição contida no art. 42 da Res.-TSE nº 23.465, ao prever que 'será suspenso o registro ou a anotação do órgão de direção estadual ou municipal que tiver suas contas partidárias julgadas como não prestadas", não é inovadora no âmbito deste Tribunal, pois dispositivo semelhante já constava da Res.-TSE nº 23.432/2014. 4. As hipóteses de desaprovação de contas e de julgamento destas como não prestadas não se confundem. Na primeira, por disposição legal, o registro dos órgãos partidários não pode ser suspenso (Lei nº 9.096/95, arts. 31, §5º, e 37, caput c.c §2º). No entanto, a ausência de prestação de contas é motivo de extinção do partido político (Lei nº 9.096/95, art. 28, III) e implica a suspensão do recebimento das quotas do Fundo Partidário enquanto perdurar a inadimplência e sujeita seus responsáveis às penas da lei (Lei nº 9.096/95, art. 37-A). 5. A situação de inadimplência dos órgãos partidários que não prestam contas à Justiça Eleitoral somente se caracteriza quando as contas são julgadas como não prestadas em processo judicial que se inicia com a intimação dos órgãos partidários e seus responsáveis para suprir a omissão, e, mesmo após a decisão judicial, a agremiação pode requerer a regularização da sua situação de inadimplência, nos termos da Res.-TSE nº 23.464/2015. 6. O art. 42 da Res.-TSE nº 23.465 traz efetividade ao comando constitucional que impõe a obrigação de o órgão partidário prestar contas à Justiça Eleitoral e somente perdura até que a situação seja regularizada. A transitoriedade da inadimplência depende exclusivamente do respeito à obrigação constitucional de prestar contas. [...]"
(Ac. de 31.5.2016 na Inst nº 3, rel. Min. Henrique Neves.)

| EXTINÇÃO |
|---|
| "Representação. Art. 28, III, Lei 9.096/1995. Extinção. Partido da Causa Operária (PCO). Prestação de contas anual. 2005 e 2008. Omissão. Contas julgadas não prestadas. Proporcionalidade. Improcedência. 1. A competência do Tribunal Superior Eleitoral para determinar o cancelamento do registro civil e do estatuto de partido político que não cumpre o dever de prestar contas está prevista no art. 28, caput, da Lei 9.096/95. 2. É inerente às agremiações a prestação de contas à Justiça Eleitoral, preceito constitucional consignado no art. 17, III, da CF/88. O art. 28, III, da Lei 9.096/95 é constitucional, pois apenas reproduz tal preceito e estabelece sanções ao seu descumprimento. 3. No caso, é incontroversa a omissão do PCO em prestar as contas dos exercícios de 2005 e 2008, o que, em tese, pode ensejar o cancelamento do registro civil e do estatuto. 4. No entanto, impõe-se a observância do princípio da proporcionalidade diante do protagonismo dos partidos políticos no cenário democrático, das circunstâncias de cada caso e da cumulação de penalidades impostas à agremiação que deixa de prestar contas à Justiça Eleitoral (suspensão de cotas do Fundo Partidário, responsabilização pessoal dos gestores e o cancelamento do registro e do estatuto). 5. As seguintes circunstâncias ensejam a incidência desse princípio na espécie: a) a posterior constatação, pelo Tribunal de Contas da União, da regular movimentação financeira do exercício de 2005; b) a apresentação a posteriori das contas de 2008, ainda que após o julgamento como não prestadas; c) o valor total recolhido ao erário diante da omissão em 2008 foi de R$ 38.721,43, em muito inferior aos verificados em prestações de contas de outros partidos aprovadas com ressalvas. Possibilidade, contudo, da cassação do registro e do estatuto na hipótese de nova conduta omissiva. 6. Pedido julgado improcedente."<br>(Ac. de 24.9.2015 na Rp nº 425461, rel. Min. João Otávio de Noronha.) |
| "Agravo Regimental no Cancelamento de Registro de Partido Político. Suposta subordinação a entidade ou governo estrangeiro. Art. 28, II, da Lei nº 9.096/95. Ausência de provas robustas e contundentes de submissão do partido a entidade ou governo estrangeiro. [...]"<br>(Ac. de 13.8.2015 no CRPP nº 172797, rel. Min. Luiz Fux.) |
| **FUNDO PARTIDÁRIO** |
| "Agravo regimental. Prestação de contas anual. Exercício financeiro de 2013. Partido Comunista do Brasil (PCDOB). Aprovação com ressalvas. Descumprimento. Limite mínimo. Programa de incentivo à participação feminina [...] 1. No decisum agravado, aprovaram-se com ressalvas as contas do exercício financeiro de 2013 do Diretório Nacional do Partido Comunista do Brasil (PCDOB), determinando-se, porém, recolhimento ao erário de r$ 14.790,00 e aplicação de 2,5% a mais de recursos, no exercício seguinte ao trânsito em julgado, para promover a mulher na política (art. 44, v e §5º, da Lei 9.096/95). 2. O engajamento de despesas com o programa de incentivo à participação feminina deve ser direto, implementado por meio de seminários, cursos, palestras ou quaisquer atos direcionados à doutrinação e educação política da mulher. Precedentes, dentre eles a consulta 0604075-34/DF, de minha relatoria, de 19.4.2018. 3. Remanescem como irregulares a aplicação de recursos (r$ 134.863,81) – eis que despesas administrativas sem demonstrar vínculo com ações efetivas não preenchem o balizamento finalístico contido na norma [...]"<br>(Ac de 30.4.2019 no AgR-PC nº 29458, rel. Min. Jorge Mussi.) |

| "Prestação de contas anual. Exercício financeiro de 2013. Partido Renovador Trabalhista Brasileiro (PRTB). Despesas irregulares. Deficiência. Documentação. Inobservância do percentual de 5% para promoção da mulher na política. Reiteração. Desaprovação. [...] 5. O partido não atendeu ao repasse mínimo de 20% de recursos do Fundo Partidário para a Fundação Jânio Quadros (R$ 57.757,52 de R$ 334.357,52). 6. A legenda descumpriu o percentual mínimo de 5% – art. 44, V, da Lei 9.096/95 – para programas de incentivo à participação feminina na política ao não comprovar gastos de R$ 79.656,80. A norma vem sendo reiteradamente desobedecida pela grei desde o exercício de 2010, circunstância que, por si só, autoriza rejeitar o ajuste contábil (PC 292-88/DF, Rel. Min. Og Fernandes, sessão de 28.3.2019). 7. A aplicação dos princípios da proporcionalidade e da razoabilidade condiciona-se a três requisitos: (i) falhas que não comprometam a higidez do balanço; (ii) percentual irrelevante do montante irregular; e (iii) ausência de má-fé da parte. Precedentes. [...]"<br>(Ac. de 29.4.2019 na PC nº 30320, rel. Min. Jorge Mussi.) |
|---|
| "Prestação de contas. Diretório nacional. Partido pátria livre (PPL). Exercício financeiro de 2013. Aprovação com ressalvas. [...] 3. Pagamento de Juros e Multas. A jurisprudência desta Corte é firme no sentido de que o pagamento de juros e multas não se coaduna com as finalidades preconizadas pelo art. 44 da Lei 9.096/95 para a destinação dos recursos do fundo partidário. 4. Transferência de recursos à Fundação. O Diretório Nacional comprovou a transferência para a Fundação Instituto Cláudio Campos dos 20% alusivos ao Fundo Partidário até a sua efetiva criação sucedida no início do exercício financeiro seguinte. 5. Obrigações trabalhistas e tributárias pendentes de pagamento. A unidade técnica identificou obrigações trabalhistas e/ou tributárias pendentes de pagamento, vinculadas a recursos do Fundo Partidário e também a recursos próprios. Embora o partido tenha apresentado dois extratos de parcelamento, um de débitos previdenciários e outros de demais débitos, infere-se a impossibilidade de correlacionar tais documentos à falha narrada, reputados os respectivos valores e à míngua de explicações detalhadas da agremiação, razão pela qual persiste o vício indicado. Prestação de contas aprovada, com ressalvas, com determinação de devolução de valores ao erário, mediante recursos próprios."<br>(Ac. de 25.4.2019 na PC nº 30927, rel. Min. Admar Gonzaga.) |
| "Prestação de contas de partido político. Exercício financeiro de 2013. Análise de irregularidades e de impropriedades nos termos da Res.-TSE 21.841/2004, conforme determinação do art. 65, §3º, inciso I, da Res.-TSE 23.546/2017. Parecer conclusivo. Juntada de documentos após o prazo de realização de diligências. Preclusão. art. 35, §§8º e 9º, da Res.-TSE 23.546/2017. Irregularidades. Ausência de documentos fiscais de despesas e com prestadores de serviços. Necessidade de demonstração do vínculo dos gastos com o fundo partidário. Interpretação do art. 9º da Res.-TSE 21.841/2004. Contratos de locação. Admissibilidade de renovação automática, por previsão legal ou contratual. Contrato de prestação de serviços. Assinatura apenas do contratado. Atividades relacionadas às finalidades partidárias. Apresentação de relatório de serviços. Manifestos de voo. Possibilidade de aferir a afinidade com a atividade partidária pela descrição do serviço nas notas fiscais. Pagamento de multas e juros de mora com verbas do fundo partidário. Incompatibilidade com o art. 44, inciso I, da Lei nº 9.096/95. Precedentes da corte. Descumprimento do art. 44, inciso V, da Lei nº 9.096/95. Inobservância do repasse mínimo de 5% do valor do fundo partidário para a criação e manutenção de programas de incentivo da participação feminina na política. |

Irregularidades que alcançam 7,63% do total do fundo partidário. Inexistência de má-fé ou prejuízo à atividade de fiscalização exercida pela justiça eleitoral. Incidência dos princípios da proporcionalidade e da razoabilidade. Possibilidade de aprovar as contas, com ressalvas. Imposição da obrigação de devolução de valores ao fundo partidário (art. 34 da Res.-TSE 21.841/2004) e da sanção prevista no art. 44, §5º, da Lei nº 9.096/95, com a redação vigente em 2013. Contas julgadas aprovadas com ressalvas [...] 9. A inobservância da aplicação mínima de 5% das verbas do Fundo Partidário na criação e manutenção de programas de incentivo da participação feminina na política caracteriza o descumprimento do comando normativo inserido no art. 44, inciso V, da Lei nº 9.096/95 e impõe a sanção prevista no §5º do mesmo artigo. 10. O dispêndio das verbas do Fundo Partidário reservadas, segundo o art. 44, inciso V, da Lei nº 9.096/95, para finalidades distintas da prevista na norma acarreta o reconhecimento do uso irregular dos recursos do Fundo Partidário. Precedentes. 11. O conjunto das irregularidades alcança o total de 7,63% do recebido pelo Partido Social Cristão do Fundo Partidário, inexistindo indícios de má-fé ou mesmo óbices ao exercício da função de fiscalização das contas pela Justiça Eleitoral. Nesse cenário, é possível a aprovação das contas com ressalvas por meio da aplicação dos princípios da proporcionalidade e da razoabilidade. 12. Prestação de contas do Partido Social Cristão (PSC) – Nacional, referente ao exercício financeiro de 2013, aprovada com ressalvas, impondo-se a obrigação de o partido político devolver ao Erário a quantia de R$ 266.956,61 (duzentos e sessenta e seis mil e novecentos e cinquenta e seis reais e sessenta e um centavos) e aplicando-se a sanção prevista no art. 44, §5º, da Lei dos Partidos Políticos."
(Ac. de 11.4.2019 na PC nº 31279, rel. Min. Edson Fachin)

"Direito eleitoral. Prestação de contas. Exercício financeiro de 2013. Diretório nacional. Partido dos trabalhadores (PT). Desaprovação. [...] Não comprovação da aplicação mínima do fundo partidário em programas de incentivo à participação feminina na política 13. A agremiação, para determinação da base de cálculo sobre a qual incidiria a aplicação mínima de 5% dos recursos do Fundo Partidário em programas de incentivo à participação política feminina, excluiu do montante dos recursos recebidos do Fundo Partidário (i) R$ 12.096.842,33 destinados à Fundação Perseu Abramo e (ii) R$ 13.270.342,12 referente aos valores destinados aos diretórios estaduais. Dessa forma, o cálculo da aplicação mínima de 5% não incidiu sobre a totalidade dos recursos recebidos do Fundo Partidário, mas sobre aquilo que a agremiação denominou "quota líquida". 14.O procedimento adotado pelo partido viola o disposto no art. 44, V, da Lei nº 9.096/1995, cuja literalidade é no sentido de que a aplicação mínima de 5% deve ser calculada sobre o total de recursos recebidos do Fundo Partidário. Não há, portanto, respaldo normativo para a adoção de uma base de cálculo diversa. Precedente. 15. A ausência de comprovação de que a agremiação aplicou o percentual mínimo de 5% dos recursos do Fundo Partidário em programas de difusão e promoção da participação das mulheres na política enseja a aplicação, no exercício seguinte, do valor não aplicado, atualizado monetariamente, com o acréscimo da penalidade de 2,5% do Fundo Partidário. [...]"
(Ac de 11.4.2019 na PC 28159, rel. Min. Luís Roberto Barroso)

"Prestação de contas de partido político. Partido Trabalhista Cristão (PTC) – Diretório Nacional. Exercício financeiro de 2013. Irregularidades que totalizam R$ 160.295,04, valor equivalente a 6,08% do montante recebido do fundo partidário. Ausência de falha grave. Aprovação das contas com ressalvas. Aplicação dos princípios da razoabilidade e da proporcionalidade. Precedente. [...] 11. Aplicação insuficiente de recursos do Fundo Partidário no programa de incentivo à participação política da mulher no exercício de 2013. 11.1. O PTC recebeu, no exercício de 2013, R$ 2.633.215,47 do Fundo Partidário e, portanto, deveria ter aplicado, no mínimo, 5% desse valor para promover a participação das mulheres na política, o que equivale a R$ 131.660,77. 11.2. No caso, foi comprovada a aplicação efetiva, no programa de incentivo à participação política da mulher, d R$ 45.613,24, o que corresponde ao percentual de 1,73% do total dos recursos recebidos. O partido deixou, portanto, de aplicar 3,27%. 12. Conclusão 12.1. A jurisprudência deste Tribunal Superior entende que a irregularidade no incentivo à participação feminina na política deve ser somada com as demais irregularidades referentes ao Fundo Partidário, de forma que se possa chegar ao percentual tido por irregular. 12.2. Os recursos oriundos do Fundo Partidário aplicados irregularmente somam R$ 160.295,04 – incluindo o percentual não aplicado no programa de incentivo à participação feminina na política –, valor equivalente a 6,08% do montante recebido pelo partido político no exercício de 2013. 12.3. Aprovação das contas com ressalvas. Ausência de falha grave. No caso, o percentual da aplicação irregular de recursos recebidos do Fundo Partidário não foi significativo, o que permite aplicar os princípios da proporcionalidade e da razoabilidade, na linha da orientação desta Corte. 13. Determinação 13.1. Devolução ao erário do valor de R$ 74.247,51, devidamente atualizado, a ser pago com recursos próprios. 13.2. Aplicação, no exercício seguinte ao trânsito em julgado desta decisão, do percentual restante de 3,27% do valor recebido do Fundo Partidário, ao qual está obrigado, referente ao exercício de 2013, devidamente atualizado, na criação e manutenção de programas de promoção e difusão da participação política das mulheres, salvo se em exercícios posteriores já o tiver feito, acrescidos 2,5% do valor recebido do Fundo Partidário, relativos a essa destinação no exercício de 2013, corrigidos monetariamente."
(Ac. de 11.4.2019 na PC nº 28074, rel. Min. Og Fernandes.)

"Direito eleitoral. Registro de partido político. Partido da mulher brasileira – pmb. Anotação de alteração estatutária. Deferimento parcial. Hipótese [...] VI. Recursos do fundo partidário destinado a programas de participação feminina 12. O Supremo Tribunal Federal, na ADI nº 5.617, sob a relatoria do Min. Edson Fachin, conferiu interpretação conforme a Constituição ao art. 9º da Lei nº 13.165/2015, para equiparar o percentual de candidaturas femininas ao mínimo de recursos do Fundo Partidário a lhes serem destinados, respeitando-se o patamar mínimo de 30%, previsto no art. 10, §3º, da Lei nº 9.504/1997. 13. Apesar de a alteração estatutária estar de acordo com a redação do art. 44, V, da Lei nº 9.096/1995, dada pela Lei nº 13.165/2015, deve ser adequada ao entendimento firmado pelo STF, de modo a prever a reserva, em contas bancárias específicas para este fim, de percentual mínimo de 30% do montante do Fundo Partidário para aplicação nas campanhas de suas candidatas, incluídos nesse valor os recursos a que se refere o inciso V do art. 44 da Lei nº 9.096/1995. [...]"
(Ac. de 4.4.2019 no RPP nº 155473, rel. Min. Luís Roberto Barroso.)

"Direito eleitoral. Prestação de contas. Exercício financeiro de 2013. Diretório nacional. Solidariedade (SD). Aprovação com ressalvas. [...] I. Irregularidades analisadas irregularidades na aplicação dos recursos do fundo partidário [...] b) Despesas não comprovadas 5. Consideram-se não comprovadas as despesas cujos documentos fiscais ou recibos, em razão dos termos genéricos em que redigidos, não permitem identificar a que se refere especificamente o pagamento realizado, bem como sua vinculação a atividades partidárias. O art. 9º da Res.-TSE nº 21.841/2004, aplicável ao exercício financeiro de 2013, exige que os documentos fiscais discriminem os serviços prestados ou os produtos adquiridos. [...] c) Pagamento de juros e multa com recursos do Fundo Partidário. 7. A jurisprudência desta Corte pacificou que juros, multas e encargos não são despesas autorizadas pelo art. 44 da Lei nº 9.096/1995, razão pela qual não podem ser pagos com recursos do Fundo Partidário. Precedentes. [...] Não comprovação da aplicação mínima do fundo partidário em programas de incentivo à participação feminina na política 13. Ocorre que o comando legal exige a aplicação dos recursos na criação ou na manutenção de programas relacionados a essa importante política afirmativa. Assim, assiste razão à área técnica, ao afirmar que a simples reserva de valores não é suficiente para se considerar cumprida a obrigação legal. Nessa situação, em que nem mesmo no exercício seguinte se demonstra ter havido a aplicação devida dos recursos, a irregularidade deve ser mantida, sendo desnecessário indagar se houve ou não tempo hábil em 2013 para sua adequada destinação.14. A ausência de comprovação de que a agremiação aplicou o percentual mínimo de 5% dos recursos recebidos do Fundo Partidário em programas de difusão e promoção da participação das mulheres na política enseja a aplicação, no exercício seguinte, do valor não aplicado, atualizado monetariamente, com o acréscimo da penalidade de 2,5% do Fundo Partidário. [..]"
(Ac de 2.4.2019, na PC 31364, rel. Min. Luís Roberto Barroso)

"Prestação de contas. Partido Popular Socialista Diretório Nacional. Exercício financeiro de 2013. Irregularidades. Desaprovação. Suspensão de duas cotas do fundo partidário. Determinação de ressarcimento ao erário. Recursos próprios. [...] Outras irregularidades apontadas na aplicação de recursos do Fundo Partidário, não sujeitas a ressarcimento ao Erário 13. A não comprovação do percentual mínimo das verbas do Fundo Partidário na participação feminina na política, em descumprimento ao art. 44, V, da Lei nº 9.096/95, enseja a sanção de acréscimo de 2,5% do Fundo ao valor não aplicado, corrigido monetariamente, o que deverá ocorrer no exercício seguinte ao do julgamento das contas, sem prejuízo do valor a ser destinado a esse fim no ano respectivo. A irregularidade no incentivo à participação feminina na política deve ser agrupada com as demais irregularidades referentes ao Fundo Partidário de forma que se possa identificar o percentual tido por irregular. [...]"
(Ac. de 2.4.2019 na PC nº 30672, rel. Min. Tarcisio Vieira de Carvalho Neto.)

"Prestação de contas de partido político. Partido Verde (PV) – Diretório Nacional. Exercício financeiro de 2013. Irregularidades que totalizam R$ 635.956,67, valor equivalente a 5,12% do montante recebido do fundo partidário. Descumprimento do art. 44, V, da Lei nº 9.096/1995. Aprovação das contas com ressalvas. Aplicação dos princípios da razoabilidade e da proporcionalidade. Precedente. 1. É vedado repassar recurso do Fundo Partidário a diretório de partido impedido de recebê-lo em virtude de desaprovação de contas. Assim, é irregular o repasse realizado, em 9.7.2013, pelo órgão nacional ao Diretório Estadual de Alagoas, o qual estava impedido de recebê-lo, devido à publicação de acórdão, em 25.6.2013, que desaprovou suas contas relativas ao exercício financeiro de 1998.

| |
|---|
| Precedente. [...] 2.3. Conforme a previsão contida no art. 44, 1, da Lei nº 9.096/1995, é permitida a utilização de verbas do Fundo Partidário para o pagamento de gastos relativos à manutenção das sedes e serviços do partido. Contudo, ao responder a Cta nº 529-88/DF, de 10.2.2019, cuja redatora para o acórdão foi a Ministra Rosa Weber, o TSE restringiu o uso de recursos públicos com gastos dessa natureza apenas àqueles caracterizados como benfeitorias necessárias, nos termos do art. 96, §30, do Código Civil, com vistas a evitar a deterioração do imóvel e impossibilitar o seu uso. No caso dos autos, além de apresentar documento com a descrição genérica do serviço relativo à reforma do telhado de sua sede, o partido não trouxe elementos capazes de assegurar que o gasto realizado se constituiu em benfeitoria necessária. [...] 4.Pagamento de IPVA de dois veículos com recursos do Fundo Partidário. Esta Corte Superior já pacificou o entendimento de que o valor indevidamente pago a título de IPVA de veículo pertencente a agremiação deve ser devolvido ao erário, sem prejuízo da obtenção do posterior ressarcimento da importância pelo diretório nacional. [...]"<br>(Ac de 28.3.2019 no PC 31704,rel. Min. Og Fernandes) |
| "Prestação de contas. Partido social democrático. Diretório nacional. Exercício de 2013. Reiteração no descumprimento da destinação de recursos do fundo partidário à participação feminina na política. Desaprovação. Sanções de acréscimo de 2,5% no gasto com o incentivo à participação da mulher na política e suspensão da cota do fundo partidário por um mês. Sanção mínima. Razoabilidade e proporcionalidade. 1. A não comprovação da destinação do percentual mínimo de 5% do Fundo Partidário à participação feminina na política, em descumprimento ao art. 44, V, da Lei nº 9.096/95, enseja a sanção de acréscimo de 2,5% do Fundo Partidário referente a essa destinação no respectivo exercício, ao valor não aplicado, corrigido monetariamente, devendo essa implementação ocorrer no exercício seguinte ao do julgamento das contas, para garantir a efetiva aplicação da norma, sem prejuízo do valor a ser destinado a esse fim no ano respectivo. Precedentes. 2. Conforme jurisprudência deste Tribunal Superior, a irregularidade no incentivo à participação feminina na política deve ser agrupada com as demais irregularidades referentes ao Fundo Partidário, de forma que se possa chegar ao percentual tido por irregular. 3. Na espécie, a reiterada omissão na aplicação de recursos destinados à participação feminina na política consubstancia irregularidade que enseja a desaprovação das contas. Referida tese fora fixada por esta Corte no julgamento das contas partidárias do exercício financeiro de 2012, nas PCs nº 228-15 e 238-59, de relatoria da Ministra Rosa Weber, em 26.4.2018. 4. Contas desaprovadas, devendo o PSD acrescer 2,5% do Fundo Partidário referente a essa destinação no exercício de 2013, ao valor de R$1.081.861,25 (um milhão, oitenta e um mil, oitocentos e sessenta e um reais e vinte e cinco centavos), corrigidos monetariamente para a específica promoção da participação política das mulheres, devendo tal implementação ocorrer no exercício seguinte ao do julgamento dessas contas, a fim de se garantir a efetiva aplicação da norma, sem prejuízo do valor a ser destinado a esse fim no ano respectivo, oportunidade em que deverão ser verificados os depósitos constantes dos autos e o emprego prático do referido valor. 5. Diante do descumprimento reiterado da norma e observada a aplicação da sanção de forma proporcional e razoável, determino a suspensão do repasse de uma única cota do Fundo Partidário – patamar mínimo, conforme dispõe o art. 37, §3º, da Lei nº 9.096/95 – a ser cumprida de forma parcelada, em 2 (duas) vezes, com valores iguais e consecutivamente, à luz dos princípios da proporcionalidade e da razoabilidade. Precedentes."<br>(Ac de 1.2.2019 na PC nº 28329, rel. Min. Tarcisio Vieira de Carvalho Neto.) |

"Consulta. Partidos políticos. Sede. Empréstimos bancários ou consórcios para aquisição de imóveis. Utilização de recursos do fundo partidário. Utilização de recursos próprios. Reforma de imóveis locados. 1. Os recursos do Fundo Partidário não podem ser utilizados para a liquidação de empréstimos ou consórcios bancários contratados para a aquisição de imóvel. Ausência de previsão legal – art. 44 da Lei nº 9.096/95 – alterada pela Lei nº 13.165/2015 – e Resolução-TSE nº 23.464/2015, art. 17, §1º. Na aquisição por consórcio ou empréstimo bancário, via de regra, o próprio imóvel garante a dívida no caso de inadimplemento, o que pode gerar dano ao Erário, caso o contrato não preveja, em caso de desistência, a devolução de todo o valor já pago. 2. A novel resolução que disciplinou a prestação de contas anual dos partidos políticos regulou a contratação de empréstimos pelas agremiações, permitindo sua celebração desde que ocorra com instituições financeiras reguladas pelo Banco Central do Brasil e que o partido identifique a origem dos recursos utilizados na quitação. A aquisição de imóveis para servir de sede às atividades partidárias por via de empréstimos, desde que liquidados com recursos próprios e que obedeça aos ditames do art. 5º, inciso V, alínea d, e §2º, da Res.-TSE nº 23.464/2015, não encontra óbice na legislação. 3. As execuções de obras nos imóveis locados que servem de sede partidária só poderão ser pagas com recursos do Fundo Partidário se forem estritamente necessárias à conservação do bem ou para evitar a deterioração deste, nos termos do art. 96, §3º, do Código Civil. 4. Consulta respondida negativamente à primeira indagação, positivamente à segunda e, quanto à terceira, positivamente, desde que as obras realizadas no imóvel locado como sede partidária sejam estritamente necessárias, nos termos do art. 96 do Código Civil."
(Ac. de 1º.2.2019 na CTA nº 52988, rel. Min. Maria Thereza de Assis Moura, rel. designada Min. Rosa Weber.)

## TEMA: FUSÃO OU INCORPORAÇÃO DE PARTIDOS POLÍTICOS

"Petição. Partido político. Patriota. Partido republicano progressista (PRP). Incorporação. Deferimento. Alterações estatutárias. Aquiescência da legenda com as glosas do ministério público. Deferimento parcial. 1. O patriota requereu o registro da incorporação do Partido Republicano Progressista (PRP) à sua legenda, além de anotação das alterações estatutárias correspondentes. 2. Impõe-se deferir a incorporação, na linha do parecer ministerial e da documentação trazida (Lei 9.096/95 e Res.-TSE 23.751/2018). 3. O partido incorporador faz jus aos votos do incorporado na última eleição para Câmara dos Deputados, com repercussão sobre as verbas do Fundo Partidário (art. 29, §7º, da Lei 9.096/95). Entretanto, incabível declarar nesta oportunidade o cumprimento ou não da cláusula de barreira pela legenda, o que será verificado quando do repasse dos recursos pela Justiça Eleitoral. 4. No tocante às alterações estatutárias, o Ministério Público opinou por se deferir a designação do partido apenas pelo nome (sem a respectiva sigla) e por se readequarem os arts. 60, VII, b; 61, §1º; 62, caput e §2º; 73, §3º; 74 e 87. Todavia, a posteriori, a própria legenda aquiesceu com a supressão de tais dispositivos, não mais subsistindo controvérsia no particular. 5. Incorporação deferida. Alterações estatutárias parcialmente deferidas, excluindo-se os mencionados artigos."
(Ac. de 28.3.2019 na PET nº 60195314, rel. Min. Jorge Mussi.)

"Partidos – fusão – parlamentares – migração – alcance. O fenômeno da fusão não abre a parlamentares de partidos que não a integraram a oportunidade de migrarem".
(Ac. de 29.4.2014 no Cta nº 18226, rel. Min. Dias Toffoli, red. designado Min. Marco Aurélio.)

"[...] Ação de perda de cargo eletivo por desfiliação partidária. Justa causa. Fusão. Configuração. Caráter excepcional. Boa-fé. Proteção da confiança. Não provimento. 1. No caso, a fusão partidária entre o PPS e o PMN não chegou a se consumar. Entretanto, em caráter excepcional, a justa causa de que trata o art. 1º, §1º, I, da Res.-TSE 22.610/2007 deve ser reconhecida. Primeiro, porque a referida fusão foi amplamente divulgada nos veículos de comunicação, inclusive no site do próprio PPS, deixando transparecer o caráter irreversível dessa medida. Segundo, porque até mesmo o estatuto da nova legenda resultante dessa fusão foi publicado no Diário Oficial da União. Terceiro, porque o próprio PPS chegou a divulgar a abertura de prazo para mudança partidária daqueles filiados insatisfeitos com a fusão. 2. Diante dessas circunstâncias, a desfiliação partidária em exame encontra justificativa no princípio da proteção à confiança, sobretudo porque o comportamento posterior do PPS, ao desistir da fusão partidária de forma contraditória com a posição anteriormente assumida, não pode lesar a expectativa legitimamente criada para o recorrido. Precedentes do Superior Tribunal de Justiça [...]"
(Ac. de 18.9.2014 no AgR-REspe nº 12454, rel. Min. João Otávio de Noronha.)

"[...]. 1. Conforme o disposto no art. 7º, §2º, e no art. 29, §7º, da Lei nº 9.096/95, o partido político só passa a ter acesso à cota do fundo partidário, referente ao partido incorporado, após a averbação da incorporação pelo TSE, atendidos os requisitos legais e regulamentares. [...]." NE: Apesar da ementa retromencionada, o Tribunal, por unanimidade, entendeu que o partido incorporador recebe o bônus e o ônus do partido incorporado, fazendo jus às cotas do fundo partidário anteriores à averbação do registro no TSE.
(Res. nº 22.592, de 25.9.2007, rel. Min. José Delgado.)

"[...] Partido político. Incorporação do PAN ao PTB. Cumprimento das formalidades legais. [...] 2. O acórdão recorrido está fundamentado no preenchimento dos requisitos legais para averbação de incorporação de partido, não carecendo de vício ensejador de sua revisão. 3. A insurgência dos representantes do PAN contra a validade das convenções partidárias é questão interna corporis a ser dirimida pela Justiça Comum, como bem ressaltado pelo Ministério Público Eleitoral. Cabe somente a ela conhecer das irresignações, para decidir sobre a validade ou não dos atos praticados por filiados partidários no momento e na via adequados. 4. O inconformismo busca apenas reiterar os argumentos expendidos em manifestações anteriores do PAN, devidamente rechaçados no acórdão atacado. [...]"
(Res. nº 22.531, de 10.4.2007, rel. Min. José Delgado.)

## TEMA: MOVIMENTAÇÃO FINANCEIRA

### MOVIMENTAÇÃO FINANCEIRA – CONTA BANCÁRIA

"Prestação de contas de partido político. PSDC diretório nacional. Exercício financeiro de 2013. Irregularidades que totalizam R$ 30.746,11, valor equivalente a 2,44% do montante recebido do fundo partidário. Ausência de repasse de recursos do fundo partidário aos demais diretórios. Reiteração. Falha grave. Desaprovação das contas. 1. Recebimento de recurso de origem não identificada (RONI) O recebimento de RONI impossibilita o controle efetivo da Justiça Eleitoral sobre a origem do valor que transitou na conta da agremiação, impedindo que a movimentação financeira do partido seja aferida em sua completude. [...]"
(Ac. de 11.4.2019 na PC nº 30065, rel. Min. Og Fernandes.)

| |
|---|
| "Eleições 2016. Agravo interno em recurso especial. Prestação de contas de campanha. Diretório municipal. Partido socialista brasileiro. Contas desaprovadas pelas instâncias ordinárias. Ausência de apresentação dos extratos bancários relativos a todo o período de campanha. Falha insanável. Inaplicabilidade dos princípios da razoabilidade e da proporcionalidade. Acórdão regional em consonância com o entendimento jurisprudencial desta corte. Agravo regimental desprovido. 1. A Corte a quo manteve a decisão do Juízo Eleitoral que desaprovou as contas de campanha do diretório municipal do PSB relativas ao pleito de 2016, por entender que a ausência de apresentação dos extratos bancários, exigidos pelo art. 48, II, a, da Res.-TSE nº 23.463/2015, reflete clara afronta à legislação pertinente e constitui mácula capaz de comprometer a confiabilidade do exame das contas. Concluiu, ainda, pela impossibilidade de aplicação dos princípios da razoabilidade e da proporcionalidade, ante a gravidade das circunstâncias do caso. 2. A decisão agravada negou seguimento ao recurso especial e manteve os fundamentos consignados no acórdão regional, porquanto em consonância com o entendimento reiterado desta Corte quanto à matéria, na linha de que a falta dos extratos bancários relativos a todo o período de campanha compromete a regularidade de contas e constitui falha de natureza grave a ensejar sua desaprovação, sendo irrelevante o esclarecimento sobre a ausência de movimento financeiro no período em análise[...]"<br>(Ac de 26.2.2019 no AgR-REspe 55208, rel. Min. Og Fernandes) |
| "Agravo regimental. Recurso especial. Prestação contas. Eleições 2014. Res.-TSE 23.406/2014. Omissões. Despesas. Extratos bancários. Ausência. Irregularidades graves. Desaprovação. Desprovimento. 1. No caso, o TRE/GO reprovou as contas do recorrente relativas ao pleito de 2014, determinando suspensão de cotas do Fundo Partidário por dois meses. 2. Omissões de despesas verificadas mediante circularização de dados da Justiça Eleitoral constituem falhas graves e aptas a gerar a respectiva desaprovação. [...] 4. Nos termos dos arts. 12 e 13 da Res.-TSE 23.406/2014, o partido deve abrir duas contas bancárias, uma específica para doações para campanha e outra distinta para o recebimento e manuseio de recursos do Fundo Partidário. 5. Na hipótese, além dessas, havia duas outras e, com relação a uma delas, a agremiação nem sequer encaminhou os extratos bancários físicos para viabilizar o controle por esta Justiça, sob o argumento de que inexistiu movimentação financeira decorrente de sobras de campanha. 6. Todavia, tais extratos eram essenciais, sobretudo para que se verificasse inexistência de doações por fontes vedadas ou de origem não identificada. 7. Não se pode admitir que nenhuma conta bancária aberta em nome de partidos políticos fique à margem do conhecimento da Justiça Eleitoral, sob pena de o exame do fluxo contábil restar incompleto. [...]"<br>(Ac de 12.2.2019 no AgR-REspe 282046, rel. Min. Jorge Mussi) |
| "Agravo regimental. Recurso especial. Eleições 2016. Prestação de contas. Campanha eleitoral. Partido político. Desaprovação. 1. O acórdão regional está em consonância com a jurisprudência desta Corte, no sentido de que constitui irregularidade grave, que enseja a desaprovação das contas, a não apresentação dos extratos bancários relativos à campanha eleitoral, ainda que não haja movimentação financeira no período. Precedentes. 2. É inviável a aplicação dos princípios da razoabilidade e proporcionalidade ao caso dos autos, visto que o Tribunal de origem assentou se tratar de irregularidade de caráter omissivo, consistente na ausência de apresentação dos extratos da movimentação bancária de todo o período da campanha, o que comprometeu a confiabilidade de prestação de contas. 3. São 'inaplicáveis os princípios da proporcionalidade e da razoabilidade quando as irregularidades são graves a ponto de inviabilizar o efetivo controle das contas pela Justiça Eleitoral, assim como quando não constarem do acórdão regional elementos que permitam aferir o quanto representam em relação ao total de recursos movimentados na campanha. [...]".<br>(Ac de 5.2.2019 no AgR-REspe 59457, rel. Min. Admar Gonzaga) |

## MOVIMENTAÇÃO FINANCEIRA – DESPESAS

"Prestação de contas de partido político. Partido trabalhista cristão (PTC) – diretório nacional. Exercício financeiro de 2013. Irregularidades que totalizam R$ 160.295,04, valor equivalente a 6,08% do montante recebido do fundo partidário. Ausência de falha grave. Aprovação das contas com ressalvas. Aplicação dos princípios da razoabilidade e da proporcionalidade. Precedente. 1. Pagamentos de despesas sem comprovação de que foram realizadas em prol do programa de incentivo à participação feminina na política. O fato de a Asepa não poder atestar que o gasto foi realizado em prol do programa previsto no art. 44, V, da Lei nº 9.096/1995, não significa que não foi comprovado ou que não tenha vinculação com a atividade partidária. No caso, a comprovação da despesa pelo partido atendeu ao comando previsto nos arts. 9º da Res.-TSE nº 21.841/2004 e 44 da Lei nº 9.096/1995, de modo que não há como se exigir a devolução ao erário de valor regular. [...] 6. Ausência de comprovantes para justificar a saída de recursos da conta bancária destinada ao Fundo Partidário. O partido comprovou que os recursos que saíram da sua conta bancária correspondem ao repasse a diretórios regionais e à constituição de fundo de caixa para pagamentos de pequenas despesas, as quais são vinculadas à atividade do partido, conforme demonstram os documentos. 7. Pagamento de multas e de taxas de cancelamento de passagens aéreas. A jurisprudência desta Corte pacificou o entendimento de que multas e taxas de cancelamentos de reservas não são despesas autorizadas pelo art. 44 da Lei nº 9.096/1995, razão pela qual não podem ser pagas com recursos do Fundo Partidário. 8. Saída de recursos do Fundo Partidário sem a devida comprovação. É insuficiente a apresentação exclusiva de recibo para comprovar a regularidade da despesa de serviços com produção de vídeo prestados por pessoa jurídica, notadamente quando possuírem inscrição no CNPJ, a exigir, portanto, a emissão de documento que possibilite maior controle fiscal, nos termos do art. 9º, II, da Res.-TSE nº 21.841/2004. Precedente. 9. Despesa com serviços de hospedagem. É suficiente para comprovar a despesa com hospedagem a apresentação de faturas emitidas por agência de viagem, em que há detalhamento do hóspede e da data da hospedagem. 10. Despesas cartorárias. O recibo apresentado pela agremiação não é suficiente para comprovar as despesas cartorárias, pois foram emitidas por um cartório diferente do que autenticou a documentação necessária à prestação de contas. [...]"
(Ac. de 11.4.2019 na PC nº 28074, rel. Min. Og Fernandes.)

---

"Prestação de contas de partido político. Exercício financeiro de 2013. Análise de irregularidades e de impropriedades nos termos da Res. 21.841/2004-TSE, conforme determinação do art. 65, §3º, inciso I, da Res. 23.546/2017-TSE. Parecer conclusivo. Irregularidades. Ausência de documentos fiscais de despesas com prestadores de serviços. Funcionários contratados sob o regime da CLT. Recolhimento de FGTS e Previdência Social. Documentação apta para regularizar parcela da despesa. Demonstração de vinculação de gastos com a finalidade eleitoral. Possibilidade de aferição da natureza e descrição do serviço em documentos fiscais. Incompatibilidade desses gastos com o fundo partidário sem vínculo com as atividades do partido. Interpretação do art. 9º da res.-TSE 21.841/2004. [...] 2. A comprovação da regularidade das despesas realizadas com o Fundo Partidário incumbe ao partido político, conforme previsão do art. 9º da Res. 21.841/2004. No caso das despesas com funcionários contratados sob o regime da CLT, a ausência de recibos de pagamento pode ser suprida pela apresentação de Guias de Recolhimento de FGTS e de Informações à Previdência Social – GEFIP, porque documentos legalmente aptos a demonstrarem a existência de relação empregatícia.

| 3. A interpretação feita por esta Corte Superior do art. 9º da Res. 21.841/2004 impõe que haja vinculação das despesas realizadas com verbas do Fundo Partidário com as atividades do partido, sendo possível essa aferição nos documentos fiscais dos gastos por meio da descrição e natureza dos serviços. Sem que haja essa identificação, a despesa é entendida como irregular e obriga a devolução dos valores ao Fundo Partidário, conforme determinação do art. 34 da Res. 21.841/2004. [...]"<br>(Ac. de 11.4.2019 na PC nº 28681, rel. Min. Edson Fachin.) |
|---|
| "Prestação de contas de partido político. Exercício financeiro de 2013. Análise de irregularidades e de impropriedades nos termos da Res.-TSE 21.841/2004, conforme determinação do art. 65, §3º, inciso I, da Res.-TSE 23.546/2017. Parecer conclusivo. Juntada de documentos após o prazo de realização de diligências. Preclusão. Art. 35, §§8º e 9º, da Res.-TSE 23.546/2017. Irregularidades. Ausência de documentos fiscais de despesas e com prestadores de serviços. Necessidade de demonstração do vínculo dos gastos com o fundo partidário. Interpretação do art. 9º da res.-tse 21.841/2004. Contratos de locação. Admissibilidade de renovação automática, por previsão legal ou contratual. Contrato de prestação de serviços. Assinatura apenas do contratado. Atividades relacionadas às finalidades partidárias. Apresentação de relatório de serviços. Manifestos de voo. Possibilidade de aferir a afinidade com a atividade partidária pela descrição do serviço nas notas fiscais. [...] 3. A comprovação da regularidade das despesas realizadas com o Fundo Partidário incumbe ao partido político, conforme previsão do art. 9º da Res. 21.841/2004. A ausência de documentos aptos a essa função acarreta o reconhecimento de irregularidade nas contas. 4. A interpretação feita por esta Corte Superior do art. 9º da Res. 21.841/2004 impõe que haja demonstração das despesas realizadas com verbas do Fundo Partidário com as atividades do partido, sendo possível essa aferição nos documentos fiscais dos gastos por meio da descrição e natureza dos serviços. Sem que haja essa identificação, a despesa é entendida como irregular e obriga a devolução dos valores ao Fundo Partidário, conforme determinação do art. 34 da Res. 21.841/2004. 5. As hipóteses de prorrogação de contratos de aluguel previstas no próprio contrato ou, ainda, no art. 56, parágrafo único, da Lei nº 8.245/91, são válidas para que se considerem os dados constantes no contrato originário para aferir a relação da despesa com a atividade partidária. 6. A apresentação de contrato de prestação de serviços assinado pelo prestador e por testemunha, acompanhado de relatório de atividades, é suficiente para vincular a despesa à atividade do partido político. Nessa situação, a falta de aposição de assinatura do partido político na via do contrato apresentada é irregularidade formal. 7. Os manifestos de voo servem para demonstrar a relação da despesa de contratação de transporte aéreo com a finalidade da agremiação partidária, contudo, sua apresentação pode ser dispensada se o documento fiscal contiver informações suficientes para tanto. [...] 11. O conjunto das irregularidades alcança o total de 7,63% do recebido pelo Partido Social Cristão do Fundo Partidário, inexistindo indícios de má-fé ou mesmo óbices ao exercício da função de fiscalização das contas pela Justiça Eleitoral. Nesse cenário, é possível a aprovação das contas com ressalvas por meio da aplicação dos princípios da proporcionalidade e da razoabilidade. 12. Prestação de contas do Partido Social Cristão (PSC) – Nacional, referente ao exercício financeiro de 2013, aprovada com ressalvas, impondo-se a obrigação de o partido político devolver ao Erário a quantia de R$ 266.956,61 (duzentos e sessenta e seis mil e novecentos e cinquenta e seis reais e sessenta e um centavos) e aplicando-se a sanção prevista no art. 44, §5º, da Lei dos Partidos Políticos."<br>(Ac. de 11.4.2019 na PC nº 31279, rel. Min. Edson Fachin.) |

"Prestação de contas. Partido Popular Socialista Diretório Nacional. Exercício financeiro de 2013. Irregularidades. Desaprovação. Suspensão de duas cotas do fundo partidário. Determinação de ressarcimento ao erário. Recursos próprios. [...] Irregularidades apontadas na aplicação de recursos do Fundo Partidário [...] 4. A comprovação de despesas com combustível exige que conste do Ativo Imobilizado – Bens Móveis – no Balanço Patrimonial do partido o lançamento da propriedade de veículos ou a comprovação da sua locação ou, ainda, a apresentação de esclarecimentos suficientes que justifiquem tais despesas, o que não ocorreu no presente caso. 5. O adiantamento a fornecedores impõe classificação contábil e financeira que diz respeito a uma antecipação de pagamento correspondente a compras de produtos ou prestação de serviços, com inscrição específica no ativo circulante e que designa um direito do pagador de receber a mercadoria ou o serviço. Trata-se de prática comum que requer o devido lançamento contábil e cujo documento hábil à sua comprovação é o recibo de pagamento, considerando que a nota fiscal/fatura será emitida com a satisfação do dever. A baixa contábil dos adiantamentos deve ser feita na entrega da mercadoria ou na finalização dos serviços contratados, momento em que o valor da nota fiscal/ fatura deverá ser inscrito na classificação contábil correspondente. Porém, a inscrição de despesas de adiantamento continuada por vários exercícios configura reiterada inadimplência dos fornecedores contratados, o que evidencia mau uso dos recursos do Fundo Partidário. 6. Recibos de pagamento a autônomos (RPA) com informações genéricas que não se fizeram acompanhar dos respectivos contratos ou esclarecimentos específicos não são suficientes para comprovar a regularidade das despesas. Precedentes. [...] 10. Gastos com estacionamento não precisam, necessariamente, estar vinculados à propriedade ou locação de veículos nos casos em que se referem aos automóveis de dirigentes, funcionários e filiados do partido e quando as vagas de garagem forem no mesmo endereço da sede partidária, motivo pelo qual devem ser entendidas como uma extensão da própria locação do imóvel principal. 11. A jurisprudência deste Tribunal tem admitido todos os meios de prova para a comprovação das despesas com transporte aéreo e hospedagens. No entanto, a documentação apresentada deve conter requisitos mínimos que identifiquem o hóspede e o período da estada. Precedentes. [...]"
(Ac. de 2.4.2019 na PC nº 30672, rel. Min. Tarcisio Vieira de Carvalho Neto.)

"Prestação de contas anual. PT do B – atualmente denominado avante. Exercício financeiro de 2012. Irregularidades que totalizam 7,73% do valor recebido do fundo partidário. Reiterado descumprimento da obrigação de destinação de recursos ao incentivo à participação política da mulher. Contas desaprovadas parcialmente. Imposição de ressarcimento ao erário e sanções de acréscimo de 2,5% no gasto com o incentivo à participação feminina na política e suspensão do recebimento das quotas do fundo partidário pelo período de 1 (um) mês. [...] 9. Ainda que se trate de feito jurisdicional, a comprovação da regularidade das despesas em processos de prestação de contas não se compatibiliza com a prova testemunhal, sobretudo quando não corroborada pela prova documental amplamente produzida nos autos. Inteligência do art. 34, V, da Lei nº 9.096/95 ao estabelecer a 'obrigatoriedade de ser conservada pelo partido, por prazo não inferior a cinco anos, a documentação comprobatória de suas prestações de contas' [...]"
(Ac de 26.4.2018 na PC nº 23859, rel. Min. Rosa Weber.)

"Prestação de contas. Exercício financeiro de 2012. Partido Trabalhista Brasileiro (PTB). Aprovação com ressalvas. [...] 3. O show de cantor, ainda que tenha sido realizado em evento partidário ('Encontro Estadual'), não tem vinculação com a atividade partidária, não se enquadrando em nenhuma das hipóteses relacionadas nos incisos do art. 44 da Lei 9.096/95.4. As irregularidades apuradas perfazem o total de R$ 368.573,18, correspondente a apenas 2,53% do total dos recursos provenientes do Fundo Partidário distribuído ao PTB no ano de 2012, não havendo nas despesas glosadas irregularidades de maior gravidade. Contas aprovadas com ressalvas e determinação de devolução ao erário."
(Ac. de 5.4.2018 na PC nº 22390, rel. Min. Admar Gonzaga.)

## MOVIMENTAÇÃO FINANCEIRA – ASSUNÇÃO DE DÍVIDA

"Consulta. Partido Progressista. Órgão da legenda impedido de receber cotas do fundo partidário. Possibilidade de assunção das despesas de caráter continuado por outro órgão da legenda, desde que não sejam receitas provenientes do fundo partidário. Novo regramento. Resolução-TSE nº 23.432/2014. [...] 2. O telos subjacente à novel disciplina normativa, inaugurada com a Resolução-TSE nº 23.432/2014, consiste em coibir, de um lado, a transferência, pela via transversa e ilegal, de recursos do Fundo Partidário, e, por outro lado, salvaguardar a legítima preocupação com o regular prosseguimento das atividades dos partidos políticos entidades de elevada proeminência no funcionamento das instituições democráticas. 3. A assunção de obrigações e despesas entre órgãos partidários é perfeitamente possível, desde que não haja a utilização de recursos do Fundo Partidário quando do adimplemento, seja ele total ou parcial, nas hipóteses em que o Diretório originalmente responsável esteja impedido de receber recursos daquele Fundo, a teor do art. 23, caput, e §§, da Resolução- TSE nº 23.432/2014. 4. Consulta respondida de forma positiva, ressalvando, apenas e tão somente, que o órgão partidário que arcar com as despesas de outro impedido de receber recursos do Fundo Partidário não poderá utilizar, para pagamento de quaisquer despesas, recursos oriundos do repasse das cotas do aludido Fundo."
(Ac. de 11.6.2015 na Cta nº 5605, rel. Min. Luiz Fux.)

"Prestação de contas. Exercício financeiro 2004. Aprovação com ressalvas. Recolhimento ao Erário e ao fundo partidário. Necessidade. [...] 2. A dívida de pessoa jurídica, distinta do partido político, decorrente de decisão da Justiça do Trabalho, não pode ser adimplida com recursos do Fundo Partidário, pois não se coaduna com as hipóteses previstas no art. 44, incisos I a V, da Lei nº 9.096/95. [...]"
(Ac. de 16.9.2014 na Pet nº 1621, rel. Min. Maria Thereza de Assis.)

## MOVIMENTAÇÃO FINANCEIRA – EMPRÉSTIMO

"Consulta. Partidos políticos. Sede. Empréstimos bancários ou consórcios para aquisição de imóveis. Utilização de recursos do fundo partidário. Utilização de recursos próprios. Reforma de imóveis locados. 1. Os recursos do Fundo Partidário não podem ser utilizados para a liquidação de empréstimos ou consórcios bancários contratados para a aquisição de imóvel. Ausência de previsão legal – art. 44 da Lei nº 9.096/95 – alterada pela Lei nº 13.165/2015 – e Resolução-TSE nº 23.464/2015, art. 17, §1º. Na aquisição por consórcio ou empréstimo bancário, via de regra, o próprio imóvel garante a dívida no caso de inadimplemento, o que pode gerar dano ao Erário, caso o contrato não preveja, em caso de desistência, a devolução de todo o valor já pago.

2. A novel resolução que disciplinou a prestação de contas anual dos partidos políticos regulou a contratação de empréstimos pelas agremiações, permitindo sua celebração desde que ocorra com instituições financeiras reguladas pelo Banco Central do Brasil e que o partido identifique a origem dos recursos utilizados na quitação. A aquisição de imóveis para servir de sede às atividades partidárias por via de empréstimos, desde que liquidados com recursos próprios e que obedeça aos ditames do art. 5º, inciso V, alínea d, e §2º, da Res.-TSE nº 23.464/2015, não encontra óbice na legislação. 3. As execuções de obras nos imóveis locados que servem de sede partidária só poderão ser pagas com recursos do Fundo Partidário se forem estritamente necessárias à conservação do bem ou para evitar a deterioração deste, nos termos do art. 96, §3º, do Código Civil. 4. Consulta respondida negativamente à primeira indagação, positivamente à segunda e, quanto à terceira, positivamente, desde que as obras realizadas no imóvel locado como sede partidária sejam estritamente necessárias, nos termos do art. 96 do Código Civil."
(Ac. de 1º.2.2019 na CTA nº 52988, rel. Min. Maria Thereza de Assis Moura, rel. designada Min. Rosa Weber.)

"Prestação de contas anual. Partido dos Trabalhadores (PT) – Exercício financeiro de 2011. [...] 6. Pagamento de mútuo com o Banco Rural e o Banco BTG. Contratações simuladas como reconhecido em outras instâncias e no STF. Hipótese não contemplada pelo art. 44 da Lei 9.096/95. Precedente desta Corte Eleitoral Superior: PC 977-37/DF, Rel. designado Min. Gilmar Mendes, DJe 29.6.2015. [...]"
(Ac. de 27.4.2017 na PC. nº 24925, rel. Min. Rosa Weber.)

"[...]. Partido político. Prestação de contas. Exercício financeiro de 2011. [...] 1. Ao responder à Cta nº 14.385/DF, rel. Min. Carlos Velloso, em 2.8.1994, este Tribunal afirmou ser possível a celebração de contrato de empréstimo de bens imóveis com entidades sindicais, "desde que ocorra o pagamento do correspondente preço", o que não se verifica no caso. O TRE, analisando os documentos dos autos, entendeu não demonstrada a onerosidade do "contrato de aluguel", pois não haveria comprovação quanto aos pagamentos dos débitos relativos ao exercício financeiro de 2010, renegociados conforme acordo judicial. Consoante as premissas que embasam o acórdão, não é possível novo enquadramento jurídico dos fatos para chegar à conclusão diversa da firmada pelo Regional. [...]"
(Ac. de 23.2.2016 no REspe nº 45280, rel. Min. Gilmar Mendes.)

## MOVIMENTAÇÃO FINANCEIRA – INSTITUTO OU FUNDAÇÃO PARA PESQUISA, DOUTRINAÇÃO E EDUCAÇÃO POLÍTICA / PROPAGANDA DOUTRINÁRIA E POLÍTICA

"[...]. Execução fiscal. Prestação de contas anual de partido. Arrecadação de recursos de fontes não identificadas. Fundo partidário. Impenhorabilidade. [...] 1. É incabível penhora de valores do Fundo Partidário para satisfazer sanção imposta a partido político que arrecadou recursos financeiros de origem não identificada, a teor do art. 649, XI, do CPC e de precedentes desta Corte Superior e do Superior Tribunal de Justiça. 2. As agremiações também possuem como fontes de recursos contribuições de filiados e doações de pessoas físicas (art. 39 da Lei nº 9.096/95), as quais, por conseguinte, estão excluídas da cláusula de impenhorabilidade. [...]"
(Ac. de 18.12.2015 no REspe nº 32067, rel. Min. Herman Benjamin.)

"[...]. Ausência de repasse a fundação. Desconformidade dos documentos contábeis. Desaprovação parcial. [...] 3. A alegação de ausência de transformação da pessoa jurídica em fundação não é suficiente para eximir o partido da obrigação de efetuar o repasse de valores do Fundo Partidário, em conformidade ao artigo 44, III, da Lei no 9.096/95. Isso porque a própria ausência de transformação em fundação já implica irregularidade, por se encontrar em desconformidade ao artigo 1º, §1º, da Resolução-TSE no 22.121/2005, o qual determina que 'os entes criados pelos partidos políticos para pesquisa, doutrinação e educação política devem ter a forma de fundações de direito privado' e a conversão deles em fundações deverá observar os prazos da lei civil, no caso, o artigo 2.031 do Código Civil de 2002, que estipula a obrigatoriedade de adaptação às disposições do Código até 11 de janeiro de 2007. Precedente (PC nº 978-22/DF, rel. Min. Laurita Vaz, relator para o acórdão Min. Dias Toffoli, DJE de 14.11.2014). [...]"
(Ac. de 28.4.2015 na PC nº 98089, rel. Min. Maria Thereza de Assis.)

## MOVIMENTAÇÃO FINANCEIRA – MULTAS E JUROS

"Prestação de contas de partido político. Partido Trabalhista Cristão (PTC) – Diretório Nacional. Exercício financeiro de 2013. Irregularidades que totalizam R$ 160.295,04, valor equivalente a 6,08% do montante recebido do fundo partidário. Ausência de falha grave. Aprovação das contas com ressalvas. Aplicação dos princípios da razoabilidade e da proporcionalidade. Precedente. [...] 3. Pagamento de multa e de juros com recursos do Fundo Partidário. O pagamento de juros e multas, devido em decorrência do inadimplemento de obrigações, não se subsume ao comando normativo contido no art. 44, I, da Lei nº 9.096/1995, razão pela qual não podem ser pagos com os recursos do Fundo Partidário, nos termos da jurisprudência desta Corte. Precedente. [...]"
(Ac. de 11.4.2019 na PC nº 28074, rel. Min. Og Fernandes.)

"Prestação de contas de partido político. Exercício financeiro de 2013. Análise de irregularidades e de impropriedades nos termos da Res.-TSE 21.841/2004, conforme determinação do art. 65, §3º, inciso I, da Res.-TSE 23.546/2017. [...] Pagamento de multas e juros de mora com verbas do fundo partidário. Incompatibilidade com o art. 44, inciso I, da Lei nº 9.096/95. Precedentes da corte. [...]. 8. O pagamento de multas e juros de mora com recursos do Fundo Partidário é incompatível com o art. 44, inciso I, da Lei dos Partidos Políticos. Precedentes da Corte. [...]"
(Ac. de 11.4.2019 na PC nº 31279, rel. Min. Edson Fachin; no mesmo sentido o Ac. de 11.4.2019 na PC nº 28681, rel. Min. Edson Fachin.)

"Direito eleitoral. Prestação de contas. Exercício financeiro de 2013. Diretório nacional. Partido Trabalhista Nacional (PTN). Aprovação com ressalvas. [...] f) Pagamento de juros e multa com recursos do Fundo Partidário 10. A jurisprudência desta Corte pacificou que juros, multas e encargos não são despesas autorizadas pelo art. 44 da Lei nº 9.096/1995, razão pela qual não podem ser pagos com recursos do Fundo Partidário. Precedentes. [...]"
(Ac. de 4.4.2019 na PC nº 29895, rel. Min. Luís Roberto Barroso.)

"Prestação de contas. Partido popular socialista diretório nacional. Exercício financeiro de 2013. Irregularidades. Desaprovação. Suspensão de duas cotas do fundo partidário. Determinação de ressarcimento ao erário. Recursos próprios. [...] 7. Consoante a orientação deste Tribunal, 'o pagamento de juros e multas cíveis, devidos em decorrência de obrigações não satisfeitas, não se subsume ao comando normativo contido no inciso I do art. 44 da Lei nº 9.096/95, sendo, portanto, defeso utilizar as verbas do Fundo Partidário para o cumprimento desse fim [...]' (PC nº 979-07, Rel. Min. Admar Gonzaga, DJe de 22.5.2015). Mesmo raciocínio se aplica às multas de passagens aéreas e no-show de hospedagens. [...]"
(Ac. de 2.4.2019 na PC nº 30672, rel. Min. Tarcisio Vieira de Carvalho Neto.)

## TEMA: PARTICIPAÇÃO POLÍTICA DAS MULHERES

"Prestação de contas de partido político. Partido trabalhista cristão (PTC) – Diretório Nacional. Exercício financeiro de 2013. Irregularidades que totalizam R$ 160.295,04, valor equivalente a 6,08% do montante recebido do fundo partidário. Ausência de falha grave. Aprovação das contas com ressalvas. Aplicação dos princípios da razoabilidade e da proporcionalidade. Precedente. [...] 11. Aplicação insuficiente de recursos do Fundo Partidário no programa de incentivo à participação política da mulher no exercício de 2013. 11.1. O PTC recebeu, no exercício de 2013, R$ 2.633.215,47 do Fundo Partidário e, portanto, deveria ter aplicado, no mínimo, 5% desse valor para promover a participação das mulheres na política, o que equivale a R$ 131.660,77. 11.2. No caso, foi comprovada a aplicação efetiva, no programa de incentivo à participação política da mulher, de R$ 45.613,24, o que corresponde ao percentual de 1,73% do total dos recursos recebidos. O partido deixou, portanto, de aplicar 3,27%. 12. Conclusão 12.1. A jurisprudência deste Tribunal Superior entende que a irregularidade no incentivo à participação feminina na política deve ser somada com as demais irregularidades referentes ao Fundo Partidário, de forma que se possa chegar ao percentual tido por irregular. 12.2. Os recursos oriundos do Fundo Partidário aplicados irregularmente somam R$ 160.295,04 – incluindo o percentual não aplicado no programa de incentivo à participação feminina na política –, valor equivalente a 6,08% do montante recebido pelo partido político no exercício de 2013. 12.3. Aprovação das contas com ressalvas. Ausência de falha grave. No caso, o percentual da aplicação irregular de recursos recebidos do Fundo Partidário não foi significativo, o que permite aplicar os princípios da proporcionalidade e da razoabilidade, na linha da orientação desta Corte. 13. Determinação 13.1. Devolução ao erário do valor de R$ 74.247,51, devidamente atualizado, a ser pago com recursos próprios. 13.2. Aplicação, no exercício seguinte ao trânsito em julgado desta decisão, do percentual restante de 3,27% do valor recebido do Fundo Partidário, ao qual está obrigado, referente ao exercício de 2013, devidamente atualizado, na criação e manutenção de programas de promoção e difusão da participação política das mulheres, salvo se em exercícios posteriores já o tiver feito, acrescidos 2,5% do valor recebido do Fundo Partidário, relativos a essa destinação no exercício de 2013, corrigidos monetariamente."
(Ac. de 11.4.2019 na PC nº 28074, rel. Min. Og Fernandes.)

| "Prestação de contas de partido político. Exercício financeiro de 2013. Análise de irregularidades e de impropriedades nos termos da Res.-TSE 21.841/2004, conforme determinação do art. 65, §3º, inciso I, da Res.-TSE 23.546/2017. [...] Descumprimento do art. 44, inciso V, da Lei nº 9.096/95. Inobservância do repasse mínimo de 5% do valor do fundo partidário para a criação e manutenção de programas de incentivo da participação feminina na política. [...] 9. A inobservância da aplicação mínima de 5% das verbas do Fundo Partidário na criação e manutenção de programas de incentivo da participação feminina na política caracteriza o descumprimento do comando normativo inserido no art. 44, inciso V, da Lei nº 9.096/95 e impõe a sanção prevista no §5º do mesmo artigo. 10. O dispêndio das verbas do Fundo Partidário reservadas, segundo o art. 44, inciso V, da Lei nº 9.096/95, para finalidades distintas da prevista na norma acarreta o reconhecimento do uso irregular dos recursos do Fundo Partidário. Precedentes. [...]"<br>(Ac. de 11.4.2019 na PC nº 31279, rel. Min. Edson Fachin; no mesmo sentido o Ac. de 11.4.2019 na PC nº 28681, rel. Min. Edson Fachin.) |
|---|
| "Prestação de contas. Partido social democrático. Diretório nacional. Exercício de 2013. Reiteração no descumprimento da destinação de recursos do fundo partidário à participação feminina na política. Desaprovação. Sanções de acréscimo de 2,5% no gasto com o incentivo à participação da mulher na política e suspensão da cota do fundo partidário por um mês. Sanção mínima. Razoabilidade e proporcionalidade. 1. A não comprovação da destinação do percentual mínimo de 5% do Fundo Partidário à participação feminina na política, em descumprimento ao art. 44, V, da Lei nº 9.096/95, enseja a sanção de acréscimo de 2,5% do Fundo Partidário referente a essa destinação no respectivo exercício, ao valor não aplicado, corrigido monetariamente, devendo essa implementação ocorrer no exercício seguinte ao do julgamento das contas, para garantir a efetiva aplicação da norma, sem prejuízo do valor a ser destinado a esse fim no ano respectivo. Precedentes. 2. Conforme jurisprudência deste Tribunal Superior, a irregularidade no incentivo à participação feminina na política deve ser agrupada com as demais irregularidades referentes ao Fundo Partidário, de forma que se possa chegar ao percentual tido por irregular. 3. Na espécie, a reiterada omissão na aplicação de recursos destinados à participação feminina na política consubstancia irregularidade que enseja a desaprovação das contas. Referida tese fora fixada por esta Corte no julgamento das contas partidárias do exercício financeiro de 2012, nas PCs nº 228-15 e 238-59, de relatoria da Ministra Rosa Weber, em 26.4.2018. 4. Contas desaprovadas, devendo o PSD acrescer 2,5% do Fundo Partidário referente a essa destinação no exercício de 2013, ao valor de R$1.081.861,25 (um milhão, oitenta e um mil, oitocentos e sessenta e um reais e vinte e cinco centavos), corrigidos monetariamente para a específica promoção da participação política das mulheres, devendo tal implementação ocorrer no exercício seguinte ao do julgamento dessas contas, a fim de se garantir a efetiva aplicação da norma, sem prejuízo do valor a ser destinado a esse fim no ano respectivo, oportunidade em que deverão ser verificados os depósitos constantes dos autos e o emprego prático do referido valor. 5. Diante do descumprimento reiterado da norma e observada a aplicação da sanção de forma proporcional e razoável, determino a suspensão do repasse de uma única cota do Fundo Partidário – patamar mínimo, conforme dispõe o art. 37, §3º, da Lei nº 9.096/95 – a ser cumprida de forma parcelada, em 2 (duas) vezes, com valores iguais e consecutivamente, à luz dos princípios da proporcionalidade e da razoabilidade. Precedentes."<br>(Aç de 1.2.2019 na PC nº 28329, rel. Min. Tarcisio Vieira de Carvalho Neto.) |

"Prestação de contas anual. PT do B – atualmente denominado avante. Exercício financeiro de 2012. Irregularidades que totalizam 7,73% do valor recebido do fundo partidário. Reiterado descumprimento da obrigação de destinação de recursos ao incentivo à participação política da mulher. Contas desaprovadas parcialmente. Imposição de ressarcimento ao erário e sanções de acréscimo de 2,5% no gasto com o incentivo à participação feminina na política e suspensão do recebimento das quotas do fundo partidário pelo período de 1 (um) mês. [...] 3. 'A mera circunstância de o partido político possuir funcionários ou colaboradores remunerados de qualquer natureza do sexo feminino não preenche o balizamento finalístico previsto na legislação de regência', consoante assinalado recentemente por esta Casa, ao exame da CTA nº 0604075-34.2017.6.00.0000, Rel. Min. Jorge Mussi, em sessão de 19.4.2018. 4. A irregularidade detectada num dado exercício financeiro – atinente ao descumprimento do art. 44, V, da Lei nº 9.096/95, pela não destinação dos percentuais mínimos das verbas do Fundo Partidário ao incentivo e promoção da participação feminina na política – não deve ser novamente apurada no ano calendário seguinte, uma vez que a implementação da sanção imposta somente se verificará no exercício que se seguir ao trânsito em julgado das contas. Precedente. 5. A despeito disso, é de se considerar que a agremiação deixou de cumprir a respectiva ação afirmativa reiteradamente em 2009, 2010 e 2011 – acumulando débito no importe de R$ 180.116,55 – e também no presente exercício financeiro, pendente o valor de R$ 61.255,96, pouco menos da metade do montante devido (R$ 128.268,21), circunstância que não pode ser desprezada. 6. Embora a aplicação irregular do Fundo Partidário tenha alcançado o importe de 7,73% do total recebido – percentual que, considerado isoladamente, poderia justificar a aprovação com ressalvas das contas –, no caso concreto, em razão da recalcitrância no cumprimento do disposto no art. 44, V e §5º da Lei nº 9.096/1995, as contas devem ser parcialmente desaprovadas. 7. Semelhante linha de compreensão foi recentemente acolhida por esta Casa ao exame da PC 229-97, Rel. Min. Tarcisio Vieira de Carvalho Neto, em sessão jurisdicional de 27.03.2018, verbis: 'pesar de o conjunto das irregularidades remanescentes representarem apenas 1,5% dos recursos recebidos do Fundo Partidário, em virtude do apontamento grave com despesas cartorárias, merecem desaprovação as contas do Partido Republicano' [...]"
(Ac de 26.4.2018 na PC nº 23859, rel. Min. Rosa Weber.)

## TEMA: ÓRGÃO PARTIDÁRIO

"Direito eleitoral. Registro de partido político. Partido da mulher brasileira – pmb. Anotação de alteração estatutária. Deferimento parcial. Hipótese [...] I. Órgãos partidários provisórios: vigência 5. As alterações promovidas pela EC nº 97/2017 na redação do art. 17, §1º, da Constituição não conferem autonomia absoluta aos partidos políticos para estabelecer prazo de vigência de seus órgãos partidários que não se harmonize com o regime democrático, conforme previsto no caput do mesmo art. 17. 6. No caso, as alterações estatutárias que estabelecem vigência de 365 dias ou indeterminada para comissões provisórias não se ajustam ao art. 39 da Res.-TSE nº 23.465/2015 nem ao art. 39 da Res.-TSE nº 23.571/2018, atualmente em vigor. Tais dispositivos concretizam o comando do art. 17, caput, da Constituição, impedindo a perpetuação de órgãos partidários provisórios, em afronta ao princípio democrático. Precedentes. II. Órgãos partidários provisórios: extinção 7.

| |
|---|
| O entendimento deste Tribunal é no sentido de que os partidos políticos estão vinculados, de forma direta e imediata, aos direitos fundamentais, os quais ostentam eficácia horizontal. Por isso, nas hipóteses de alteração, substituição, destituição e/ou extinção de órgãos partidários provisórios, os partidos devem prever instrumentos ou mecanismos que assegurem o exercício do contraditório e da ampla defesa. Precedentes. 8. No caso, as alterações estatutárias do PMB permitem a destituição das comissões provisórias a qualquer tempo pelo órgão executivo superior e a substituição, em qualquer número, dos membros das comissões provisórias. Tais previsões estatutárias violam as garantias do contraditório e da ampla defesa, o que inviabiliza o deferimento da anotação requerida. [...]"<br>(Ac. de 4.4.2019 no RPP nº 155473, rel. Min. Luís Roberto Barroso.) |
| "Eleições 2018. Registro de candidatura. DRAP. Sistemas majoritário e proporcional. Contas não prestadas. Suspensão de anotação do órgão partidário. Pedido de regularização. Ausência de efeito suspensivo. Impugnação. Indeferimento. TRE. Recurso especial a que se nega provimento. [...] 2. A ausência de apresentação, pelo partido, das contas referentes ao exercício financeiro de 2015 implicou a suspensão da anotação de seu órgão de direção, nos termos do que dispõe o art. 47, §2º, da Res.-TSE nº 23.432/2014. 3. O pedido de regularização da situação de inadimplência do partido, que teve contra si decisão, com trânsito em julgado, de contas não prestadas, não tem efeito suspensivo, conforme estabelece o art. 61, IV, da Res.-TSE nº 23.432/2014. 4. A inexistência, no sistema de anotação do tribunal eleitoral competente, de órgão de direção do partido, constituído de acordo com o respectivo estatuto, até a data da convenção, impede a agremiação de participar do pleito, conforme estabelece o art. 2º da Res.-TSE nº 23.548/2017. 5. A constituição de comissão provisória de acordo com o estatuto do partido, a subscrição do pedido de registro por pessoa legitimada e a apresentação do número do CNPJ são procedimentos exigidos pela Res.-TSE nº 23.548/2017, que, se não observados, inviabilizam o deferimento do pedido de registro do DRAP do partido. [...]"<br>(Ac de 22.11.2018 no REspe 060140239, rel. Min. Og Fernandes.) |
| "Eleições de 2018. Recurso especial. DRAP. Anotação suspensa [...] 3. A teor do art. 2º da Res.-TSE 23.548, poderá participar das eleições o partido político que, até 6 (seis) meses antes, tenha registrado seu estatuto no TSE e tenha, até a data da convenção, órgão de direção constituído na circunscrição, devidamente anotado no tribunal eleitoral competente, requisito não atendido na espécie. 4. A obtenção de tutela de urgência, em pedido de revisão, não atrai a incidência do art. 11, §10, da Lei 9.504/97, seja em razão da limitação dessa ressalva legal, seja em face do disposto no art. 61, IV, da Res.-TSE 23.432, dispositivo que prevê que o pedido de regularização de contas julgadas não prestadas não será recebido com efeito suspensivo. Recurso especial a que se nega provimento".<br>(Ac de 4.10.2018 no REspe nº 060035978, rel. Min. Og Fernandes, rel designado, Rel. Min. Admar Gonzaga.) |

## TEMA: PRESTAÇÃO DE CONTAS

### DOCUMENTAÇÃO

"Prestação de contas anual. Exercício financeiro de 2013. Partido humanista da solidariedade (PHS). Revelia. Ausência de alegações finais. Recursos do fundo partidário. Vultuosas despesas irregulares. Deficiência. Documentação. Desaprovação. [...] 3. A teor da jurisprudência desta Corte para as contas partidárias dos exercícios de 2013 e anteriores, a prova do correto uso de verbas do Fundo Partidário requer a juntada de notas fiscais ou recibos que discriminem a natureza dos serviços ou materiais (art. 9º da Res.-TSE 21.841/2004), não se exigindo, em regra, documentos complementares. Os comprovantes devem ser idôneos, legíveis e conter descrição específica do produto ou do serviço, compatível com o objeto social do fornecedor. 4. Apesar da revelia, é viável examinar a documentação juntada nas fases preliminares. [....]"
(Ac. de 25.4.2019 na PC nº 28244, rel. Min. Jorge Mussi.)

"Prestação de contas. Diretório nacional. Partido pátria livre (PPL). Exercício financeiro de 2013. Aprovação com ressalvas. 1. Gastos com passagens aéreas. A jurisprudência desta Corte, a partir do julgamento da PC 43, é no sentido de que, quando se tratar de despesas de passagens, devem ser admitidos todos os meios de prova, sendo suficiente, à falta de elementos que infirmem o respectivo valor probante, a apresentação de fatura que discrimine o bilhete aéreo, o nome do passageiro, a data e o destino da viagem. 1.1. Devem ser considerados comprovados os gastos efetuados pelo Diretório Nacional referentes a passagens aéreas, constantes de faturas, porquanto nelas constam dados de discriminação das despesas, acompanhados de notas explicativas e até documentação complementar sobre o escopo das viagens sucedidas. 2. Gastos diversos do partido. Para as prestações de contas do exercício financeiro de 2013, a apresentação de nota fiscal, com detalhada descrição do produto ou do serviço, acompanhada de documentação complementar, é suficiente para atestar a regularidade da despesa e a respectiva vinculação com as atividades partidárias. Inexigibilidade de relatórios circunstanciados de atividades e afins. [...]"
(Ac. de 25.4.2019 na PC nº 30927, rel. Min. Admar Gonzaga.)

"Prestação de contas. Diretório nacional. Partido Comunista Brasileiro (PCB). Exercício financeiro de 2013. Desaprovação. [...] 3. 'A jurisprudência do Tribunal Superior Eleitoral é no sentido de que, em virtude da natureza jurisdicional do processo de prestação de contas, ocorre preclusão para a juntada de documentos quando o partido político foi anteriormente intimado para sanar as falhas e não o fez tempestivamente' [...] 4. A juntada de documentos fiscais é medida que deve ser tomada na apresentação das contas e/ou nas diligências alusivas ao exame preliminar, de modo que, em regra, é incabível pedido de dilação de prazo em sede de defesa, quando já se aproxima o prazo de que trata o art. 37, §3º, in fine, da Lei 9.096/95. [...]"
(Ac. de 25.4.2019 na PC nº 31449, rel. Min. Admar Gonzaga)

| |
|---|
| "Prestação de contas. Diretório nacional. Partido da causa operarária (PCO). Exercício financeiro de 2013. Desaprovação. [...] 2. Para as prestações de contas do exercício financeiro de 2013, a apresentação de nota fiscal, com detalhada descrição do produto ou do serviço, acompanhada de documentação complementar, é suficiente para atestar a regularidade da despesa e a respectiva vinculação com as atividades partidárias. Inexigibilidade de relatórios circunstanciados de atividades, apresentação de claquetes e afins. 3. 'A jurisprudência do Tribunal Superior Eleitoral é no sentido de que, em virtude da natureza jurisdicional do processo de prestação de contas, ocorre preclusão para a juntada de documentos quando o partido político foi anteriormente intimado para sanar as falhas e não o fez tempestivamente' [...] 4. A apresentação de documentação fiscal é medida que deve ser tomada na oportunidade da apresentação das contas e/ ou nas diligências alusivas ao exame preliminar, de modo que, em regra, é incabível pedido de dilação de prazo em sede defesa, quando já se aproxima o prazo de que trata o art. 37, §3º, in fine, da Lei 9.096/95. [....]"<br>(Ac. de 23.4.2019 na PC nº 30235, rel. Min. Admar Gonzaga) |
| "Prestação de contas de partido político. Exercício financeiro de 2013. Análise de irregularidades e de impropriedades nos termos da Res.-TSE 21.841/2004, conforme determinação do art. 65, §3º, inciso I, da REs.-TSE 23.546/2017. Parecer conclusivo. Juntada de documentos após o prazo de realização de diligências. Preclusão. Art. 35, §§8º e 9º, da res.-TSE 23.546/2017. [...] 1. A revogação da Res.-TSE 21.841/2004 não impede que seus dispositivos sejam utilizados na análise das impropriedades e das irregularidades encontradas nas prestações de contas referentes ao exercício financeiro de 2013, conforme previsão do art. 65, §3º, I, da Res. 23.546/2017. 2. A juntada de documentos após o encerramento da fase de diligências é obstada pela regra de preclusão contida no art. 35, §§8º e 9º, da Res.-TSE 23.546/2017. Precedentes da Corte. [...]"<br>(Ac. de 11.4.2019 na PC nº 31279, rel. Min. Edson Fachin.) |
| "Prestação de contas de partido político. Exercício financeiro de 2013. Análise de irregularidades e de impropriedades nos termos da res. 21.841/2004 Res-TSE, conforme determinação do art. 65, §3º, inciso I, da Res. 23.546/2017-TSE. Parecer conclusivo. Irregularidades. Ausência de documentos fiscais de despesas com prestadores de serviços. Funcionários contratados sob o regime da clt. Recolhimento de fgts e previdência social. Documentação apta para regularizar parcela da despesa. Demonstração de vinculação de gastos com a finalidade eleitoral. Possibilidade de aferição da natureza e descrição do serviço em documentos fiscais. Incompatibilidade desses gastos com o fundo partidário sem vínculo com as atividades do partido. Interpretação do art. 9º da Res.-TSE 21.841/2004. [...] 2. A comprovação da regularidade das despesas realizadas com o Fundo Partidário incumbe ao partido político, conforme previsão do art. 9º da Res. 21.841/2004. No caso das despesas com funcionários contratados sob o regime da CLT, a ausência de recibos de pagamento pode ser suprida pela apresentação de Guias de Recolhimento de FGTS e de Informações à Previdência Social – GEFIP, porque documentos legalmente aptos a demonstrarem a existência de relação empregatícia. 3. A interpretação feita por esta Corte Superior do art. 9º da Res. 21.841/2004 impõe que haja vinculação das despesas realizadas com verbas do Fundo Partidário com as atividades do partido, sendo possível essa aferição nos documentos fiscais dos gastos por meio da descrição e natureza dos serviços. Sem que haja essa identificação, a despesa é entendida como irregular e obriga a devolução dos valores ao Fundo Partidário, conforme determinação do art. 34 da Res. 21.841/2004. [...]"<br>(Ac. de 11.4.2019 na PC nº 28681, rel. Min. Edson Fachin.) |

"Prestação de contas de partido político. Democratas (dem) – diretório nacional. Exercício financeiro de 2013. Irregularidades que totalizam r$ 1.304.484,60, equivalente a 7,2% do valor recebido do fundo partidário. Reiteração no descumprimento da destinação de recursos do fundo partidário à participação feminina na política. Falha grave. Desaprovação. Imposição de ressarcimento ao erário das quantias recebidas do fundo partidário e irregularmente aplicadas. Sanções de acréscimo de 2,5% no gasto com o incentivo à participação da mulher na política e de suspensão da cota do fundo partidário por 1 mês, dividido em quatro parcelas. Sanção mínima. Aplicação dos princípios da razoabilidade e da proporcionalidade. Precedentes. [....] 2. Despesas contabilizadas pelo Diretório Nacional de gastos realizados pelos diretórios regionais. O diretório nacional pode assumir e contabilizar despesas dos diretórios estaduais que estão impedidos de receber recursos do Fundo Partidário, desde que sejam consideradas essenciais, como luz, água, telefone, aluguel e correios, além de despesas com pessoal e encargos sociais, conforme previsto na Res.-TSE nº 22.239/2006. (Cta nº 1.235, julgada em 8.6.2006, rel. Min. Cezar Peluso, DJ de 20.6.2008) (Cta nº 338-14/DF, rel. Min. João Otávio de Noronha, julgada em 24.4.2014, DJe de 29.5.2014). No caso, foram pagas despesas como produção de vídeo e serviços contábeis e jurídicos, (estes dois últimos, sem especificação), que não podem ser enquadrados como essenciais à manutenção da grei partidária. Admitir o pagamento de qualquer despesa torna inócua a norma que prevê a sanção de suspensão de repasse do Fundo Partidário. 3. Não comprovação da efetiva prestação de serviços e/ou não apresentação de documentos fiscais. 3.1. Nos termos do art. 9º da Res.-TSE nº 21.841/2004 – vigente à época dos fatos –, a comprovação das despesas se dá por documentos fiscais ou mediante recibos – caso a legislação dispense a emissão daqueles –, expedidos em nome do partido político e que indiquem a natureza dos serviços prestados ou do material adquirido. Não é razoável exigir do grêmio político, passados aproximadamente 5 anos da ocorrência dos fatos financeiros registrados, a apresentação de relatórios pormenorizados das despesas então realizadas ou dos exemplares dos produtos ou dos serviços então contratados e pagos pela agremiação, tendo em vista que a ausência desses elementos não compromete, em termos globais, a apreciação das suas contas. Precedente. 3.2. Documentos assinados pelo tesoureiro do Diretório Nacional que atestam a execução de serviços não equivalem àqueles previstos no art. 9º da Res.-TSE nº 21.841/2004 para o fim de comprovar a sua efetiva realização. 3.3. No julgamento da PC nº 228-15/DF – que versou sobre a prestação de contas do Diretório Nacional do DEM referente ao exercício financeiro de 2012 –, esta Corte Superior concluiu pela irregularidade das despesas com serviços prestados por empresas cujos sócios eram membros do diretório da respectiva agremiação. Friso que, naquela assentada, o Plenário não restringiu a possibilidade de a executiva do partido contratar serviços ou adquirir produtos de empresas que contivessem em seu quadro societário membros da direção partidária, até mesmo porque inexiste vedação legal. A conclusão adotada decorreu da circunstância de o Diretório Nacional, apesar de regularmente provocado, não ter colacionado aos autos outros elementos que possibilitassem aferir o atendimento aos ditames que norteiam os gastos custeados com recursos públicos nas hipóteses em que as transações entre partes relacionadas suscitem um possível conflito de interesses, e é esse o caso. 4. Não comprovação do vínculo das despesas com as atividades partidárias. 4.1. Quanto às despesas com alimentação, compra de frutas e de flores, não há como acolher o argumento de que seriam decorrentes da organização de eventos e convenções pela agremiação, por não haver nos autos prova de tais acontecimentos. Assim, não há como atestar que tais despesas estão vinculadas às atividades partidárias.

4.2. No tocante ao ressarcimento ao dirigente partidário de valores gastos em viagem internacional, embora o partido tenha identificado o hóspede e juntado documentos comprobatórios de despesas por ele efetuadas, não há nos autos, de igual modo, documento que vincule a viagem às atividades da agremiação. 4.3. Nos termos do art. 44 da Lei nº 9.096/1995 e da pacífica jurisprudência deste Tribunal Superior, deve se exigir do prestador das contas, além da prova inequívoca da realização da despesa, a demonstração de sua vinculação com as atividades partidárias (PC nº 228-15/DF, julgada em 7.8.2018, rel. Min. Rosa Weber, DJe de 6.6.2018). [....]"
(Ac. de 28.3.2019 na PC nº 29288, rel. Min. Og Fernandes.)

"Prestação de contas. Partido democrático trabalhista. Diretório nacional. Exercício de 2013. Conjunto de irregularidades. Desaprovação. Suspensão de duas cotas do fundo partidário. Determinação de ressarcimento ao erário. [...] 3. A comprovação de despesas ocorre com a apresentação de documentos fiscais e/ou recibos, nos termos do art. 9º da Res.-TSE nº 21.841/2004, norma aplicável ao mérito da presente prestação de contas (PC nº 266-61, Rel. Min. Rosa Weber, DJe de 2.6.2017 e PC nº 267-46, Rel. Min. Luciana Lóssio, DJe de 8.6.2017). 4. A apresentação de recibos de pagamento a autônomo (RPA) acompanhados dos contratos de prestação de serviço é suficiente para a comprovação de despesas com serviços de assessoria. Nesse sentido, este Tribunal, na PC nº 266-61, DJe de 2.6.2017, de relatoria da Ministra Rosa Weber, assentou ser 'suficiente a documentação fiscal discriminada pela natureza do serviço prestado e corroborada por contratos ou outros documentos. Interpretação do art. 9º, I, da Res.-TSE nº 21.841/2004'. 5. A ausência de relatórios circunstanciados, não exigíveis pela legislação de regência, não compromete a transparência do processo de prestação de contas, uma vez que todos esses valores transitaram pelas contas, como deve ocorrer, e os profissionais foram pagos com tais recursos. Precedentes. 6. A partir do julgamento da PC nº 43, esta Corte firmou o entendimento de que 'as faturas emitidas por agência de turismo que atestam o valor da despesa com os serviços de transporte aéreo desde que nelas estejam identificados o nº do bilhete aéreo, o nome do passageiro, a data e o destino da viagem podem ser consideradas como comprovante de despesas realizadas, sem prejuízo de, se forem levantadas dúvidas sobre a sua idoneidade, serem realizadas diligências de circularização' (PC nº 43, DJe de 4.10.2013). Esse entendimento também é pacífico quanto às despesas com hospedagem. In casu, a vinculação dos beneficiários com a atividade partidária foi evidenciada em diligência requerida pela unidade técnica. 7. Não estão presentes os elementos reconhecidos pela jurisprudência deste Tribunal para atestar a regularidade dos gastos com hospedagem, na hipótese de faturas emitidas sem a discriminação do período de estada [...]10. A apresentação do instrumento de contrato e das ordens de serviço são providências hábeis a comprovar a prestação de serviços de transporte de carga. Para que os preços sejam declarados exorbitantes e antieconômicos, faz-se necessária a sua comprovação por meio de parâmetros e comparativos de mercado. 11. Somente com o advento da Res.-TSE nº 23.464/2015, inaplicável ao exercício ora em julgamento, passou-se a exigir a comprovação da prestação do serviço com a apresentação do material contratado no tocante aos gastos com publicidade [...]"
(Ac. de 14.3.2019 na PC 28596, rel. Min. Tarcisio Vieira de Carvalho Neto.)

## PEDIDO DE RECONSIDERAÇÃO

"Recurso. Petição. Partido Social Liberal (PSL). Prestação de contas desaprovadas. Exercício financeiro de 2006. Recebimento como pedido de reconsideração. Irregularidades mantidas. Indeferimento. 1. Recurso interposto contra decisão que apreciou prestação de contas partidárias, antes da entrada em vigor do art. 37, §6º, da Lei nº 9.096/1995, com a redação dada pela Lei 12.034/2009, deve ser conhecido como pedido de reconsideração. Precedentes. [...] 4. Pedido de reconsideração indeferido."
(Ac. de 30.9.2015 na Pet nº 2660, rel. Min. João Otávio de Noronha.)

## PRAZO

"[...] Agravo regimental no recurso especial eleitoral. Prestação de contas. Interposição do regimental após o tríduo legal. Intempestividade. Agravo regimental não conhecido. 1. A sistemática recursal, em âmbito eleitoral, possui disciplina normativa específica, materializada, entre outras hipóteses, no prazo de interposição da impugnação, que deve observar o tríduo legal, sob pena de intempestividade. [...] 3. Destaco que a contagem de prazo prevista no art. 219 do Novo Código de Processo Civil não é aplicável aos processos eleitorais. [...]"
(Ac. de 18.8.2016 no Respe nº 6463, rel. Min. Luiz Fux.)

## PENALIDADE

"Prestação de contas. Diretório nacional. Partido da Causa Operária (PCO). Exercício financeiro de 2013. Desaprovação. [...] 5. Conforme posição deste Tribunal Superior, a incidência da sanção de que trata o §5º do art. 44 da Lei 9.096/95 deve ocorrer no ano subsequente ao trânsito em julgado da decisão. [...]"
(Ac. de 23.4.2019 na PC nº 30235, rel. Min. Admar Gonzaga.)

"Prestação de contas anual. Partido dos Trabalhadores (PT) – Exercício financeiro de 2011. [...] Suspensão do recebimento das cotas do fundo partidário pelo período de um mês. [...] 7. Transferências de recursos do Fundo Partidário a Diretórios Regionais sob a sanção de suspensão do recebimento por desaprovação das contas. De acordo com a jurisprudência deste Tribunal e com o art. 28, IV da Res.-TSE 21.841/04, a suspensão dos repasses das cotas oriundas do Fundo Partidário deve ser efetivada a partir da publicação do decisum que desaprovou as contas, e não da sua comunicação, pela Justiça Eleitoral, ao órgão partidário. Precedente desta Corte Eleitoral Superior: PC 21(35511-75)/DF, Rel. Min. Luciana Lóssio, DJe 26.9.2014. [...]"
(Ac. de 27.4.2017 na PC. nº 24925, rel. Min. Rosa Weber.)

"Ação Direta de Inconstitucionalidade. 2. Prestação de contas de partido político. 3. Sanção de suspensão do órgão regional ou zonal que tenha as contas julgadas não prestadas. Sanção prevista no art. 47, caput e §2º, da Res./TSE 23.432/2014; no art. 48, caput e §2º, da Res./TSE 23.546/2017; e no art. 42, caput, da Res./TSE 23.571/2018. 4. Ação julgada parcialmente procedente para conferir interpretação conforme à Constituição. [...] afastando qualquer interpretação que permita que a sanção de suspensão do registro ou anotação do órgão partidário regional ou municipal seja aplicada de forma automática, como consequência da decisão que julga as contas não prestadas, assegurando que tal penalidade somente pode ser aplicada após decisão, com trânsito em julgado, decorrente de procedimento específico de suspensão de registro, nos termos do art. 28 da Lei 9.096/1995. "
(Ac. 05.12.2019 na ADI nº 6.032, rel. Min. Gilmar Mendes.)

| TEMA: FUNDO ESPECIAL DE FINANCIAMENTO DE CAMPANHA |
|---|
| "Partido da Social Democracia brasileira (PSDB). Res.-TSE 23.465. Alteração estatutária. 1. O partido apresentou a documentação exigida pelo art. 49 da Res.-TSE 23.465/2015, qual seja, cópia autenticada do estatuto partidário reformado, certidão comprovando o registro do estatuto partidário no cartório do registro civil das pessoas jurídicas e cópia da ata da Convenção Nacional da agremiação em que se deliberou pelas alterações do estatuto do partido, autenticada por tabelião de notas. 2. O art. 142 e seus incisos contraria a interpretação conferida pelo Supremo Tribunal Federal ao art. 90 da Lei 13.165/2015, conforme deliberado no julgamento da ADI 5.617/DF, bem como a recente orientação desta Corte Superior acerca da observância de percentuais mínimos de distribuição de recursos para candidatos de ambos os gêneros. Necessidade de adequação.[...]" (Ac de 21.8.2018 no PET 109, rel. Min. Admar Gonzaga.) |
| "Consulta. Senadoras e deputadas federais. Incentivo à participação feminina na política. Distribuição dos recursos do fundo especial de financiamento de campanha (FEFC) e do tempo de propaganda eleitoral gratuita no rádio e na TV. Proporcionalidade. Art. 10, §3º, da Lei nº 9.504/1997. Mínimo legal de 30% de candidaturas por gênero. Aplicabilidade. Fundamentos. ADI 5617. STF. Eficácia transcendente. Papel institucional da justiça eleitoral. Protagonismo. Práticas afirmativas. Fortalecimento. Democracia interna dos partidos. Quesitos respondidos afirmativamente. Do objeto da presente consulta 1. Trata-se de consulta formulada nos seguintes termos: 1.1 'Aplica-se a decisão do STF que conferiu interpretação conforme à Constituição, proferida na ADI 5617, para a distribuição do Fundo Especial de Financiamento de Campanha, previsto nos artigos 16-C e 16-D, da Lei das Eleições, devendo-se equiparar o mínimo de recursos destinado a cada partido, ao patamar legal mínimo de 30% de candidaturas femininas, nos termos do artigo 10, §3º, da Lei 9.504/97?' 1.2 'Havendo percentual mais elevado do que 30% de candidaturas femininas, o mínimo de recursos globais do partido, destinado às respectivas campanhas, deve ser na mesma proporção?' 1.3 'Aplica-se a decisão do STF que conferiu interpretação conforme à Constituição, proferida na ADI 5617, para a distribuição do tempo da propaganda eleitoral gratuita no rádio e na televisão, prevista nos artigos 47 e seguintes, da Lei das Eleições, devendo-se equiparar o mínimo de tempo destinado a cada partido, ao patamar legal mínimo de 30% de candidaturas femininas, nos termos do art. 10, §3º, da Lei 9.504/97?' 1.4 'Havendo percentual mais elevado do que 30% de candidaturas femininas, o mínimo do tempo da propaganda eleitoral gratuita no rádio e na televisão, destinado às respectivas campanhas, deve ser na mesma proporção?' [...] Da ratio decidendi da ADI 5617 e sua aplicabilidade na distribuição do Fundo Especial de Financiamento de Campanha (FEFC) e do tempo de propaganda eleitoral gratuita no rádio e na televisão 8. Ao julgamento da ADI 5617, em 15.3.2018, o c. STF, no tocante ao Fundo Partidário, deu 'interpretação conforme à Constituição ao art. 9º da Lei 13.165/2015 de modo a (a) equiparar o patamar legal mínimo de candidaturas femininas (hoje o do art. 10, §3º, da Lei 9.504/1997, isto é, ao menos 30% de cidadãs), ao mínimo de recursos do Fundo Partidário a lhes serem destinados, que deve ser interpretado como também de 30% do montante do Fundo alocado a cada partido, para eleições majoritárias e proporcionais, e (b) fixar que, havendo percentual mais elevado de candidaturas femininas, o mínimo de recursos globais do partido destinados a campanhas lhe seja alocado na mesma proporção'. 9. Embora circunscrito o objeto da ADI 5617 à distribuição dos recursos partidários que veio a ser fixada por meio da Lei nº 13.165/2015, os fundamentos então esposados transcendem o decidido naquela hipótese, considerada, em especial, a premissa de que 'a igualdade entre homens e mulheres exige não apenas que as mulheres tenham garantidas iguais oportunidades, mas também que sejam elas empoderadas por um ambiente que lhes permita alcançar a igualdade de resultados'. |

Aplicável, sem dúvida, a mesma diretriz hermenêutica; 'ubi eadem ratio ibi idem jus', vale dizer, onde houver o mesmo fundamento, haverá o mesmo direito. 10. Na lição da doutrina, 'o Tribunal que, desempenhando com firmeza o seu dever de fundamentar, apreciar a maior gama de argumentos contrários e favoráveis a cada tese, estará produzindo não apenas uma decisão para um único litígio, mas sim uma metadecisão que, fixando regras, standarts e rotinas, orientará os órgãos jurisdicionais inferiores' (Bernardo, Clarissa Campos; Andrade, Marcelo Santiago de Paula. O sistema de precedentes do novo CPC e sua repercussão no direito eleitoral. In: Didier Jr., Fredie; Lucon, Paulo Henrique dos Santos; Camargo, Luiz Henrique Volpe (Coord.). Repercussões do novo CPC. Direito Eleitoral. Salvador: JusPodivm, 2016). 11. Se a distribuição do Fundo Partidário deve resguardar a efetividade do disposto no art. 10, §3º, da Lei nº 9.504/97, no sentido de viabilizar o percentual mínimo de 30% de candidaturas por gênero, consoante decidiu a Suprema Corte ao julgamento da ADI 5617, com maior razão a aplicação dos recursos do Fundo Especial de Financiamento de Campanha (FEFC) – cuja vocação é, exclusivamente, o custeio das eleições – há de seguir a mesma diretriz. 12. No tocante ao tempo de propaganda eleitoral gratuita no rádio e na televisão, consabido não haver disposição normativa expressa que balize a sua distribuição em termos de percentual de gênero. A despeito disso, a carência de regramento normativo que imponha a observância dos patamares mínimos previstos no art. 10, §3º, da Lei nº 9.504/97 à distribuição do tempo de propaganda eleitoral no rádio e na televisão não obstaculiza interpretação extraída a partir de preceitos constitucionais que viabilizem a sua implementação. 13. Consoante magistério de Inocêncio Mártires Coelho, com apoio em Niklas Luhmann, Friedrich Müller e Castanheira Neves: 'não existe norma jurídica, senão norma jurídica interpretada, vale dizer, preceito formalmente criado e materialmente concretizado por todos quantos integram as estruturas básicas constituintes de qualquer sociedade pluralista. [...] O teor literal de uma disposição é apenas a 'ponta do iceberg'; todo o resto, talvez o mais importante, é constituído por fatores extralinguísticos, sociais e estatais, que mesmo se o quiséssemos não poderíamos fixar nos textos jurídicos, no sentido da garantia da sua pertinência.' (LUHMANN, Niklas. El derecho de la sociedad. México: Herder/ Universidad Iberoamericana, 2005, p. 425-6; MÜLLER, Friedrich. Métodos de Trabalho do Direito Constitucional. Porto Alegre: Síntese, 1999, p. 45; e NEVES, A. Castanheira. Metodologia Jurídica. Problemas fundamentais. Coimbra: Universidade de Coimbra, 1993, p. 166-76.) 14. Aplica-se, no ponto, a mesma ratio decidendi adotada pela Suprema Corte na ADI 5617, com prevalência ao direito à dignidade da pessoa humana (art. 1º, III, da CF) e à igualdade de gênero (art. 5º, caput, da CF). 15. A revisão jurisdicional de atos partidários, no que se inclui a revisitação das diretrizes norteadoras da distribuição interna de recursos públicos destinados às campanhas eleitorais, bem assim a divisão do tempo de propaganda eleitoral gratuita entre os candidatos em disputa, não implica, em absoluto, desprestígio à autonomia partidária – consagrada na Carta Magna e reafirmada na Emenda Constitucional nº 97, aprovada pelo Congresso Nacional em 04 de outubro de 2017 –, mas amparo ao fortalecimento da democracia interna da própria grei, contribuindo para o desenvolvimento da política. Conclusão Consulta respondida afirmativamente, nos seguintes termos: a distribuição dos recursos do Fundo Especial de Financiamento de Campanha (FEFC), previsto nos artigos 16-C e 16-D, da Lei das Eleições, e do tempo de propaganda eleitoral gratuita no rádio e na televisão, regulamentada nos arts. 47 e seguintes do mesmo diploma legal, deve observar os percentuais mínimos de candidatura por gênero, nos termos do art. 10, §3º, da Lei nº 9.504/97, na linha da orientação firmada na Suprema Corte ao exame da ADI 5617. No caso de percentual superior de candidaturas, impõe-se o acréscimo de recursos do FEFC e do tempo de propaganda na mesma proporção.'

(Ac. de 22.5.2018 na CTA nº 60025218, rel. Min. Rosa Weber.)

| TEMA: CONTRATAÇÃO |
| --- |
| "Prestação de contas. Partido democrático trabalhista. Diretório nacional. Exercício de 2013. Conjunto de irregularidades. Desaprovação. Suspensão de duas cotas do fundo partidário. Determinação de ressarcimento ao erário. [...] 8. É possível à agremiação a contratação de serviços advocatícios para a defesa de terceiros, desde que demonstre ser o terceiro filiado ao partido e que a conduta judicialmente apurada tenha como objeto a atuação do agente como gestor ou responsável da agremiação, não sendo este o caso dos autos. Precedentes [...] ".<br>(Ac. de 14.3.2019 na PC 28596, rel. Min. Tarcisio Vieira de Carvalho Neto.) |
| "Prestação de contas anual. Democratas (DEM) – exercício financeiro de 2012. Irregularidades que totalizam 9,51% do valor recebido do fundo partidário. Reiterado descumprimento da obrigação de destinação de recursos ao incentivo à participação política da mulher. Contas desaprovadas parcialmente. Imposição de ressarcimento ao erário e sanções de acréscimo de 2,5% no gasto com o incentivo à participação feminina na política e suspensão do recebimento das cotas do fundo partidário pelo período de 1 (um) mês. [...] 5. À luz do princípio da moralidade, não há como admitir que sejam contratadas para prestar serviços ao partido empresas pertencentes a dirigentes dele. Da mesma forma, tal contratação não permite o atendimento do princípio da economicidade, pois nunca se poderá saber se os serviços foram prestados com qualidade e modicidade de custo ou se eventual falta de qualidade ou preço acima do justo foram relevados pelo fato da empresa pertencer a dirigente partidário. 6. Ainda que admitida a possibilidade de tal contratação, seria necessário grau elevado de transparência diante da existência de transação entre partes relacionadas, com a apresentação de contrato escrito detalhando todas as peculiaridades da transação, relatórios claros das atividades desenvolvidas e demonstração de custos compatíveis com o mercado, inexistentes no caso concreto. [...]"<br>(Ac. de 26.4.2018 na PC nº 22815, rel. Min. Rosa Weber.) |

| TEMA: CLÁUSULA DE BARREIRA |
| --- |
| "Consulta. Partido político. Cláusula de desempenho. EC 97/2017. Incidência. Eleições 2018. 1. O Diretório Nacional do Partido Social Democrata Cristão (PSDC) questiona: 'a partir de que eleição para a Câmara dos Deputados será aplicada a cláusula de barreira, também designada cláusula de desempenho, instituída pela Emenda Constitucional 97/2017?". Regra de transição. Eleições 2018, 2022 e 2026. Art. 3º, caput e parágrafo único, I, II e III, da EC 97/2017. Aplicação imediata. Ausência. Vacatio legis. Observância. Princípio da anualidade. 2. A EC 97/2017, ao alterar o §3º do art. 17 da CF/88 e prever cláusula de desempenho para acesso ao Fundo Partidário e à propaganda gratuita no rádio e televisão, estabeleceu níveis de gradação quanto aos requisitos a serem preenchidos pelas legendas, culminando, a partir das Eleições 2030, na observância de um dos pressupostos a seguir: a) obter na eleição na Câmara dos Deputados no mínimo 3% dos votos válidos, distribuídos em um terço das unidades da Federação, com ao menos 2% desses votos em cada uma delas; ou b) eleger no mínimo quinze Deputados Federais, distribuídos em pelo menos um terço das unidades da Federação. 3. Considerando que os incisos I, II e III do parágrafo único do art. 3º da EC 97/2017 estabelecem três gradações transitórias da cláusula de desempenho antes das Eleições 2030, tais regras se aplicam já a partir das Eleições 2018 (inciso I), passando pelas Eleições 2022 (inciso II) e pelas Eleições 2026 (III), vindo a incidir, nas Eleições 2030, os percentuais e quantitativos previstos no art. 17, §3º, da CF/88. 4. |

Em outras palavras, caso tais regras tivessem início apenas com o desempenho partidário nas Eleições 2022, a cláusula de barreira não estaria integralmente consolidada nas Eleições 2030 (termo final definido no caput do art. 3º da EC 97/2017).5. Acrescente-se que a EC 97/2017 entrou em vigor faltando mais de um ano para as Eleições 2018, inexistindo óbice formal à sua aplicação (art. 16 da CF/88; princípio da anualidade), e, ademais, sem período de vacatio legis. Conclusão. Enunciado. EC 97/2017. Aplicabilidade. 6. Consulta respondida nos termos do enunciado a seguir: a cláusula de desempenho instituída pela EC 97/2017 – que alterou o art. 17, §3º, da CF/88 para estabelecer critérios de acesso dos partidos políticos ao Fundo Partidário e à propaganda gratuita no rádio e televisão – aplica-se a partir das Eleições 2018 para a legislatura de 2019-2022 na Câmara dos Deputados."
(Ac de 18.12.2018 na CTA 060412730, rel. Min. Jorge Mussi.)

"Petição. Partido. Diretório nacional. Rede sustentabilidade (rede). Contornos de consulta. Solicitação de providências. Relevância da matéria. Conhecimento. Petição. Dúvida. Marco temporal. Corte. Repasse de recursos do fundo partidário. Cláusula de desempenho. Inciso i do art. 3º da ec nº 97/2017. Eleições 2018. Início legislatura. 1º.2.2019. Ressalva. Multas e doações. Impacto futuro. Proposta. Minuta de portaria. Orientação. 1. Na presente petição, consta requerimento formulado nos seguintes termos: '1) que Vossa Excelência se digne a determinar que a CEOFI (Coordenadoria de Execução Orçamentária e Financeira), se manifeste, oficialmente, a partir de qual data será efetuado o corte referente ao acesso ao Fundo Partidário pelas agremiações que não ultrapassaram a cláusula de desempenho; e 2) caso Vossa Excelência entenda pertinente, que seja emitido uma orientação pela CEOFI (Coordenadoria de Execução Orçamentária e Financeira (CEOFI) com vistas a orientar a todas as agremiações partidárias que não ultrapassaram a cláusula de desempenho, no tocante a data de corte do acesso aos recursos do Fundo Partidário'. 2. O expediente ostenta contornos de consulta. Todavia, os questionamentos também demarcam fronteiras com solicitação de providências por se tratar, ao mesmo tempo, de dúvida a ser dirimida por esta Justiça especializada e requerimento de expedição de orientação por parte de unidade técnica deste Tribunal Superior, com extensão a todos os partidos políticos em semelhante situação, razão por que deve ser mantida a autuação na Classe Petição. 3. As indagações se referem à fixação do marco temporal para o início da supressão do repasse das cotas do Fundo Partidário para as agremiações que não alcançaram a cláusula de desempenho advinda da promulgação da Emenda Constitucional nº 97/2017. 4. Sob o pálio desse novo postulado constitucional, somente poderão ter acesso aos recursos do Fundo Partidário e à propaganda gratuita no rádio e na televisão as agremiações que atenderem a um dos requisitos do inciso I do art. 3º da EC nº 97/2017, para a primeira etapa do processo de implantação da cláusula de desempenho com alcance a partir da legislatura que se seguir às eleições de 2018. 5. No que se refere à data de início de supressão do repasse dos recursos do Fundo Partidário previsto no art. 41-A da Lei nº 9.096/95, consoante a nova ordem constitucional, evidencia-se que a própria expressão "na legislatura seguinte às eleições 2018" denota o norte que se deve tomar como fixador dessa baliza. 6. Com efeito, a medida restritiva de acesso aos recursos do Fundo Partidário pelas agremiações que não atingiram a composição e distribuição do percentual mínimo de votos ou não elegeram a bancada mínima fixada para a Câmara dos Deputados terá início no dia 1º.2.2019, data a partir da qual se instaura a 56ª Legislatura para o quadriênio 2019-2023, nos termos do art. 57, §4º, da Constituição Federal.

7. Segundo o art. 38 da Lei nº 9.096/95, o Fundo Partidário é composto de quatro modalidades de arrecadação: I – multas e penalidades pecuniárias aplicadas nos termos do Código Eleitoral e leis conexas; II – recursos financeiros que lhe forem destinados por lei, em caráter permanente ou eventual; III – doações de pessoa física ou jurídica, efetuadas por intermédio de depósitos bancários diretamente na conta do Fundo Partidário; IV –dotações orçamentárias da União em valor nunca inferior, cada ano, ao número de eleitores inscritos em 31 de dezembro do ano anterior ao da proposta orçamentária, multiplicados por trinta e cinco centavos de real, em valores de agosto de 1995. 8. O inciso IV se insere perfeitamente no novo postulado constitucional, sem merecer nenhuma ressalva, porquanto se refere às dotações orçamentárias previamente aprovadas e liberadas em duodécimos, as quais não repercutem em data futura àquela entendida como marco para a aplicação da medida restritiva. Igual natureza tem o inciso II, na medida em que se trata de recursos estabelecidos em lei com destinação e período específicos. 9. No tocante aos incisos I e III, estes podem ter impacto futuro e posterior a 1º.2.2019, porquanto as multas e penalidades pecuniárias aplicadas por essa Justiça Eleitoral e as doações de pessoas físicas podem ocorrer até o dia 31 de janeiro de 2019 e deverão ser repassadas aos partidos afetados pela cláusula de desempenho. Desse modo, integrarão os recursos do Fundo Partidário referente a um período em que os partidos com as bancadas atuais ainda teriam direito à respectiva repartição. 10. Nos termos do §4º do art. 57 da Constituição Federal, a data correspondente ao início da legislatura subsequente às eleições de 2018 é o dia 1º.2.2019, data em que os partidos políticos que não alcançaram a cláusula de desempenho prescrita pelo inciso I do art. 3º da EC nº 97/2017 deixarão de receber as verbas do Fundo Partidário, ressalvadas aquelas devidas até 31.1.2019, porém repassadas à conta específica do Tribunal Superior em data ulterior. 11. O ineditismo e a relevância da matéria reclamam o acolhimento da sugestão da requerente para expedir ato normativo específico com orientação geral às agremiações partidárias, do qual deve constar a relação dos partidos políticos que cumpriram os requisitos e aqueles que não ultrapassaram a cláusula de desempenho, com a data de início da restrição aos recursos do Fundo Partidário e as pertinentes ressalvas. 12. Proposta de minuta de portaria que se submete a análise e aprovação deste Tribunal Superior. 13. Acolhida sugestão de orientação e minuta de portaria aprovada. "
(Ac. de 19.12.2018 na PET 060189256, rel. Min. Tarcisio Vieira de Carvalho Neto.)

Esta obra foi composta em fonte Palatino Linotype, corpo 10
e impressa em papel Offset 75g (miolo) e Supremo 250g (capa)
pela Gráfica Paulinelli.